# 遇仁斋文集

## 多领域学思辨偶得杂陈

任军 著

上海社会科学院出版社
SHANGHAI ACADEMY OF SOCIAL SCIENCES PRESS

# 目 录

导言　中西文化碰撞中生成理论认知领域的隐性藩篱 ⋯⋯⋯⋯⋯⋯⋯ 1

## 剌罔正源篇

历史创造问题上的分歧与争论 ⋯⋯⋯⋯⋯⋯⋯⋯⋯⋯⋯⋯⋯⋯⋯⋯ 7
马克思、恩格斯关于历史及其创造的基本思想 ⋯⋯⋯⋯⋯⋯⋯⋯⋯ 28
历史哲学研究中三个重要概念特性的辨析 ⋯⋯⋯⋯⋯⋯⋯⋯⋯⋯⋯ 51

## 辨析跨越篇

浅议史学研究中呈现的模式化倾向 ⋯⋯⋯⋯⋯⋯⋯⋯⋯⋯⋯⋯⋯⋯ 69
深刻认知西式政治制度生成的特性及启示 ⋯⋯⋯⋯⋯⋯⋯⋯⋯⋯⋯ 95
跨越西式政治思维逻辑的认知门槛 ⋯⋯⋯⋯⋯⋯⋯⋯⋯⋯⋯⋯⋯ 129
中国古代乡村治理性质再审视——"自治"还是"他治" ⋯⋯⋯⋯ 141
近代中国政治制度转型与创设的经验教训 ⋯⋯⋯⋯⋯⋯⋯⋯⋯⋯ 158
民国时期有关民族和国家的理论认知及检讨 ⋯⋯⋯⋯⋯⋯⋯⋯⋯ 188

## 习得杂陈篇

"鬼神观念源于蟾蜍(月)族"说质疑 ················································ 213

说灶 ······································································································· 224

中国灶神信仰及祭灶风俗研究 ········································································ 243

明代中后期城乡经济关系的历史变化 ····························································· 282

从政权机构的逐渐完备看大顺政权性质的转化 ············································· 297

后记 ······································································································· 310

# 导言　中西文化碰撞中生成理论认知领域的隐性藩篱

自人类文明诞生以来，一切人类脑力劳动的成果都是为人类的现实需要服务的。从来就不存在脱离政治的学问，也没有不为政治服务的科学技术。从人类社会发展的宏阔视野观察，人类社会自形成以来，主要面临三大挑战。一是来自自然界的压力和挑战。人类得以生存和延续的基本物质资料主要来自大自然的供给，生存环境是影响人类社会发展的重要因素。由此，人们产生了适应、控制和征服自然的强烈愿望，发展出一整套认识、发掘和利用自然资源的思想、技术和手段，服务于人类生存需要的满足。从本质上说，这就是服务于人类社会的治理。二是来自人类社会自身的压力和挑战。自然资源的有限性和生存资源获取的艰巨性，使不同人群之间、同一人群内部都不断发生着激烈的冲突，在冲突中要么你死我活，要么共同灭亡，于是便产生了调节和控制人类社会内部冲突、平衡人际关系的机制，如国家组织、政治制度、军队警察、道德规范、法律规定等，这是人们向往更美好生活的现实基础。人们正是通过不断建立和完善有序互惠的社会制度来应对来自自然和人类社会本身的各种压力和挑战的。就人的自然本性和社会属性而言，人类社会内部的对立和冲突将会长期存在，人类必须找到一种平衡的社会结构，通过制度安排来化解内部的矛盾乃至你死我活的争斗。可以说，人类社会从蒙昧到野蛮再到跨入文明的门槛这一漫长的历史过程中，一直处在动态的趋于不断寻求社会平衡的过程之中。因此，谋求各种社会关系的和谐平衡成为人们恒久执着和不懈追求的社会理想。这就是政治，在上述领域中出现的思想理论从本质上说都是为它服务的。三是来自个体身心内部的压力和挑战，其主要表现为两大悲剧意识的存在。人类的生存形式不外乎时间和空间，生命的悲剧就在于人类在时空中的局限性。由时间的局限性产生"死亡恐惧—生命毁感",由空间的局限产生"尘世束缚—生命不自由感"。对于解脱和超越这两大悲剧意识,以至于"永恒"和"自由"的不懈追求就自然成了人类在漫长的精神文化运动中的两个中心主题。关于人类社会文明进步的思想研究、理论思考都超不出对三大挑战的回应,都必然且必须服务于改造和治理人类社会系统工程这个最持久而又广泛的政治活动。

在中华民族伟大复兴的历史征程中,先进的仁人志士很早就有了"开眼看世界""向西方学习"的呼声,这股政治思潮弥漫于近代以来的各个历史时期,推动着中国社会从封闭走向开放、从改良走向革命,从固守走向改革,为现代化启动和深入发展创造着有利的思想文化条件。从学术研究的角度回顾,中华人民共和国成立前主要表现为在向西方学习的总背景下,一部分人主张走资本主义道路来实现中国的现代化,甚至提出了通过"全盘西化"来实现现代化的主张,为中国的现代化树立了一个"他者化"(主要是西方化)的目标。中华人民共和国成立后,在民族独立的自豪情绪和"自力更生"口号的激励下,中国的现代化走上了一条带有民族色彩的道路。虽然取得了显著成绩,但总体上曲折多于顺畅、国盛未能实现脱贫、站起来却未能跑起来,这就为人们进一步思考中国现代化道路的选择和模式确立提供了广阔的空间。因此,改革开放以来,不少学者从社会根本制度上、从社会发展阶段上、从中外发展历史对比上来思考中国社会制度创设、政治制度安排、现代化的道路选择和目标设定的必然性和必要性。然而,事物总是多面多向的。在解放思想、批判"左"倾思想的同时,右倾思想逐渐抬头,不但马克思主义遭到了怀疑,党的历史、理论和方针政策也遭遇了挑战,甚至对是否要坚持新中国选择的社会发展道路提出了疑问。不少学人再次转而从西方寻找"真理"和"治世"良方,大量西方政治理论、社会科学研究著述被译介、研习直到追捧,甚至已经形成了特定的话语表达习惯和范式。其结果是在社会变革的所有领域都树起了"他者化"的标杆,并以此为标准来评论中国的历史、革命、改革和发展道路选择。在断言"中国封建社会停滞""中国人种丑陋""黄色文明落后"的同时,热情宣扬"西方文化优越""西方制度先进""西方道路普世",鼓吹"西方中心论"和"全盘西化论",时至今日仍然余音不断。

从西学东渐的形式和内容来观察,我们会很意外地发现传播的内容并不像想象的那样都是"先进性知识""真理性认识"。例如,在西方学者的视野里很少把中华政治文明纳入其中。这个现象是由一位以色列学者尤锐发现的,通过在南开大学学习中国古代政治思想史,到美国相关大学深造后又回到本国大学任教的经历,他发现:"战国时代诸子百家的政治思想,无论是从其视野的广度、多元化及丰富程度,还是从其对当时与后世的政治文化的影响上看,都是无与伦比的。然而一直到现在该思想都没有引起西方学者(无论是大部分汉学家还是政治学家)应有的关注。"他认为西方政治学界存在"狭隘主义"的原因:"最根本的是西方人对自己的政治制度过于自信。对许多西方的政治学家而言,欧美的政治模式是唯一正确、独一无二的,是世界历史上的'之最';其他的政治模式或政治思想方式,都属于'古代史'或是'人类学'范畴,但对政治学而言没有任何价值。""由于当代许多学者认为所有的人类都是理性的历史参与者,因而个人或是个别国家具体的文化背景并不是重要的决定政治行为的因素。受此观点的影响,许多年轻的政治学家已经不再浪费时间研究外国的语言、历史、文化等,对他们来说整个世界都可以由统一的模式来进行解释。对于这些学者,了解中国古代(乃至当代)的政治思想及政治文化完全不重要。"①试想形成于西方历史经验基础上的政治理论怎么可能全面反映"人类"的政治文明进程呢,其真理性、普世性非常值得怀疑。再如,关于来华基督教,特别是天主教的性质,学术界普遍有一种朦胧的认识:尽管传教士抱着"中华归主"的目的,但他们毕竟传播了近代西方的科学知识和文明事物,对中国近代社会的转型还是有积极意义的。然而,有学者注意到这种认识过于笼统和片面:"检阅一下明清之际天主教传教士的著作,就不能不令人惊讶于他们竟然对新时代的来临是如此坚决抗拒,以致其中竟找不到任何可以称之为属于近代科学或近代思想体系的东西。他们的宇宙构图是中世纪的,他们的理论体系和思想方法是神学目的论的。故此李约瑟博士认为,利玛窦等人的世界观远远落后于当时的中国人。"天主教传教士"传入的仍是中世纪的神学体系,其世界观实质上仍属于古代与中世纪的传统范畴,这既背离当时世界历史的近代化趋向,也与资本主义已经萌芽、个人觉醒与解放已成当务之急的中国时势之要求不相符合,对中国由中世纪转入近代无益。"而"事实上,把当时中国最为需要的近代科学与近代思想介绍给中国的,并不是李提摩太、林乐知一辈的西方传教士,而是中国的知识分子和学者"。② 这个结论表明,文明

---

① [以色列]尤锐:《西方的政治学与中国传统政治思想:从忽略到认可?》,《南开学报(哲学社会科学版)》2015年第3期。
② 参见何兆武:《明末清初西学之再评价》,《学术月刊》1999年第1期。

差异并不意味着文明落后。正是由于巨大的文明差异、野蛮的传播方式和横霸的传教目的,"福音"并没有给中国人民带来"福气",晚清基督教入华带来的是社会意识的裂变、社会秩序的紊乱、社会心理的恐慌和民族情绪的爆发。这两个事例说明,在学术理论领域不少学人和普通群众自觉不自觉地陷入了西式政治思维逻辑的藩篱之中,言必称希腊,比必看欧美。其研究结论不但偏离了中华文明独立自主发展的精神轨道,而且还挑战了马克思主义在政治理论和社会科学领域的指导地位。

西方文明的理论、历史、经验、知识等经过近 200 年的东来,悄然构筑了东方学者在理论认知、思维逻辑、分析工具运用上的知识和文化背景,潜在地发挥着导引性作用。在学术理论研究领域,一般学人的思维模式中明显存在着显性批判与隐性遵循的矛盾现象。当直面西方敌对势力的理论渗透和文化入侵时,能够明确地意识到其理论的荒谬性和片面性,直接给予驳斥和回应。当研究具体学术理论问题时,却又不自觉地以西方经验为参照、按西式理论逻辑去分析,在不知不觉中又钻进了西式理论思维的樊篱,形成了强固的"认知门槛"。因此,必须深入总结西学东渐对学者们的学术研究思维路径选择和分析工具运用等方面的影响,实现对西方文明观念形态的理论超越。世界历史的时代因全球化、数字化的到来完全有了可能。人们无论是审视历史和现实,还是观察、预测未来的能力也空前提高了。东渐的西方文明引发了近代以来中国社会的深刻变革,而中国独立自主的发展实践与成果又为我们提供了重新认识西方理论思维逻辑的现实基础和条件。要真正理解当代中国社会发展道路的理论与现实价值,就必须重新审视西式学术理论如何变成了制约我们思维拓展的桎梏,从世界历史的高度来深入思考人类社会的终极走向以及中国在其中的贡献。本书前两部分收录的论文,着重以史学理论基本问题、中外国家政治制度创设所涉相关理论作为分析的标本,深度辨析理论认知上的隐性藩篱对道路自信、制度自信、理论自信和文化自信产生的消极影响,积极倡导一种独立自主的理论探索精神。最后一部分收录的论文主要涉及乡土信仰文化、明代城乡经济关系以及农民起义与政权创设状态等问题的研究,内容比较散乱,但旨在具体探求古代乡土社会不同层面存在的样态,以期有助于对乡土民众生存状态的深度把握。

刺罔正源〔篇〕

# 历史创造问题上的分歧与争论

改革开放以来,从质疑"人民群众是历史的创造者"始,历史创造问题引起了热烈的争鸣。除大多数学者坚持"人民群众创造说"外,还出现了"人人创造说""杰出人物创造说""创造者创造说""知识分子创造说"和"无产阶级创造说"。争鸣必然涉及历史创造的主体、动力、表现形式、决定力量以及历史的本质、人民群众的构成、历史进步的推动力量等诸多问题。全面梳理争鸣中的观点和论据,对在争鸣中形成共识、推动理论研究向深层迈进具有积极的意义。20 世纪 80 年代,以质疑"人民群众是历史的创造者"为始,学术界围绕"谁是历史的创造者"展开了一场空前热烈的大讨论。争鸣推动了对历史唯物主义基本原理的研究和理解,但分歧的持久存在也表明共识还远没有形成。因此,通过系统梳理、回顾评析争鸣中出现的主要观点和理论依据,有助于深化问题的研究。

## 一、历史创造者争鸣中的主要观点

改革开放 40 多年来,随着思想解放的深入,历史创造者问题研究的视野越来越宽、层次越来越深,各种观点纷呈。

### (一) 坚持"人民群众是历史的创造者"

当"人民群众是历史的创造者"遭到质疑时,大多数研究者仍坚持认为这个命题是历史唯物主义的基本命题。除坚持"人民群众对于历史发展具有决定作用,它全面地体现在社会生活的各个方面。人民群众是社会物质财富的创造者,也是社会精神财富的创造者,还是变革社会制度的决定力量"[①]等这些基本依据

---

[①] 童仁:《人民群众是历史的创造者》,《党建研究》2001 年第 6 期;孟庆仁:《马克思主义群众史观新解》,《理论学刊》2007 年第 6 期;李景源:《人民群众是历史的创造者新论》,人大复印资料《中国共产党》2015 年第 7 期;寇清杰:《列宁人民群众观及其当代价值》,《马克思列宁主义研究》2014 年第 2 期。

外,还进一步深化了对基本概念的理解。首先,关于"人民群众",有研究者认为:"它有量的规定性,即指居民中的大多数;同时又有质的规定性,它指一切对社会历史起着推动作用的人们,在阶级社会中,包括一切对历史发展起着促进作用的阶级、阶层和社会集团。不管历史的情况如何变化,人民群众的主体和稳定部分,始终是从事物质资料生产的劳动群众及其知识分子。"①这样理解不是简单地对应"英雄""少数"或专指"劳动群众",而是指在任何时代条件下推动历史进步的人们的集合体,上升阶段的剥削阶级的历史作用也就自然地涵盖于其中了。其次,关于"创造者",有研究者提出:"创造者是指历史的推动者","只有推动历史发展的先进阶级、人民群众才是历史的创造者",但是历史创造活动"决不是个人活动的堆砌","并非所有人都是历史的推动者",由于人民群众的生产活动"是创造历史的最基本的活动","决定和制约着其他历史活动",因此,"人民群众是创造历史的主体,是历史发展的方向或总趋势的决定者"。② 有研究者特别强调"人民群众是人类社会赖以存在和发展的物质资料的主要生产者"的意义绝不仅在于为历史创造提供了前提和条件,而是正如恩格斯所说:"自从阶级产生以来,从来没有过一个时期社会上可以没有劳动阶级。这个阶级的名称、社会地位有过变化,农奴代替了奴隶,后来本身又被自由工人所代替……无论不从事生产的社会上层发生什么变化,没有一个生产者阶级,社会就不能生存。可见,这个阶级在任何情况下都是必要的。"③上述论证证明了"人民群众是历史的创造者"这个命题的正确性。

在坚持这一命题的研究者中,关于人民群众"怎样创造历史""创造作用有多大""具体指谁"等问题上,出现了"渐变创造说""作用有限说"和"无产阶级创造说"等看法。

首先,"渐变创造说"认为人民群众创造历史的作用在不同的历史阶段的强度是不同的。有研究者提出:"在文明与民主程度相对较低的历史发展的早期,'英雄人物'在创造历史中的指引作用是历史发展的主要动力。而随着生产力的提高、文明的发展,普通民众的民主观念得到提升,他们越来越自愿地介入社会与国家事务的管理中来,此时,'英雄人物'的作用得到削弱,民众创造历史的力

---

① 童仁:《人民群众是历史的创造者》,《党建研究》2001年第6期。
② 参见王丽娜:《如何理解"历史创造者"的问题》,《教学与研究》1999年第3期。
③ 《马克思恩格斯全集》第25卷,人民出版社2001年版,第534页。

量得到释放,历史就越来越表现为是'人民群众创造的历史'了。"①有研究者认为:"人民群众对社会发展起着决定作用在不同的时代它的范围和程度都是不相同的。"而且,"这种作用的发展,并不是直线前进的,而是走着一条曲折的道路"。②列宁虽然将人民群众视为"自觉的历史活动家",但也指出:"在一百多年以前,创造历史的是一小撮贵族和资产阶级知识分子,工农群众则尚处于沉睡状态",只是到了资本主义时代,由于"大大提高了整个文化,其中包括群众文化……现在千百万人正在独立创造历史"。③ 所以,人民群众的历史创造作用不是等量的、均质的,而是逐渐增强的过程。

其次,"作用有限说"认为人民群众推动历史进步的作用只有在特定的情况下"间接"地发生,而且人民群众的反抗活动也并非都是推动历史进步的。有研究者认为被剥削阶级的反抗斗争只在"有利于发展统治者内部革新派的力量"的情况下,"间接地起着历史发展的动力作用",而更多的情形是:"这种不代表先进生产力的被剥削阶级的反抗斗争,往往严重地破坏了原有的尚未过时的统治秩序,带来了社会大动乱,不仅没有推动社会进步,反而导致经济大倒退。尽管被剥削阶级的反抗斗争无论在什么情况下发生在道义上总是合理的,但却不是在一切场合都能(间接地)起动力作用,更谈不上起直接动力作用或'对社会发展起主要推动作用'。"④这种观点有用结果反证缘起的意味,具体的反抗行为可能会对现行的社会秩序造成扰乱甚至破坏,就如同正义的战争也必然会带来破坏性效果一样,不能由此就简单地否定被剥削阶级的反抗行为与社会发展总趋势形成的因果关系。

最后,"无产阶级是历史的创造者"认为"人民群众"特指的是"无产阶级","人民群众是历史的创造者"是无产阶级革命时代特有的命题。在争鸣中,有研究者主张应把命题放到不同社会发展阶段上进行研究⑤,注重"人民群众是历史的创造者"提出的时代背景。有研究者进一步提出,要从历史主体变化的事实出发,区分历史创造在事实层面和价值层面的不同主体。就事实层面而言应是"人们自己创造自己的历史",而在价值层面才可表达为"人民群众是历史的创造

---

① 朱丽:《论历史创造者》,《世纪桥》2011 年第 3 期。
② 孟庆仁:《马克思主义群众史观新解》,《理论学刊》2007 年第 6 期。
③ 《列宁选集》第 3 卷,人民出版社 1995 年版,第 472 页。
④ 何柞榕:《有关唯物史观若干争论之管见》,《未定稿》1986 年第 8 期。
⑤ 杨振辉:《马克思的历史创造者观探究》,《理论学习月刊》1997 年第 11 期。

者"。就后者而言,"它揭示了以无产阶级为代表的人民群众即将开辟的一个自觉创造人类历史的全新阶段",命题成立的前提是:人类社会已经进入资本主义时代,"人民群众"特指"无产阶级","创造历史"是指人们能够按照自己的意愿自觉地推动历史前进,并能把握正确的方向。有研究者指出:"马克思认为,无产阶级不仅由于其低贱的社会地位构成一个革命的因素,更为重要的是它在现代生产体系的转换中居于主导地位,它自身争取解放的条件与社会发展的方向具有内在的一致性。"因此,"以无产阶级为代表的'人民群众'作为一个历史主体的诞生,是基于生产力的规定,而不是人数规定,也不是某种伦理规定"。"在以往的历史上,劳动群众,包括马克思主义诞生以前的无产阶级,他们还不能把握到自己解放的条件,他们没有摸索到历史发展的规律,他们无法掌握自己的命运"①,因此,这个命题所说的"人民群众"只能是特指现代"无产阶级"。

(二)质疑"人民群众是历史的创造者"

1984年,历史学家黎澍在《历史研究》上发表了《历史的创造及其他》一文,认为"人民群众是历史的创造者"这个提法不能成立,因为它存在逻辑推理错误,即"把物质条件的创造者和历史的创造者完全等同起来",特别是"精神财富的创造"不能用人民群众的社会实践是一切科学文化艺术的"源泉"来代替。因此,群众史观与英雄史观一样具有片面性,"这两种说法都离开了创造历史的前提,仿佛历史是按照英雄或人民群众随心所欲地创造的""都没有脱离唯心主义的窠臼"。② 进入21世纪以来,还有研究者旗帜鲜明地反对"人民群众是历史的创造者"的提法③,认为这是苏联哲学家对《苏联共产党(布)历史简明教程》中的某些观点的引申和附会,马克思、恩格斯的提法是"人们自己创造自己的历史"④,从来没用过"人民群众是历史的创造者"或是"历史的主人"这样的提法。认为"人民群众是历史的创造者"的错误在于将历史存在的物质条件等同于历史;将物质生活资料的生产者等同于历史创造者;将人民群众与英雄对立起来进行选择本

---

① 牛方玉:《"人民群众是历史的创造者"命题再阐释》,《理论学刊》2008年第1期;《"历史创造者"命题的辩证性质及世界观、方法论意义》,《齐鲁学刊》2012年第1期。
② 黎澍:《论历史的创造及其它》,《历史研究》1984年第5期;《再论历史的创造及其它》,《光明日报》1986年7月30日。
③ 韩晓东:《历史创造者辩证观的思考》,《河北广播电视大学学报》2005年第5期;傅长吉:《一个历史唯物主义命题的辨证——关于历史创造者的问题》,《内蒙古社会科学(汉文版)》2007年第3期。
④ 《马克思恩格斯选集》第1卷,人民出版社1995年版,第585页。

身就是错误的。①

(三) 赞同"人们自己创造自己的历史"

有研究者认为,"人们自己创造自己的历史"才是马克思、恩格斯坚持的历史创造观。因为,一切历史都是具体的,英雄和人民群众都在创造自己的历史,每个人都参与了历史的创造。有的学者还进一步指出,马克思主义关于历史创造者的完整认识应分为三个层次:第一,人类历史是人们在一定条件和一定社会关系中自己创造的;第二,在历史创造者中,主体是人民群众,剥削阶级及其代表人物也从不同角度参与了历史创造活动;第三,在人民革命的历史进程中,历史是人民群众自己创造的,同时充分肯定了英雄人物和领袖人物的重大作用。因此,有研究者提出"共创说",即人民群众和英雄共同创造历史,认为"英雄人物创造的历史和人民群众创造的历史可以并存,英雄史观和民众史观自然也可以并存"。② 有的研究者换了一种说法,认为:"在每个社会的诸多层次中,只有直接参加物质生产、精神生产和社会改造的个体和群体所组成的核心群集才是历史的创造者。正是他们创造了人类历史上前所未有的新的历史趋向和新的社会价值。"尽管他们论证时提出"只有劳动者是剩余劳动价值的唯一生产者。其他一切客体和财富只是逐渐全部地转移其价值的,而普通劳动者(包括体力劳动和脑力劳动)摄入了极少的生存营养,却创造着比其营养所耗劳动价值更多的剩余劳动价值"③,这种说法似乎强调的是"劳动群众"的历史作用,实际上却把社会生活的特有领域的所有"劳动"或"创造性"活动都包含在其中了,表达的仍然是"人人创造历史"的观点。

(四) 坚称"特殊人物是历史的创造者"

在历史创造者的争鸣中,始终有一些研究者坚持认为历史是由"特殊人物"创造的,认为"英雄""杰出人物"能够以个人优秀的品质和才能捕捉到历史进步的方向,能在人民群众中产生巨大的凝聚力和号召力,没有他们的引领作用,历史进步是不可能实现的。具体而言,这些"特殊人物"大致可归为三种存在形态。

"杰出人物"说。有研究者认为"剥削阶级在其上升时期作为进步力量是阶级社会历史的主要创造者","杰出人物的活动最具创造历史的特点",因此,"一

---

① 孙厚生:《关于历史创造者与发展动力问题的几点思索》,《唐山师范学院学报》2008年第6期。
② 张岱年、敏泽:《回读百年》第5卷(上),大象出版社2009年版,第286页。
③ 张世民:《论历史创造》,《咸阳师专学报(综合双月刊)》(文科版)1996年第9期。

切进步力量和杰出人物是历史的创造者"。① 这种观点回避了"英雄"的提法,并且把"杰出人物"与"进步力量"绑在一起,实际上是把"英雄人物"看作"杰出人物"的一部分。当然,这会引起对"英雄"和"杰出"含义的理解分歧,如果将其视为褒义词,那么"名人""名家""名将""贤臣""良吏""明君"似乎可以归入其中;如果是从中性含义上理解,那么"枭雄""鬼杰"以及"暴君""酷吏""悍将""军阀""匪首"等的作用应当如何归类,尚没有研究涉及。显然,"英雄"或"杰出人物"似乎不是专指"推动社会进步"的人物。至于那些集"进步"与"倒退"、"破坏"与"创造"、"守旧"与"开新"于一身的"特殊人物"的作用应当如何评价则是一个更为复杂的问题。

"创造者创造历史"说。这种观点被称为"新英雄史观",认为创造即给出新的、综合的信息(包括自然信息和文化信息)选择。人类历史是人类社会系统信息量的增殖,谁为"增殖"做了贡献,谁就是人类历史的创造者。在长时间、大范围的人类沧海中,"创造者"毕竟是少数,多数人是行为的模仿者、学习者、重复者。② 然而,在没有弄清历史创造与物质创造的区别与联系之前,这样的观点难免失之于武断和片面。按照这种逻辑,人类在大多数时间里就会没有"历史"了。

"知识分子创造历史"说。有俄国学者认为:"工人阶级就其社会本质和历史目标来说,看来不能实现社会主义革命和社会主义建设领导者的作用","不是工人阶级而是知识分子才能担负起创造历史主体的重任"。因为"工人没有时间和力量追踪科学和理论思想的发展",不能"与知识分子同等地参加管理社会事务"。随着科学技术的发展,"就业的工人人数迅速减少",而这时,"知识分子反映了工人阶级的利益","是真正的领袖"。③ 显然,作者笔下的工人阶级指的是传统的产业工人,知识分子没有被列入工人阶级的队伍。

总之,争鸣涉及了诸多基本理论概念、原理和已有知识积累的重新检讨,也在深层次上触碰到了人类社会治理现代化的发展方向、方法选择、模式形成等现实问题的认知,争鸣的理论价值和现实意义也就不言自明了。

---

① 吕喜林:《进步力量和杰出人物是历史的创造者》,《阴山学刊(社会科学版)》1996年第1期。
② 黎鸣:《历史是创造者创造的》,《光明日报》1986年12月17日。
③ [俄]格拉日丹著,董进泉译,文新校:《历史创造的新主体问题》,《现代外国哲学社会科学文摘》1995年第8期。

## 二、历史创造问题出现的背景及认识上的主要分歧

(一)"人们创造历史"这一观点提出的认识背景

在科学知识尚未产生和普及之前,关于人的由来和历史的创造在认识上充满着神秘色彩。在宗教神学长期宣扬"神创造世界""创造了人"的观念的同时,还盛行过"意识创造世界""超人创造历史"的观念,由此,人类在很长的历史时期里不能正视自身的作用。马克思主义关于历史创造的思想正是对这种意识现象反动的产物,许多研究者认为只有搞清了历史创造问题发生的认知背景,才能理性地评价"人们自己创造自己的历史"和"人民群众是历史的创造者"命题提出的必然性和必要性。正如列宁所说:"以往的理论从来忽视人民群众的活动,只有历史唯物主义才第一次使我们能以自然科学的精确性去研究群众生活的社会条件以及这些条件的变更。"[①]有研究者提出,马克思主义之所以强调"人们自己创造自己的历史",是"为了同剥削阶级宣传的神创历史、观念创造历史、超人创造历史等唯心史观作斗争,为了粉碎劳动人民头脑中的精神枷锁"。这种研究认为马克思、恩格斯的观点一方面强调了是人而不是神创造了历史,另一方面又指出了"所有人共同创造"了历史,由此才能讨论在历史创造中谁的作用大、谁决定历史发展的方向等问题。[②] 有研究者认为:马克思、恩格斯为同唯心史观划清界限提出"人们自己创造自己的历史",而列宁、斯大林为了"工农要夺取政权、创造新社会","强调人民群众是创造历史的决定性力量"。[③] 可见,马克思主义关于历史创造问题的解答不是僵化不变的,它在实践中不断得到发展,是在批判唯心主义和正视历史发展客观事实的基础上对"历史创造"的新认识。

还有研究者认为,《联共(布)党史简明教程》和《苏联共产党历史》提出"人民才是历史的真正动力"是针对俄国民粹派认为的"英雄是历史的真正的创造者"的观点,是在特定思想认识环境中特意提出的看法并被人们所普遍接受,毛泽东在《论联合政府》中继续指出:"人民,只有人民,才是创造世界历史的动力。"由此,"人民群众是历史的创造者"成了历史唯物主义的一个基本命题。然而,在反对者看来,根据马克思、恩格斯的一贯思想,"人民群众"虽然参与了历史的创造,

---

① 《列宁全集》第 26 卷,第 59 页。
② 郑玉兰:《关于"谁是历史的创造者"问题的逻辑分析》,《广东社会科学》2001 年第 1 期。
③ 于丽:《马克思主义经典作家论历史的创造》,《商丘师范学院学报》2012 年第 10 期。

但最多是为历史创造提供了"前提和条件",包括"物质生活资料的生产与人的生产与再生产"和"人类生活的自然条件",但"前提终究只是前提,条件仅是条件,不是现实的历史创造,更不是历史的全部"。① 实际上是认为历史创造另有内容,物质生产及自然条件仅仅是前提而已。这种观点的谬误是不言而喻的,为了生存首先进行物质资料和人自身的生产与再生产本身就是历史的创造活动,那么,马克思、恩格斯为什么还要首先强调物质资料生产这个前提和条件呢?显然强调物质资料生产的重要性就是要批驳唯心史观的精神决定论,而不是从历史创造的角度来论述物质资料的先决性。实际上,人类社会的延续永远离不开围绕生存需求而开展的种种活动,到目前为止,首要的仍然是"吃穿住行"的满足,这构成了人们历史创造的主流和主旋律,是历史创造最主要的内容,绝不能以所谓的"前提与条件"的划分将这类活动摒除在历史创造活动之外。

(二)历史创造的含义

历史创造者争鸣中的关键在于对其中"创造"这一概念含义的理解。

第一种观点认为,"历史创造"就是指提供前人或别人没有做过的东西。有学者依据词典对"创造"的定义,认为在汉语中,创造是个褒义词,意思是想出新办法、建立新理论,做出新成绩或东西。据此,"历史创造"当然就是指能够提供"新东西",在历史上,谁提供了"新东西",谁就是历史的创造者。

第二种观点认为,"历史创造"就是"历史制造",否定"创造"一词含有"动力"之意,也不是用来指"推动历史前进"。有研究者认为:"马克思和恩格斯所使用的'创造'(make)一词本义为'制造',本来就没有后来人们赋予它'推动历史前进'的含义。"在引述了恩格斯"历史的进步整个说来只是极少数特权者的事"② 这段话后,得出结论:"由此也足证,'创造'一词本来就不包含'动力'的含义。农民,毫无疑义是生产历史的创造者,但却不是封建社会发展的动力。"③

第三种观点认为,"历史创造"既包括"制造",也具有"创造"的含义。有研究者提出:历史创造的第一层含义是"制造"(make),马克思、恩格斯正是在这个意义上提出了"人们自己创造自己的历史",即"所有的人都参与了历史的创造"。第二层含义是"创造"(create),"即为历史增添了与以往相区别的新东西","人们

---

① 孙厚生:《关于历史创造者与发展动力问题的几点思索》,《唐山师范学院学报》2008年第6期。
② 《马克思恩格斯选集》第3卷,第42页。
③ 何柞榕:《关于历史创造与历史发展动力》,王学典:《历史主义思潮的历史命运》,天津人民出版社1994年版。

在有关的理论研究中也总是从这个意义上来认识问题的。"①这样的理解还是没有厘清"历史创造"的实质和特性,通常所说的"历史"是指过往的客观存在,其发生最显著的特征是历时性,随着时间的流逝在既定的空间发生的一切人类活动和自然状态与变化都构成了"历史"。据此,把"历史创造"理解为创造某种物品式的过程显然是不准确的。"历史创造"只能有一种理解就是"历史发生",这是理解创造者和推动力的基础。

第四种观点认为,历史创造就是遵循客观规律条件下人们的选择性、创造性活动。有研究者认为,"所谓历史创造,就是人类在尊重客观规律的前提下表现自己能动的选择性、支配性和创新性的活动过程。但是,人类创造自己的历史,也决不是随心所欲的,而必定需要内在地遵循一定的方法论原则……才能实现自己的目的。"②这种观点同样迷失在了把"历史创造"混同于"物品创造"的认识误区之中。人是有意识的动物,在开展或从事一切活动时都会有自己的主观目的,尽管这种主观愿望有时会暗合规律、有时会违背规律,从而造成其实现过程同时就是一个不能确定结果的选择过程。然而,无论选择的结果对或是错,随时间的流逝,这段历史就已经被"创造"出来了。

第五种观点认为,历史创造就是指决定历史的发展方向和面貌。有研究者认为:历史"无非是人们追求自己目的的活动在时空序列上的展开","人们只有结成一定的社会关系,遵循'一定的共同活动的方式'与自然相互作用及互动,才能使自己的活动成为'历史创造活动'从而创造历史"。因此,"结合'进步'概念的涵义,可知'历史进步'就是社会形态向理想社会形态趋近的变革"。③ 据此,有研究者提出:"所谓'创造历史',即是指决定历史发展的方向,决定历史发展的面貌。……真正成为历史命运主宰者的,其实是那些默默无闻的,占人口绝大多数的人民群众。"④这种观点实际上是赋予了"创造"特定的含义,既然如此,为什么要用"创造者"来概括"人民群众"的历史作用呢? 直接用"人民群众是历史发展的决定力量"或"推动力量"不是更容易理解吗?

第六种观点认为,历史不是创造出来的,而是自然形成的。有研究者认为:

---

① 孙厚生:《关于历史创造者与发展动力问题的几点思索》,《唐山师范学院学报》2008年第6期。
② 万斌、王学川:《论历史创造活动的方法论原则》,《宁波大学学报(人文科学版)》2008年第2期。
③ 姚军毅、杨清明:《论历史进步的评价尺度》,《社会科学战线》1994年第4期。
④ 刘云波:《也论"人民群众是历史的创造者"》,《益阳师专学报》1995年第1期。

"创造是指产生出前所未有的事物",历史的内容"可以说是人创造的",但"历史的表现形式——时间是不能创造的"。因此,"我们说人们自觉地有意识地创造生活,却无意识地形成历史"。因为"社会历史的发展是不以人的意志为转移的","作为结果的历史并不与人们的主观愿望相一致。因此,从创造结果的角度看,历史也不是创造出来的"。① 这种观点把"历史创造"与"历史自然形成"对立起来了,把"无意识创造历史"与"有预期的历史活动"截然割裂,未能揭示历史活动的真实特点。对于人类历史的发生而言,如果没有人的认识活动,时间的存在是毫无意义的,时间过得再久远恐怕也不会改变人类自身的生存状态。因此,时间这个维度在人类历史的创造中仅是一个标识性存在,并不决定历史是如何发生的。至于对恩格斯"平行四边形"法则的引用,则完全偏向了历史不可控论。恩格斯的原意是,一方面揭示历史发生的客观情形,提醒人们历史不是随心所欲创造的,也是不任由人们的主观认识所决定的。另一方面是说随着人们认识历史水平的提高、控制能力的提升,人类历史将会走向可以预期的、可计划的阶段,真正实现自然过程与合目的性的统一。这绝不是作者所理解的人类历史永远是一个不可控的、不可自主的、不以人的意志为转移的发展过程。

综上所述,我们认为"历史创造"不能理解为像物品创造那样的过程,历史事变的发生是一个由量变到质变的过程,不可能每时每刻都提供新的东西。量的积累本身就是历史创造的过程,不论这种生活重复了多少年,随着时间的流逝,人类的历史在延续着、发生着,从而形成了一个不断的链条。如持续几万年的原始生活,在很长时间里就是简单重复,这个过程是连续的、客观存在过的,不能说因为没有提供什么新东西就可以任意忽略某些年份、某些阶段、某些形式的客观事实的存在,说某些时间里历史就不存在了。因此,人的存在、人的延续、人的参与本身就意味着对历史的创造,时间维度在这里实际上表现出了历史创造的一个鲜明特点——历时性。

(三) 历史创造的动力问题

第一,需要说,历史创造的动力源于人们对新需要的追求。有研究者认为,马克思、恩格斯的历史理论是从主体,即现实的个人及其活动的角度进行论述的,历史创造的动力来自人们对自己目标的追求。因此,"'历史创造'之'新'就

---

① 陈澍斌:《"历史创造论"质疑》,《安庆师院社会科学学报》1995年第4期。

产生于每一个人对自己自觉预期的目的的追求之中","现实的个人创造历史的动力源于他们对新的需要的追求"。① 也就是满足生存和发展需要是人类不断创造历史的动力。

第二,阶级斗争说,作为推动历史进步直接动力的阶级斗争指的是先进阶级与落后阶级的斗争,而不是同一生产关系中剥削阶级与被剥削阶级之间的斗争。有研究者认为,马克思、恩格斯所说的"直接动力"是源于"代表先进生产力的阶级与代表过时制度的反动阶级之间进行的"斗争。因此"作为历史发展的直接动力只是'领导社会'的那些人的事,在那些人中存在着的阶级斗争才是作为直接动力的阶级斗争"。② 马克思也说过:"古代的罗马,阶级斗争只是在享有特权的少数人内部进行,只是在自由富人与自由穷人之间进行,而从事生产的广大民众,即奴隶,则不过为这些斗士充当消极的舞台台柱。"③这样,广大劳动阶级、被压迫阶级的反抗就不是历史创造的动力,同一生产关系内对立阶级的斗争就不具有动力学的意义了,而这正是研究者坚持人民群众创造历史作用有限说的基本理论依据。

第三,实践说,社会历史进步的动力在于"人类的实践"。有研究者根据马克思、恩格斯"社会生活在本质上是实践的"这一思想④,认为可以"引申出社会历史的实践本质"。"所谓'历史'不过是在人的实践活动的基础上旧的社会环境的不断改变与新的社会环境的生成。历史在本质上是由人的需要以及为满足人的需要而形成的生产方式所决定的物质联系在时间延续中的链接。"因此,"推动社会历史进步的最终动力来自人类的实践活动:没有人类的实践活动,就既没有人类社会历史的生成,也不会有人类社会历史的发展与进步"。⑤ 作者所强调的"实践"其实就是"人的有目的的活动",也就是"满足人的需要的活动"。显然,把"活动"看作历史的本质就流于表面了,用"实践"来代替"劳动"或"活动"说明历史进步的动力并没有提供更多的理论内涵和独到见解。

第四,动机说,历史发展的动力是马克思、恩格斯强调的人的个性和动机。主要依据是马克思、恩格斯指出:"历史什么事情也没有做……创造这一切、拥有

---

① 孙厚生:《关于历史创造者与发展动力问题的几点思索》,《唐山师范学院学报》2008年第6期。
② 何柞榕:《有关唯物史观若干争论之管见》,《未定稿》1986年第8期。
③ 《马克思恩格斯全集》第16卷,第406页。
④ 《马克思恩格斯选集》第1卷,第60页。
⑤ 林剑:《论马克思历史观视野中的"历史"生成论诠释及其价值》,《哲学研究》2009年第10期。

这一切并为这一切而斗争的,不是'历史',而正是人,现实的、活生生的人。"①普列汉诺夫也曾指出:"个人的性格只有在社会关系所容许的那个时候、地方和程度内,才能成为社会发展的'因素'。"②恩格斯强调要探索历史事变的真实原因,应当注意的"与其说是个别人物、即使是非常杰出的人物的动机,不如说是使广大群众、使整个整个的民族,以及在每一民族中间又是整个整个阶级行动起来的动机;而且也不是短暂的爆发和转瞬即逝的火光,而是持久的、引起重大历史变迁的行动。……这是可以引导我们去探索那些在整个历史中以及个别时期和个别国家的历史中起支配作用的规律的唯一途径"。③ 有研究者认为这一论断对于我们自觉地把握人类历史发展的走向,具有极为重要的方法论意义。

第五,选择说,人的选择是历史发展的内在动力。有研究者认为"人的选择在历史发展中具有重要的作用,它对于历史过程会产生巨大的影响","人的选择是历史发展的内在动力之一","人们总是根据自己的需要和利益,在客观规律提供的可能性范围内进行选择,找出其中能够满足自己需要和利益的可能性,并设法使它转化为现实。不仅如此,每一种可能性的实现又可以有多种形式,即多种途径与方法,人们对于这些具体途径和方法的选择,可以发挥巨大的能动性和创造性"。④ 实际上,这是把人类的选择能力讲得过于强大和明智了。根据当时的条件选择,只是意味着人们只能根据自己以为是正确的可能性而做出选择,因为人们对客观条件的把握能力是有限的,任何历史时期的人们都不可能在穷尽了各种因素的影响后做出所谓正确的判断与选择。

第六,生产力变革说,历史进步的根本动力源于生产力的变革,归根到底是人的理性与激情的现实统一的结果。研究者认为:按照马克思主义的基本思想,"生产力就是人的生命力、人的热烈渴望、永恒的创造冲动以及所有这些东西的外显。"因为生产力是理性的,"作为其核心要素的科学技术正是理性的产物",同时它又是激情的,"每一时代那些有血有肉的具体的劳动者","都不可能不把他对生活的梦想、期盼与勇气渗入到他的劳动之中"。因此可以说,"作为人的生产财富或物质资料的能力,生产力之所以有一种不断增强和提高的内在冲动,根

---

① 《马克思恩格斯全集》第2卷,第118—119页。
② 《普列汉诺夫哲学著作选集》第2卷,生活·读书·新知三联书店1962年版,第359—360页。
③ 《马克思恩格斯选集》第4卷,第255页。
④ 万斌、王学川:《论历史创造活动的方法论原则》,《宁波大学学报(人文科学版)》2008年第2期。

本原因就在于每一时代的人都倾向于追求并创造更加美好的生活"。有研究者认为:"何谓人民？人民就是那些不同时代、为着追求更加美好生活而从事物质资料生产的广大劳动者,正是人民的欲望与需要、理性和激情的现实而具体的统一推动了生产力的不断向前发展。"①这就决定了历史是有规律的、必然进步的和不断变革的,而人就是其中的决定因素,而劳动人民又起到了决定性的作用,人民群众创造历史便是一个规律性的结论。

(四) 人民群众概念的复合性和多样性

在历史创造者争鸣中,"人民群众"有多种表述,如人民、群众、民众、百姓、大众、劳动者、劳苦大众、劳动人民、劳动群众、劳动阶级、被剥削阶级、无产阶级等。有些指称所有时代的"大多数人",有的特指一定社会形态下的多数人,还有的是指在特定政治条件下代表进步立场的各阶级成员的组合。在我国学界表述高度一致:泛指以劳动群众为主体的社会基本成员,通常是指在一定的历史时期推动社会历史进步的阶级、阶层和社会集团等政治力量的总称。② 人民群众指称的多样性也使"历史创造"问题的表述呈现出多样性,如"人民,只有人民,才是创造世界历史的动力""人民才是历史的真正动力""人民群众是历史的主人""人民群众是创造历史的决定力量""人民群众是社会发展的决定力量""民众是推动历史进步的主导力量"等,这种现象的存在说明了概念认知上的分歧必然导致争论持久不息,形成共识的难度可想而知。其中有两种认识趋向值得关注。

第一种趋向认为,"人民群众"在马克思、恩格斯那里就是专指"劳动阶级"。有研究者认为:"纵观马克思主义者有关'群众史观'的论述,可以看出其中的人民群众概念特指社会物质资料的直接生产者,一般称为'劳动人民'、'劳动群众'、'劳动阶级',它与社会的精神文化生产者、社会的管理统治者相并列。"因为"劳动的观点是'唯物史观'中最基本也是最重要的观点,而'群众史观'与劳动的观点逻辑地联系在一起。"在引述了恩格斯"历史中的决定性因素,归根结底是直接生活的生产和再生产"的观点后,有研究者指出:"没有物质生产不仅没有任何

---

① 成林:《马克思主义历史进步思想的基础命题和原则立场》,人民大学复印资料《马克思列宁主义研究》2017年第8期。
② 参见廖盖隆、孙连成、陈有进等主编:《马克思主义百科要览》(上卷),人民日报出版社1993年版,第361页;肖蔚云、姜明安主编:《北京大学法学百科全书》,北京大学出版社1999年版,第363页;向洪主编:《四项基本原则大辞典》,电子科技大学出版社1992年版,第179页;卢之超主编:《马克思主义大辞典》,中国和平出版社1993年版,第661页;金炳华主编:《马克思主义哲学大辞典》,上海辞书出版社2003年版,第350页。

其他历史活动,同时物质生产还决定和制约着其他历史活动。更进一步说,劳动群众所从事的物质生产活动实际上制约着社会发展的方向和规模,社会的其他活动都是从生产活动派生出来的。生产活动不是消极被动的舞台,而是决定和制约着演什么戏和哪些角色登场,决定着重大历史事件的发生和杰出人物的出现。"[1]所以马克思、恩格斯指出:"无论不从事生产的社会上层发生什么变化,没有一个生产者阶级,社会就不能生存"[2],而斯大林也强调:"社会发展史同时也是物质资料生产者本身的历史,即作为生产过程的基本力量、生产社会生存所必需的物质资料的劳动群众的历史。"[3]因此,"历史上一切真正的革命运动,实质上都是人民群众起来摧毁腐朽的社会制度的斗争,而革命的主力军、基本力量都是劳动群众。""劳动群众及其意志和愿望是历史合力中决定历史方向和命运的最终决定力量,它是杰出的历史人物的动机背后并且构成历史的真正的最后动力的动力。"[4]这就充分肯定了在历史创造活动中人民群众、劳动人民的根本作用和基础作用。

第二种趋向认为,要把"人们"放在具体的情形下进行细致的划分,即在每一种对立统一的关系中来把握谁是历史创造者及创造作用的体现。有研究者具体分析了"人们"这个集合概念下,"人民群众"所对应的矛盾统一体,"可将它划分为'英雄和普通个人'、'人民和敌人'、'领导(者)和群众(被领导者)'、'劳动群众和非劳动群众'等相矛盾对立的两种概念"[5],然后分析每一对概念当中所指历史创造的作用和地位。这就改变了笼统地判断"人们""英雄"和"人民群众"谁是历史创造者的简单分析方法,使命题理解进入了更深层次,历史创造的面目也变得更加清晰了。

## 三、马克思主义历史创造观的真实与问题的解决

(一)"人民群众创造历史"是谁说的不决定事物的本来面目

有质疑论者认为,"人民群众是历史的创造者"不是马克思、恩格斯的原话,是苏联学者的演绎和改造,因而"不是历史唯物主义"。把历史唯物主义原理简

---

[1] 郑玉兰:《关于"谁是历史的创造者"问题的逻辑分析》,《广东社会科学》2001年第1期。
[2] 《马克思恩格斯全集》第19卷,人民出版社1963年版,第315页。
[3] 《列宁主义问题》,人民出版社1984年版,第181页。
[4] 郑玉兰:《关于"谁是历史的创造者"问题的逻辑分析》,《广东社会科学》2001年第1期。
[5] 郑玉兰:《关于"谁是历史的创造者"问题的逻辑分析》,《广东社会科学》2001年第1期。

单等同于马恩的言论显得既僵化又肤浅,有研究者指出:"我们和'质疑'者的分歧仅仅在于,怎样从马恩著作中寻找根据,即是从个别词句上还是从整个体系上去寻找根据?我们认为,理论不是简单的词句和教条,书本上的词句只是理论的躯壳,贯穿于理论体系的立场与方法,才是理论的生命,避免寻章摘句的教条主义的有效方法是从体系上把握马克思主义的精神实质。"[①]正如有的研究者指出:"论辩各方大量引用马克思主义经典作家的原文来论证自己的观点。所以,马克思主义经典作家究竟是如何看待历史创造者问题的就成为这场论争各方关注的焦点问题之一。"[②]这就是说,争论停留在马克思主义经典作家是否说过"人民群众是历史的创造者"或表达过类似思想认识,从而把问题局限在判断经典作家是不是"说过"上了,似乎他们"说过"命题就成立,没"说过"就不是历史唯物主义的基本原理。因此,科学的态度是从历史事实出发,在全面领会经典作家思想的基础上,进一步推进命题的历史考究与分析,从而真正揭示"历史创造"问题的真谛。

(二) 准确理解马克思、恩格斯的历史创造观

马克思、恩格斯所说的"人们自己创造自己的历史"可以有以下理解。

首先,这是与自然史形成相区别提出的观点。马克思很赞赏维科所说的"人类史是我们自己创造的"这句话,指出:"如维科所说的那样,人类史同自然史的区别在于,人类史是我们自己创造的,而自然史不是我们自己创造的。"[③]马克思早在《1844年经济学哲学手稿》中就说道:"整个所谓世界历史不外是人通过人的劳动而诞生的过程。"[④]显然,人类的历史既不是自然形成的,也不是超自然的力量创造的,而是人类自己通过改造自然的生产劳动和其他社会活动创造的。恩格斯也认为人类历史上的一切美好事物,都是人自己通过艰苦卓绝的劳动和奋斗创造的,无须对人类历史创造打上"神性的"烙印。[⑤] 由此,马克思、恩格斯认为:"历史不过是追求着自己目的的人的活动而已。"[⑥]据此,有学者认为马克思、恩格斯是从与自然史区别的角度谈论"历史"和"历史创造"的,即"自然界的

---

① 李景源:《人民群众是历史的创造者新论》,人大复印资料《中国共产党》2015年第7期。
② 毛豪明、王丽娜:《近二十年来历史创造者问题论争评说》,《安庆师范学院学报(社会科学版)》2000年第3期。
③ 《马克思恩格斯文集》第5卷,人民出版社2009年版,第429页。
④ 《马克思恩格斯文集》第3卷,人民出版社2009年版,第310页。
⑤ 《马克思恩格斯文集》第5卷,人民出版社2009年版,第208页。
⑥ 《马克思恩格斯文集》第1卷,人民出版社2009年版,第295页。

发展规律就是通过这些盲目的、无意识的事物之间的相互作用形成、表现出来并得以实现";而"正是人类有意识、有目的的实践活动构成了或者说创造了人类社会的历史"。① 简言之,就是人类自己创造自己的历史,这里的"历史"就是特指人类社会的历史。有研究者认为马克思所说的"历史"就是指人类通过活动与自然发生关系的过程,认为外在于人类的自然存在,如果不与人发生关系,它就是"无",即没有意义和价值。②

其次,人类历史的生成是劳动或实践的结果,从而凸显了劳动的价值,从这个意义上说,劳动创造了人、劳动群众创造了历史。有研究者系统梳理了马克思、恩格斯有关原始社会的研究,认为形成了有关劳动独特价值的系统思想。马恩指出,人把自己和动物区别开的第一个历史行动不在于有思想,而在于开始生产自己的生活资料③,"动物所能做到的最多是采集,而人则从事生产"。动物主要依靠的是"适应""在自然界中引起变化",而人类则是通过"改变""使自然界为自己的目的服务,来支配自然界",这种差别就是"劳动"造成的。所以,"劳动是整个人类生活的第一个基本条件","劳动创造了人本身"。④ 因此,"历史中的决定性因素,归根结底是直接生活的生产和再生产"。⑤ 还有研究者认为对于"劳动",马克思还指出:"这种活动、这种连续不断的感性劳动和创造,是整个现存感性世界的非常深刻的基础,只要它哪怕只停顿一年……不仅在自然界将发生巨大的变化,而且整个人类世界……也就没有了"⑥,"任何一个民族,如果停止劳动,不用说一年,就是几个星期,也要灭亡,这是每一个小孩都知道的"⑦。因此,马克思主义者认为,人类的生产活动是最基本的实践活动,决定着其他一切活动。

再次,马克思、恩格斯所强调的"劳动"实际上是指"创造性活动",或可称之为"革命的实践""变革的实践"。有研究者依据马克思、恩格斯的几段论述,进行了逻辑分析。一是根据"个人怎样表现自己的生活,他们自己就是怎样。……这取决于他们进行生产的物质条件"这段论述,认为"对于人的社会生活而言,它在

---

① 赵家祥:《恩格斯论社会历史规律的性质》,人大复印资料《马克思列宁主义研究》2015 年第 12 期。
② 林剑:《论马克思历史观视野中的"历史"生成论诠释及其价值》,《哲学研究》2009 年第 10 期。
③ 《马克思恩格斯文集》第 1 卷,第 519 页。
④ 以上引文分别见《马克思恩格斯文集》第 9 卷,第 548、559、550 页。
⑤ 沙健孙:《马克思恩格斯关于原始社会历史的理论及其启示》,《思想理论教育导刊》2016 年第 7 期。
⑥ 《马克思恩格斯选集》第 3 卷,第 50 页。
⑦ 《马克思恩格斯全集》第 19 卷,第 580 页。

本质上必然是实践的,因为生活本身就是由生产所决定"。二是根据马克思批判黑格尔:"只看到劳动的积极的方面,没有看到它的消极的方面"的看法①,认为"对于劳动而言,它既有积极的方面,也有消极的方面"。由于劳动、生产、实践内涵是一致的,所以"实践从性质上可以界分为革命的实践与非革命的实践,或者说是变革的实践与非变革的实践",而历史的本质就在于"革命的实践"或"变革的实践"。三是引述了"历史不外是各个世代的依次交替。……每一代一方面在完全改变了的环境下继续从事所继承的活动,另一方面又通过完全改变了的活动来变更旧的环境"这段论述后,着重从"交替""改变""变更"三个词的使用,推论出"'历史'是在人的不断变革的实践活动基础上来改变旧的社会环境而产生新的社会环境的过程与活动"。四是在引述了"这种联系不断采取新的形式,因而就表现为'历史'";"环境的改变和人的活动的一致,只能被看作是并合理地理解为变革的实践";"历史的动力以及宗教、哲学和任何其他理论的动力是革命,而不是批判";"革命是历史的火车头"②等论述后,得出结论:"社会历史发展的动力来自哪里,它来自生产力的不断革命,来自生产工具的突破与创新……因此,历史的本质只能理解为人的革命的实践或变革的实践,不能理解为其他。"③

(三) 人民群众创造历史的渐进性、不平衡性和特殊性

第一,马克思、恩格斯认为,前资本主义社会中的劳动阶级没有能力和觉悟自觉创造历史。马克思说:"一个除自己的劳动力外没有任何其他财产的人,在任何社会的和文化的状态中,都不得不为占有劳动的物质条件的他人做奴隶"④,而"奴隶没有任何权利,始终是被压迫阶级,不算是人"⑤。就是在封建社会,"君主政体的原则总的说来就是轻视人、蔑视人,使人不成其为人"。尤其中世纪是"人类史上的动物时期,残酷的封建统治,使人脱离自己的普遍本质,把人变成直接受本身的规定性所摆布的动物"⑥。同样"在资产阶级社会里,资本具有独立性和个性,而活动着的个人却没有独立性和个性"⑦。在这一系列严酷的

---

① 《马克思恩格斯选集》第1卷,第67—68、55页。
② 《马克思恩格斯选集》第1卷,第88、81、55、59、92、456页。
③ 戴圣鹏:《马克思关于历史本质思想的深度解读》,人大复印资料《马克思列宁主义研究》2016年第10期。
④ 《马克思恩格斯选集》第3卷,第5页。
⑤ 《列宁选集》第4卷,第49页。
⑥ 《马克思恩格斯全集》第1卷,第340、411页。
⑦ 《马克思恩格斯全集》第2卷,第281页。

社会制度下,"一些人靠另一些人来满足自己的需要,因而一些人(少数)得到了发展的垄断权;而另一些人(多数)经常地为满足最迫切的需要而进行斗争,因而暂时(即在新的革命的生产力产生以前)失去了任何发展的可能性"。① 这使得他们参与历史创造活动的可能和能力都极其微小。因而,"一切先前的所有制形式都使人类较大部分,奴隶,注定成为纯粹的劳动工具,历史的发展、政治的发展,艺术、科学等等是在这些人之上的上层社会内实现的"②。这些上层人物"决定着某一历史时代的整个外貌"③,因而可以说,"人类大多数总是注定要从事艰苦的劳动和过着悲惨的生活,历史进步整个说来只是极少数特权者的事"。④ "而从事生产的广大民众",不过充当了"消极的舞台台柱"⑤。列宁也说:"在一百多年以前,创造历史的是一小撮贵族和资产阶级知识分子,工农群众尚处于沉眠不醒的状态中,因此当时历史的进展也是缓慢的可怕。"⑥这些论述充分说明,马克思主义经典作家认为劳动群众创造历史有一个从被动向主动、由"无能"向"能动"逐渐转变的过程,并不是在历史的每个时期或阶段都产生着"匀质"的推动作用。因此,有研究者认为,"人民群众作为历史创造者,不是随心所欲的创造,而是受到历史条件制约的。""制约和影响群众作用的主观条件,即'意志合力',包括群众的思想觉悟、首创精神、组织程度、科学文化素养等几方面。"⑦这就是说,人民群众创造历史的强度不是平均的、自觉性也不是持续的,它是随着杰出人物深入群众的程度和动员能力的提高而不断提高的。所以,群众的作用是有限的、曲折的,但却是不断靠近、自觉行动、主动创造历史的过程。

第二,使社会得到改造或取得进步的推动力量是"新的统治与压迫阶级的阶级"。有研究者提出:"使奴隶社会受到'革命改造'的既不是奴隶主阶级,也不是奴隶阶级,而是从奴隶主阶级与奴隶阶级中分离出来并逐渐生成的新兴地主阶级;使封建社会受到'革命改造'的不是封建地主阶级,也不是农民阶级,而是从破产的地主与破产的农民形成的市民阶层中产生的新兴资产阶级。"有研究者认为,任何阶级都与一定的生产方式和生产力水平相联系,"当一个阶级丧失了存

---

① 《马克思恩格斯全集》第3卷,第507页。
② 《马克思恩格斯全集》第4卷,第88页。
③ 《马克思恩格斯选集》第1卷,第52页。
④ 《马克思恩格斯全集》第3卷,第42页。
⑤ 《马克思恩格斯选集》第1卷,第600页。
⑥ 《列宁选集》第3卷,人民出版社1960年版,第491页。
⑦ 孟庆仁:《马克思主义群众史观新解》,《理论学刊》2007年第6期。

在的历史必然性与合理性时,不管他们所处的地位与生活状况如何,都不应给予辩护与肯定性的评价"。因此,在马克思主义经典作家的著作中经常能看到对"小资产阶级、农民阶级、流氓无产者阶级"给予了"负面与否定性的评价"[①]。这种看法潜在地说明,劳动阶级并非始终是历史进步的推动力量。但问题的关键是"新兴阶级"由何发生呢?按照研究者的逻辑,是生产力的变化引起了生产关系的变化,由此产生了新兴阶级。那么,生产力又是由何而变化的呢?如果没有旧生产关系中的劳动者的创造发明恐怕也引不起任何革命性的变化。当然,旧劳动阶级脱胎为新劳动阶级不是一朝一夕整体全部实现的,必然是其中的一部分先行变化最后引起整个社会阶级的变化。这就是说作为历史的结果,虽然旧阶级失去了历史的合理性和必然性,但也不能由此抹杀劳动阶级在先前所做出的对历史进步的贡献。应该说,人民群众创造历史有其联贯性,始终是社会进步由量变到质变的积累性力量、推动性力量,而不应因其劳动身份和地位的某些变化就断然否定他们对新生产关系兴起的历史性贡献。

第三,人民群众并非始终是历史创造的主体,只有专指无产阶级时才是创造历史的主体。有研究者认为,把"人民群众是历史的创造者"看作一个普遍命题,"从根本上背离了历史发展的辩证性质"。认为从"直接劳动"的视角始终把"劳动群众"看作"人民群众"的主体从而创造了历史是有悖于历史事实的。有研究者认为"表达历史主体实质的,恰恰是关系性存在"。首先,"历史主体是一种劳动分工性关系主体","没有一个劳动管理阶级的存在,劳动群众的生产劳动就不能正常进行";其次,"历史主体是一种分配对抗性关系主体","因而在历史上,围绕物质利益的分配总是充满了阶级间的对抗和斗争","不仅仅是历史发展的动力,包括历史发展的阻力在内都是在这种对抗性关系当中发生的"。最后,"历史主体是一种能力激励性关系主体","统治阶级总是代表了人类社会的工具性价值,被统治阶级总是代表了人类社会的目的性价值,社会历史是在两种价值的整合过程中展开的"。由此可以说,"没有哪一个阶级、阶层或社会集团能够单独地、纯粹地表现历史发展的规律,历史发展的规律亦不具有为任何历史主体能够自觉地发挥、运用、表现的形式"。根据上述推论,作者提出"人民群众是历史的创造者"是一个"特殊命题","人民群众"专指"无产阶级"及其联合的力量,"历史

---

① 林剑:《马克思主义究竟是在为谁代言》,《学术月刊》2013年1月号。

创造"是指自觉的人类历史的创造。因为,"在以往的历史上,劳动群众,包括马克思主义诞生以前的无产阶级,他们还不能把握到自己解放的条件,他们没有摸索到历史发展的规律,他们无法掌握自己的命运,他们只能充当历史不自觉的工具",只有到马克思主义出现后的无产阶级革命阶段,"人""人们""劳动群众"的内涵才与"人民群众"即"无产阶级"一致起来,历史创造,即自觉的历史行动才可能发生,"人民群众是历史的创造者"的命题才能成立。①

第四,马克思主义不是"穷人"的主义,而是专为无产阶级代言的主义。因为"现代工业无产阶级是资本主义社会中唯一具有前途的阶级,其原因也在于,他们不仅是工业生产力的代表,而且他们的未来还依赖于私有财产的扬弃与消灭"。② 这里也有问题需要质疑:首先,在已经出现过的对立阶级中,为什么说无产阶级是"工业生产力"的代表,而奴隶阶级、农奴阶级、农民阶级就不能是"农业生产力"的代表?"工业生产力"的表述已经不能涵盖当今社会生产力构成的现实了,如果仅仅把无产阶级定位为"体力劳动者"显然已经跟不上时代的步伐了。怎样定义当今的"无产阶级",怎样表述无产阶级与先进生产力的关系就成了首先必须解决的理论问题,也就是要从深层次回答无产阶级"为什么能代表先进生产力"和"怎样代表先进生产力"的问题。其次,把无产阶级视为私有制的消灭者是因为他代表了"工业生产力"的发展方向吗?怎样说明"工业生产力"的发展方向就是指向"公有制"呢?再次,资本主义生产关系是由对立的两个阶级构成的,怎样看待资产阶级与"工业生产力"的关系?实际上,从马克思主义的基本观点看,造成资本主义灭亡的根据在于资本的贪婪,无产阶级的反抗最初在性质和方式上与历史上劳动阶级的反抗活动并无二致,那么,怎样说明无产阶级运用"工业生产力"来消灭资本主义呢?对"无产阶级"的重视,恰恰说明马克思主义在改造社会的过程中找到了最有力、最可靠、最革命的依靠力量,由此人类进入了可以自觉地、主动地创造历史的时期。最后,如果没有千百年来历代劳动人民对理想社会生活的向往,对共有共享生活的追求,社会主义思想不可能凭空产生;如果不是资产阶级比先前的剥削阶级更凶残、对劳动人民的压迫更凶狠,人民的反抗就不会这样激烈,对和谐社会的向往就不会这样强烈。马克思主义代表无产

---

① 牛方玉:《"历史创造者"命题的辩证性质及世界观、方法论意义》,《齐鲁学刊》2012年第1期;《"人民群众是历史的创造者"命题再阐释》,《理论学刊》2008年第1期。
② 林剑:《马克思主义究竟是在为谁代言》,《学术月刊》2013年1月号。

阶级的利益,同时必然代表社会中处于被压迫、被剥削的劳动群众、穷苦大众的利益,否则就不会在非资本主义社会也能引起如此剧烈的反响。应该说,马克思主义反映了历史进步的趋势和规律,代表了自古以来人类对自身命运和终极关怀的向往与追求,是一股集古今中外社会理想之大成的进步思想潮流,把马克思主义仅仅看作无产阶级利益的代表是对马克思主义思想价值的贬低与歪曲。

## 结语

通过上述回顾与评析,关于历史创造问题,我们可以得出以下结论:从历史生成的角度看,人人都是历史的创造者,都为历史事实的产生、变化贡献着自己的作用,这时的历史创造呈现的是一种历时性的特征。也就是说,所有人在时间轴上留下的活动痕迹都沉淀为无法改变、不容抹杀的客观事实(无论是进步性、建设性的事实,还是倒退性、破坏性的事实)。尽管已经不可能还原全部时空内出现的这些事实,甚至有些没有留下蛛丝马迹而成为"想象的事实""不可知的存在",但理性和逻辑告诉我们它们的确存在过,是人类历史不可或缺的组成部分。从历史进步的角度看,发挥决定性作用、产生推动性力量、构成创造性动机的个人、群体或社会组织及集团是历史的创造者。这时的历史创造呈现的是由自然性、被动性向主动性、自觉性渐变转化的特征。历史创造这两个显著特征表明:"英雄""杰出人物"的历史创造的功劳主要体现为共时性创造价值的呈现,带有明显的暴发性、显著性和引领性。而普通群众历史创造的功劳则主要体现为历时性创造价值,只有从长时段、宽视野的观察中才能发现其历史创造价值的存在,因而带有持久性、潜在性和基础性。因此,必须明确地肯定人民群众的创造历史体现在基础性和普遍性上,也就是杰出人物要善于捕捉特定时期人民群众的普遍愿望或是生活心理主流,将其提升、概括和系统化,形成一定的口号、观点、思想等反过来动员群众就能得到普遍的回应和反映,从而促成一种历史结果的出现,从这个意义上说人民群众的作用就是决定性的。如秦始皇统一六国固然有其一统天下、称霸全国的野心,但也与普通群众希望止战息争、过安稳日子的愿望指向相同,故而能得到人们的支持,完成统一的大业。因此,动员群众、灌输群众并不是说群众完全是被动的工作对象,杰出人物的作用是把人民群众的愿望显性化,把人民群众的行动赋予明确的指向而已,归根到底还是占大多数的人民群众决定着历史发展的方向。

# 马克思、恩格斯关于历史及其创造的基本思想

在历史创造者学术争鸣中[1],对于如何对待马克思、恩格斯的论述,形成了截断不同的态度和观点。质疑论者认为,"人民群众是历史的创造者"不是马克思、恩格斯的原话,因而"不是历史唯物主义"。坚持论者则主张"理论不是简单的词句和教条""贯穿于理论体系的立场与方法,才是理论的生命"。[2] 可见,如何理解马克思、恩格斯关于历史及其创造的具体论述成为理解"人民群众是历史的创造者"表述恰当与否的关键。[3] 用发展的眼光对待马克思、恩格斯的思想已是共识,但无视他们的具体表述也是不可取的。马克思、恩格斯的原创性理论贡献决定了在历史创造问题上所采用的表述、表达的意蕴、论述的逻辑具有本源性的意义。马克思、恩格斯在突出强调人的客观存在和需要的基础上,提出以劳动为原动力、多种合力共同作用形成人类历史,人是创造历史的主体。认为人民群众是一个包括上升时期统治阶级和劳动阶级在内的复合概念,充分肯定了劳动群众在历史创造中的主体地位,揭示了历史创造的继承性、反复性、渐强性特征,是一个由盲目到自觉、由被动到主动的过程。全面梳理马克思、恩格斯关于历史及其创造的基本思想,有助于在理论本源上深化对历史创造问题的理论认识。

---

[1] 参见毛豪明、王丽娜:《近二十年来历史创造者问题论争评说》,《安庆师范学院学报(社会科学版)》2000年第3期。
[2] 李景源:《人民群众是历史的创造者新论》,人大复印资料《中国共产党》2015年第7期。
[3] 学界已有的研究成果参见杨河、于品海:《历史是怎样创造出来的——马克思恩格斯关于历史创造思想研究》,《中国高校社会科学》2015年第3期;程恩富、詹志华:《历史唯物主义视角下历史人物评价问题新探——兼论"广义历史创造者"概念》,《哲学研究》2016年第10期;潘宁:《马克思人民主体思想的历史唯物主义解读》,《社会科学家》2019年第9期。

## 一、马克思、恩格斯的历史观

19世纪的欧洲仍然是神学思想和唯心主义思想盛行的情形。马克思、恩格斯曾分析说:"人们迄今总是为自己造出关于自己本身、关于自己是何物或应当成为何物的种种虚假观念","我们要把他们从幻想、观念、教条和想像的存在物中解放出来"。[①] 马克思、恩格斯的历史观就是在批判旧历史观的氛围中形成的。

(一) 社会历史是人类活动的产物

马克思、恩格斯认为"有了人,我们就开始有了历史"[②],"任何人类历史的一个前提无疑是有生命的个人的存在"。人脱胎于自然界,但与动物相区别的标志是能"生产他们所必需的生活资料,同时也间接地生产着他们的物质生活本身"。"一当人们自己开始生产他们所必需的生活资料的时候","他们就开始把自己和动物区别开来"。[③] 人的另一个特点是社会性,总会在社会生产生活中结成特定的关系并在其中展开活动。马克思指出:"生产关系总合起来就构成为所谓社会关系,构成为所谓社会,并且是构成为一个处于一定历史发展阶段上的社会,具有独特的特征的社会。"[④]特定历史阶段的社会特征是由特定时期的生产关系塑造的,而特定时期的生产关系是与生产力水平相关的。从人们在生产中的地位及其关系出发认识人类社会,是观察特定历史阶段历史存在、历史创造等的首要出发点。马克思还指出:"社会经济形态的发展是一种自然历史过程;不管个人在主观上怎样超脱各种关系,他在社会意义上总是这些关系的产物。"[⑤] 因此,"人们是自己的观念、思想等等的生产者","他们受着自己的生产力的一定发展以及与这种发展相交往(直到它的最遥远的形式)的制约"。[⑥] 经济活动就是人类为生存和延续而开展的物质资料和人类自身的生产与再生产,是人类历史中最重要的活动。所以,马克思、恩格斯指出:"历史什么事情也没有做……创造这一切、拥有这一切并为这一切而斗争的,不是'历史',而正是人,现实的、活

---

[①] 《马克思恩格斯全集》第3卷,人民出版社1972年版,第15页。
[②] 《马克思恩格斯全集》第20卷,第374—375页。
[③] 《马克思恩格斯全集》第3卷,第23—25页。
[④] 《马克思恩格斯全集》第6卷,第487页。
[⑤] 《马克思恩格斯全集》第23卷,第12页。
[⑥] 《马克思恩格斯全集》第3卷,第29页。

生生的人。……历史不过是追求着自己目的的人的活动而已。"① 显然，人类历史的生成既不是神的创造，更不是精神观念的催生，而是人的活动的产物。

（二）人类历史发展有其内在的规律

马克思指出："整个所谓世界历史不外是人通过人的劳动而诞生的过程。"② 显然，人类历史既不是自然形成的，也不是超自然的力量创造的，而是人类自己通过改造自然的生产劳动和其他社会活动创造的，无须对历史创造打上"神性的"烙印。③ 恩格斯强调"历史的发展象（像）自然的发展一样，有它自己的内在规律"④，这个规律就是生产力与生产关系的矛盾运动决定历史发展的面貌，"历史进程是受内在的一般规律支配的"。⑤

马克思、恩格斯指出："过去的历史观不是完全忽视了历史的这一现实基础，就是把它仅仅看成与历史过程没有任何联系的附带因素。"其结果是只看到"元首和国家的丰功伟绩"，看不到劳动者的身影；只看到"宗教""理论"的作用，甚至"把宗教幻想推崇为历史的动力"⑥，看不到物质力量、经济因素和"行动的群众"的巨大作用，由此鲜明地提出："历史活动是群众的事业。"⑦ 马克思在批判蒲鲁东的历史观时，指出他用自己的"头脑运动"取代了生产力与生产关系冲突"产生的伟大运动"，无视群众的"实践和暴力的行动"，其结论只能是"历史是由学者，即由有本事从上帝那里窃取隐秘思想的人们创造的。平凡的人只需应用他们所泄露的天机"。⑧ 恩格斯针对当时一些学人在寻找"一切社会变迁和政治变革的终极原因"时，普遍从"人们的头脑""有关时代的哲学"中去寻找的倾向，鲜明地指出："应当在生产方式和交换方式的变更中去寻找"，"应当在有关的时代的经济学中去寻找"。⑨ 恩格斯在批判旧唯物主义历史观时指出：他们"认为在历史领域中起作用的精神的动力是最终原因"，"不彻底的地方并不在于承认精神的动力，而在于不从这些动力进一步追溯到它的动因"。⑩ 正是人的劳动实践才创

---

① 《马克思恩格斯全集》第2卷，第118—119页。
② 《马克思恩格斯全集》第3卷，第310页。
③ 《马克思恩格斯文集》第5卷，第208页。
④ 《马克思恩格斯全集》第21卷，第389页。
⑤ 《马克思恩格斯全集》第21卷，第341页。
⑥ 《马克思恩格斯全集》第3卷，第44—45页。
⑦ 《马克思恩格斯全集》第2卷，第104页。
⑧ 《马克思恩格斯全集》第27卷，第486页。
⑨ 《马克思恩格斯全集》第20卷，第292页。
⑩ 《马克思恩格斯全集》第21卷，第342—343页。

造了生动的历史画卷。恩格斯指出:"有一种看法,似乎人们的观念和看法创造他们的生活条件,而不是相反,这种看法正被以往的全部历史所推翻。"因为"在历史上,结果总是与愿望不同的,而在进一步发展进程中,甚至大多数是相反的"。① 在过往的历史中,创造历史的活动还不能被人们主动认识和掌握,历史创造更像是一个自然的过程。所以恩格斯指出:"人们通过每一个人追求他自己的、自觉期望的目的而创造自己的历史,却不管这种历史的结局如何,而这许多按不同方向活动的愿望及其对外部世界的各种各样影响所产生的结果,就是历史。"② 这说明马克思、恩格斯关注的历史及其创造主要是指人在其中活动的状态——是被动的、盲目的还是主动的、积极的。

## 二、马克思、恩格斯的历史创造论

什么是历史创造?历史创造有哪些特点?历史创造呈现出怎样的过程?这些都是历史创造者争鸣中有分歧和争论的关键问题。马克思、恩格斯关于历史创造的思想形成了一个完整和系统的逻辑链路,有许多思想恰恰被争鸣者忽略了。

(一)历史创造具有重复性和积累性,并非都是提供新的东西

在历史创造争鸣中,人们关于什么是历史创造也存在着比较明显的分歧。一般是从"创造"的本义理解,认为"创造"就是提供了新东西、新选择,并包含推动历史进步的意味。③ 然而,马克思、恩格斯却不是这样认为的。例如,关于生产力的创造,马克思、恩格斯认为,某地"创造出来的生产力,特别是发明"会因为人们"交往局限"被反复创造和发明。如交往限于相邻地区时,"每一种发明在每一个地方都必须重新开始";再如发生战争或蛮族入侵就会毁坏原有的生产力,"一切都必须从头开始"。可以说,"在历史发展的最初阶段,每天都在重新发明,而且每个地方都是单独进行的"。这种状况什么时候才能被遏止呢?马恩认为"只有在交往具有世界性质,并以大工业为基础上的时候,只有在一切民族都卷

---

① 《马克思恩格斯全集》第 20 卷,第 671—672 页。
② 《马克思恩格斯全集》第 21 卷,第 243—246 页。
③ 参见何栋榕:《关于历史创造与历史发展动力》,王学典:《历史主义思潮的历史命运》,天津人民出版社 1994 年版;孙厚生:《关于历史创造者与发展动力问题的几点思索》,《唐山师范学院学报》2008 年第 6 期;陈封斌:《"历史创造论"质疑》,《安庆师院社会科学学报》1995 年第 4 期。

入竞争的时候,保存住已创造出来的生产力才有了保障"。① 显然,马克思、恩格斯认为历史创造具有重复性、不平衡性和差异性。越往古的时代,人类的创造性活动的重复性就越高。因此,把历史创造仅仅理解为提供了新东西、新理论、新选择的看法是不全面的。人类在很长时间里是处在分散居住生存且缺乏联系的状态,很大程度上还不用考虑共生的问题、共同的挑战,"发明创造"也就很难共享。从人类的高度定义"历史创造"的内涵就不能仅仅是"提供新东西"的角度,还应包括重复性生活、生产活动结果量的积累的过程。显然,历史创造是量的积累和质的飞跃相统一的过程,其最重要的特征就是历时性。

(二)历史创造具有客观性和继承性,并不是随心所欲地创造

首先,历史创造具有不以人的意志为转移的客观性。恩格斯指出:"历史是这样创造的,最终的结果总是从许多单个的意志的相互冲突中产生出来的……这个结果又可以看作一个作为整体的、不自觉地和不自主地起作用的力量的产物。"②人们在创造历史中形成的相互交错的意向看起来像是偶然性在起决定作用,而实际上却是"那种以偶然性为其补充和表现形式的必然性占统治地位。在这里透过各种偶然性来为自己开辟道路的必然性,归根到底仍然是经济的必然性"。③ 显然,恩格斯认为历史创造是一个不以人的意志为转移的客观过程,尽管人们有意识地参与其中且各种意志或动机相互交错,但主观愿望与历史结果往往很难统一。透过这个纷繁复杂的表面,最终起作用的"归根到底仍然是经济的必然性"。一方面,"历史是这样创造的:最终的结果总是从许多单个的意志的相互冲突中产生出来的……有无数互相交错的力量,有无数个力的平等四边形,而由此就产生出一个总的结果,即历史事变"。另一方面,"每个意志都对合力有所贡献,因而是包括在这个合力里面的"。④ 这就充分说明,恩格斯认为每个人都参与了历史创造的过程,都是历史自觉或不自觉的创造者。

其次,历史创造具有人们无法绕开的继承性。马克思指出:"人们自己创造自己的历史,但是他们并不是随心所欲地创造,并不是在他们自己选定的条件下创造,而是在直接碰到的、既定的、从过去承继下来的条件下创造。"⑤恩格斯也

---

① 《马克思恩格斯全集》第 3 卷,第 61—62 页。
② 《马克思恩格斯全集》第 37 卷,第 461—462 页。
③ 《马克思恩格斯全集》第 39 卷,第 199—200 页。
④ 《马克思恩格斯全集》第 37 卷,第 478—479 页。
⑤ 《马克思恩格斯全集》第 8 卷,第 121 页。

反复强调,人们是在特定的前提和条件下创造历史的,但经济条件是决定性的。在给约·布洛赫的信中,他强调"我们自己创造着我们的历史,但是第一,我们是在十分确定的前提和条件下进行创造的。其中经济的前提和条件归根到底是决定性的"①;在给符·博尔吉乌斯的信中也强调"人们自己创造着自己的历史,但他们是在制约着他们的一定环境中,是在既有的现实关系的基础上进行创造的"。② 恩格斯反复强调"人们自己创造着自己的历史",一方面旨在说明,历史创造是由人类自己进行的,不能从神灵或观念中去寻找动因;另一方面说明创造历史不是随心所欲的,要受到各种条件的制约,而经济条件则是决定性的。

(三) 历史创造具有现实性和目的性,主要是为满足生存需要

马克思、恩格斯指出:"人们为能够'创造历史',必须能够生活。但是为了生活,首先就需要衣、食、住以及其他东西",认为这是"首先应当确定一切人类生存的第一个前提也就是一切历史的第一个前提"。因此"第一个历史活动就是生产满足这些需要的资料,即生产物质生活本身",而且,这种生产活动"必须每日每时都要进行"。③ 恩格斯认为这是"一个很明显且以前完全被人忽略的事实",即"人们首先必须吃、喝、住、穿,就是说首先必须劳动,然后才能争取统治,从事政治、宗教和哲学等等",这种认识才使"历史破天荒第一次被安置在它的真正基础上"。④ 人们为了生存,"每一代都利用以前各代遗留下来的材料、资金和生产力"继续着"先辈的活动",同时又从事着"改变旧的条件"的创造性活动,因此,"历史不外是各个世代的依次交替"。⑤ 历史创造的真正基础是"劳动",劳动创造了人自身、创造了人类生存延续的必要物质条件、创造了支撑人类从事精神生产的物质基础,这就从根本上肯定了历史上任何时期劳动人民的历史地位和重要作用。

(四) 历史创造具有自发性和盲目性,并非都是自觉主动的活动

1. 历史创造活动是受生产力发展水平限制的

马克思、恩格斯认为,每个时代人们的活动既继承了前代"传下来的各种因素",又受到生产力发展水平的限制,"人们进行生产的一定条件是同他们的现实

---

① 《马克思恩格斯全集》第37卷,第461页。
② 《马克思恩格斯全集》第39卷,第199—200页。
③ 《马克思恩格斯全集》第3卷,第31—32页。
④ 《马克思恩格斯全集》第19卷,第121—125页。
⑤ 《马克思恩格斯全集》第3卷,第51页。

的局限状态和他们的片面存在相适应的,这种存在着的片面性只是在矛盾产生时才表现出来,是对于后代才存在的"。他们指出:"生产力与交往形式的关系就是交往形式与个人的行动或活动的关系",当生产力与交往形式之间发生矛盾时"都不免要爆发为革命",其中的每个个体"根据他们的文化水平和历史发展的阶段而对自己的活动作出了种种幻想"。① 也就是说,人们的生存能力会受到其所处时代的诸多条件的制约,创造历史的活动就不可能不受到限制。马克思、恩格斯指出:"只有完全失去了自主活动的现代无产者,才能够获得自己的充分的、不再受限制的自主活动,这种自主活动就是对生产力总和的占有以及由此而来的才能总和的发挥。过去的一切革命的占有都是有局限性的;个人的自主活动受到有限的生产工具和有限的交往的束缚,他们所占有的是这种有限的生产工具,因此他们只达到了新的局限性。"② 人们是在特定的条件下进行历史创造活动的,越是古代,人们受到的制约越多,创造历史的主动性和自觉性就越低,决定历史方向的活动显然还具有自发性和盲目性。

2. 历史创造活动存在不自觉性和被动性

马克思、恩格斯认为,以往的历史创造活动都是不自觉的、被动的,"总是象(像)一种自然过程一样地进行。"恩格斯指出:"人们自己创造着自己的历史,但是到现在为止,他们并不是按照共同的意志,根据一个共同的计划,甚至不是在某个特定的局限的社会内来创造这个历史。"③ 人类在多数时间里的历史创造活动还带有不自觉性和被动性。恩格斯指出:"人离开狭义的动物愈远,就愈是有意识地自己创造自己的历史,不能预见的作用、不能控制的力量对这一历史的影响就愈小,历史的结果和预定的目的就愈加符合。"在恩格斯看来,人们创造历史的主动性、预期性会越来越高,但直到资本主义时代,"预定的目的和达到的结果之间还总是存在着非常大的出入,不能预见的作用占了优势,不能控制的力量比有计划发动的力量强得多"。④ 马克思认为,只有实现生产资料公有制才能实现历史创造的自觉和主动。他指出:"生产资料的全国性的集中将成为自由平等的生产者的联合体所构成的社会的全国性基础,这些生产者将按照共同的合理的

---

① 《马克思恩格斯全集》第 3 卷,第 78—79 页。
② 《马克思恩格斯全集》第 3 卷,第 74—77 页。
③ 《马克思恩格斯全集》第 39 卷,第 199—200 页。
④ 《马克思恩格斯全集》第 20 卷,第 374—375 页。

计划自觉地从事社会劳动"①,这样才能在特定的自然和社会条件下真正地掌握自己的命运。可见"自觉"与"不自觉"是判定历史创造主体的重要标志。马克思、恩格斯认为历史创造有一个由低到高、由自发到自觉、由被动到主动的发展过程,在不同阶段,人们创造历史活动的成效和结果是不一样的。历史创造绝不仅仅是增加前所未有的东西,更重要的是指创造的性质,即推进历史前进的作用。

3. 历史创造的自发性、盲目性是人的活动异化的结果

历史创造活动之所以长期处于自发的、盲目的状态,根本在于人的活动的异化,即人被自己的活动和创造物所控制和驾驭。这一思想源于马克思、恩格斯对物质利益及个人利益、共同利益之间矛盾的分析。首先,追求"利益"构成人们创造性活动的动机。马克思指出:"人们奋斗所争取的一切,都同他们的利益有关。"②恩格斯也认为:"所谓物质利益在历史上从来也不会是独立的主导的目的,而总是有意无意地为指出历史进步方向的原则服务。"③意即怎样获得物质利益、以什么方式获得物质利益决定了历史进步的方向。也就是说人们的物质利益的满足是在一定的生产关系和生产方式中实现的,后两者决定了历史的方向和面貌。其次,分工是造成个人利益与共同利益冲突的根源。历史上的分工是"自发"的不以人的意志为转移的现象,"只要私人利益和公共利益之间还有分裂,也就是说,只要分工还不是出于自愿,而是自发的,那末(么)人本身的活动对人说来就成为一种异己的、与他对立的力量,这种力量驱使着人,而不是人驾驭着这种力量"。④ 这种情况导致历史创造活动必然是被动的、盲目的。再次,个人利益与共同利益的矛盾造就了国家利益的诞生。马克思、恩格斯指出:"正是由于私人利益和公共利益之间的这种矛盾,公共利益才以国家的姿态而采取一种和实际利益(不论是单个的还是共同的)脱离的独立形式,也就是说采取一种虚幻的共同体形式。"所以,"实际上国家不外是资产者为了在国内外相互保障自己的财产和利益所必然要采取的一种组织形式"。⑤ 最后,个人利益被异化为阶级利益。马克思、恩格斯精辟地指出:"个人利益总是违反个人的意志而发展为

---

① 《马克思恩格斯全集》第 18 卷,第 67 页。
② 《马克思恩格斯全集》第 1 卷,第 82 页。
③ 《马克思恩格斯全集》第 1 卷,第 546—547 页。
④ 《马克思恩格斯全集》第 3 卷,第 36—37 页。
⑤ 《马克思恩格斯全集》第 3 卷,第 37—38,70 页。

阶级利益,发展为共同利益","在个人利益变为阶级利益而获得独立存在的这个过程中,个人的行为不可避免地受到物化、异化,同时又表现为不依赖于个人的、通过交往而形成的力量,从而个人行为转化为社会关系,转化为某些力量,决定着和管制着个人,因此这些力量在观念中就成为'神圣的'力量"。① 因此,对待历史创造问题,不能把创造者看成不归属于某个组织、群体或阶级、集团等的乌合之众。不同时代的人民群众必然归属于不同的阶级或集团,也必然反映特定社会形态中阶级的构成状态以及社会结构的基本构成。从这一视野里才可能辨别每一历史时期创造者的真实状态,并由此判断推动历史进步力量的性质。

4. 历史创造只有在共产主义社会才能完全进入自觉主动的状态

恩格斯指出,当"社会占有了生产资料","生存斗争停止了",人才算"最终地脱离了动物界","第一次成为自然界的自觉的和真正的主人"和"社会结合的主人"。"只是从这时起,人们才完全自觉地自己创造自己的历史","这是人类从必然王国进入自由王国的飞跃"。② 这是说,只有到共产主义社会,"人们才完全自觉地自己创造自己的历史"。在这种社会到来之前的所有社会形态中,由于人们还不是"自然界的自觉和真正的主人",也不是"社会结合的主人",人们创造历史还不可能达到自觉、自主的程度。人们推动历史进步的作用是在逐步增大增强的,是一个由被动到主动、由盲目到自觉的发展过程。

总之,历史是人民群众创造的,但创造的形式和过程却有一个从自发到自觉的过程。原因在于生产力的变革就是在自发的情况下悄然发生的。马克思、恩格斯指出:"过去的一切革命始终没有触动活动的性质,始终不过是被另外的方式分配这种活动,不过是在另一些人中间重新分配劳动。"③按照马恩的观点,分工和私有制是造成分配不公和人间苦难的总根源。在无产阶级革命以前的革命因为没有触动私有制,结果是由新的剥削方式代替了旧方式,从而不能从根本上解决劳动群众的苦难和人类自身的自由解放。因此,劳动群众创造历史在社会质变前始终是被动的、受到限制的。当旧的生产关系与新生产力之间开始发生冲突时,代表新生产力的人们就会自觉地推动生产关系变革的过程,从而引发自觉的历史创造过程。当马克思主义揭示了人类社会发展的一般规律后,人们认

---

① 《马克思恩格斯全集》第3卷,第273—274页。
② 《马克思恩格斯全集》第19卷,第245页。
③ 《马克思恩格斯全集》第3卷,第76—77页。

识社会的能力进一步提升,推动历史进步的自觉性不断增强,可预见的历史创造才会经常发生,人民群众创造历史的主动意识和实践活动才会进一步高涨起来,并进一步成为社会历史进步的决定性力量。

### 三、马克思、恩格斯的历史动力论

关于历史发展的动力,马克思、恩格斯提出"复合动力论",包括劳动实践、暴力革命、阶级斗争、社会分工、科学技术、生产与再生产、革命理论等。恩格斯强调:"根据唯物史观,历史过程中的决定性因素归根到底是现实生活的生产和再生产。"[①]这些动力最终都统一于生产力与生产关系的矛盾运动之中。

(一)劳动是人类社会历史发展的原动力

马克思主义认为,劳动是社会进步的原动力,"劳动"(生产、实践)在马克思主义原理中居于十分重要的基础性地位。马克思指出:"社会生活在本质上是实践的"[②],人类的劳动就是改造世界的实践性活动,因此,它构成社会生活的本质内容,没有实践活动(劳动)就不会有社会的进步。主要包括以下基本认识。

首先,劳动创造了人本身并使之脱离动物界。恩格斯指出:"由于手、发音器官和脑髓不仅在每个人身上,而且在社会中共同作用,人才有能力进行愈来愈复杂的活动,提出和达到愈来愈高的目的。"劳动不仅促进了人的体质进化,而且在共同劳动中形成了日益紧密的社会关系,这样一来,人类才能从事越来越复杂且有目的的创造性活动。恩格斯曾反复说明"劳动"对人类进化的意义:"人类社会和动物社会的本质区别在于,动物最多是搜集,而人则能从事生产";"人类社会区别于猿群的特征又是什么呢?是劳动";"人则通过他所作出的改变来使自然界为自己的目的服务,来支配自然界。这便是人同其他动物的最后的本质的区别,而造成这一区别的还是劳动。"恩格斯指出:"劳动和自然界一起才是一切财富的源泉","它是整个人类生活的第一个基本条件",因此,"劳动创造了人本身"。[③]

其次,劳动创造了生存条件,是人类与自然之间进行物质交换的中介,使社会分工成为可能。马克思指出:"劳动首先是人和自然之间的过程,是人以自身

---

① 《马克思恩格斯全集》第37卷,第460页。
② 《马克思恩格斯全集》第1卷,第18页。
③ 以上参见《马克思恩格斯全集》第34卷,第163、513、517页。

的活动来引起、调整和控制人和自然之间的物质变换的过程"①,"劳动作为使用价值的创造者,作为有用劳动,是不以一切社会形式为转移的人类生存条件,是人和自然之间的物质变换即人类生活得以永恒的自然必然性"。② 恩格斯指出:"劳动是生产的主要因素,是'财富的泉源',是人的自由活动。"③社会分工的形成恰恰是劳动的结果,恩格斯指出:"劳动本身一代一代地变得更加不同、更加完善和更加多方面。除打猎和畜牧外,又有了农业,农业以后又有了纺纱、织布、冶金、制陶器和航行。同商业和手工业一起最后出现了艺术和科学,从部落发展成了民族和国家。法律和政治发展起来了,而且和它们一起,人的存在在人脑中的幻想的反映——宗教,也发展起来了。"④劳动不仅创造了生存的条件,而且还引起了社会分工,而"分工不仅使物质活动和精神活动、享受和劳动、生产和消费由各种不同的人来分担这种情况成为可能,而且成为现实"。⑤

再次,劳动开阔了人类的眼界,使社会生活越来越复杂,越来越丰富。恩格斯以手的进化为例,说明劳动促进人手能够完成越来越复杂的动作,并变成遗传因素被传承下来。他指出:"手不仅是劳动的器官,它还是劳动的产物",劳动中出现的"日新月异的动作""引起的肌肉、韧带以及在更长时间内引起的骨骼的特别发展","由于这些遗传下来的灵巧性以及愈来愈复杂的动作,人的手才达到这样高度的完善"。恩格斯指出,正是有了劳动造成手的功能的复杂化,"它才能仿佛凭着魔力似地产生了拉斐尔的绘画、托尔瓦德森的雕刻以及帕格尼尼的音乐"。⑥ 从这个意义上说,劳动、劳动人民是物质和精神财富的创造者就成为进化论视野中必然的结论。马克思指出:"哲学家的成长并不像雨后的春笋,他们是自己的时代、自己的人民的产物,人民最精致、最珍贵和看不见的精髓都集中在哲学思想里。"⑦上述思想旨在说明人的形成,包括人的各个器官的进化都是劳动的产物。值得注意的是,理解人民群众对精神产品的贡献要从社会大分工和不断劳动的历史过程中去认识。人民群众与精神产品的关系并不仅仅表现为

---

① 《马克思恩格斯全集》第 23 卷,第 201—202 页。
② 《马克思恩格斯全集》第 23 卷,第 56 页。
③ 《马克思恩格斯全集》第 1 卷,第 611 页。
④ 《马克思恩格斯全集》第 20 卷,第 511 页。
⑤ 《马克思恩格斯全集》第 3 卷,第 36—37 页。
⑥ 《马克思恩格斯全集》第 20 卷,第 516 页。
⑦ 《马克思恩格斯全集》第 1 卷,第 120—122 页。

直接创造精神产品,而是从根源上创造了形成生产精神产品的条件和能力。因此,这个观点强调的是从人类发展的本原上看,劳动创造的劳动人民才是物质和精神生产的源泉和动力。这是从进化论和哲学方法论意义上表达的一种高度抽象的一般性认识,绝不是把劳动群众当成具体的思想家、艺术家、科学家等。因此,绝不能把"人民群众是精神财富的创造者"与直接地、具体地创造精神产品的活动相混淆。

最后,劳动是现实世界存在的深刻基础,一刻也不能停止。马克思指出:"劳动这种生命活动、这种生产生命活动本身对人说来不过是满足他的需要即维持肉体生存的需要的手段。"①马克思多次强调"任何一个民族,如果停止劳动,不用说一年,就是几个星期,也要灭亡,这是每一个小孩都知道的"②;"一个社会不能停止消费,同样,它也不能停止生产"③。在《德意志意识形态》中,马克思、恩格斯突出强调:"这种活动、这种连续不断的感性劳动和创造、这种生产,是整个现存感性世界的非常深刻的基础,只要它哪怕只停顿一年……不仅在自然界将发生巨大的变化,而且整个人类世界以及他(费尔巴哈)的直观能力,甚至他本身的存在也就没有了。"④这些论述充分说明,劳动在马克思、恩格斯的思想中是一种创造历史、推动历史进步的根源性、根本性的力量,其主体当然是劳动人民。

(二) 生产力构成诸要素都含有动力作用

生产力由人和生产工具两方面构成。作为劳动者的人是以满足欲望和需要为基本动力的,自然就会把自己的动机、激情注入劳动过程中。生产工具是人的智力和体力共同作用的产物,最突出的就是科学技术的发明和使用。这两方面都说明人的精神因素也是历史进步的动力。

贪欲和权势是历史发展的杠杆。恩格斯指出:"卑劣的贪欲是文明时代从它存在的第一日起直至今日的动力;财富,财富,第三还是财富——不是社会的财富,而是这个微不足道的单个的个人的财富,这就是文明时代唯一的、具有决定意义的目的。"⑤特别是在阶级社会,"正是人的恶劣的情欲——贪欲和权势欲成了历史发展的杠杆",也就是黑格尔认为的"恶是历史发展的动力借以表现出来

---

① 《马克思恩格斯全集》第42卷,第95页。
② 《马克思恩格斯全集》第32卷,第541页。
③ 《马克思恩格斯全集》第23卷,第621页。
④ 《马克思恩格斯全集》第3卷,第49—50页。
⑤ 《马克思恩格斯全集》第21卷,第201页。

的形式",即"每一种新的进步都必然表现为对某一神圣事物的亵渎,表现为对陈旧的、日渐衰亡的、但为习惯所崇奉的秩序的叛逆"。这个现象在"封建制度和资产阶级的历史"上"就是一个独一无二的持续不断的证明"。①"贪欲和权势"造成劳动人民历史创造性的弱化,"在历史上各个时期中,绝大多数的人民都不过是以各种不同的形式充当了一小撮特权者发财致富的工具"。② 例如,在德国,"全民族中大多数被剥削群众——农民","到处都被当作一件东西看待,被当作牛马,甚至比牛马还不如"。③ 恩格斯的"工具说"表明,历史上的绝大多数劳动人民是在被动地、无意识地甚至是盲目地参与着历史的创造。原因在于"特权者"霸占着生存所必需的生产资料并且创设出"吸血"的制度对人民进行残酷压迫、盘剥,他们用"上帝"的旨意来粉饰这种剥夺行径,从思想道德上使劳动人民陷入了一种麻痹状态。所以,马克思、恩格斯在《共产党宣言》中鲜明指出:"过去的一切运动都是少数人的或者是为少数人谋利益的运动。无产阶级的运动是绝大多数人的、为绝大多数人谋利益的运动。"④

科学技术是推动历史进步的革命力量。恩格斯指出:"在马克思看来,科学是一种在历史上起推动作用的、革命的力量。"⑤首先,科学技术是重要的生产力。恩格斯指出:"随着纺纱部门的革命,必然会发生整个工业的革命",也就是说,工业革命是从一个技术、一个部门"一步一步地传播到工业体系中"传导性地实现的。因此,"使用机械法和普遍应用科学原理是进步的动力"。⑥ 马克思指出:"科学这种既是观念的财富同时又是实际的财富的发展,只不过是人的生产力的发展即财富的发展所表现的一个方面,一种形式。"⑦这里是把科学技术归入生产力的范畴,它的动力作用归根到底是生产力变革的表现。其次,关于劳动与生产力、科学技术的关系。马克思指出:"自然界没有制造出任何机器,没有制造出机车、铁路、电报、走锭精纺机等等。它们是人类劳动的产物,是变成了人类意志驾驭自然的器官或人类在自然界活动的器官的自然物质。它们是人类的手创造出来的人类头脑的器官;是物化的知识力量。固定资本的发展表明,一般社

---

① 《马克思恩格斯全集》第 21 卷,第 330—331 页。
② 《马克思恩格斯全集》第 7 卷,第 269—270 页。
③ 《马克思恩格斯全集》第 7 卷,第 397—398 页。
④ 《马克思恩格斯全集》第 4 卷,第 477 页。
⑤ 《马克思恩格斯全集》第 19 卷,第 375 页。
⑥ 《马克思恩格斯全集》第 1 卷,第 671—672 页。
⑦ 《马克思恩格斯全集》第 46 卷下,第 34—35 页。

会知识,已经在多大程度上变成了直接的生产力,从而社会生活过程的条件本身在多么大的程度上受到一般智力的控制并按照这种智力得到改造。它表明,社会生产力已经在多大的程度上,不仅以知识的形式,而且作为社会直接器官,作为实际生活过程的直接器官被生产出来。"① 显然,科技技术的进步源于直接的生产劳动,其背后是人的脑力与体力在生产活动中凝结出的改造世界的新型力量形态。因此,科学技术的动力作用归根结底是劳动群众历史动力作用的表现。

资本也是推动社会进步的一种力量。马克思、恩格斯认为,资本作为一种重要的生产要素在推动社会经济发展中发挥着重要作用。在中世纪末期,资产阶级所代表的新的生产力起来反抗封建土地占有者和行会师傅所代表的生产秩序,打碎了封建桎梏,资本主义生产方式愈来愈成为占绝对支配地位的生产方式。马克思指出:"资本主义社会的经济结构是从封建社会的经济结构中产生的。后者的解体使前者的要素得到解放。"② 原因在于"资本对劳动的指挥,以前只是资本家和工人之间的关系的形式上的结果,现在成了劳动过程本身的必要条件;正是资本家代表着劳动过程中的结合。在协作中,对劳动过程的管理,成了资本的职能,这种管理成为这种职能特殊的性质"。③ 因此,马克思认为:"资本发展成为一种强制关系……资本在精力、贪婪和效率方面,远远超过了以往一切直接强制劳动为基础的生产制度。"④ 从人类文明进步的角度看,资本在创造财富的效率方面推动了整个社会物质力量的增长的,是推动历史发展的一种力量。

革命阶级本身是最强大的生产力。马克思指出:"在一切生产工具中,最强大的一种生产力是革命阶级本身。革命因素之组成为阶级,是以旧社会的怀抱中所能产生的全部生产力的存在为前提的。"⑤ 马克思把"革命阶级"看作"生产工具"中最强大的部分,显然是基于劳动创造一切的观点,没有人的活动即劳动和创造性实践,社会是不可能进步的。马克思突出强调生产力构成因素中革命阶级的重要性,即强调了生产力中的人的主观能动性的重要性,又说明劳动者是"革命"的因素,代表着生产力变革的方向和性质。由此,把阶级斗争与生产力变

---

① 《马克思恩格斯全集》第46卷下,第219—220页。
② 《马克思恩格斯全集》第23卷,第783—784页。
③ 《马克思恩格斯全集》第16卷,第309—310页。
④ 《马克思恩格斯全集》第23卷,第344页。
⑤ 《马克思恩格斯全集》第4卷,第197页。

革、创造性实践活动等统一起来了,表达了决定历史进步的根本动力是生产力与生产关系之间的矛盾运动,表现为创造性劳动中冲突和矛盾的积累,并最终导致阶级斗争并推动历史的进步。

（三）阶级斗争是历史直接动力和社会变革的巨大杠杆

阶级斗争伴随着人类进入文明状态后的全部过程。马克思、恩格斯认为,因为劳动引起了社会分工,当分工处于自发状态时就产生了异化而成为与人对立的力量。因为分工造成人的社会活动的固定化,"每个人就有了自己一定的特殊的活动范围"。因此,"我们本身的产物聚合为一种统治我们的、不受我们控制的、与我们愿望背道而驰的并且把我们的打算化为乌有的物质力量,这是过去历史发展的主要因素之一"。[①] 正是分工的存在造成和强化了人的地位变化而形成不同的阶级,阶级之间的斗争便出现了。马克思指出："当文明一开始的时候,生产就开始建立在级别、等级和阶级的对抗上,最后建立在积累的劳动和直接的劳动的对抗上。没有对抗就没有进步。这是文明直到今天所遵循的规律。"[②] 所以恩格斯说："自从原始公社解体以来,组成为每个社会的各阶级之间的斗争,总是历史发展的伟大动力。"[③] 马克思、恩格斯强调："我们都非常重视阶级斗争,认为它是历史的直接动力,特别是重视资产阶级和无产阶级之间的阶级斗争,认为它是现代社会变革的巨大杠杆。"[④] 马克思、恩格斯鲜明地主张重大社会形态变革的历史动力是暴力和革命。马克思曾说："暴力是每一个孕育着新社会的旧社会的助产婆。暴力本身就是一种经济力。"[⑤] 在《德意志意识形态》中,他们还指出："历史的动力以及宗教、哲学和任何其他理论的动力是革命,而不是批判。"[⑥] 显然,这种认识是建立在生产力与生产关系矛盾运动的基础上,当两者发生尖锐冲突时,只有通过暴力这种革命性手段,才能为生产力发展开辟道路。他们认为任何统治阶级都不会自动退出历史舞台,因而推动历史进步的形式只能采用这种激烈甚至有些残酷的方式,但这绝不是崇尚暴力。

前资本主义社会的阶级斗争只在少数人内部进行。值得注意的是,在过往

---

① 《马克思恩格斯全集》第 3 卷,第 36—38 页。
② 《马克思恩格斯全集》第 4 卷,第 104 页。
③ 《马克思恩格斯全集》第 22 卷,第 560 页。
④ 《马克思恩格斯全集》第 19 卷,第 189 页。
⑤ 《马克思恩格斯全集》第 23 卷,第 819 页。
⑥ 《马克思恩格斯全集》第 3 卷,第 42—43 页。

的阶级社会里,参与阶级斗争的群体往往是不同的,很多情况下劳动人民并不起决定性作用。马克思指出:"在古代的罗马,阶级斗争只是在享有特权的少数人内部进行,只是在自由富人与自由穷人之间进行,而从事生产的广大民众,即奴隶,则不过为这些斗争充当消极的舞台台柱。"①在古罗马,社会分为两大集团,即上层占统治地位的自由人或公民集团和下层被压迫的奴隶集团,它们之间显然存在着斗争。而决定社会面貌从而决定历史面貌的斗争则是上层集团中"自由富人与自由穷人"之间的斗争,这也是阶级斗争,因为"自由穷人"也是被压迫者。在对待奴隶时他们是一个整体,而他们相互之间由于经济地位的差异也存在着矛盾与冲突。古代罗马的历史就是在这种双重阶级斗争中被创造出来的。从人口数量上说,这时人民群众的主体显然是奴隶,在阶级斗争中还不能发挥主体作用,而是"为这些斗争充当消极的舞台台柱"。恩格斯也指出:"在历史上各个时期中,绝大多数的人民都不过是以各种不同的形式充当了一小撮特权者发财致富的工具";"历史的进步整个说来只是极少数特权者的事,广大群众则不得不为自己谋取微薄的生活资料,而且还必须为特权者不断增殖财富"。②

无产阶级斗争是"现代历史的动力"。恩格斯认为,1830年时英法两国的"工人阶级即无产阶级"已经登上历史舞台,成为反对封建统治的"第三个战士"。因此,"这三大阶级的斗争和它们的利益冲突是现代历史的动力,至少是这两个最先进国家的现代历史的动力"。③ 在这里,恩格斯强调的是"阶级斗争"和"利益冲突"是英法两国"现代历史的动力",特别强调了无产阶级的出现对阶级斗争的范围和目的产生了超越历史上阶级斗争的革命性变化。马克思、恩格斯指出:"过去的一切运动都是少数人的或者为少数人谋利益的运动。无产阶级的运动是绝大多数人的、为绝大多数人谋利益的独立的运动。"④原因在于,无产阶级能够代表全体劳动者的利益,处于领导地位、具有指引方向的作用。因此,它不仅是反抗资产阶级的运动,而且是志在消灭剥削、消灭阶级、消灭私有制,这就把所有劳动者的利益和愿望包括其中了。从宏观看,是无产阶级领导人民群众在新的历史条件下创造历史;从微观看,无产阶级是现代推动历史发展的主要力量和动力来源。

---

① 《马克思恩格斯全集》第16卷,第405—406页。
② 《马克思恩格斯全集》第7卷,第269—270页;第19卷,第123页。
③ 《马克思恩格斯全集》第21卷,第344页。
④ 《马克思恩格斯全集》第4卷,第477页。

### 四、马克思、恩格斯的历史创造者论

谁是历史进步的决定力量？人类历史上各个时期的人们在历史创造活动中处于怎样的地位？发挥了什么样的作用？只有具体问题具体分析，才能弄清历史创造者指谁，历史进步的决定力量是哪些人构成的。对此，马克思、恩格斯也有着丰富而深刻的论述。

#### （一）"人民群众""劳动者""无产阶级"的含义

"人民"是一个复合概念，包括利益相关的多个阶级和阶层。列宁指出："马克思一向都是无情地反对那些认为'人民'是一致的、认为人民内部没有阶级斗争的小资产阶级幻想。马克思在使用'人民'一语时，并没有用它来抹煞各个阶级之间的差别，而是用它来把那些能够把革命进行到底的确定的成分联为一体。"[①]列宁认为，马克思使用的"人民"一方面是一个集合体，包括不同的阶级及其斗争；另一方面则指"能够把革命进行到底的确定的成分联为一体"的部分，根据语境可以认为，在资本主义时代，"人民"主要是指"无产阶级及其同盟者"。马克思在《哥达纲领批判》中把掌握"资本和地产"的非劳动者与"人民大众"对举，并将"人民大众"归入"劳动者"的范畴[②]；在《资本论》中多次指出："不占有生产资料的人民大众，劳动者，和占有生产资料的非劳动者互相对立"[③]；"正是非劳动者对这种生产资料的占有，使劳动者变成雇佣工人，使非劳动者变成资本家"。[④] 可见，马克思概念中的"人民大众"与"工人""无产者""劳动者"在含义上是一致的，特别是"劳动者"在变成"雇佣工人"之前显然主要是指农民。马克思指出：资本主义生产方式产生的前提"一方面是直接生产者从土地的单纯附属物(依附农、农奴、奴隶等等形式上)的地位解放出来，另一方面是人民群众的土地被剥夺"。[⑤] 这里的"人民群众"显然指的是"农业劳动者"。在《剩余价值理论》中，马克思也说："如果土地所有权归人民所有，资本主义生产的整个基础……就不再存在了。"[⑥]人民拥有土地所有权就意味着这里的"人民"主要指农

---

① 《列宁全集》第9卷，人民出版社1990年版，第620—621页。
② 《马克思恩格斯全集》第19卷，第13页。
③ 《马克思恩格斯全集》第24卷，第40页。
④ 《马克思恩格斯全集》第25卷，第49页。
⑤ 《马克思恩格斯全集》第25卷，第695—696页。
⑥ 《马克思恩格斯全集》第26卷，第108页。

民,或者说是资本主义状态下的农业劳动者。上述说明,马克思重视无产阶级,但从来没有忘记农民,在大多数场合使用的是含义更为宽泛的"劳动者"或"人民",也就是所有被剥削者都在马克思关注的视野里。总之,结合剥夺农业是资本原始积累的起点和基础的论述,可以说,"人民大众"主要是指历史上的农业劳动者和资本主义时代的"工人"和"农民"。

"无产阶级"也被用来表述历史上的各种"劳动者"。在马恩的用语中,"无产阶级"不一定专指资本主义社会里的工人阶级,有时也泛指任何时代的"穷人""劳动者"和受剥削压迫的人群。如,在 1861 年《马克思致恩格斯》的信中,马克思曾称赞"斯巴达克是整个古代史中最辉煌的人物",是"古代无产阶级的真正的代表"。[①] 马克思指出:"正是从劳动所受的自然制约性中才产生出如下的情况:一个除自己的劳动力外没有任何其他财产的人,在任何社会的和文化的状态中,都不得不为占有劳动的物质条件的他人做奴隶。"[②]再如,马克思在阐述原始积累对"农民"土地的剥夺时就将其称为"无产者":"大量的人突然被强制地同自己的生存资料分离,被当作不受法律保护的无产者抛向劳动市场。"[③]可以说,马克思、恩格斯关注到了历史上所有的劳动者,"人民大众"主要指的就是"劳动群众",这是劳动创造人思想的必然结论。

"劳动者"构成"人民群众"的主体。恩格斯指出,由于大工业的发展,"生产力集中在少数资产者手里,而广大的人民群众却愈来愈多地变成了无产者"[④];马克思说:"只有在工业无产阶级随着资本主义生产的发展,在人民群众中至少占有重要地位的地方,社会革命才有可能。"[⑤]这里提到的"人民群众"表明,在马恩的认识中,资本主义时代的"人民群众"也不都是"无产阶级",前者的范围显然要大于后者。人民群众在不同时代的构成是不同的,但以"劳动者"为主体则是确定无疑的。因此,在不同社会形态下的"劳动者"如何创造历史、如何推动历史进步、如何成为历史发展的决定力量就需要进行具体的分析了。马克思、恩格斯的思想表明,无产阶级的领导地位并不是取决于它的数量,更主要的是它的质量,即代表历史发展方向的力量。

---

① 《马克思恩格斯全集》第 30 卷,第 159 页。
② 《马克思恩格斯全集》第 19 卷,第 15 页。
③ 《马克思恩格斯全集》第 23 卷,第 784 页。
④ 《马克思恩格斯全集》第 4 卷,第 366 页。
⑤ 《马克思恩格斯全集》第 2 卷,第 635 页。

## (二) 历史上不同时代各国各类劳动者的地位与作用

马克思、恩格斯认为,"劳动者"是历代"人民群众"的主体,但其中也有不同的阶级属性和社会地位的转换。因此,这些劳动者在不同时代发挥的历史作用就不尽相同。

奴隶的地位与作用。奴隶是人类进入阶级社会后第一个劳动阶级,也是长期残存于人类社会的一个被剥削者阶级。恩格斯曾高度赞扬奴隶制的出现对人类社会进步的意义,他指出:"在当时的条件下,采用奴隶制是一个巨大的进步",相对于人类处于"野蛮状态"中使用"几乎是野兽般的手段"谋生存,奴隶制的出现瓦解了原始公社,"人民才靠自身的力量继续向前迈进,他们最初的经济进步就在于利用奴隶劳动来提高和进一步发展生产"。[1] 恩格斯从分工的视角,把在冲突中获得胜利的氏族全体成员称为"人民",与之对立的则是"奴隶"。显然,"人民"内部也有贫富之分和阶级对立。在分析古希腊、罗马的自由民与奴隶的关系时,"人民"最初也指处于统治地位或统治集团中的"人们"。例如,恩格斯在分析雅典的情况时曾指出:"奴隶的数量已经大大增加,在那个时候大概就已经大大超过自由的雅典人;氏族制度最初是不知道奴隶的,因而也就不知道控制这大批非自由人的手段。最后,贸易把许多外地人吸引到雅典来,这些外地人是为了易于赚钱而移居这里的;按照旧制度,他们既没有权利,也不受法律保护,所以尽管有传统的容忍精神,他们仍然是人民中间令人不安的异己分子。"[2]这里的表述就更清楚了,在雅典,奴隶与自由人对立,外地人与雅典人对立,而自由的雅典人是归为"人民"范畴的。就雅典奴隶的地位而言,其历史创造性活动显然是被动的、不自觉的、无目的的,因此其作用也是有限的。

资本主义时代小农的地位与作用。马克思、恩格斯认为,资本主义时代的各国小农不可能产生历史的主动性。马克思指出:法国"小农人数众多,他们的生活条件相同,但是彼此间并没有发生多种多样的关系","好象(像)一袋马铃薯是由袋中的一个个马铃薯所集成的那样"。因此,"他们不能以自己的名义来保护自己的阶级利益","不能代表自己,一定要别人来代表他们","归根到底,小农的政治影响表现为行政权力支配社会"。[3] 恩格斯对"占法国全国人口的五分之

---

[1] 《马克思恩格斯全集》第 20 卷,第 196—197 页。
[2] 《马克思恩格斯全集》第 21 卷,第 129—131 页。
[3] 《马克思恩格斯全集》第 8 卷,第 217—218 页。

三"且"负债累累的小农"也有类似的看法,认为他们"象(像)所有农村居民一样,这个阶级行动迟钝","抱住自己的旧传统不放,不相信一切来自城市的党派的使徒所宣传的深奥道理"。① 按照法国小农的生存状态,虽然占有人口的大多数,但由于其生产方式的特点、经济地位和文化程度的相对低下,他们在历史创造活动中的处境显然是被动的、消极的。恩格斯深入分析了德国"广大的小农业主阶级",他们占"人口的大多数",主要包括富裕农民、小自由农、封建佃农和农业工人。恩格斯指出:"农村居民由于分散于广大地区,由于极难达到大多数意见的一致,所以他们永远不能胜利地从事独立的运动,这一点也同样是十分明显而为各个现代国家的历史所证实了的。"因此,要使他们成为革命的力量,就"需要更集中、更开化、更活动的城市居民的引导和推动"。② 这说明,占人口多数的农业劳动者自身有很大的局限性,不可能独立地、主动地推动历史的进步,必须在先进阶级及其思想的启发引导下才有可能成为创造历史的主要力量。

近代德国工人阶级的复杂构成及不同作用。恩格斯详尽地分析了近代德国工人阶级的组成,认为其主要由雇农、短工、帮工、工厂工人和流氓无产阶级构成。由于他们"散居在人口稀疏、中心城市少而不发达的广大地区上",且都有各自符合地位特征的利益诉求,因此无法"了解彼此利益的共同性",也就不可能"组成一个团结一致的阶级"。③ 例如,"农业无产阶级"虽然也是工人阶级的一部分,但"它最难于弄清,而且将比其他部分更迟一些弄清自己本身的利益、自己本身的社会地位",而一直成为特权阶级手中"无意识的工具"。④ 再如,"流氓无产阶级是主要集中于大城市中的、由各个阶级的堕落分子构成的糟粕,他们是一切可能的同盟者中最坏的同盟者。这帮浪荡之徒是很容易被收买和非常厚颜无耻的"。⑤ 近代欧洲的无产阶级、工人阶级并不是铁板一块,也不是天然的革命力量,他们和历史上多数时期的劳动阶级一样存在着分散、自利等精神特征,贫困带来的革命性如果没有革命理论的灌输和启发显然是带有盲目性和破坏性。因此,人民群众创造历史不可能是自发的,必须要有思想上的启蒙与引领,历史创造也必然是一种合力的结果。

---

① 《马克思恩格斯全集》第 8 卷,第 250 页。
② 《马克思恩格斯全集》第 1 卷,第 507 页。
③ 《马克思恩格斯全集》第 4 卷,第 57 页。
④ 《马克思恩格斯全集》第 16 卷,第 83 页。
⑤ 《马克思恩格斯全集》第 16 卷,第 293—294 页。

无产阶级和工人阶级的地位与作用。马克思、恩格斯之所以认为无产阶级具有消灭私有制的伟大使命,是因为资本主义生产关系是"社会生产过程的最后一个对抗形式","在资产阶级社会的胎胞里发展的生产力,同时又创造着解决这种对抗的物质条件"。[1] 人类自进入阶级社会后呈现的少数人统治多数人的历史到资本主义社会就进入了最后的形式。资本主义不仅创造了巨大的社会进步,也为自己的灭亡、为私有制的灭亡创造了条件,无产阶级的历史创造活动更具有自觉性和主动性。马克思、恩格斯所说的带有革命性的无产阶级主要指产业工人阶级,即劳动群众中与现代大机器生产相联系的劳动者,他们是社会阶级中最先进的部分。马克思称:"英国的工厂工人不仅是英国工人阶级的先进战士,而且是整个现代工人阶级的先进战士,最先向资本的理论挑战的也正是他们的理论家"[2];说"法国工人阶级不过是整个现代无产阶级的先锋队罢了"[3]。总之,无产阶级的先进性是由现代产业工人孕育的,他们是人民群众中最具有革命性的部分,处于社会革命的领导地位,是真正开启人民群众创造历史的主体力量。所以马克思指出:"只有在工业无产阶级随着资本主义生产的发展,在人民群众中至少占有重要地位的地方,社会革命才有可能。"[4]

(三)关于剥削阶级历史作用的评价

马克思、恩格斯认为,历史上的统治阶级也曾是社会进步的推动力量。他们指出:"统治阶级的思想在每一社会都是占统治地位的思想。这就是说,一个阶级是社会上占统治地位的物质力量,同时也是社会占统治地位的精神力量。支配着物质生产资料的阶级,同时也支配着精神生产的资料,因此,那些没有精神生产资料的人的思想,一般地是受统治阶级支配的。"[5]当某种社会形态处于稳定运行状态下,统治阶级往往占据着主要的物质和精神力量,也就是支配着物质和精神资料的生产与使用,也可以说是主导着社会历史的发展。在这种情形下,被统治阶级的思想当然就受到统治阶级思想的支配。劳动群众的历史创造活动主要表现在于社会物质和精神财富量的积累,历史运行的方向显然是由统治阶级来主导的。直到生产力发生质变、代表历史发展新方向的阶级产生,才会发生

---

[1] 《马克思恩格斯全集》第 13 卷,第 9 页。
[2] 《马克思恩格斯全集》第 23 卷,第 332 页。
[3] 《马克思恩格斯全集》第 17 卷,第 383 页。
[4] 《马克思恩格斯全集》第 18 卷,第 695—696 页。
[5] 《马克思恩格斯全集》第 3 卷,第 52—53 页。

社会性质变革式的历史变迁。这时的劳动群众又成为参与变革、推动变革得以实现的主力军。促成新兴阶级掌握国家政权的主体力量一定是广大的劳动群众,这也说明新兴阶级的政治经济诉求在产生初期是部分地涵盖了劳动群众的生活愿望,否则它找不到实现自身阶级利益的革命力量。马克思、恩格斯指出:"进行革命的阶级""俨然以社会全体群众的姿态反对唯一的统治阶级"。之所以会如此,"是因为它的利益在开始时的确同其余一切非统治阶级的共同利益还有更多的联系","这一阶级的胜利对于其他未能争得统治的阶级中的许多个人说来也是有利的"。①

马克思、恩格斯充分肯定了历史上剥削阶级的历史推动作用。马克思、恩格斯充分肯定了奴隶主和封建主的历史推动作用。恩格斯指出:"马克思了解古代奴隶主,中世纪封建主等等的历史必然性,因而了解他们的历史正当性,承认他们在一定限度的历史时期内是人类发展的杠杆;因而马克思也承认剥削,即占有他人劳动产品的暂时的历史正当性。"②马克思认为古代国家具有强大的动员能力,指出:"凡是国家支配全国收入的地方,国家就具有推动广大群众的力量。"③国家是统治阶级维护自身利益的工具,它一旦确立就会在社会生产,特别是大型公共工程的建筑中有能力调动和组织起庞大的劳动群众队伍共同开展劳动,因而是"推动广大群众的力量",即决定着历史创造的某些样态和一定时期的发展方向。马克思、恩格斯多次肯定"资产阶级"的历史作用。他们在《共产党宣言》中指出:资产阶级"把一切民族甚至最野蛮的民族都卷到文明中来了","它按照自己的面貌为自己创造出一个世界";"它创立了巨大的城市,使城市人口比农村人口大大增加起来,因而使很大一部分居民脱离了乡村生活的愚昧状态"。④ 总之,尽管带来了苦难,但资产阶级还是推动了人类文明的进步。值得注意的是,恩格斯在肯定资产阶级的历史作用的同时,还认为"资产阶级所取得的成就"主要是由工人和农民完成的。他指出:"在十七世纪的英国和十八世纪的法国,甚至资产阶级的最光辉灿烂的成就都不是它自己争得的,而是平民大众,即工人和农民为它争得的。"⑤这就是说,在推动历史进步的过程中,任何一个阶级都不可

---

① 《马克思恩格斯全集》第3卷,第52—54页。
② 《马克思恩格斯全集》第21卷,第557—558页。
③ 《马克思恩格斯全集》第47卷,第295页。
④ 《马克思恩格斯全集》第4卷,第468—471页。
⑤ 《马克思恩格斯全集》第18卷,第325页。

能单独"创造历史",在各种"合力"中,"平民大众"的作用更基础、更根本,发挥了主要作用。

(四)"英雄"和"杰出人物"是社会关系总和的产物

英雄和杰出人物的出现并不是仅仅因为他们个人具有超过普通人的智慧和能力,更主要的是因为他们必然是一定阶级的代表和一定历史时代的产物。马克思指出:"社会经济形态的发展是一种自然历史过程。不管个人在主观上怎样超脱各种关系,他在社会意义上总是这些关系的产物。"①人是社会关系总和的观点是解释英雄与人民群众关系最基本的理论出发点。英雄是个人,但他一定隶属于一定的阶级或集团,他的认知必然和必须反映多数的愿望、反映社会历史发展的方向,由此才能发挥出超出一般人的作用而被历史记录下来。所以马克思指出:"每一个社会时代都需要有自己的伟大人物,如果没有这样的人物,它就要创造出这样的人物来。"②英雄的出现及其作用的发挥是时代的呼唤、时势的造就和追求实现阶级诉求过程中的必然产物。恩格斯指出,在资产阶级已经取得统治地位的法国,面对拿破仑复辟这样的重大历史事变,"人民又漠不关心"且"看不到革命对自己有根本的好处""不可能有别的出路"。③ 即使是在资产阶级革命的时代,人民的状态也是既"不关心",也"看不到""根本的好处",这说明人民还不能自觉地认识和把握自己的需求和命运,必须有"英雄"及其先进的思想把人民分散的、不系统的愿望汇聚起来,共同推动历史进步。总之,英雄离不开阶级、集团,离不开时代的需要,当然也离不开人民群众的孕育和催生。

总之,马克思、恩格斯认为人类社会的历史是由人创造的,而不是神或观念的产物。劳动及其引发的社会分工形成生产力与生产关系的矛盾运动,推动历史发展。其中的劳动群众是历史创造的主体力量。但由于劳动群众处于分散生存和较低的社会地位的状态,其在历史创造活动中必然经历由盲目且不自觉向主动且自觉的状态发展变化,这就使历史创造活动不可避免地需要先进理论的引领和杰出人物的领导。多重动力的联合作用创造了人类历史,推动了人类社会的进步。因此,"人民群众是历史的创造者"虽然不是马克思、恩格斯的话语,但是,它是他们关于历史及其创造思想的必然结论。

---

① 《马克思恩格斯全集》第 23 卷,第 12 页。
② 《马克思恩格斯全集》第 7 卷,第 72 页。
③ 《马克思恩格斯全集》第 2 卷,第 636—638 页。

# 历史哲学研究中三个重要概念特性的辨析

历史事实、历史认识和历史经验是历史哲学研究中三个重要的概念。历史事实是逝去的客观存在,但其存在形式的多样性导致部分内容是可以被直接感知的。历史认识充满主观性,但由于人的需要的现实性要求它必须正确地反映大多数历史存在。历史经验存在多种被选择的可能性,但由于它是现实需要的产物,其价值必然体现在主观与客观的统一之中。历史是一个连续不断的发展过程,连贯性是它的重要特征。人们常说读史可以使人明智,因为历史具有镜鉴功能,可以明事理、知兴衰,是必备的知识和认识外部事物的基本方法,更是统治者获取治国理政经验和智慧的资源宝库。要实现或体现这些功能,首先必须掌握历史事实,而事实的掌握又必须通过掌握前人留下可供认知的载体来实现。能否获得有现实价值的历史经验和教训显然就取决于人们的历史认识能否客观地反映已经逝去的历史事实。如何认识历史事实、历史认识和历史经验的特性就成了学术界非常关注而又存在分歧的重要理论问题。

**一、历史事实能否被部分地直接感知**

对于历史事实这个认识对象,学界比较普遍的看法是:它是"已经不存在的过去的事实,主体无法直接面对客体,即使是当代史研究,在本质上也是一样的"。因此,"历史认识主体不能像自然科学家那样在实验室、显微镜下直接观察、重演、分析所研究的客观对象,历史学家通过历史文献、遗迹、遗物、遗存的习俗去间接反省和重构已经发生过的历史事实和历史过程,实际上是一个符号解读与意义重构过程"。[①] 这实际上是强调了历史发生的时间特征,时间流逝构成

---

① 李晔:《历史规律与历史认识——历史规律研究的问题和视域》,《阴山学刊》2001年第4期。

认识对象的过去性,甚至刚刚发生的事情也不能直接面对。这种观点认为,与自然认识对象相比,历史认识对象最大的特点就是不可再现、不可重复,因而不可直接接触,只要经过人脑的加工重构似乎就远离了历史事实的客观性。[①] 这是对人类认识能力和功能的严重贬低。把人的记忆完全看成是不客观的过程,那么人类社会的物质和精神成果如何积累?文明如何进步?有必要对学界的一些观点进行辨析。

第一,如何看待历史客观性的相对性和不确定性?有学者提出过去的存在只有进入人的视野才能叫历史,因此历史的客观性具有相对性。原因在于对于历史的探索是人们追寻"意义"的过程,这就使主观性被注入了历史记忆和追寻之中。而"主观性指历史的意识和价值方面,没有历史意识主导的关于事实发生的主观解释,也就没有历史"。"由于我们的参与以及在记述历史的时候,出于动机、方法和认识以及具体记述人的学派、时代、思维方式的原因,构造出不同的历史画卷,造成了记述历史与事实历史的背离。"因此,历史的客观性是相对的。[②] 还有学者提出"历史不仅具有客观性还有不确定性"。"不确定性"的存在,一方面是由于"历史具有时间性,已逝去了就不可再逆转"。另一方面则是因为"人们在记录历史事物和过程时带有主观性"。"如果说历史是一种文本,是一种观念、一种虚构,那么任何一门科学也都具有表述方式上的主观性和虚构性。"因此,"历史具有两面性,不能将其真实性归结于历史的叙述方式上"。[③] 包括历史认识在内的认识活动是人类社会存续发展的关键性活动,因为它能够获取认识对象客观而又真实的信息,包括现象和本质及其规律,从而帮助人们生成能够适应甚至部分地改变自然的生存策略,不断催生出有效的生存技术和技巧。历史性是所有客观存在事物的共同特征,假如不承认人类的历史认识存在寓于主观性之中的客观性,那就意味着人类对所有认识对象都将无法客观地反映和把握。然而,不能因为历史事实被认识时具有相对性和不确定性就否定历史存在的真实性。如果说人类对自然现象的认识和把握不但反映了人的认识能力可以揭示

---

① 有学者提出:"人类历史现象转瞬即逝、不可重复,作为尚未被概念化的原始经验也时刻处在耗散过程中。原始经验在进入历史,即作为历史经验接受历史思维的编织之前,还要经历记忆、推理、想象等不可或缺的环节,它们是主观性渗入的环节。"见陈新:《论历史经验与历史思维》,《文史哲》2002年第1期。

② 何一:《关于历史客观性的相对性》,《宜宾学院学报》2004年第5期。

③ 陈雁、朱汉国:《历史范畴的哲学审视》,《北京机械工业学院学报》2006年第3期。

部分自然现象存在的本质,而且还能把握其存在和运行的规律。那么,人类对社会现象的认知也应具有同样的功效,否则人类的体质进化、人类文明的进步跃升是不可能的。

第二,纯粹的历史客观性是否存在?有学者认为人的主观性的有效介入导致不存在纯粹的历史客观性。其论证逻辑是:历史客观性应从两方面把握,即"本体"和"流传"的历史客观性。前者是"历史客体"的原始态,后者则是"经过主观取舍"的派生态。然而,历史事实的发生必须服从"规律的存在及其运行机理",规律代表"必然性趋势"。虽然人是历史活动的主体,"人的主观意志虽然决定着每一次活动的性质和方向",但人的认识水平是受到时代条件限制的。因此,"主观选择作为人类活动的定向器,它必然要受到规律的制约","正是人对历史主观介入的有效性,才使得自有人类以来的历史,从来没有出现过所谓纯规律作用下的'原生态'的状况"。作者显然受到当代美国历史学家卡尔·贝克尔提出的"两种历史存在"观点的影响。① 研究者虽然承认历史事实具有不可更改的客观性,但"不幸的是,人类无论怎样努力,也无法克服与生俱来的主观认识上的局限,无法甚至也无须摆脱主观认识的偏好。人所知道的历史始终只是某时某地他所能达到的历史认识,而不是绝对永恒的历史本体"。② 上述观点带有普遍性和典型性。人的主观性似乎成为干扰人们获取客观性的障碍,只要有人的主观性介入,那么历史的客观性就会被遮蔽甚至被扭曲,这也就从根本上否定了历史客观性能够被准确地或部分地还原并认识的可能性。假如这种认识成立,那么人的主观性在认识和改造自然对象的过程岂不也会遮蔽自然存在的客观性?又如何能抓住自然规律和本质,通过揭示自然的客观性而达成顺应和改造自然的目的呢?对人的主观性作用的过高或过低的估计,必然使认识人为主体活动者的历史事实产生一种绝对相对主义的倾向。承认历史事实的客观性又不承认它可以被部分地还原和掌握,那么客观的社会历史规律还存在吗?还能够被认识、被发现吗?③ 因此,所谓"人人都是自己的历史学家""一切历史都是当代史"

---

① 卡尔·贝克尔认为,一种历史存在是实际发生过的、不可变更的事实,另一种历史存在则是留在人们记忆中的事实,经过了人的选择和取舍,始终处于变化之中且服务当下目的的历史。参见田汝康、金重远主编:《当代西方史学流派文选》,上海人民出版社1982年版,第2页。
② 参见何一:《关于历史客观性的相对性》,《宜宾学院学报》2004年第5期,第28—30页。
③ 部分西方学者认为,与自然科学研究反复出现的客观存在不同,历史研究对象都是出现一次的、偶然的一个个独立的事件,因此毫无规律可言。参见张文杰:《20世纪西方分析或批判的历史哲学》,《史学月刊》2007年第9期。

等观点其实就是历史虚无主义产生和存在的认识基础和根源。

第三,历史仅仅是由历史学家编排和重构的吗?有学者虽然把历史定义为"人类从动物中走出来到今天的全部岁月中的所有思想和行为",但又将其分为"历史事实"(历史本体)和"历史认识"(历史叙述)两层含义。而"历史认识"的生成只是"历史学家""历史哲学家"的工作,只有他们"对已经逝去的过程的回忆、叙述、记录、解释"才是呈现给"每一时代人们面前的'历史'"。[①] 这种看法把历史存续和呈现的方式大大地窄化了,似乎人们对过去的认识只能通过历史学家的记述才能获得,人们的历史认识也只能受到这些专业精英主观性认识结果的摆布。然而,历史是不断流淌的活水,它不仅存在于过去,而且伴随着人类的代代延续存留在现实生活之中。尽管有些内容随着时代的变迁失去了其存在的价值而逐渐湮灭,但还有很多内容却代代相传保留在人们的日常生产生活之中,这是另外一种意义的历史事实,既可以被感知且能回溯出它更原始状态的存在。如历史遗迹、语言符号、民俗信仰、历史传说等都包含着大量可视可感的历史信息,不能简单地用"客观的历史事实一去不复返,永远无法重现"的说法否定"历史事实"的现实性。此外,大众认知也是反映和保留历史事实的一种方式,它所凝聚的历史经验及教训往往会变成口耳相传的生活规范和习俗,直接而广泛地影响着人们的现实生活。专家学者的认识在多大程度上会被社会大众所认识和接受,不但受制于传播方式,更取决于大众的知识水平和理论素养。这种认知水平不对等、不均衡的现实状态就决定了迄今为止大众的历史知识更多是以民俗民间的方式获取的。因此,不能说"历史认识"的获取仅仅是专业人士的事情而与社会大众无关;更不能说"历史"仅仅是以"历史著作(或各种形式的文本)"的方式呈现而不能保留在社会生活的日常行为中。有学者非常赞赏英国哲学家、历史学家和考古学家罗宾·乔治·柯林武德(1889—1943)关于"一切历史都是思想史"的观点。[②] 如果把"一切历史都是思想史"中的"思想"理解为一种广义的"认识能力",显然是每个身心健康的正常人都具有的能力。然而,认识活动的系统化、理论化毕竟是少数人的"特权",是社会精英在人类精神活动中最突出的表现。但不能因此说历史事实就不能被普通大众主动或被动地认识。尽管大众

---

① 李晔:《历史规律与历史认识——历史规律研究的问题和视域》,《阴山学刊》2001 年第 4 期。
② 赵家祥:《历史过程的时空结构和时间向度——兼评西方历史哲学的两个命题》,《北京大学学报(哲学社会科学版)》2005 年第 5 期。

的认识水平达不到系统的"思想"程度,甚至也没有机会掌握系统的"理论",同样会对历史事实有其特定的反映形式。比如通过传说、民俗及其他生存生活习惯来保持历史的记忆并指导现实的生活,其价值理念、文化价值是否具有思想性并不是大众刻意关注的,但是也一样可以生成有意义的历史认识、积淀有价值的历史经验。可以说"一切历史都是思想史"的说法排斥了大众的参与,也缩小了历史经验价值的适用范围。因此,绝不能把历史认识活动仅限于受到系统知识训练的一小部分人之中。

第四,有没有存活于当下的历史事实?历史经验的价值存在于个体和集体的历史记忆之中。逝去的历史事实之所以还有被记忆、被挖掘的价值,就在于它培养和铸就了人类从个体到集体成长成熟过程中不断完善的精神追求和气质。从人类精神财富积累的角度看,历史从来就没有消失。人类文明今天的样貌正是数万年来人类改造自然、社会和自身实践活动成果不断积累沉淀的结果。因此,历史思维不但是人类认识内外部世界非常重要的思维方式,而且它成了一种认知习惯,总是习惯于在事物成长的历程中汲取智慧结晶、经验教训以服务于当下的生存需要。物质的继承没有断,同样精神的继承也没有断。从某种意义上说,过去的历史事实也没有绝对的消失,还是可以部分地被当下的人们所直接感知、直接认识的。语言是最好的传递工具,它以符号的方式蕴藏了丰富的人类过往的信息。尽管这些信息带有选择性,但它是历史事实的直接反映,历史记忆正是通过语言(口头或书写)的方式才得以实现。所以,说历史事实完全不可再直接接触恐怕就值得怀疑了,如非物质文化遗产、民俗节日等千百年来一直流传,使后人直接重复着前人和古人的某些生活内容和方式。可以说,被选择而流传下来的生活实践都是对当下人们仍然有价值的内容,历史的选择性内容就是活在当下的。

第五,如何看待前人记述的历史事实或遗留的历史遗迹的客观性?德国哲学家卡西尔(1874—1954)的"历史学家熄灭了自己的个人经验之光,就不可能观看也不可能判断其他人的经验"的观点[①],似乎想说明历史认识主观性的不可避免性,甚至具有必要性。他以为,如果认识主体在认识过程中有意回避和放弃自己个体的经验体会,也就不可能对认识对象产生共鸣式的反映,从而也无从做出

---

① 参见李伟:《符号·激情·历史——卡西尔历史哲学述评》,《北京市政法干部管理学院学报》2003年第2期,第53—56页。

相应的评判。这又回到了问题的原点。认识与认识对象之间是一个相互反馈、交互影响的统一体,没有不能客观认识的对象,也没有失去主观意图的认识主体。历史客观性问题是由自然知识不断科学化而催生的问题,即能否纯客观地反映和认识历史事实,似乎成为历史学能否成为科学门类之一种的关键。普遍的共识是,历史主体应当尽可能客观地面对历史事实,力争全面、准确、多维地实现历史认识的生成。主观上要力求尽可能地客观,尽可能地排除主观偏好的影响。同时,也应该看到,认识主体的价值取向、生活经历、审美偏好、主观目的同样也会不可避免地影响到认识的结果。这个认识过程是寻求结果的过程,即寻求答案、消除疑惑、澄清事实等的过程,基本上属于专业历史认识主体的范围。此外,对间接历史事实(即古人或前人的历史记录、遗留的遗迹、文字、符号等承载历史信息的载体)的判断,也必须具体分析。比如,古墓葬包含的信息(形制、规格、建筑材料、布局、随葬品、碑刻、墓志铭、壁画)显然具有客观性,不可能是古人为了让后人接受他"主动"安排的信息而有意为之。因此,尽管墓葬信息充满着主观性,但也不意味着时人的行为就不具有客观性,这些信息的获取显然是一种直观的、可信的当时状态的呈现。墓葬、军事设施、工程遗存等建筑遗迹,具有相当的客观性和真实性,后人对它的认识就有了历史真实的基础。如长城、大运河、古代居住遗址、城址、都江堰水利工程、哈尼梯田等,在今天还能直观地看到它们的存在,逻辑地认为它们在历史上发挥过巨大作用是不容隐晦的客观事实,这也是人类认识功能所具有的基本能力和必然结果。因此,不能因为遗物、遗迹、遗文都是人造的就认为它们呈现的状态就不客观、不真实,这恰恰是当下历史认识命题中走向极端的一种突出表现,几近历史不可知论。

第六,能否确认存在可以直接感知的历史事实?历史是怎样呈现的?仅仅是专业人士的认识结果吗?普遍大众在历史生活中的实践和认识活动通过日常生活而延续下来,也是历史认识生成的一种形式。可以说,部分历史是活在现实人群之中,是可以被直接感知和认识的。因此,历史就不仅仅是那些被时间遮蔽的部分,还应包括它的现实存在形式,如语言文字、遗址遗迹、古老风俗习惯等。历史认识生成的主要素材包括:历史遗迹(遗址、建筑、洞穴、文物等)、墓葬、文字符号(历史记录、专著、档案、生活记录、日记、回忆录、书信、墓志、碑记、绘画、壁画、岩画等)、传说神话、民俗遗留等。对这些带有主观性的素材要进行具体分析,哪些保留着历史的真实,哪些是经过人们的有意取舍刻意留下的,哪些就是历史生活和过程中自然而然保存下来的。这样区分是有意义的,使我们可以部分地还原历史的真实,否则作为人类较早出现的认识自然和自身的历史认识方法就不可能出现,如果这种方法对人类的生存与发展毫无价值,它也就不会出现。有意识地记录历史、回忆历史在人类认识发展史中占有十分重要的地位,表明人类早就意识到通过回顾自己走过的路、经历过的生存过程,可以汲取有益于前行的经验教训。如果不能全面真实地认识已经发生过的历史事实,总结经验教训的努力便毫无意义。因此,这种主观介入一定是以客观存在为前提和基础,也一定能够部分地还原和保留历史的真实存在,这才是历史可认知的关键所在。

历史是人创造的,只要人存在,历史发展就具有了连贯性。如果某些人、某群人消失了,显然他们所创造的历史也会在人们的记忆中逐渐消失,他们遗留的生存遗迹也会成为片断的、零星的状态,必须靠人的认识将其尽可能地串联起来。然而,对于从未中断过的文明体而言,就不能笼统地说他们创造的历史都会随时间的演进而耗散甚至湮灭。针对不同种族、人群所创造的历史事实必须采取具体分析、区别对待的态度和方法。此外,历史事实从时间上看,于当代人来说有一个远近的问题。离认识主体时间越远,认识的难度就越大、准度就越低;反之,对较近的史实、刚刚发生过的事情则会有较清晰的历史记忆。如果不加区分地以时间因素作为标准,且把凡经过人脑再输出的信息一概看成是经过主观加工的产物而失去其客观性,那么,人类就不可能正确地认识和把握内外部世界,人类的文明进步也就无从谈起。

## 二、历史认识能否正确反映历史存在

国内的多数学者赞同历史认识的特性是客观性与主观性的辩证统一。客观存在的历史事实是历史认识客观性存在的基础,而人的主观性(可分为合理和非合理主观性,有的分为主观性和主观能动性)的介入,又不可避免地使历史认识结果具有了主观性的色彩。[①] 关于历史认识特性的讨论一直是中外学界高度关注的话题。从研究的总体情况看,越来越偏重于历史认识生成的主观性,其极端

---

① 如有学者指出:"我们不能追求排斥主体意志的纯客观性'历史事实',那会使历史认识走进死胡同;又不能脱离客观性随意杜撰历史,标新立异,那样历史认识就失去了科学意义。我们所应该做的是追求合理的主观性,并努力使主观性与客观性达到辩证的统一。"参见郑小娟:《从系统的角度谈历史认识的主观性》,《中共福建省委党校学报》2001年第3期。

的表述便是"一切历史都是当代史"和"一切历史都是思想史",几乎否认了历史认识的客观性、可信性和可知性。关于历史认识能否正确反映历史存在,有些观点需要认真地加以辨析。

第一,历史解释(认识)是否具有客观性? 英国哲学家卡尔·波普尔(1902—1994)认为,"历史解释"是指"主观性观点或历史兴趣中不能成为可检验的假说"①,因此历史解释是充满主观性的个体对历史的说明。这种说明可以多种多样、因人而异且不可能被验证,因此,历史解释便不具有客观性。② 这就涉及一个基本问题,即人的认识能否准确客观地反映认识对象? 如果人的认识可以反映自然对象并能发现和验证其规律,那么,由人类创造的社会历史现象却无法被人客观地反映,或是说经过人脑的加工而呈现的认识结果就一定会背离历史真实,这岂不成了一种悖论? 人脑对外部世界反映认知的功能应当具有稳定性,无论认识对象是自然物还是社会产物具有怎样不同的存在形式,都不影响人们在一定程度上能够客观地反映和把握它们的存在。把人的认识能力因不同认识对象的存在而加以区别看待的观点显然是不妥的,其实也是背离科学原理的。③

第二,如何看待历史认识主体的主观性? 现有的历史认识论主要关注的是历史学家个人因素对历史认识产生的影响,特别是认识结果的客观性问题都归结为个人的主观性因素的存在而不可避免。因此,"对于历史事实的认识和解释则很难有一致的看法"④,原因是每个"历史学家因自己的哲学观点、政治立场、知识基础、生活经验、情感和性格气质不同,所以表现出不同的主体意识"⑤。甚至认为"在史学发展史上,个性鲜明的历史学家,肯定是其历史认识主观性最突出的历史学家。亦正唯如此,这种类型的历史学家同时往往是最有思想性和原创性、最有史学成就的历史学家。这种类型的历史学家之所以具有鲜明的个性,其历史认识之所以表现出强烈的主观色彩,原因就在于其历史认识中所内蕴的思想与其思想实际达到了相互符合,是其思想的客观真实反映"⑥。问题在于,

---

① [英]卡尔·波普尔:《历史决定论的贫困》,华夏出版社1987年版,第117、120页。
② 有关评论参见谢江平:《历史解释与历史规律——彼普对历史决定论的批评》,《南华大学学报(社会科学版)》2007年第1期。
③ 有学者指出:"科学指的是揭示了客观事物存在和变化的因果必然性规律并经过实践检验证明对那些规律的认识确实是真理的知识体系。"参见庞卓恒、吴英、刘方现:《唯物史观及其指引的历史学的科学品格》,《历史研究》2008年第1期。
④ 万斌、王学川:《论历史认识的方法》,《福建论坛·人文社会科学版》2008年第4期。
⑤ 李振宏:《历史学的理论与方法》,河南大学出版社1999年版,第138页。
⑥ 周祥森:《新时期历史认识客观性研究及其反思》,《史学评论》2000年第9期。

同样的历史事实就真的不能产生相同或相似的认识结果吗？历史认识真的不具有公共性吗？那么，作为一门古老的学问，如果只能显示认识的个体性而不具有共享性，那它的存在还有什么价值？不是就根本形不成一门学问了吗？历史只能被专门的、受过训练的历史研究者或历史学家来认识和传播吗？这样的话，历史于普通人而言将如何被认识？或者说普通人只能通过历史学家的解读才能接触历史、接受他们解读过的历史吗？如果历史认识结果充满带有个性的主观性色彩，且被认为这些结果真实地反映了历史事实而具有客观性，那么，这样的认识结果能够被社会大众接受吗？又如何与社会大众通过传说、戏曲、小说以及自身接承的历史传统和亲身实践而形成的历史图景相对接呢？如果历史学的成果没有传播学意义上的使命和价值，即如果没有传承传统、教育和感化大众的功能，那么这门学说的社会价值在哪里呢？总之，目前历史哲学探讨的历史认识问题似乎视野过于狭隘，似有自说自话、自娱自乐的意味，远没有揭示出历史知识与历史思维对人类文明的意义和价值。事实上，历史认识主体可分为专业性和大众性两大类。两类认识主体对历史经验的提取显然有区别。如果专业人士提取的历史经验不能变成为大众共享的认识和知识，就整个人类来说，这样的历史经验就可能被束之高阁、存于殿堂，其价值就会大打折扣。即如果不传播就只能存在于高阁中和个别人的头脑里，也就不能被更多的人分享。那么，无论这种认识客观与否，都不能变成人们共享的精神财富，因而也就失去了价值。这就引出一个在什么层次上需要什么样的历史经验的问题。如果是生活层次，那么人人都可能产生对过往的记忆挖掘现实价值的能力和需要；如果是治国理政层面，则只有专业认识主体才能担当起总结事实、形成公共知识的重任，以提供具有重要资政价值的历史经验。此外，就历史认识的主观性问题还可以延伸出两个必须深入思考的问题。一是对历史的认识或评价是否可以实现"超私人性"。从一般的历史认识论看，论者主要关注主体的认知能力和认知需要，往往把个体在现实中的需要变成对历史经验汲取的主要动机，似乎所有历史认识的取得都反映了认识主体所处环境和条件制约的结果。那么，作为个体观察历史，能否形成"超私人性"的真理性认识结果呢？二是历史认识是否具有预示未来发展趋势的功能。历史认识同样具有过去性、主观性和个体性，通过所谓认识本质能够从既往的事实中揭示所谓历史的趋势和未来吗？如果把历史看作与现实连续不断的过程，通过对先前事物运动征兆的把握或许能就当下这一事物未来的趋势做出一定的预判。然而,对于与当下相距甚远且无直接联系的历史现象的认识是否还具有所谓的昭示未来的功能就大可怀疑了,这是对如何认识历史经验或历史认识功用首先必须澄清的重要问题。

第三,由《马可·波罗游记》真实性的争论看历史记述的客观性。自《马可·波罗游记》问世,到1324年马可·波罗逝世,该书已经被翻译成多种欧洲文字、几十个版本,而"现存的《马可·波罗游记》已达143种各种文字的版本"。[①] 数百年来,人们对其内容的真实性,甚至作者本人是否真的到过中国一直争论不休,直至今天中外学界形成了肯定、怀疑和否定三种观点鼎立的局面。[②] 这一历史公案能够很好地被用来观察"历史认识客观性"问题的讨论,它的争论历程很好地说明了,即使是充满主观性甚至夸张、虚构、想象的历史记述也并非都是空穴来风。像《马可·波罗游记》这样可能出于个人目的而夸大甚至虚构部分游历内容的作品,仍然能够通过中外文献的相互印证、遗物遗迹的发现佐证等手段来证实其部分内容的真实性[③]。进入21世纪以来,中国学者对《马可·波罗游记》的真实性、可信性进行了多方位、多层次的研究。例如,从民俗学角度,有学者认为:"风俗的被描写程度和其深广度,是亲历与否的一个重要试金石。"而马可·波罗"这种中国描述空前绝后,不仅完全符合中国人文地理历史史实,具有丰富的历史层次性和文化的多元一体性,后世所有描写中国样貌的亲历者的图书都难以达到这样的高度"。[④] 由此证明该游记描述的真实性。再如,马可·波罗在世被冠以"马可百万"的绰号,意在嘲笑他是"说谎大王"或"吹牛皮者"。有学者"在对波罗家族的遗嘱、教会档案、遗产清单等文件研究基础上,认为此名号是马可波罗宅邸名称'Villione'的误读,而这也与他积累的万贯家产、传奇身份相契合"。结论是"这一名号可谓实至名归","在一定程度上也可证实马可波罗来华的真实性"。[⑤] 有学者根据中外文献和田野调查的资料证明:"马可波罗对诸如骆驼、琉璃、银矿、察罕脑儿、黑首羊、尚白传统、灵魂转世、僧道、巫师、星者、吃马

---

① 向云驹:《〈马可·波罗游记〉真伪的民俗学立场》,《民间文化论坛》2020年第1期。
② 参见姬庆红:《〈马可·波罗行纪〉所记甘州之真实性》,《中国历史地理论丛》2022年第2辑。
③ 有学者指出:"近些年来,一些中国学者利用《元史》、波斯文献、考古文物及地方志等资料与《行纪》进行对照研究,论证了马可·波罗到过元朝某些城市(如哈拉和林、北京、扬州及杭州等)的真实性,有力地驳斥了怀疑论者和否定论者的观点。"参见姬庆红:《〈马可·波罗行纪〉所记甘州之真实性》,《中国历史地理论丛》2022年第2辑。还有学者考证马可·波罗到过襄阳、于阗等地,本文作者就详细地考证了马可·波罗到过甘州的真实性。
④ 向云驹:《〈马可·波罗游记〉真伪的民俗学立场》,《民间文化论坛》2020年第1期。
⑤ 王延庆、姬庆红:《"马可百万"名号辨析》,《甘肃社会科学》2014年第6期。

肉、十二生肖纪年、驿站的记载"是真实的,"说明马可波罗确实到过内蒙古"。①德国著名汉学家傅汉思结合中西文献史料,从货币、盐业、税收三个方面详细考证了该游记的相关表述②,认为这些记载"与通过辨析中国文献史料和历史遗物所获得的现代元史研究成果几乎完全一致",而这些中文史料在马可·波罗有生之年是不可能看到的,从而证明他的记述是直接获取的,也就是说他确实到过中国,该游记的多数内容显然不是编造的。③ 总之,不能因为记述者强烈的主观目的的存在就断然否定它对部分历史真实记述的可信性,过分强调历史记述、回忆等的主观性很容易让人们相信历史彻底无法还原,因而也无法认识的极端结论。如果是这样,那么历史认识的获取、历史经验的提炼就会变得毫无意义而失去它存在的价值。

### 三、历史经验能否实现主客观的统一

历史经验是历史认识的结果,即在分析、归纳所掌握的直接或间接历史事实和既往历史认识的基础上产生的认识结晶,即结论、启示或教训。历史经验包括正面的启示和反面的教训(从错误或挫折中获得的经验)。历史经验有个体和集体、群体之分,可以涵盖历史过程所有的事和物,反映在社会生活的方方面面。欲弄清历史经验的价值首先就必须弄清历史认识形成的过程及其可信性,即能否实现主观性与客观性的辩证统一。否则就会陷入绝对相对主义的泥潭之中,整个历史学也就失去了存在的必要和价值。

第一,如何看待原始经验与历史经验的划分?有学者认为:"人们在日常意识中理解的'历史',并非原始的历史实在,而是经过思维加工的产物。"因此,可以把历史事实分为历史经验和原始经验两部分,标准是发生的事实是否经过人们的主动思维。所谓历史经验就是"进入个人记忆中的亲身经历只要被思索和组织,并用来实现个人在现实生活中的目的"的历史事实。所谓原始经验是指"那种导致单纯感官刺激的现象或活动",它处于"思维之外","尚未被置于某种已经准备好的个人或集体的意义体系之中"。从人类生活现实看,"有太多经历过的事物没有被纳入到我们的思维中","人们在日常生活中的每一次经历积累

---

① 吕光明:《从田野调查看马可波罗在内蒙古》,《阴山学刊》2016年第2期。
② [德]傅汉思著,党宝海、马晓林、周思成译:《马可·波罗到过中国》,北京大学出版社2022年版。
③ 参见谢辉:《〈马可·波罗到过中国〉简介》,《国际汉学》总第34期(2023年第1期)。

构成了自身巨大的原始经验库,在将它们纳入思维之时,绝大部分已经遗失了,而极少数进入了记忆并被思维过的经验,多数也因为没有被文字记载,没有被符号表征,将随着思维者生命的消失而陨落"。由于"能够被关注、被思维的经验少之又少",而"原始经验库"的内容又十分庞杂,要想获得有价值的历史经验,一方面"取决于思维者日常生活中不同层次的需要",另一方面则取决于"历史学家对'历史(学)'的理解"。因此,呈现在人们面前的"历史""正是那些能够被人所记忆、阅读、推理、想象、表现的历史",而这主要是专业的历史学者的事情。① 这种观点把人们的生存活动截然划分为无意识的生存行为和有意识的思维行为,显然是远离了生活现实。人类的思维活动是伴随着生存活动而存在,不存在不经过思考的行为,所谓原始经验也必定是在人们思想指导之下形成的。作者提出:"在认识历史的思维之途中,历史经验要成为可理解和可利用的事物,全仰仗历史思维飞架的桥梁予以沟通。"那么,谁具备"历史思维"的能力呢？从作者全文的逻辑看,实际上把历史经验的生成仅仅看成是历史学家的事。只有这些专业人士能够"按不同的结构、技巧"把"原始经验"编排成"历史经验",从而排除了普通大众的认识历史和思维经验的能力。系统的、概念化的历史经验应当建立在人民大众分散的、零星的历史认识的基础上,更常见的是大众的历史认识、历史经验伴生于日常生产生活之中。无论这些经验呈现出怎样的形态,是否带有迷信或科学认知的色彩,它首先满足了大众在观念上高度认同和期待的生存需要。从历史上看,概念化的、系统总结的历史经验影响大众的日常生活是一个很费时的传播过程,不太容易被大众迅捷且普遍地获取和接受。历史经验的原生态和次生态在不同的生活领域发挥着不同的价值功能,两者的高度统一还需要更为漫长的时间打磨。

第二,在历史经验领域是否存在科学规律？有学者把"历史经验"等同于"历史解释""历史意识",认为在这个领域不存在"普遍的科学规律",因此,"历史意识不应该把具体社会现象和历史事实看做某种普遍规则的实例"。原因在于"人的活动和意识都是独一无二的生成过程；其生命的体验和意义都是不能重复的"。② 这种认识具有普遍性,过分强调了历史事实的不可重复性和历史经验获取的主观性,由此对人类社会发展是否存在规律性也产生了怀疑。这样一来,历

---

① 陈新:《论历史经验与历史思维》,《文史哲》2002年第1期。
② 韩震:《历史的诠释性》,《杭州师范学院学报》2002年第3期。

史认识、解释、经验也就不可能真实反映或再现历史的真实,历史意识的生成就失去了"科学依据",对现实人们的生活似乎也就没有什么意义了。历史认识的客观性取决于历史事实的客观性,人们能否捕捉到历史事实的客观性就成了一件不能确定的事。因为历史事实是过往的客观存在,已经逝去、不可重复、不能再现。这种通行的观点严重低估了人类接受、分析、储存和输出信息的能力,更是对历史事实的存在形态的一种片面的误解。正确的判断显然取决于对历史第二信号系统的认识,这些符号包括多少客观性、真实性?哪种形式的历史遗存能够被人们直接感知?文字、图画等符号是否都是对历史事实的扭曲、遮盖?人的主观反映就一定是远离事实的结果?没有任何真实性可言吗?尽管按人的主观愿望重构历史、编排经验是一种常见的认识行为,但不能因此就否认更多的历史事实是被客观反映、真实记录的。走向两个极端都是不可取的。

第三,历史代价是否不可避免?有学者提出,历史价值活动中的发展与代价是统一的,认为"代价"的出现在某种程度上是"人的主观失误所造成的",因此"减少和避免主体的失误,根本的出路在于改造主体,提高主体的素质和能力"。[①] 然而,需要强调的是,要清醒地认识到代价的不可避免性。无论怎样提高历史主体的素质和能力,人类的生存发展始终面对的是不可尽知、不可预测、不能准确把握的认识对象,任何一个当下的选择和决策都带有概率性、或然性。因为,人们不可能穷尽某一事项所涉的所有影响因素,选择中的漏项或有意回避的选项将会对事物的走向、形态、结果产生怎样的影响便不可掌控。如果得出多种选择方案,哪一个是最佳方案也会带来选择上的困惑。这些特点决定了历史价值活动代价的不可避免性,尽量减少失误却是可能的。

第四,历史经验提取中的方法论问题。在评价复杂历史事件或人物的时候,不少学者往往喜欢用"理想化"的思维、"因果寻因"的逻辑,其结论不可避免地超越了历史环境和条件,这样总结出的所谓历史经验也就远离了历史事实,其价值也就大打折扣了。例如,有研究者在评论高度计划经济体制下对社会主义本质及实现形式的理解时认为其中出现了"偏差",原因在于:"国家对经济采取了直接行政化、指令化的管理模式,个人成为组织和单位的附属物,个人利益消融在集体利益中,企业成为政府的附庸,再加上高层主导的'均等'观念、片面的理

---

① 王学川:《历史价值活动规律初探》,《浙江社会科学》2007 年第 1 期。

想奋斗观以及引导人民'耻于谈利'的做法,使人们的正当利益需求被抽象化,扼杀了经济建设个体的积极性。由此,在全社会形成了重平均,轻效率;重集体利益,轻个人利益的价值观念。"①然而,社会意识和价值取向的形成离不开特定的历史环境。从个人与集体的关系看,在追赶型现代化历程中,个人利益与集体利益的关系就要服从于特定历史阶段社会发展的主题,或主要应服从于历史挑战的主要任务。在 20 世纪五六十年代,是否具备了强调个人利益的条件? 这取决于社会发展遇到了怎样的发展模式选择的难题。在极为落后的农业经济和极低的工业水平的条件下,要想迅速发展工业、重振国家经济、厚积物质基础,是选择以激发个人劳动积极性为主的农业生产方式,还是依靠整体的力量作为发展的动力机制,就是一个需要选择的难题。因此,不讲历史条件和历史主题地谈论政治价值取向的个人利益为重还是过分强调整体利益的问题是没有实际意义的。从某种意义上说,一个时代有一个时代处理难题方法上选择的合理性,尽管它可能不符合学理上的理想状态、尽管在后人看来可能是不可思议的,但是超越时代的追求毕竟是不可能实现的。正如同每个事物都有多面性一样,任何选择或抉择都是利弊并存的,在当时是正确的选择,事过境迁后就不一定合理或必要了;反之,事后看到最好选择或最佳路径,当时的人们未必会意识到,或意识到了由于当时的条件不成熟也未能选择。总之,人的认识能力是受到客观条件制约的,而实现一个认识或思想更是需要成熟的条件,因此,分析历史问题一定要把问题放在特定的历史环境中加以考察,才能做出正确的评价与判断。此处作者对个人利益的评述与制度安排中价值取向关系的论说就存在这样方法论上的偏差,这种现象在学术理论研究中带有一定的普遍性。我们应摒弃"应该如何如何"的思维定式,把理论认知与历史现实紧密结合起来考察,这样才能获得有价值的历史经验。

  第五,总结历史经验的特点及必然性。历史经验的生成依据两个条件,即历史事实和历史认识,包括前人、别人的认识和自己的认识,既有过去性又有当下性;既有客观性又有主观性。历史有长短,对于一个当代的历史认识主体而言,那些亲自参与、直接感知且共生于大的社会情景中的社会变革是最新鲜的历史实践和事实,可以迅速地被纳入历史认识的范围而被研究。这种情形下获得的

---

① 张悦:《政治文化向度与制度选择——对当代中国政治制度的一种解读(1954—2012)》,华东师范大学博士学位论文,2013 年,第 48 页。

历史认识成果,当然可以在交互认识实践中通过刚刚发生过且还影响着当下的社会实践来检验其客观性和准确性。然而,对于相对长远的、远离认识主体生命历程之外的历史事实的认识,无论是认识实践抑或是社会实践,都很难成为检验历史认识正确与否的标准。历史经验是对过去事实的总结提炼,动机则在于现实的需要,即通过发生过的事情提醒人们处理好当下的事情,或为处理当下的问题提供可以借鉴的思路、方法;可供参照的教训;提供足以警示避免重蹈覆辙、再陷困境的信息。面对人类前行中充满未知的各类挑战与困难,最有用、最直接的参照主要是由历史经验提供的。因此,历史经验的生成就必然与现实需要和未来期许密切相关,依据人类的思维特点和认知习惯,从走过的经历中学习和提取当下需要的精神养料是最常用、最有效的解决当下问题的途径和方法。或者说历史经验的价值不仅仅体现在它在多大程度上客观地概括和总结了历史事实,更在于它是否能满足人们当下的现实需要。因此,可以说历史经验的价值,一方面取决于认识主体对历史经验提取的准确性和科学性,另一方面则取决于它是否能满足人们当前和未来一个时期的迫切需要。

# 辨析跨越(篇)

# 浅议史学研究中呈现的
# 模式化倾向

东方社会泛指相对于西方社会而处于落后或不发达状态的地区和社会。东方社会具有悠久的历史传统,曾经长期走在世界各地区的前列,但近几百年来却逐渐落后于西方,那么,探讨东方社会落后的原因及其摆脱落后走上现代化道路的发展模式,便成为中外学者共同关心和思考的问题。特别是中国文化,作为东方社会的典型在这一问题上有着突出的代表性。中国历史研究科学理论的运用是马克思主义传入后的事,并由此形成了整套理论概念,至今仍是指导中国史学研究的理论工具。尽管在近现代史学史上,马克思主义的运用解决了中国历史研究中的许多重大问题,推动了中国史学的发展,但是,由于教条化运用理论的结果,人们的视野停留在某种为"经典"注释的方面,严重制约了人们思考和研究中国社会发展模式的形成与选择。其中规范性认识危机是一个突出的问题,所谓规范性认识,就是标准的理论概念和认识成果,是人们用以分析具体事物的理论范式。规范认识是科学思想发展的必要过程,它有着历史的合理性,但并不意味着"规范认识"本身就不需要变化和发展。例如,在对中国现代化道路选择问题的研究中,学者们在认同经由半殖民地半封建社会走上社会主义道路这一基本历史事实外,却普遍断定近代中国曾存在过一个走向资本主义发展道路的可能性。就其深层理论依据而言,得出这样的结论恰恰是在一系列规范性认识的指导下产生的逻辑结果,诸如对马克思的社会发展理论的理解、资本主义势力的全球性扩张、西方文明东来对中国社会发展的刺激作用、资本主义与近代化的关系、中国资本主义萌芽的走向、社会发展道路的必然性和选择性的关系等,上述这些理论问题在大多数学者看来已是"定论",无须再证明和论证,是人们用来研究具体历史问题的理论工具。然而,问题恰恰存在于理论认识工具本身。时代进步要求认识主体在提高了理论认识和扩大了视野的背景下重新认识已有的历史认识成果，原有的成体系的看法已经显露出种种难以自圆的漏洞，不能从危机的高度认识规范性认识存在的问题，就无从推动东方社会发展模式的研究，当然也无法从深层理论上把握当代中国社会主义实践的重大意义。本章就东方社会模式研究中几个重要的规范性认识存在的危机，提出一些初步的思考。

## 一、马克思主义运用上的教条化倾向

### （一）五种社会形态依次演进的恪守[①]

马克思主义作为一种科学的理论体系，在中国有着广泛的基础，特别是五种社会形态依次替代说是人们认识社会发展的重要理论根据。人们确信资本主义代替封建主义，社会主义代替资本主义这一历史发展阶段模式的普遍性，中国封建社会之后必定是资本主义社会，因此把近代中国看作是走向资本主义社会的历史过程完全符合人类社会的一般发展规律。人们普遍认为，东方社会尽管有其特殊性，但也是人类社会的一个部分，用马克思主义的有关人类社会发展的一般规律的思想完全可以得到完满的解释，意即东方社会的发展过程也同马克思、恩格斯所揭示的西方社会发展的过程是一致的，也要依次经历原始社会—奴隶社会—封建社会—资本主义社会—社会主义社会五种社会形态。五种社会形态依次更替说尽管受到不少学者的怀疑和反思，但它依然是多数学者据以思考东方社会发展道路的重要理论背景。在这一理论背景的指导下，西方历史发展的过程便不自觉地成为参照和标准，似乎只有把东方社会的历史发展过程与西方一一对应起来才能证明历史唯物主义的正确，才能找到东方复兴的道路。这样一来，东方历史研究便失去了"自性"，而以"他性"为目标。事实上，不要说我们对马克思主义存在理解上的教条倾向，就是马克思本人也从来没有坚持人类社会一种发展模式的思想。应该说，对人类社会发展一般规律的认识存在着危机，我们应当重新加以认识。历史发展理论是唯物史观的重要组成部分，马克思、恩格斯自着手创立其理论体系之日起，始终把揭示社会发展的最一般规律作为其研究的重要任务。从他们思想发展的历史过程看，他们对人类社会发展规律的研究前后经历了三个阶段。

---

[①] 本节内容是与刘鸿辉先生合作发表的《东方社会发展模式研究中的规范性认识危机》(《解放军外国语学院学报》1996年第4期)中的一部分。

第一阶段,是19世纪70年代以前关于社会发展阶段的基本思想。19世纪70年代以前,马克思、恩格斯在社会发展阶段问题上曾经把部落的或亚细亚的、古代的、封建的、资本主义的及未来共产主义等五种历史形态的更替看作人类社会发展阶段普遍演进的规律,表现出较明显的模式论倾向。在《德意志意识形态》中,他们描述了所有制形式的发展历史,认为:"第一种所有制形式是部落所有制。""第二种所有制形式是古代公社所有制和国家所有制。""第三种形式是封建的或等级的所有制。"①这里,马克思、恩格斯虽然没有明确地将五种所有制形式并列,但在同一著作中还论述了资本主义生产方式以及未来的共产主义所有制形式,因而已经有了五阶段的思想。在《共产党宣言》中,他们把资本主义生产方式向全世界蔓延看作是必然趋势,认为资本主义的生产方式将在世界范围内取代一切落后的生产方式。这意味着一切民族在其发展过程中都必然要经历资本主义的发展阶段。到1859年,在《政治经济学批判序言》中,马克思对社会发展理论做了后来被认为经典的论述。他说:"大体说来,亚细亚的、古代的、封建的和现代资产阶级的生产方式可以看作是社会经济形态演进的几个时代。"②马克思的上述理论对历史研究的贡献是不言而喻的,但是它的局限性也是明显的,这就是把考察西欧历史,特别是把考察西欧资本主义社会产生的历史而概括出来的历史发展阶段理论看作是全人类都适用的,并且表现出单线进化的倾向。

第二阶段,19世纪70年代模式论思想的初步改变。19世纪70年代马克思重点研究了俄国农村公社土地所有制,并开始改变其在社会发展阶段问题上的模式论思想。在《给"祖国纪事"杂志编辑部的信》中进一步阐明了社会发展一般理论的看法,重申了《资本论》中所阐述的生产的历史趋势,指出:如果俄国继续走它在1861年所开始走的道路,那么将会遭受资本主义制度所带来的一切极端不幸的灾难。③马克思认为俄国向资本主义的发展这一现实并不意味着这条道路是俄国社会发展的唯一道路。马克思明确指出《资本论》中关于"资本主义起源"的概述只适用于西欧。"他(指米海洛夫斯然——引者注)一定要把我关于西欧资本主义起源的历史概述彻底变成一般发展道路的历史哲学理论,一切民族,不管他们所处的历史环境如何,都注定要走这条道路——以便最后都达到在保

---

① 以上引文见《马克思恩格斯全集》第3卷,人民出版社1960年版,第25、27页。
② 《马克思恩格斯选集》第2卷,人民出版社1972年版,第82—83页。
③ 《马克思恩格斯全集》第19卷,人民出版社1972年版,第128页。

证社会劳动生产力极高度发展的同时又保证人类最全面的发展的这样一种经济形态,但是我要请他们原谅,他这样做,会给我过多的荣誉,同时也会给我过多的侮辱。"①上述思想表明,在社会发展阶段问题上,马克思特别强调必须注重具体问题具体分析,并含蓄地表明,俄国不一定必然经历资本主义的苦难,相反,只要具备一定的条件,它可以跨越资本主义的发展阶段。这一变化可看作马克思对模式论思想的初步改变。

第三阶段,19世纪80年代马克思对模式论思想的根本突破。19世纪70—80年代,在关于社会发展阶段问题的思想上,马克思改变了东方必须走西方发展道路的看法,强调了东方不同于西方的特殊性。在《马·柯瓦列夫斯基〈公社土地占有制,其解体的原因、进程和结果〉一书摘要》中,马克思反对柯瓦列夫斯基把印度等东方国家的农村公社土地所有制瓦解看作和西欧历史上一样的封建化过程,他指出:印度土地制度和西欧封建制不同,"土地在印度的任何地方都不是贵族的,就是说,土地并非不得出让给平民!"而在西欧封建社会中,土地只能归封建主所有,不能自由买卖。印度和西方的又一个基本差别是印度不存在西方封建主那种世袭司法权。此外,马克思还指出:"根据印度的法律,统治者的权力不得在诸子中分配;这样一来欧洲封建主义的主要源泉之一便被堵塞了。"②马克思还改变了不同民族的历史演进都必须经历资本主义发展的看法,明确指出在一定条件下俄国能够跨越资本主义的卡夫丁峡谷。在1881年给俄国女革命家查苏利奇的复信中,马克思进一步阐明了这一思想,这表明了他对模式论的重大突破。

由马克思对社会发展模式认识发展的过程来看,我们过去所坚持的社会形态演进说,在马克思那里也是发展着的概念,那么,还有什么理由坚持这种僵化的模式论呢?历史研究是一个认识主体运用理论工具分析和认识历史事实(客体)的过程。自马克思主义传入中国以来,它便逐步成为历史研究者认识中国历史复杂现象的重要理论工具,把马克思主义与中国历史实际相结合,建设具有中国特色的马克思主义历史学体系是中国史学界自中华人民共和国成立以来长期奋斗的目标。这种结合必须在两个方面进行努力:其一是对马克思主义理论本身的认识及其中国化;其二是运用所掌握的马克思主义理论指导历史研究。这

---

① 《马克思恩格斯全集》第19卷,人民出版社1972年版,第130页。
② 以上引文参见《马克思恩格斯全集》第45卷,人民出版社1985年版,第283、284、274页。

两个方面是相互制约的,长期以来,对马克思主义教条式的理解和运用是导致理论危机的一个重要因素。比如,对人类社会发展的一般规律的认识坚持了马克思早年的思想,导致在中国历史研究中将中国封建社会与欧洲封建社会机械等同和类比的现象发生,甚或竟直将中国封建社会也叫作"中世纪"。在这种理论背景下,人们确信资本主义代替封建主义、社会主义代替资本主义这一历史发展阶段模式的普遍性,中国封建社会之后必定是资本主义,因而把近代中国走向资本主义社会的历史过程看作是完全符合人类社会一般发展规律的。由此进一步认同东方社会现代化在模式选择上只有资本主义生产方式和文明式样这一种全球统一的模式,是其他落后民族未来的缩影,把落后民族的发展前途、近现代化的模式与道路顺理成章地理解为靠近资本主义的运动,这就必然导致研究中心的偏移,无从对待东方社会发展的特殊性。

从上述马克思关于东方社会思想发展变化的过程,我们可以得出的重要理论启示是:要把历史发展一般规律同历史发展道路、阶段区分开来。唯物史观关于社会发展一般规律的思想一再得到历史的证实,即一定的生产力自然要求相应的生产关系与之相结合,形成相应的社会经济结构,并通过这种经济结构对上层建筑及其意识形态发生决定性的影响。但生产力与生产关系的各种结合形式绝不是单一和固定不变的。生产力引起生产关系具体的上升运动也并不一定是直线和稳定的。这就决定了社会发展道路、阶段的复杂性和多样性。一方面,社会发展道路、阶段归根到底受着社会发展一般规律的制约,因而从某些民族或某些地区概括出来的社会发展一般阶段对于其他民族和地区有一定的借鉴意义。另一方面,由于社会发展的一般道路不能等同于社会发展的一般规律,因而又不能将其绝对化,把它当作万能的公式。就社会发展道路而言,马克思提出了东西方社会分别走了不同的发展道路的思想;他反对把自己根据西欧历史概括出来的历史发展理论当作超历史的一般历史哲学的思想;他认为同一事物在不同的历史环境中会有不同的结果,一切取决于具体的历史环境,这些都是我们在研究东方社会发展模式问题时可以借鉴的极有价值的理论思想。

(二)如何看待资本主义的全球扩张

在国内学术界曾经盛行过这样的观点,即把"实现资本主义化"看作近代中国历史发展的主流,认为西方资本主义对中国近代社会发展具有决定性影响。这种看法的全部逻辑起点和理论基础是关于资本主义生产方式全球性扩张的理论。一些学者从以产业革命为代表的生产力飞跃出发，把资本主义生产关系说成是"主要生产力代表"，尔后下结论说："资本主义在世界范围内代替封建主义就成为自那个时期起，世界历史发展的最主要趋势。"①把资本主义生产方式的全球性扩张视为自19世纪以来世界历史发展潮流的主张由来已久。然而，这种理论判断和世界历史的实际发展并不完全吻合，仅仅是对生产力飞跃的条件下，资本主义扩张的可能性的一种估计。马克思所言"它迫使一切民族——如果他们不想灭亡的话——采用资产阶级的生产方式"的论断只能看作是一种预言。资本主义生产方式借助于工业革命后产生的巨大影响力的确覆盖全球，兴起了以掠夺殖民地为特征的全球性扩张运动，其锋芒所到之处给当地民族和国家产生巨大的冲击，这在一定程度上改变了这些民族和国家原有的发展轨道。因而马克思曾高度评价资本主义生产方式的进步性，并断言它将摧毁一切阻挡它发展的事物。这样资本主义生产方式和文明式样便被看作是一种统一全球的楷模，是其他落后民族未来的缩影，把落后民族的发展前途、近现代化的模式与道路顺理成章地理解为走向资本主义的运动。然而，资本主义的扩张是一回事，能在多大程度上被吸收和利用并在被侵入民族或国家扎根则是另一回事。从世界历史上看，资本主义时代的到来并没有使落后民族顺利地进入资本主义的发展轨道。几百年了，落后民族出现了多种多样的社会选择和发展式样，即便是最为成功地吸纳和引进资本主义生产方式及其文明核心——价值观念的国家或民族，也表现出了强烈的与西方老家式的资本主义巨大差异的态势。所谓资本主义扩张并没有统治全球，把它看作近代历史发展的主要趋势就等于肯定现代化只有一条道路、一种选择，即资本主义。这便促使我们必须重新认识早期资本主义势力对落后国家的影响力问题，正确对待西方资本主义势力对中国近代社会发展方向的影响。

近代西方资本主义对东方社会的冲击当然属于世界性资本主义扩张的一部分，但并不意味着东方社会一定会被其彻底改变。夹杂在资本主义生产方式外壳内的现代化精神和因素，必然要与东方民族的文化传统相互作用，从而产生一种新的适合于东方社会的现代化外壳或模式。从近代中国的状况来看这一问题就显得更清楚了。

---

① 高燕宁：《发展资本主义是近代中国的历史主流》，《辽宁大学学报》1994年第1期。

第一,在资本主义扩张史上,如何区别殖民掠夺与现代因素传播还是一个模糊性很强的问题。人们往往不区别西方文明扩张时性质的变化,把其所有殖民过程均视为蕴含着先进生产方式的过程,从而混淆了殖民掠夺与激发西方国家内部生产力发展和生产关系变化相互关系的位置。众所周知,对外殖民掠夺是早期资本主义国家原始积累的重要手段,依靠殖民地攫取大量贵金属才使得资本主义在其本国经济中站稳脚跟。因此,早期殖民势力并不是什么先进生产力或生产关系的代表,仅仅批判其方式的野蛮,而忽视其本质的"野蛮"是不全面的。从资本主义生产方式的确立到其对世界产生影响,其间经历了一两百年,其中以生产力飞跃为特质的工业革命改变了世界的面貌。工业革命最早产生于英国,完成于19世纪中叶,随着产业革命的完成,工业文明才产生了巨大的力量。注意到这种文明性质的变化,才能注意到外来文化的影响是何种性质。西方对近代中国的影响在最初长达半个世纪的时间里依靠的是商品输出,而在中外贸易中,特别是中英贸易中,19世纪50年代以前一直是中国处于入超地位,西方商品对中国经济的影响微乎其微,那么仅仅靠商品输入能在多大程度上显示出资本主义生产方式的先进呢?诚如汪敬虞先生所言:"非法地破坏中国主权和采用暴力的掠夺,这是鸦片战争以后一个相当长的时期以内外国资本主义入侵中国的一个特点。它出现在19世纪40年代以后的中国,却带有16—18世纪早期殖民主义对殖民地暴力掠夺的色彩,它同资本主义世界以所谓合法贸易的方式打开中国市场,有着明显的区别。"[①]显然,19世纪中叶前来华的力量主要源于旧殖民主义掠夺势力的惯性和工场手工业的经济力量,现代工业制品(如机制棉纺织品、机制矿产品)还不能形成强大的力量,此时输入的商品中占主导地位的仍是手工业产品(如毛织品)乃至农产品(如棉花),自然无法与中国土产相抗衡。显然,就中国而言,西方大炮轰开国门后,带来的并不是什么先进的生产方式,这就不可避免地决定了西方资本主义在中国的既定命运。

第二,中外接触这种通过暴力开始的方式,并不能使落后民族把自觉追求资本主义生产方式作为解决民族危机和社会发展、实现社会变革的主观动因。西方势力的扩张及其东来,主要以寻金探宝和传播宗教教义为动机,虽然这股势力的性质逐渐变成了工业文明的代表,但其早期活动却为落后国家塑造了一幅迥

---

① 汪敬虞:《十九世纪西方资本主义对中国经济侵略》,人民出版社1983年版,第3页。

异于自己民族的人格画像。人们是在被侵略、被掠夺的背景中看到了异质文明面貌的,因此,主观上很难形成对这种势力所反映的先进生产方式的自觉追求。当西方的大炮、商品、军人、商人和领事还主要活动于沿海时,伴随着枪炮而来的传教士却早已深入到了穷乡僻壤、山村水乡,与中国的老百姓形成了直接接触,通过传教士而反映的西方文明只能是一个入侵者的形象,而不可能是别的什么东西。至于所谓先进人士中逐渐兴起的"向西方学习"的热潮,其主观动机也不是产生对什么先进生产方式的体认,而是民族危机所带来的忧患意识的反映。以他们当时的认识水平、知识结构和观念系统而言,对待中西文明并没有认识到质的差别,而是看作"夷夏之不同"、"古旧夷"和"现代夷"之不同、富强和贫弱之不同。当他们提出向西方学习的口号时,实际上是在仇洋意识、反抗意识和超越意识的交互作用下产生的应付世变的主张,在他们的笔下经常出现的是"自强""雪耻""制夷""驾乎其上"等字眼,魏源提出"师夷之长技以制夷",冯桂芬则倡言"始则师而法之,继则比而齐之,终则驾而上之"①,而康有为在《进呈〈日本明治变政考〉序》中更详尽地指出:"大抵欧美以三百年造成治本,日本效欧美,以三十年而摹成治本,若以中国之广土众民,近乎日本,三年而宏规成,五年而条理备,八年而成效举,十年而霸图定矣",那时就可"雪祖宗之愤耻,恢华夏之声教,存圣伦之将泯,维王教之渐坠"。② 由此可见,推动近代中国社会变革的主观动机最开始并不是什么"对先进生产方式的追求",而是对民族危机的忧患和恢复中华中心地位的企盼,不能把学习西方等同于学习资本主义,把主张学习器物文明和制度文明均看作是要求走资本主义道路。③

第三,资本主义扩张是以西方民族文化的方式而展开的,因此伴随着经济扩张引发了不同文化传统之间的冲突与融合,这势必影响到资本主义扩张的速度、形式乃至内容。文化冲突并不都是融合,其结果是十分复杂的,特别是两股历史悠久的文化碰撞时更是如此。理论逻辑上导出的资本主义将摧毁一切敢于阻挡它的民族的结论,并不能代替世界历史的客观存在。所谓潮流也好,趋势也罢,要以一个相对完整的历史时期来看待,我们不否认西方文明对近代中国的推动作用,也不否认西方文明的先进性,然而,我们更不能忽视文化间的差异,不能同

---

① 冯桂芬:《校邠庐抗议·制洋器议》。
② 《康子内外篇》,第19页。
③ 参见拙文:《中国近代思想家的超越意识》,《天津社会科学》1996年第2期。

意西方物质文明成果都带有资本主义的印记,更不能同意把产生于资本主义条件下的任何东西都看作是资本主义的或资产阶级的。因此,尽管近代中国的发展的确是在中西文化冲突的大背景中展开的,也受益于西方势力的客观影响,然而,其走向和历史运动的中心仍以民族文化传统为框架和规范,其发展道路必然呈现出中华性。人为地把中国近代社会的发展置于预设的资本主义全球扩张的假想中,自然不能明了近代中国历史演进的动力何在。

第四,当代发展理论总结现代化进程的实践提出了一个深刻见解,即现代化不是独一模式的。《简明不列颠百科全书》的"现代化"词条说道:"民族斗争,新兴国家的出现,资本主义社会的不断变化,各种不同类型的计划经济兴起,一些正在现代化的社会里非西方成分的结合等等,都说明现代化有多种不同模式,通往现代化的途径是多样的。"此种情形在第三世界的发展道路上十分突出。早在20世纪50年代印度时任总理尼赫鲁就提出将社会主义和资本主义的体制和改革兼收并蓄的思想:主张一方面实现工业国有化和进行土地改革,建立农民合作社;另一方面保存私有制。尼赫鲁的理论为很多第三世界国家,尤其是非洲领导人所进一步付诸实践,从而形成了资本主义和社会主义相混合的社会形态。将前现代社会向现代社会过渡的形态简单地看作"资本主义"和"社会主义"两大类型,并在两者之间规定一种线性发展的时序模式,其结果是无视作为整体的社会现实具有无限的属性,无视文化多元性的原理,这样的理论认识无助于东方社会发展模式的研究深入。

以上我们从大的理论认识方面探讨了几个影响认识东方社会发展模式选择的理论观念,类似这样的规范性认识危机还有许多。东方社会自古以来就走着不同于西方的社会发展道路,研究东方社会的发展既要考虑到人类社会一般的发展规律,又要充分重视自身的特点,运用现成的由西方历史运动中总结出来的理论直接解释东方社会的现象,自然不能得出符合东方社会特点的理论认识。因此,我们认为理论观念和理论背景是学术的基础,倘若这一背景认识出现了问题,就无法对问题本身进行正确的研究。研究中的规范性认识是人们共同认同的理论背景,在此基础上,人们形成一种学术上的融通和交流,因而很容易忽视对理论背景本身的探讨和研究。改变这种状况的途径只能从改变认识工具入手,这样才能推动对中国社会和东方社会发展的研究。

### (三)"阶级分析法"运用中的局限性

在中国近代史研究中,运用最为普遍的是马克思主义的"阶级分析法"。马克思主义关于阶级斗争的理论为我们认识人类社会的历史与现实提供了一个全新的视角和锐利的方法。用阶级的观点来看待问题在一个时期成为占主导地位的方法,甚至成为解释社会历史的唯一方法。恩格斯曾在《〈共产党宣言〉1888年英文版序言》中对这一方法进行了概括,他指出:"人类的全部历史(从土地公有的原始氏族社会解体以来)都是阶级斗争的历史,即剥削阶级和被剥削阶级之间、统治阶级和被统治阶级之间斗争的历史。"把人类社会的历史看作阶级斗争的历史,自然就决定了必须把马克思主义的阶级斗争理论作为基本的指导线索,并运用它去分析一切社会问题。客观地看,阶级分析是马克思主义认识人类社会历史和发展规律的科学方法,它使纷繁的历史现象得到了有力的清理而变得清晰可见。然而,作为一种用以认识历史的工具,它是从特定角度入手的,如果考虑到革命领袖活动的时代条件,显然它不可能对所有历史现象都做出正确的回答。况且,由于革命实践的发展,人们在认识上和运用上也可能走向极端,导致一整套偏离历史事实的历史观点的形成,由此又进一步妨碍了我们对社会历史进行深入的理解、分析和研究。于是,呈现在人们面前的历史著作、历史教科书便成为一部阶级斗争史的记载和描述,似乎这就是人类历史的全部内容,而这在一定程度上造成人们历史认知上的偏狭和迷茫。

阶级斗争是推动历史发展的动力,但并不能说是唯一的动力,更不能说人类文明史就是一部阶级斗争的历史。因为历史是由许多因素经长期积淀而形成的,在敌对阶级之间存在着斗争,这些构成了历史运动的重要组成部分;然而,历史也应当包括同一阶级内部关系的变化,对同一阶级内部的矛盾与斗争应怎样评价?它们在历史发展的过程中又居于何种地位?阶级斗争也不能理解为只有一种方式——暴力冲突,在不同的民族和国家,在不同的历史时期和历史环境,其有着极不相同的表现方式,何况阶级之间的关系,倘受到许多非阶级因素的影响,不可能像逻辑上演绎的那样直线发展。就中国而言,不要说远古时代,直至近代乡村社会的支配势力仍然是集政权、族权、文化权等于一身的地方家族、宗族集团,人们正是在血缘和地缘关系浓郁的文化环境中培养着自己的政治心理和政治观点,从而极大地影响了人们对自身利益、所属阶级利益的认识。特别是如果我们注意到历代农民起义作为发动的组织力量多来自秘密宗教和结社,作为精神支柱的往往是宗教信仰,最后才表现为农民对土地的追求和渴望,这正好说明推动农民参加起义的因素是很复杂的,仅仅从阶级对立和压迫的角度并不能完全解释这些现象。历史的丰富内容并不是"阶级斗争史"能完全反映的,按照一般逻辑,由于被压迫者受到沉重的压迫,不断被剥夺生产资料、生产条件而逐渐丧失了劳动的兴趣,最终不得不铤而走险。然而,正是在这种预设的历史情形中,几个世纪以来中国的农业生产却持续增长,人口也不断增长,农业生产技术的改进和发展也是引人注目的。对于这些对人类社会文明进步有着巨大意义的发明创造,仅仅从阶级对立与斗争的角度是无法说清的。总之,在马克思主义历史理论中,蕴含着极其锐利的分析工具,但必须从实际出发,结合中国的历史实际加以正确运用,才能得出科学的结论。毛泽东的新民主主义革命理论,从实质上来说正是他运用阶级分析法分析中国革命的条件、道路、前途的最高成果,从而也决定了这一理论的实践性特点而非学术性的特征。因此,我们以为,近代史研究理论上的突破就是要实现对以阶级分析法为核心,片面、教条地运用马克思主义原理分析中国近代史这种状况的突破。

## 二、中国古代社会发展研究中的武断化倾向

中国社会发展史研究在蓬勃兴盛的背后,至今仍未摆脱理论模式上长期存在的某些弊病,其中"欧洲中心论"或"西方中心论"依然是影响人们历史认识的重要理论观点。尽管人们早已意识到中国社会发展的独特性,也经久不息地批评着西方学者这种片面的理论观念,然而,历史研究主体所处的国度和时代依然是落后于西方的状态,这种条件和环境决定了人们在研究本国历史时不自觉地会以西方为参照系,会将发达民族经历过的历史过程看作落后民族行将经历的过程,并由此确立了以"他者化"为特点的目标体系。在这种理论逻辑指导下去认识和研究中国的发展问题,特别是探索中国落后的原因和发展模式的选择等具有重大现实意义的问题时,往往失去了"自我",失去了"主体性",自然就得不出客观的历史认识结果。因此,研究主体确立"中国中心观"是当务之急。

(一) 西方中心论与中国封建社会过长说

中国古代社会停滞性是学界长期关注的重要问题。西方学者自马克思以来,就把破解东方社会停滞性之谜作为研究东方社会发展的突破点,并围绕这一目的发表了一批著作,形成了他们的东方社会发展观。我国学界自 20 世纪 30

年代以来就开始了长达近百年的讨论。问题的关键在于,把中国古代社会看作是长期停滞的,主要是一个比较的结果,即与西欧中世纪的状况加以比较而言,中国的封建社会显得比较漫长,并最终未能自动地跨入资本主义阶段。比较自然是无可厚非的,但在比较中不能以参照物为绝对标准来评价自己的民族历史,否则就走上了历史认识的绝路,把丰富多彩的历史发展模式看作是"归海"式运动,只能是以忽视或无视特殊性或个性为代价。

所谓"西方中心论"乃是西方现代化运动兴起后,地理大发现所带来的民族沟通与了解所产生的一种比较性优势心态的反映。其在本质上反映了不同民族和文化系统在征服自然,完善自身过程中所产生的肯定感。在人类社会漫长的历史发展过程中,由于地理环境的相对隔绝,在各大洲都曾独立地发展着某种高度文明,它们之间几乎没有全面接触和相互了解的机会,因而都各自形成了以自己文化为中心的文化本位主义心态。从后世研究的结果可以确认不同文化系统发展的程度,把中华文化与其他文明相比较显示出了无与伦比的先进性。然而,语言、地域、交往方式等因素的作用,使文明主体之间无法彻底通融,特别是西方文明借助于生产力飞跃所产生的物质力量开辟了世界历史新时代以来,对其他文明的侵略与冲击,更加强固了他们的历史传统中自我肯定的方面,而其他文明在他们眼中就成了落后的、野蛮的、应当征服的对象。于是,作为一种文化心态和理论表达的"西方中心论"成为西方人观察世界、评判其他文明优劣、预测世界未来的重要出发点。对自身历史的总结是西方文化反思的重要内容,西方文明自古而来,借力而发,经历了相对完整的发展阶段,并处在物质文明最为先进的地位,这促使西方学者把西方社会的历史看作人类社会发展历史的总模式和标准样板,从马克思的五种社会形态说到韦伯的新教伦理与资本主义精神,为人们建立了一套认识人类社会发展规律的范式,形成的理论框架、理论语言、理论结果成为其他民族用以认识自己文明发展演进规律的重要工具,这样一来,"西方模式"不但是对比研究现实社会的尺度,也成为研究以往历史的重要标准。尽管"西方中心论"在中国学界曾数度遭到批判,但研究主体处在一个总体上落后于西方社会发展程度的阶段,毋庸置疑的落后事实夹杂着民族文化特殊性的区别和迎头赶上先进民族、走上迅速发展道路的焦灼心态,必然把人们的眼光导向从西方寻求真理的道路。这是一个难以摆脱的心理悖论,促使人们自觉不自觉地把西方文化看作人类历史上唯一"正常"的形态,而非西方文化则注定都是"非常态的""超常的""反常的"。这种迷惑于西方现代化模式既定结果的文化意识缠绕于学人的心头,把探索中国历史发展规律和未来走向的标准向西方看齐,认定人类社会发展的同一性和趋同性,为人们树立了一个现代化道路的"他者化"目标。我们不是刻意强调民族文化的特殊性,也并非拒绝进入世界民族文化融合、交流的大潮,而是注意到文化传统的客观作用和其强固的自我发展、自我延续的持久性。这种产生于远古、流淌于今天的文明流,其赖以维持和发展的物质基础、人文基础没有消失,其发展和生存的精神动力仍然支配着人们的行为,这是认定一种文明将要向何处发展的基本前提和条件。"他者化"就是要使自己的文明传统改变自己的外在形象和内在本质,全面接受"他者"面貌的过程,这种价值目标与文化传统的特性是格格不入的,以此为目标的现代化运动也注定不会实现。同样以此作为探索研究本民族历史的标准,也不可能对自己的民族历史产生科学的认识和结论。

例如,关于中国封建社会长期性问题的提出便是一个典型的以西方中心论为背景的结论,所谓"早熟""过度成熟"或是"停滞论"都是以这个基本判断为前提的。然而,这一结论却隐含着一系列错误的历史观念。首先,立足于概念对比和表面现象,不能反映社会深层结构的区别。所谓概念对比,是指我们按照马克思的社会形态演进学说,把不同民族社会演进的形态变化均用原始社会—封建社会—资本主义社会—社会主义社会的模式和公式加以划分,这样一来,在同一概念中指称着不同民族在不同的地域所形成的社会形态,很容易令人产生这样的误解:用同一学术术语指称的社会形态是完全一样的。把中国封建社会和西欧封建社会看作是性质相同的发展阶段,就是用同一个"封建社会"来概括的结果,那么,自然在比较中就会得出所谓"中国封建社会长期性"的结论。所谓表面现象,是指在简单机械支配下的农业文明阶段,中西社会都以开发土地资源作为社会进步的动力,在中西社会中都有土地占有者和农业劳动者,有手工业劳动者,有君主,似乎社会主要矛盾和造成矛盾的原因是一致的。这样,在社会形态和性质上也就没有区别了,完全可以互相对比参照,甚或有些学者直接用马恩评述西欧中世纪的语言来分析中国的历史事象。然而,事实上,中西封建社会的区别绝不是一个长短问题,在本质上有着重大区别:西欧中世纪的封建领主制与中国古代社会的地主制之间有着本质上的差异,这导致了中西社会发展方向和文明表现式样的差别,不能用"封建社会"一言以蔽之。其次,"封建社会"到底应该有多长并无既定的标准。一些学者坚持认为中国封建社会存续时间过长的结论,实际上隐含着承认西方封建社会"长度"的标准性,似乎世界上其他民族的封建社会都"不标准",唯有西欧封建社会的长度、形态、性质是"正常的""标准的""适度的"。这个看起来近乎可笑的认识恰恰是学人们认识中西社会的出发点。不同地域孕育的民族文化在特定的历史阶段以何种社会形态存在、存在多长时间是由当时社会条件所决定的,主要看它能否适应该阶段社会生产力发展的状况。因此,每一民族所经历的各个社会形态存在多长是随机的、偶然的、合理的,不存在"过长"或"过短"的问题。当然,在中西文化比较中可以产生某种"长短"概念,但它绝不是"同质同量"的比较,因而也没有多大的学术价值。最后,应树立一种多样性发展道路的概念。不同民族的社会发展道路千差万别,不存在"普天下通一式"的发展模式。尽管社会发展道路可能存在某种"类似"或"相似"的现象,但在本质上却是不同的文明式样。自然环境、体质进化等自然和人文条件的不同,决定了在不同地理环境中发展起来的文明模式存在着巨大的差异,不同的文明适应于不同环境中生存的族类,必然形成其深层社会结构有着重大差异的社会形态。破除了"模式化"和"标准化"的束缚,从每一民族具体的历史事实和历史经验出发去研究其历史和现实问题,才能得出科学、理性的结论。

(二) 封闭论与中国古代社会停滞说

在研究中国社会发展停滞问题时,许多学者把"封闭性"看作一个根源,并以此说明"开放"的必要性。他们所说的封闭包括地理封闭、政治封闭和心态封闭,乃是全方位的封闭。然而,这是发展观上的又一个片面认识的反映。

第一,所谓"封闭"是一个时代问题,绝不仅是中华民族历史上所遇到的相对隔绝。应该说,在地理大发现和近代科学技术发生以前,世界各大文化圈都相互处在一种隔绝状态,相互处于"封闭"之中,如果说中国历史上是"封闭"的,那么对西欧文化圈、阿拉伯文化圈、印第安文化圈来说都处在相互的隔绝之中。这里有一个怎样看待欧洲各民族的性质及其相互交往的问题。实际上欧洲各民族总的来说,都属于同一种系,即雅利安人种,主要承续的是古希腊、罗马文化,如果把它们的交往看作是同一文化圈内部的相互交流,那么欧洲文化圈同样处于封闭之中。因此,"封闭"是双向的乃至是多向的,如果说它是东方社会落后的原因,那么怎样看待同样处于与东方隔绝的西方社会却能在近世发展起来?难道也是因为"封闭"造成了西方中世纪的黑暗,却又启动了近代文明吗?

第二,中国古代社会真的处于"封闭"状态吗?这应从两方面入手,即一方面要看到在同一文化圈中不同民族间的相互交往,另一方面又要看到与不同文化圈间的相互交往。关于前者,中国自古以来就处在一个民族大融合的过程之中,南北两方的民族不断融入中原以华夏民族为主干的民族共同体中,共同促进了中华文明的进步。与周边其他国家的交流也非常频繁,日本、朝鲜、越南、缅甸、印尼、泰国等,包括中亚地区,从而使同一文化圈中的文化交流也处在动态之中,扩大了中华文化的影响,而且还吸收了其他民族的优良传统。从后者看,中西、中印之间的交流也史不绝书,中国科学、思想的西传,西方、西亚农作物的东来都曾是中西交流史上的主流。特别是印度佛教的传入和唐宋年间西方基督教、摩尼教的东来并在中国扎根的事实,足以说明古代中国对外交流的频繁,以及由此带来的技术发展和文化的渗透。不管出于何种目的,与不同文化圈的交流反映了中华文化品格的非封闭性。得出中国古代封闭的结论导源于清代以来实行的"闭关锁国"政策,尽管清政府的具体政策有可商榷之处,但这也绝不是拒绝西方文明的心态所导致的结果,从某种意义上说还是维护民族利益的正义之举。但是,无论如何不能因此就把整个中国历史都看成是"封闭"的,更不能把它看作是中国社会发展缓慢的原因。

第三,把政治封闭和心态封闭看作是主要的,似乎封闭是主动的、主观的。所谓政治封闭应当指的是最高决策和权力运用的群众性或社会基础的封闭,即权力主体的单一化和世袭化,表现为对社会政治资源的吸收、运用和控制能力的萎缩和僵化。如果把维护政治秩序和最高权力的政治行为看作是封闭的,那么,人类历史迄今还不存在一个非封闭的政府。君主权力、集权体制、官僚制度都有历史的合理性,在特定的历史阶段维护这些体制、制度、权力乃是必要的、正常的,而绝非什么"封闭"的表现。如果从我们理解的政治封闭的角度来审视中国古代社会的政治,那么,结论只能是非封闭性。从传说中的"禅让"到三公九卿、御史言官、六部给事中等对最高权力的制衡;从"乡选里举"、九品中正到科举取士,从白衣公卿、布衣将相、清官意识到"明王出世""真主御世"的企盼,都反映了中国政治文化传统中开放性、民主性的一面。所谓心态封闭则着眼于地理和文化观念,然而,这种现象又非中国所独有的。"天圆地方"的世界地理观固然是非科学的,但处在同一时期内的其他民族也并非持有科学或正确的地理观。而况

"天圆地方"的地理观绝不会推导出封闭的心态,恰恰是在中华文化中流传着许多以地理知识为基础的讽刺目光短浅的故事、寓言、童话,诸如井底之蛙、夜郎自大等都反映了人们某种开放的心态。至于说到那部奇书《山海经》,其所反映的地理知识远远超过了人们可感知的生存地域。所谓"中国中心论"本质上是一种文化本位主义,在世界大隔绝的时代,产生这样的心理是十分正常的,且世界上历史悠久的民族都程度不同地存在着这种心态。而况,中华文化在相当长的时期内的确领先于世界,这种事实引导下产生的文化优越感也是很自然的,不能看作是封闭的表现。更深入地看中国文化传统中蕴含着的恰恰是一种开放的心态,使之形成了一种极具包容性的特点,像唐宋以来三教合一的情形,基督教初到中国为李唐王朝所接纳、明代后期再次来华所受礼遇,佛教传入并深入民间的景观等,都表现了这种文化兼容的特色。

总之,把"封闭"看作中国古代社会长期停滞的根源是没有根据的,本质上依然是"西方中心论"阴影的折射。更深入地看,提出所谓中国社会"停滞性"问题本身也是这一观点导致的结果,也是"标准化"逻辑的自然结论。严格地说,几千年来的中国社会是在不断地向前发展的,社会形态本身是否质变固然是一个重要的标准,但是,社会生活的方方面面都在发生着前所未有的更新。美国学者普遍认为,至少在唐宋时期中国社会的性质已开始发生变化,他们把中国近代的开端定在这一时期是不无道理的。试看唐宋以来,中国社会在思想文化、社会经济、科学技术、商品货币、世俗生活、文学艺术等诸多方面都呈现出了前所未有的新气象。固然这些变化和欧洲社会质变时的现象是不一致的,但是,民族特色的东西也是人类社会发展多样性的体现。如果按照这一逻辑考察欧洲社会,那么其中世纪前的奴隶社会岂不是太长?不也存在着一个"停滞性"的问题?而这却没有学人质疑,为什么欧洲较中国更早地进入铁器时代,却在奴隶社会停留了一千多年乃至更长的时间?实际上,任何社会的发展阶段的长短都不是固定的,"停滞论"不过是将不同阶段的问题放在一起比较的结果,把中国社会看作是停滞的,就是把中国封建社会看作比欧洲封建社会长,并且用西方近代社会的进步反观中国古代社会所导致的结果。如果我们换一个角度来看这一问题,就很容易理解这种现象乃是中西社会交替发展的结果,是中西思维方式在解决人与自然关系问题的差异性导致的结果。在文明时代的早期阶段,认识水平决定了东方和西方都以综合和整体认识为重,但是,西方民族的直线式思维心理特征,与综合时代的客观要求有一定矛盾,因而使西方人的聪明才智受到一定压抑,而中国发祥远古的综合思维与文明早期的客观要求和实际条件正相吻合,因此在整个古代,中国人发挥出了自己高度的智慧和热情,在一定程度上避开了古代分析技术和实验手段的低下,而能凭靠直觉观察发现许多有重要意义的客观规律,这是中国古代科技领先世界达16个世纪的原因。欧洲文艺复兴后,西方迅速发展起精密分析的实验技术,分析时代的到来使西方思想家如鱼得水,民族传统的心理特质推动他们迸发出惊人的力量,把世界的认识水平从朴素直观迅速推到实验科学的阶段。由此可见,不同阶段表现的状况与整个人类对自然的体认、把握是分不开的,用"停滞"的眼光分析中国社会,是无视人类整体发展特征与区别的表现,最终也无助于说明历史发展的真实面貌。

(三)中国中心观的深层意蕴

"封闭论"导致的"停滞论"是"西方中心观"在中国发展研究中的表现,在这种发展观的支配下,中国发展研究结果也呈现出了"他者化"的色彩,诸如社会形态的演进、思想特征的分析、文化发展的脉络、社会运动的评估、科学技术的比较等都自觉不自觉地以西方文化为底衬,历史面貌逐渐失去了"中华性"。因此,改变这种状况的关键是研究主体要树立牢固的"中国中心观"。所谓"中国中心观"与盲目自大、本位主义并非同义语,蕴含着以下几种理论认识。

第一,"中国中心观"存在的前提是承认人类历史发展的一般性和多样性的统一,但更强调多样性。长期以来,我们主要注意的是人类历史发展的同一性,把人类历史运动看作"涓涓细流归大海"式的运动,特别是当代世界发展,在某些方面出现了"趋同"的迹象,所谓经济贸易一体化的趋势、互联网的普及、市场经济全球化以及全球面临的环境问题、人口问题、生态保护问题、垃圾问题等,似乎这些行将冲破地域和民族的界限,将全人类联结在一起,由此,更强化了人们认同历史运动同一性的法则。诚然,人类全体作为超越自然的最高级动物,其共性是不言而喻的,但这绝不意味着在任何时代,不同种族、民族的发展道路是相同的或相似的。人类的认识总是趋向于肯定眼前或较近时间发生的事物,在历史观念的演进中,以此来自觉地总结人类的经历,并把它看作是未来发展基础的科学知识其实是近代以来形成的。然而,当人们能够自觉地反思自己的轨迹时,世界各民族的文明状态、发展态势也出现了很大的区别,而同一性的法则只能将人们的认识引向"模式论"或"标准论",把落后民族未来的发展历程用先进民族已经走过的路加以评判,从而在根本上制约了对落后民族未来的观察和对其历史的回顾。可见,这种发展观是特定时代条件下的产物,恰恰是没有从长远和整体的角度认识人类历史的结果。以我们今天的心态和历史认识水平来看,人类社会发展的多样性是主流。所谓多样性强调的是一种平等的发展观,它更重视不同的文明种类各自发生、成长的特点。不同的文明类型提供了在不同地域人类生存与进步的不同式样,从某种意义上说,它们之间不存在"快慢""长短""优劣"的问题。如汤因比将人类文明划分为十五类,有的已经消亡,有的还继续存在,但都创造出了比较辉煌的文化,体现着在不同地理条件下,人类谋求生存与发展的轨迹。一定要将这十五种文明排出序列、分出高下是没有必要的。这种多样性恰恰构成了人类历史运动的总体景观。因此"中国中心观"就是在承认多样性的前提下,把中国文化和历史看作是人类历史运动中的一种式样,它不需要贬斥别的文明,以自身的运动轴线为中心,研究主体的任务就在于从中国历史演进的脉络中找出它的逻辑线索和理论概括,这样才能把握中国历史发展的特质。

第二,"中国中心观"强调的是中国历史发展的特殊性。中华文明孕育于不同于其他文明的特殊地域,山川河流、高山平原、黄土沼泽都与其他文明生长的地域有很大的区别,这些都是决定中国历史发展特殊性的重要因素。在这一地域生存的中华先民对宇宙、自然、人生、历史和社会的体认是通过其应付自然挑战的实践形成的,由此导致了极不相同的人类社会组织形态、结构形态和文化形态。忽视特殊性就无法准确地认识中国社会的具体事象,就不能概括出中国历史发展的规律,不能很好地把握中国社会发展的特点,也就无从为未来提供可靠的借鉴和有益的启示。这种特殊性并非异化,而是表明了文明发生与国家产生的多样性,只有从中国中心观出发才能充分肯定中华文明存在的理论价值和历史价值。

第三,"中国中心观"更注重主体性。所谓主体性包含两个层面的意思。其一是说历史运动是由有意识的人们共同创造的结果,人的主体特性必然体现在历史创造之中。不同的民族文化、民族性格、思维方式会创造出不同的历史发展结果。其二是指认识和研究主体,它要求研究主体要以自己民族的主体性为立足点,紧紧围绕自身历史运动的脉络去思考和研究自己的历史。当然,这并不是要排斥比较、借鉴和对比,而是要使比较建立在正常的心态上。强调主体性就是强调理论、概念体系的特殊性,就是反对将从其他民族历史中抽象出来的理论体系和概念体系套用于中国历史的研究中,它是主张通过自己民族历史的发展演绎出一套适合中国的理论概念和理论体系,这样才能从内部把握中国历史发展的脉络。

综上所述,树立"中国中心观"要求的是一种公正、客观、科学的发展研究的心态。研究主体的认识倾向自然要受到他所处时代氛围的制约,如果树立一种科学的发展观,并有意识地运用这一观念指导历史研究,就会尽可能地排除人为因素、情感因素、主观因素等非理性因素对研究的干扰,这应当是我国学术发展的大趋势。只有树立了"中国中心观"才不会用外在于中国发展的理论、标准去研究发展问题,这样发展研究的理性化程度就会提高,科学含量就会增加,认识的结果才能有益于当代中国的社会实践。因此,确立"中国中心观"的确是当前学术理论研究面临的迫切问题。

## 三、中国近代史研究中的比附化倾向

### (一) 西方文明作用的夸大性

中国的近代化源于西方资本主义的全球性扩张,这使中国社会离开了原有的发展轨道,社会变迁呈现出特殊的规律。由于这一特定的历史条件,西方文明的输入成为诱发中国近代文明进步的重要因素。然而,如何来判断西方文明引入后在中国社会产生的作用以及中国社会各阶层人士是如何看待西方文明的则是一个关键性的问题。人们通常习惯于把西方文明成果等同于资本主义成果,也等同于先进文明成果,因而,学术界花了很大精力研究近代中国引进西方文明的得失,并在某种程度上把引进成果的大小看作资本主义化程度的标志。有学者断言:"情况很清楚,西方国家的文明进化,涉及社会制度、政治体制、科学技术、文化学术、风俗习惯各方面的革新与进步。如果离开整体环境的变革,孤零零地去考求西洋军火,引进外国军事口令、阵法、条例乃至办若干工厂、辟几条航线,那就只能造成'橘越淮而为枳'的悲剧结局。"[1]这种观点所代表的研究倾向在学术界占主导地位,他们认为产生于西方的物质文明成果必然带有它母国的文化或政治性质,当它被引进时,必须将这种伴随物一同引进,否则就不会产生它们在母国所产生的作用。遗憾的是这种观点经不起推敲:首先,"橘"变"枳"

---

[1] 章开沅:《惯性·惯画·变力》,《历史研究》1991年第1期。

能否看成是悲剧？应当说，这是植物在不同的地理环境和气候条件下所发生的适应性变化，虽然该植物原有形态和使用价值消失了，却产生了一种新的价值，这种变异是十分正常的，恰恰反映了"适者生存"的规律，根本不必用人的感情将这一现象"悲剧化"，用它来形容异质文化的碰撞、交融是十分不恰当的。其次，民族文化是有其悠久的历史承续过程和浓厚的文化心理基础的，企望通过用西方文化全方位地改造甚至替代中华传统文明而走向近代的设想只能是一厢情愿的向往，丝毫不能解决现实问题。再次，如果我们认为发明于西方的物质文明成果一定要在其母国的政治、文化氛围中才能正常发挥作用的话，那么，就不好理解中国古代的四大发明传入西方时，西方并没有同时引进当时在世界各国处于领先地位的中国政治文化的式样这一事实，而四大发明在西方发挥出了远远超过母国使用它们的作用，对整个世界历史的发展产生了巨大的影响。总之，西方物质文明成果并不必然地带有政治标签。"悲剧论"实质上是迷惑于西方文化强大的"示范效应"，这种情绪化的研究和理论分析是不可能科学地总结历史经验的。

　　基于上述对西方文明的认识，学者们在研究中国近代社会各阶层的对外反应上也出现苛求前人的现象，甚至要求当时历史条件下的中国人就当毫无保留地接受西方文明，任何不利于西方文明传入和发挥作用的思想、举动，便被斥为顽固、保守乃至愚昧，这种笼统的判断是无法认真分析中国近代民众的对外反应的。近代西方对中国的影响归结起来有以下几种情况。第一，直接以战争的方式展示其形象，通过武力迫使中国政府签订有利于列强攫取财富、土地和特殊权益的条约。中国近代的大多数人士就是在强暴中开始了对西方的认识。第二，通过经济手段以贸易的形式使中国的士绅、商人、官员了解到西方文明的某个侧面，即商业文化的优劣；以在华经营企业、工厂的方式使中国的劳动者、小业主看到了新的就业机会，使中国的货币持有者注意到新的谋生手段。第三，通过设立、经营租界，修铁路，架电线，辟航线，兴学堂，建教堂，使中国古老的大地上出现了一批西方式的文化景观，悄无声息地散发着西方文明的信息，产生了具体形象的示范效应。第四，传播西学，主要是传教士和部分商人、技师、学者，内容包括自然科学方面的工艺制造原理、数学、天文学、地理学等学科的理论和社会科学方面的哲学、政治学、社会学、逻辑学、经济学等，涉及西方文化的广阔领域，培养了一批掌握西方文化的留学生、科技人员及受西方思想影响的思想家、政治家。以上诸方面综合形成了西方文明的形象。但是,这种复杂的综合体并不是中国近代社会的每个阶级、阶层和个人都能够完整地看到的,并在西方文明侵入时做出恰当的判断后以确定自己的反应的。不同的阶级和个人往往是出于不同的目的和心境,从一个特定的角度去认识和体验西方文明的,自然,其反应式样便不可能是一律的。遗憾的是,有些学者却未能如此看待这个问题,比较突出地表现在对义和团民"排外"现象的分析和评价上,如有学者竟把义和团民的排外与清政府的守旧官僚混为一谈:"与魏源、林则徐等发其端绪的进步潮流相对立的是在朝野都占统治地位的顽固守旧潮流。外来侵略的刺激,未能促使他们走向警醒、省悟与革新,而狂热的民族情绪反而淹没了他们有限的理智。……这股顽固潮流,到义和团运动时期更发展到极端,变成仇恨一切外国人和外来事物的笼统排外主义,支配其行动的是狂热的仇外情绪,已毫无理智可言。"[①]在该作者的笔下,义和团民成了丧失理智的狂热民族主义分子,而根本不问这种自发的带有朴素爱国主义情感的群众运动为什么会在短期内迅猛发展?为什么华北各地的民众如此地仇视洋人?义和团民的仇外心理与守旧官僚的仇外心理是否产生于相同的根源?能否在两种心理现象上画等号?长期以来,学者都是以批判的口吻来谈论义和团的排外主义,并斥之为"笼统排外""拒绝先进文明",这实际上是对农民群体对外反应的一种苛求,起码是离开了特定的历史环境。

发生于 19 世纪末叶的义和团运动是承续了绵延达 60 年之久的反洋教斗争的端绪,并把这一运动推向了高潮。农民群体强烈的排外情绪并不导源于他们守旧的文化心理和有意对抗先进文明,而是在于乡里百姓一开始看到的西方文明就是由传教士、西方军队等所呈现的野蛮行径所构成的横霸面孔。西方经济、文化的渗透打破了乡土社会原有的平衡结构,冲击了原有的谋生方式和手段,大批人被抛出了惯常的生活轨道。人们莫名其妙地感到生存日益艰难,突然发现旧有的种种关系已不能保证人们的和睦生活,甚至精神上的优越感也面临着威胁,于是强烈地喊出了"保卫身家,守望相助"的心声,正所谓"人心积蓄已久,不约而同,闻灭洋鬼子杀教民,人人踊跃思奋……以仇教之说得人心故也"。[②] 人心所向反映了华北地区各阶层人士共同的心理感受。这种情绪首先指向背弃了乡土文化的教民,进而"推源于洋人亦禁于洋货,皆当乎天理之自然,合乎人心之

---

① 章开沅:《愤悱·讲画·变力》,《历史研究》1991 年第 1 期。
② 《义和团史料》(上),中华书局 1979 年版,第 222—223 页。

大同"。① 上述可见,乡土民众的对外反应并不是在判断西方文明的先进与落后之后才开始的,而是在自身利益遭到剥夺、侵害的前提下出现的,"排外"明确指向那些直接使自己受到伤害的事物,这是十分正常的一种反应。那种把中国人民自然形成的仇外心理和朴素的爱国主义行为视为顽固表现,并从抵御先进文明的角度加以贬斥的看法是毫无道理的,这就等于要求弱小的被掠夺者高高兴兴地接受强盗的掠夺。

(二)套用舶来理论的片面性

20世纪80年代以来,中国近代史研究取得了可喜的进步,在"解放思想,实事求是"的思想指导下,研究者已经不满足于阶级分析法的局限性,不满足于在"革命理论"影响下去研究近代史,从而在近代史研究的深度和广度上取得了重要进展,具体表现如下。首先是重新评价统治阶级的代表人物及其发动的各种社会运动,并给予充分的评价,肯定他们的历史功绩;其次是拓展研究领域和方向,把视野进一步从政治史和思想史拓展到了经济、文化、民俗、宗教等各个方面,使人们看到了一个立体的中国近代史;最后是加大中国的近(现)代化研究的力度,从中西对比的角度进行大量的研究,旨在寻找中国近代化运动及其未能走上健康发展道路的原因。以上三个方面的变化表明人们在具体的研究中已试图从新的视角,运用新的理论重新审视近代史。然而,在这些变化中却出现了这样一种现象,即大量运用非马克思主义的西方理论,直接套入中国近代史进行分析,这无疑给研究成果蒙上了一层"西化"的色彩。这种转变恰恰是由于人们坚信马克思预言资本主义生产方式必将摧毁地球上一切落后的、阻碍资本主义发展的民族和国家的论断。因此,人们转而倾向于把近代中国与资本主义的发源地英法和效法欧美而成功地资本主义化了的日本进行比较,其结果使近代史研究失去了重心,从宏观上看又形成了另一种注释性研究,一切都旨在说明中国近代是如何资本主义化的,又如何未能实现资本主义化。特别是研究主体处在落后的中国,而近代中国所面临的被动挨打的境况,使得中国的知识分子把寻求救国之路的眼光投向了比中国先进的西方社会,在研究倾向上自然形成了种种西方价值标准和模式标准,这又恰好和西方的"欧洲中心论"有暗合之处,这种心态和倾向在旧中国的学者中占据着主导地位。新中国成立后,"欧洲中心论"作为

---

① 《义和团史料》(上),中华书局1979年版,第232页。

一种观点和方法逐渐被人们抛弃了,然而其影响并未彻底消失,随着改革开放和中国现代化运动的再度勃兴,"近现代化"又成为学术界关心的热点;而在世界范围内成功的现代化模式主要与资本主义相联系,这就给"西方中心论"或"西化论"提供了重新出现的土壤。于是,中国的近现代化被必然地看作是资本主义现代化,西方各国所走过的现代化道路也就成为中国将要走的道路,这促使研究者把资本主义现代化看作是衡量近代历史发展的标准,凡是有利于这一点的人物、事件和因素都被大力发掘、宣介。由于近代中国的"近代因素"太少,人们不由自主地把研究视野盯在几个所谓"先进人物"的思想和言论上,似乎这些言论就代表了近代中国的现实,这些言论就反映了近代中国发展的趋势。因此,从某种意义上说,整个近代史研究又笼罩在某种"西方标准"的烟雾之中,难以形成独立的理论体系,从而也难以根据近代中国自身发展演变的规律得出客观的评价。

突破这种研究状况并不表现在对哪一位西方思想家的思想或理论体系的摒弃或搁置上,因为他们的理论和思想都包含着研究人类共性方面的真知灼见。特别是西方学者对中国史的研究恰好反映了西方人对中国历史的体认和观察,可以作为一种借鉴与比较。关键在于要对历史运动认识的宏观与哲学的思考产生大的突破,不能把历史运动简单地看作"细流归海"式的运动,要充分估计历史运动个性的巨大力量与现实存在,正确处理共性与个性的关系。比如,中国社会自古以来的发展道路与世界其他民族就存在着毋庸置疑的巨大差别,中国虽然也经历了封建社会,但是在许多方面与西欧的封建社会、日本的封建社会存在着差别,这种差别又影响了进入近代以来的历史发展,类似这种个性所表现出的特点就是需要加强研究的地方。再如,现代化的核心是经济现代化,然而,物质文明的进步并不必然会改变一切历史因素,也并不必然会说明一切因果。现代化因素的最早出现(即工业革命)也是在资本主义生产方式在西欧确定了很长一段时间后才出现的,这并不必然说明现代化只能和资本主义生产关系相联系才能成长。在人类社会复杂的大系统中,现代化因素的成长要受到多种文化因素的制约和影响,物质文明成果的表现方式也一定是按照不同民族、不同文化传统的规范而形成的,把现代化等同于资本主义化是没有根据的,而把资本主义化又等同于"西化"更是没有道理的。

总之,在这种情况下,要实现近代史研究理论上的突破,首先要求研究主体要有某种正常的心态,尽量避免把自己的主观感受带入研究课题,以期能公正、客观、冷静地处理历史素材。其次要求研究主体要在广泛学习、借鉴各种理论工具的同时,以史实为根据,以独立思考为方法,以近代中国自身发展演变的轨迹为线索进行独立的思考,打破在社会科学理论上唯"洋"是瞻的局面,努力突破分析工具"西方化"的现状,这样才能在历史认识上获得更深层的体认,才能根据中国近代的史实,综合运用各种研究方法和理论,以真正揭示中国近代历史运动的真实面貌和本质,建立起有中国特色的中国近代史研究理论和分析框架。

(三) 社会发展直线论的狭隘性

关于近代中国资本主义的问题,有研究认为:首先,中国近代资本主义并非绝对行不通,中国社会主义同资本主义的关系并非简单的否定关系或替代关系,而是历史的承继关系;其次,半殖民地半封建道路从本质上来说是一条中国式的或大体适合中国国情的资本主义道路。即使不足10％的资本主义也总比100％的封建主义进步得多;最后,坚持认为中国有一个资本主义发展的阶段,不过"中国近代资本主义的产生主要是外国资本主义影响的结果"。[①]

上述关于中国资本主义的观点直接引发了我们思考近代史研究需要突破的另一个理论观念:社会发展直线论和社会形态依次更替论。上述观点的得出,无疑都因为坚信人类社会必然要经历一个资本主义阶段,中国也不能例外。因此,中国封建社会的后面,一定是资本主义社会,无论是内因说还是外因说,实际上都把资本主义在中国的确立看成是一个不可逾越的阶段。在这种理论背景中审视近代中国史,无疑会把人们的眼光集中在所谓新因素,即来自西方的资本主义因素上,以致不去区分资本主义与近代化的联系与区别以及物质文明成果是否必然带有阶级属性和民族属性,而一切有助于说明中国向资本主义转化的历史人物、事件、思想都是人们关注的对象和热点,被给予了积极的评价。事实上,人类社会的进化与发展是十分不同的,存在着多种模式和道路,世界各民族不可能都走统一的、相似的道路,这已为历史事实所充分证明了。而社会发展的跳跃性、不充分性,又是普遍存在的现象,对于大多数民族来说,在其自身的社会运动中很难出现共历五种社会形态的现象,可以说几乎没有。而况中国社会自古以来就有着独特的道路,在那些被我们称为原始社会、奴隶社会和封建社会的历史时期,其社会结构、阶级分化、文化表征、运动规律都与用同样名称命名的西方社

---

[①] 参见高燕宁:《浅析西方资本主义对中国近代社会发展的影响》,《辽宁大学学报》1994年第1期。

会相应的历史阶段存在着重大差异,有些乃至是本质上的差异,要求所有民族都走同样的社会发展道路,显然是不现实的。在这里,如何理解现代化的性质也是一个重大的问题。如果我们相信只有在资本主义条件下才会出现工业革命,只有资本主义生产关系才能与近代以来在各个领域发展的物质技术相适应,那么,自然会把凡是努力启动推进和实现现代化的国家都看作靠向资本主义的社会运动。遗憾的是,工业革命的出现,科学技术的发展并不以资本主义的生产关系和社会形态为必要条件。一方面,从时间上看,资本主义生产关系的出现要早于工业革命,将资本主义生产关系与封建手工业工场的生产关系相比较,会发现它们的区别最初只是表现在分工程度和协作方式上,就生产力而言尚没有重大突破。这就是说,生产力在量上的发展与扩大是资本主义生产关系出现的前提。工业革命的出现是在资本主义已经确立近100—200年后才开始出现的,尽管工业革命带来了世界资本主义的繁荣和生产方式优势的显现,但它依然不构成资本主义生产关系出现和确立的必然条件。另一方面,以工业化为主要内容的工业革命,实质上反映了人们认识和改造自然能力的提高,它的出现是人类长期实践活动中日益积累的知识和经验的一次升华,包含着各个不同历史时代人们认识和改造自然的成果。因此,虽然人们这种认识过程的飞跃出现在哪一个社会阶段都带有偶然性,但是它都说明了这一认识过程并不完全以社会性质和生产关系的性质为前提。生产力是社会运动中最为活跃的因素,由于世界历史上相应的历史时期和社会形态下有着相对应的生产力发展状况,这才决定了各时期社会的面貌。然而,绝不应得出这样的结论,即一定的生产力发展水平必须与特定的生产关系相对应。人类社会是十分复杂的,在某种生产关系占主导地位的社会里,实际上还存在着多种次要生产关系,这些次要生产关系的存在与确立,实际上也是与该时代生产力的水平是相适应的。这就说明了这样一个问题:一定程度的生产力水平可以适应各种不同的生产关系。例如,我们通常把资本主义区别为自由资本主义和国家资本主义,前者以私人占有生产资料为特征,后者是以国家名义占有的生产资料。严格地说,所谓国家资本主义实际上就是某种形式的公有制经济。从逻辑上看,国家是一个社会最高和最广泛的利益代表者和体现者,它的一切活动都包含着为大多数人的利益服务的意向。因此,在生产力飞速发展的条件下,以私人占有生产资料的形式可以在一定程度上容纳生产力的发展;以国家所有制为特征的生产资料占有形式也可以容纳这种发展。那么,有什么理由否认无论是工业化还是当今世界科技的发展就一定不能与社会主义相联系？就一定不能在社会主义的生产关系下得到使用和发展呢？

综上所述，现代化并不必然带有阶级属性和民族属性。学习西方的物质文明成果，固然会带来思想观念、社会风气、文明状态等一系列社会变革，但这种社会总体变革的方向是怎样的还要取决于其他诸多的因素。资本主义在中国的出现并没有造就一个中国资本主义社会，而且也不代表近代中国的历史走向。中国近代化成败的历史总结，必须结合中国近代历史的实际，评价一种新因素的出现及其影响和生命力也要根据中国近代社会环境的条件。任何外来的理论，尽管有着巨大的方法论意义和参照意义，但它们都不能替代对具体史实的研究，也不可能完全说明中国近代历史的全部内容。因此，所谓理论突破就是要突破那种对成套理论、结论和观点的依赖，突破方法上"形而上"的倾向，兼融中西思想和理论，扎扎实实地分析研究中国的历史实际，建立适合中国社会发展的理论体系和分析方法，这样才能使中国近代史研究取得进展，才能彻底摆脱依靠外在理论来说明自身历史运动的被动局面。

# 深刻认知西式政治制度生成的特性及启示

政治制度伴随着人类文明发展的全过程。虽然在人类社会发展的初期阶段,所谓的制度并不是严格意义上的政治制度,但确实发挥着政治制度的功能,在行使权力、维护社会和平、促进社会发展方面发挥了重要的作用。何为政治制度、建立政治制度的目的是什么、政治制度具有什么样的社会功能等,这些都与人类社会的产生、发展有着密切的关系。现代国家治理制度起源于近代的西方,它主要是在继承西方自古以来形成的政治制度的基础上,依据新兴资产阶级对政治关系的新需求、新思考而不断丰富的政治思想逐步改造、创设、固化而完成的。西方政治制度生成的特殊性远远大于它的普世性,虽然对非西方国家政治制度的形成与发展产生了重大的影响,但绝不能照搬照抄。认真分析和总结现代西方政治制度产生的思想根源和形成的类型,从理论上弄清它的独特性和非普世性,有利于我们深入理解当代中国国家政治制度在理论与实践上的创新价值。

## 一、西方现代国家政治制度创设的思想基础

西方现代国家政治制度创设的思想基础当然离不开源自古希腊罗马和中世纪的思想传统。然而,更重要的是时代变迁、社会发展、科技进步所造就的思想跃升,形成了迥异于传统的新思想、新理念或曰现代性,从而构成了西方现代国家政治制度创设所需要的理论根据、价值取向和目标设定。西方社会现代性形成的历史背景是启蒙运动、宗教改革和工业革命三大运动的迸发,是西方精英对以往认识和思想的颠覆性突破而获得的认识成果。有研究者就现代性的内涵进行了分类式概括,大约为:在经济上建立起市场主导的经济制度,强调契约精

神、责利相当与平等竞争;在政治上追求主权在民、权力制衡和多数原则;在文化上倡导自由、平等、博爱。同时,现代性还突显了人的价值和权利,倡导个体解放、尊重人的正当利益、确立理性权威,确保人的生存权、平等权和自由权。① 西方近代以来,随着传统的封建等级制度被打破,"天赋人权""主权在民""社会契约""法治国家"等现代民主政治理念从根本上动摇了等级制度存在的基础,并在整个西方世界中得到普遍传播。② 社会成员逐渐渴望把自由、平等作为社会政治制度创设的底色,把现代性作为一种生活方式和制度模式,从中找到和实现人的生存价值和生命意义。

(一)"三个发现"奠定了西方现代精神世界的底蕴

人的自由和解放是西方能否走向现代社会的关键性指标。要实现人的愿望、价值和自由就必须创设新的国家政治制度,首要的就是使人能够独立思考并能够自主行动,获得思想和精神的解放。在中世纪,欧洲社会相对比较封闭,封建等级制限制人的行为,执迷的宗教信仰控制着人的头脑,神学上的原教旨偏好束缚着人们的思想,野蛮粗陋的法条习惯绑住了人们的手脚。西方社会要走出中世纪首先就必须打破这种种束缚。西方现代政治制度创设与人类思想境界变化、认知能力提升和精神牢笼的打破有着密切的关系,而其中"人的发现""地理大发现"和"科学的发现"共同铸就了西方现代精神世界的底蕴。

首先是"人的发现"。欧洲文艺复兴与宗教改革运动最显著的作用是把人从神的光环笼罩中逐步解放出来,逐渐确立了人的主体意识。"人的发现"为西方现代政治制度创设确定了以保障人的自由、权利和发展为核心的新的价值目标和构筑思路。恩格斯评价以启蒙为内核的西方文艺复兴是"人类以往从来没有经历过的一次最伟大的、进步的变革"③,标志着西方开始从中世纪走向了近代社会。在中世纪后期,随着技术的进步、全球航海的兴起而发现"新大陆",引起了欧洲内部社会和阶级结构的深刻变化,新兴的代表先进生产力的资产阶级创造出了新生产方式,并引发了哲学社会科学和人文思想的深刻变化,形成了一股以人为中心的反神学、反专制的人文主义社会思潮。文艺复兴的实质就是高扬人的存在、人的价值,赋予人以昂扬向上、直面人生的生存态度和价值追求,为人

---

① 参见赵宬斐:《政党政治与政治现代性》,苏州大学博士毕业论文,2009年。
② 徐红等编:《比较政治制度》,同济大学出版社2009年版,第63页。
③ 《马克思恩格斯选集》第4卷,人民出版社1995年版,第261页。

的基本权利的伸张和维护创造和奠定了思想认识基础。恩格斯对这一时代人的发展成就给予了高度评价,指出:这是"一个需要巨人而且产生了巨人——在思维能力、激情和性格方面,在多才多艺和学识渊博方面的巨人的时代"①,把对人性、人的本质、人的需要的认识推向了一个新的高度。瑞士著名艺术史学家雅各布·布克哈特认为,文艺复兴的最大成就是"世界的发现与人的发现","文艺复兴于发现外部世界之外,由于它首先认识和揭示了丰富的完整的人性而产生了一项尤为伟大的成就"。② 可以说,文艺复兴使人们对人的认识达到了新的高度,人既表现为完整的、独立的、有灵肉的个性,又表现为与宇宙的有机统一。③ 文艺复兴运动打破了欧洲思想界在封建高压下"万马齐喑"的局面,"教会的精神独裁被摧毁了",④人们从中世纪基督教神学的桎梏下被解放出来了。⑤

其次是"地理大发现"。大规模的航海活动极大地开阔了人们的视野,对地球的认识也有了更加完整清晰的图景。由此带动了欧洲工商业、贸易等的迅速发展,世界各地的联系进一步加强,有力地促进了"世界市场"的形成。"地理大发现"引起了欧洲社会的深刻变化,直接诱发了价格革命、商业革命和西欧诸国的海外殖民扩张,正如马克思所指出的:"在16世纪和17世纪,由于地理上的发现而在商业上发生的并迅速促进了商人资本发展的大革命,是促使封建生产方式向资本主义生产方式过渡的一个主要因素。……世界市场的突然扩大,流通商品种类的增多,欧洲各国竭力想占有亚洲产品和美洲富源的竞争热,殖民制度,——所有这一切对打破生产的封建束缚起了重大的作用。"⑥为赢得经济利益,西欧掀起了国家统一、王权崛起的高潮,加快了民族国家的成熟,从而为国家政治制度的变革与创设提供了社会和政治条件。地理大发现促进了国内市场的成熟和争夺世界市场的迫切需求,原来分散的、割据式的、国家观念不强的状态必须得到改变。14世纪和15世纪欧洲出现了向统一的民族国家过渡的大趋势,经过几个世纪的发展,欧洲各地的民族意识不断觉醒,国家意识不断增强,先后出现的民族国家都在战争中通过加强专制王权、加强中央政府权威实现了国

---

① 《马克思恩格斯选集》第4卷,人民出版社1995年版,第262页。
② [瑞士]雅各布·布克哈特:《意大利文艺复兴时期的文化》,商务印书馆1979年版,第130页。
③ 参见乔翔:《马克思人的解放思想研究》,中国社会科学出版社2012年版,第19—23页。
④ 《马克思恩格斯选集》第3卷,人民出版社1995年版,第445页。
⑤ 参见傅新球:《现代化准备阶段的世界历史发展》,《历史教学》2003年第12期。
⑥ 《资本论》第3卷(上),人民出版社1975年版,第371—372页。

家的统一。在欧洲的政治思想史上开始承认主权国家的独立,领土主权意识得以突显,国家平等原则逐渐成为共识。从此,摆脱罗马教皇控制的独立主权国家开始主导社会世俗事务。① 以民族国家作为评判是非、维护利益和追求幸福生活的载体成为一种普遍的政治意识。

最后是"科学的发现"。伴随"教会的威信衰落下去,科学的威信逐步上升"。② 正如有学者所言:"科学活动为人们带来的不仅仅是增长了对宇宙的深入认识,掌握了更多的关于自然的知识,而且更在于它把追求真理的执着这种科学精神带进我们这个社会之中。"③人们逐渐形成了用理性思维和科学态度来探索和认识人类社会本身,为科学探究和创设国家政治制度奠定了认识论和方法论的基础。科学的兴起、科学精神的培塑改变着人类的生活方式、实践方式和思维方式。科学蕴含着理性、精确、效率、文明、进步等开明的意识和思想倾向,它不仅表现为一种作为手段的外在的善,而且还含纳着发现、尊重、运用规律的内在价值。在追求科学的过程中往往需要民主的氛围、自由的精神与和谐的关系,从而形成了一种新的价值原则和价值理想,对社会和人们产生了带有普遍适用的引导功能,制约和影响着社会的历史进程。④ "科学的发现"最显著的成果就是直接促发了工业革命的深入发展,使欧洲社会结构、阶级结构发生了深刻变化,酝酿和产生了创设新型国家政治制度的阶级力量和社会力量。工业革命引发的社会后果表现在:一是催生出新的生产组织方式,把分散居家生产变为大批集中生产,使生产效率获得极大提高。二是催生出新型社会关系,大型工厂的出现把劳资间的私人关系变成了群体之间即阶级之间的关系,使人群中的组织性、社会性进一步得到加强。三是工厂制度被借鉴推广到了整个公共领域,促成了科层制政治管理体系和社会治理体系的产生,从而引起了国家和社会治理方式的巨大变化。⑤

(二) 理性之光开辟了创设的逻辑思路

政治制度的创设即历史发展的必然产物,也是人为设计安排的结果。西方现代国家政治制度的创设是近代欧洲政治学说的主旨,涉及这一主旨的思想家

---

① 参见傅新球:《现代化准备阶段的世界历史发展》,《历史教学》2003 年第 12 期。
② [英]罗素著,马元德译:《西方哲学史》(下卷),商务印书馆 1981 年版,第 3 页。
③ 郑慧子:《批判与建构》,河南大学出版社 2000 年版,第 175 页。
④ 参见杨国荣:《科学与科学主义》,《上海社会科学院学术季刊》1999 年第 2 期。
⑤ 参见张浚:《欧洲:疆域与认同的历史辨识》,《欧洲研究》2005 年第 1 期。

大都依据近代兴起的理性主义思维模式,遵循大致相同的创设逻辑思路,即生存需要秩序;合理的秩序是可以设计的;理想的政治秩序可以通过订立契约形成。这是因为第一,早期人类处于一个自然状态;第二,自然状态中起规范作用的是自然法,也就是以自私自利为核心的人类理性;第三,为摆脱自然状态中因自利而引起的冲突与矛盾,人们通过缔结契约形成社会和国家;第四,民众依据订立的契约组成了不同类型的政府;第五,有限政府是危害最小的政府,而构建有限政府最有效的形式就是权力分立与制衡。① 这个逻辑思路中包含着以下几个重要的理论认识。

1. 自然状态与自然法思想

自然状态的描述构成演绎西方现代政治理论体系的前提。17、18世纪的许多西方思想家,如格劳秀斯、普芬道夫、霍布斯、洛克、卢梭、康德等都对自然状态进行了阐述,用以说明在人类早期生活中政治生活的状态。但是,这些思想家对自然状态的具体描述却存在着细微的差别,主要是如何看待自然状态下人类生活的样态,那时是平和的社会还是争斗的社会? 自然状态是一种假设或想象还是确实存在过的一种状态? 不同的答案导致了思想家们提供的政治制度设计方案的差别。霍布斯认为自然状态下的人类社会充满争夺、冲突和战争,"在没有一个共同权力使大家慑服的时候,人们便处于所谓的战争状态之下。这种战争是每一个人对每个人的战争"。"在这种情况下,产业是无法存在的,因为其成果不稳定。这样一来,举凡土地的栽培、航海、外洋进口商品的运用、舒适的建筑、移动和卸除需花费巨大力量的物体的工具、地貌的知识、时间的记载、文艺、文学、社会等等都将不存在。最糟糕的是人们不断处于暴力死亡的恐惧和危险中,人的生活孤独、贫困、卑污、残忍而短寿。"②自然状态就是一种无规则、无秩序的纷扰状态,是一个混乱的世界。洛克则不认同霍布斯把自然状态描绘成"人与人之间的战争状态"的观点。他认为自然状态是一种自由而不放任、和平而又互助、安全而又和谐的景象。卢梭认为,人类社会处在一种由自然状态到社会状态再回归到自然状态的循环过程中。在"真实的自然状态"下,个人虽然是孤寂的、孤独的,但却拥有完全的自由和独立;过渡到社会状态后,人类则进入了一个相互间残酷的斗争、冲突和战争的时代;为重新获得平等和自由,人类必然会进入

---

① 参见刘天旭:《试论近代欧洲政治学说的逻辑体系》,《理论月刊》2008年第6期。
② [英]霍布斯:《利维坦》,商务印书馆1985年版,第93页。

一个新的"自然状态",这个状态是克服了前两种状态中的弊端而呈现出的一种全新的面貌。既然存在过自然状态,那么就必须存在自然法则,即人在自然状态下所获得的天然权利。人是理性的动物,理性支配着人的政治行为,这种理性支配是按照一定的规则和规律来展开的,从而使人的行为不但能适应改造自然的需要,而且也内在地成为规范人自身行为的最高准则。在这些思想家看来,人的自然权利源于自然法,是与生俱来的基本权利,必须被人为的法律法则所遵循和保障。其中最重要的是三种权利。即平等权:人人生而平等,人之间的关系不存在凌驾和欺侮的现象;自由权:每个人都可以按自己的意志处理包括自己的身体、财产在内的任何事务;生存权:保存和延续个体的生命是每个人不可剥夺的权利。另外,财产权是保障人生存所需最低生活资源的基本权利,同样不可剥夺。在文明社会中,人的自然权利应当得到确认和保护。政治秩序是否正当主要就是看它能否有效地确认和保护人的基本权利。用历史发展的眼光看,依靠法治构建的政治秩序可以有效地确认和保护人的基本权利。[①]

2. 理性主义中兴起的社会契约论

既然人的权利是一种天生的自然权利,那么在构想政治秩序的创建时,许多西方思想家很自然地就选择了社会契约论。西方思想家们展现出这样一种逻辑推论:人都是自私而又自由平等的,因而拥有与生俱来的不可剥夺、不可转让的包括生命、自由和财产等权利在内的自然权利;在社会矛盾与冲突中,人们既是当事人又是裁判者;在自然状态下,人们无法享受到安全感,为实现安宁和秩序,人们在自然法引导下通过彼此订立契约,自愿让渡部分权利和权力以换得公共权力和公共意志的形成。据此,西方思想家们把是否能够维护以私有财产权为基础,以生命、自由、安全为内容的人权作为判定国家或政府善恶的道德标准。[②]有研究者指出,社会契约论是建立在存在自然状态的假设上,而自然状态却无法证实导致此说变成了一种政治假说。问题在于,这个假说为构建政治哲学的理论体系提供了基点。首先,这个假说肯定了人们只有通过群体合作才能实现个体权利的认识。其次,它把国家存在的合理性建筑在社会成员之间相互订立的契约上,否定了神的意志和强权意识产生的神治和人治的合理性,从而蕴含着带有理性之光的民主思想气息。最后,这个假说认定保障人的自然权利是国家存

---

[①] 王海昌:《唯物史观视野中的宪政文明研究》,中共中央党校博士学位论文,2006年,第61页。
[②] 郭琼琼:《18世纪英国政党思想的发展》,西南交通大学硕士毕业论文,2011年,第9页。

在的重要使命,透露着人权高于主权的意象。① 15、16 世纪,在文艺复兴、宗教改革和工业革命的不断冲击之下,欧洲社会出现了剧烈的动荡,一方面人们的思想不断得到解放,人的自我意识觉醒,即便是宗教信仰也打破了罗马教会一统天下的局面。另一方面是民族民主意识的觉醒,要求建立民族国家的愿望普遍高涨。两股精神力量的共同作用,不但引起近代欧洲精神世界的混乱与分裂,而且还诱发了社会秩序的混乱与无序。17 世纪中期出现的社会契约论恰好满足了人们希望从无序走向有序的强烈愿望。社会契约论从"自然状态"学说中推论出自然权利学说的一个基本命题是:"个体人权利相对于义务具有绝对先在性"②,为此,"要寻找出一种结合形式,使它能以全部共同的力量来护卫和保障每个结合者的人身和财富"。③ 虽然,思想家们对社会契约理论的理解阐释不同,但一个共识是:"社会是先于国家而在,国家只是处于社会中的个人为达致某种目的而形成契约的结果。"④因此,社会契约论者所主张的国家理论便有了一个基本逻辑,即由个人存在形成社会,通过让渡产生公共权力组成国家。⑤

3. 民主思想的勃兴与成熟

社会契约论所蕴含的政治认识逻辑,使国家权力的合法性建立在了社会成员的自愿让渡、认同与服从上,这就必然使民主思想再度勃兴并深入发展而趋于成熟。民主思想最早是随着雅典民主制度的确立、兴盛而孕育、发展起来的,即使在中世纪的黑暗中仍然闪耀着民主思想的火花。西方的民主制经历了从氏族民主制、奴隶主民主制,到封建贵族民主制,再到资产阶级民主制的发展过程。⑥ 在这个曲折复杂的发展过程中,民主思想为近现代国家政治制度的建立和发展发挥了极其重要的作用。在启蒙运动中,以洛克、休谟、伏尔泰、孟德斯鸠、卢梭等为代表的思想家逐步建构起了近代民主思想的体系,提出了天赋人权、社会契约、主权在民、有限政府、权力分立、联邦制和代议制等一系列政治主张,有力地

---

① 参见王海昌:《唯物史观视野中的宪政文明研究》,中共中央党校博士学位论文,2006 年,第 62—63 页。
② 参见时亮:《论"自然状态":洛克对霍布斯的继受和修正》,《中山大学法律评论》(第 9 卷),2011 年第 1 辑。
③ [法]卢梭著,何兆武译:《社会契约论》,商务印书馆 1980 年版,第 23 页。
④ 参见邓正来、J. C. 亚历山大主编:《国家与市民社会——一种社会理论的研究路径》,中央编译出版社 1999 年版,第 83 页。
⑤ 参见王威海:《西方现代国家建构的理论逻辑与历史经验:从契约国家理论到国家建构理论》,《人文杂志》2012 年第 9 期。
⑥ 参见马啸原:《西方政治制度史》,高等教育出版社 2013 年版。

推动了近代国家政治制度的设计与安排。在现代民主思想的形成和发展中也呈现出一种严密的关于公共权力制度安排的逻辑思路：一是稳固政治统治的基础是获得权力的合法性；二是国家权力合理行使的价值标准是人的基本权利得到保护；三是政府的权力必须进行有效的限制，明确有限政府的理念和公共权力的有限性和制约性；四是民主选举是产生良性权力的最佳途径；五是必须通过严密的法律程序规范和制约权力的运作。政治思想逻辑演绎的结果促使民主思想在近代西方成了一种完整的思想体系和制度创设的基本依据。简而言之，民主既是一种社会观念，又是一种政治制度，二者紧密联系、相互促进。作为一种思想观念，民主观念是民主实践与制度在思想意识形态领域里的反映。现代国家一般都采用代议民主制，在这种体制下，民主是一种政治更新机制，可以提供依据宪法定期更换政府官员；民主又是一种社会调节机制，重大决策的出台可以通过竞争性政治职位的获取让更多的人参与其中。作为一种制度安排，代议制民主制的基本要素包括：人民对政府的支持；政治竞争；权力交替；民众的代表；多数原则；持异议和不服从的权利；政治平等；征求人民意见；新闻自由等。总之，这些思想和逻辑可以概括为以选举体现民主、以权力制约权利、以法治制约权力和保护权利，通过以宪法为核心的法律体系成为国家政治制度创设的发展方向。民主思想中所蕴含的"主权""分权""人权"三个关键要素经过思想家们的演绎变成了"国体""政体"和"公民基本权利"三个重要的制度安排，从而为现代国家政治制度的创设奠定了最为坚实的基础。[1]

（三）国家理论竞相迸发提供了创设的多种选择

经过思想启蒙和精神解放，欧洲的人们一改中世纪对一切问题的解释都诉诸超自然、超社会的思维习惯，逐步放弃了国家权力与政府建制是君权神授的观点。从17世纪开始，主要由英法两国的近代政治思想家为代表先后提出了种种新的国家理论[2]，为各国创设符合自身需要的现代国家政治制度提供了多样性的思路。

首先，英国思想家的国家理论。资本主义生产关系最早诞生于英国，并得到了快速的发展，因此，最早的现代国家理论也产生于以霍布斯、洛克、边沁、穆勒和密尔等思想家为代表的英国。在霍布斯的国家理论中，他更重视个人的安全

---

[1] 赵成斐：《政党政治与政治现代性》，苏州大学博士毕业论文，2009年，第23页。
[2] 严双伍：《近代资本主义国家政治制度的确立与发展》，《读点历史》1997年第9期。

权,主张公民把权利全部让渡给专制国家,除保持缔结社会契约的名义外,不再干预公共权力的运行。霍布斯认为,虽然人在自然状态下的权利是平等的,但为了避免冲突和保障安全,人们应该通过契约把自己的权利让渡给代表其利益的某个人或某几个人,契约成立后人们就再也无权过问社会事务,也无权废弃信约,而应绝对服从掌握国家权力的君王的统治。洛克则站在天赋人权的立场上,突破了"君权神授"思想的束缚,认为"人类天生都是自由、平等和独立的,如不得本人的同意,不能把任何人置于这种状态之外,使受制于另一个人的政治权力"。[①] 因此,政治制度的创设必须以保障人的基本自由、平等等天赋权利为出发点和落脚点。洛克认为,为公共权力的产生,人们让渡自己的部分权利是必要的,但绝不是无条件的出让全部权利,特别是生命权、自由权和财产权是天赋权利,绝不能遭受任何形式和程度的侵害。洛克主张,根据社会契约的原则,社会成员只把部分权利交给整个社会,而不是交给某个人或少数人,目的是运用社会整体的力量来更好地保护社会成员的生命权、自由权和财产权。因此,产生的公共权力必须有其边界,政府的权威必须受到应有的限制且以保护自然权利为目标,否则人们有权废除契约、更新政府。洛克的上述思想奠定了西方自由主义国家理论的基础。当英国的资产阶级逐渐掌握政治权力后,边沁、穆勒等人进一步发展了自由主义国家理念,使之进一步完善而系统化。其主要观点可以归纳为:第一,国家的存在永远是一种手段,其使命就是保护人们的自然权利。第二,国家权力有其活动的范围,绝不能侵入个人的自由圣地。第三,最理想的政府形式是代议制,但人民拥有判断权和立法权以监督和限制政府的权力。第四,政府权力应当得到制衡,避免出现专制或集权现象。到19世纪60年代初,约翰·密尔在《代议制政府》一书中详尽阐述了代议制政府模式,特别是对政治制度提出了自己的理解。他指出:"我们首先要记住,政治制度(不管这个命题是怎样有时被忽视)是人的劳作;它们的根源和全部存在均有赖于人的意志。……在它们存在的每一阶段,它们的存在都是人的意志力作用的结果。"[②]这明确表达了人在政治制度创设中的重要作用,因此,创设的制度也必须以维护人的基本权利、有助于实现人的基本愿望为目的。[③]

---

① [英]约翰·洛克著,叶启芳等译:《政府论》下篇,商务印书馆2007年版,第59页。
② [英]J. S.密尔著,汪瑄译:《代议制政府》,商务印书馆2007年版,第7页。
③ 参见王微:《美国民主制度的国情基础论析》,东北师范大学硕士毕业论文,2012年。

其次,法国思想家的国家理论。18世纪法国的启蒙思想家高扬人权、人类理性、主权在民和法治的旗帜,向中世纪盛行的神权、宗教迷信、君权神授和封建专制发起冲击与挑战,用以认证创设符合新兴资产阶级利益的新政治制度的必然性和必要性,勾勒出了新政治制度的各种蓝图。孟德斯鸠是三权分立学说的完善者和确立者。孟德斯鸠认为:"当立法权和行政权集中在同一个人或同一个机关之手,自由便不复存在了;因为人们将要害怕这个国王或议会制定暴虐的法律。"①如果将一个国家的权力集中于某一机关或某一个人手中,那么权力就会被滥用。他不同意洛克把政府权力分为立法权、行政权和外交权,主张用司法权代替外交权,且三权互相独立、各自运行,形成既相互联系,又相互制约,从而实现"以权力约束权力"。卢梭的国家理论以主张人民主权为鲜明特征,他著述的《社会契约论》开篇第一句话就是:"人是生而自由的,但却无往不在枷锁之中。"②卢梭极为重视个人的自由权,人民主权思想就是试图实现国家权力下人民权利的最大化。这种认识产生于他所坚持社会契约思想的逻辑,即社会权利和政治权力绝不是自然出现和存在,而是建立在人们让渡部分天赋权利并通过互相约定的基础之上的,在这样的公权力中,人民应当是自由的、平等的和自愿的。人民自愿以契约的方式建立国家,就是希望能够通过法律的方式来行使对国家的主权,以保护每个人自由、生命和财产等天赋权利,这就是人民主权,是公意的运用和体现,因此,它便自然而然地具有绝对性、不可侵犯性和不可分割性。卢梭强调人民主权,实际上是想通过人民绝对掌握立法权以防止政府权力的滥用和异化,而这只有采取多数票决的方式才能实现。尽管在实际应用中人民主权的实现困难重重,但却对各国创设现代政治制度产生了深远的影响,人民主权的彰显与维护成为必须加以考虑的重要因素。

综上所述,启蒙思想家大多打着自由、平等、主权在民的旗号,为寻求新兴资产阶级的政治地位和政治权利的体现与维护,设想着新型政治制度的安排与设计。社会契约论提供了国家起源的新观念,成为创设现代国家政权组织方式的基本理论根据;权力制衡理论为现代国家政治制度中如何分配权力设计了基本框架;人民主权论则为选举制度的普遍化和代议制政府的合法化奠定了认识根基。所有这些思想成了近代西方各国创设现代国家政治制度遵循的基本思路。

---

① [法]孟德斯鸠著,许明龙译:《论法的精神》(上册),商务印书馆1982年版,第156页。
② [法]卢梭著,何兆武译:《社会契约论》,商务印书馆2002年版,第8页。

## 二、西方现代国家政治制度创设的影响因素

现代国家政治制度之所以最早出现在欧洲,除新的政治思想的出现与成熟外,更重要的是还有一些重要而独特的影响因素。从某种意义上说,创设现代政治制度所需要的思想条件是植根于西方特有的政治文化传统、地缘关系格局和生产力质的飞跃等背景之上。正是这些因素的存在才造就了西方现代国家政治制度,为人类国家和社会治理水平的提升提供了西方模式和西方经验。

人类政治生活的开端,就是出于对共同的社会生活实行有序管理的迫切需求。政治的目的是鼓励人们弃恶从善,追求理想的生活,建立完美的秩序。可见,政治制度是伴随人类进入文明就出现的现象,在不同的人群中必然传承着极不相同的政治文化传统,这是构筑现代国家政治制度极其丰厚的文化资源,并起着重要的定型作用。英国近代著名政治思想家密尔在《代议制政府》一书中曾经指出:"政府不能靠预先的设计来建立。它们不是做成的而是长成的。一国人民的根本的政治制度是从该国人民的特性和生活成长起来的一种有机的产物,而决不是故意的目的产物。"[1]这段话虽然严重忽略了政治制度创设中人的主观能动性的作用,但却鲜明地指出了文化传统对孕育国家政治制度的重要作用。有中国学者以英国的政治制度为例,也指出:"不论是中央的还是地方的,不论是涉及议会和法院的,还是涉及行政机关的,都根植于悠久的历史之中,而并非完全由法令规章或宪法条文来创立。"[2]因此,有学者总结说:"社会条件、政治条件、民情等软性的内容是很难用推倒重来的方式进行再建和新建的。一个社会以及这个社会中每一个个体的道德、行为、习惯、心态、传统、风俗都是在长期的历史和生活中形成的,这是一种民情,它们天天出现在人们的生活中、工作中,无处不在。人们如何对待他人,如何处理与生活、工作,与他人,与团体等的关系,实际上都是社会条件、民情的体现,同时这也体现着人们对民主的理解。""因为对规则的遵守和习惯的养成需要很长时间才能在社会中逐步建立,如果缺乏这一意识,再理想的政治制度也可能难以发挥理想的作用。"[3]从政治文化传统承续的角度看,影响西方国家政治制度创设的重要因素主要有以下几个方面。

---

[1] [英] J.S.密尔著,汪瑄译:《代议制政府》,商务印书馆1984年版,第6页。
[2] 徐红等编:《比较政治制度》,同济大学出版社2009年版,第20页。
[3] 冯钺:《近代西方国家政治制度的发展轨迹》,《红旗文稿》2014年第8期。

## （一）封建制度孕育西方现代政治基因

历史是不断承续的统一发展过程。欧洲中世纪的封建制度在我们的印象中是"黑暗的"、"没有生气的"、处在基督教神学笼罩之下的一种状态，现代化的勃兴正是对中世纪的反叛、决裂的结果。然而，就近代西方现代化所展现的成就而言，其基因早就孕育在中世纪的社会结构和生活状态之中了，这是欧洲独特历史发展一个自然的、必然的现象和结果，也可以说是现代国家政治制度创设独有的前提条件之一。

相比于其他社会形态和民族形式，西欧封建社会有其自身的特征，主要表现在三个方面。首先是以采邑制为主的生产资料占有形式。土地是最重要的生产资料，采取层层分封的方式进行分配，形成了从上到下的依附关系。每块土地的分封都会在封主和封臣之间产生多重权利和义务，但它却不是叠加服从的关系，"我的附庸的附庸不是我的附庸"，即每一级封建领主只有单级向上的服从义务，跨级领主与附庸之间则不存在服从义务。这在政治生态上就形成了一个个相对独立的政治实体，整个社会呈现出政治碎片化、松散化的状态，为其他社会力量的生存和发展留下了空隙。其次是封建依附关系带有明显的契约性质。采邑制实际上是建立在双向制约的契约基础之上的，封主与封臣之间是双向承担义务的私人契约关系，不是单纯对上的服从与忠诚，这样就保留了人际关系中权利与义务必须对等的习惯。再次是采邑的世袭化使领主获得了对领地自治的权力。随着采邑世袭化的普遍化和固定化，领地逐渐被看作领主的私人财产，在领地范围内就自然获得了处理各种矛盾与冲突的权力。孟德斯鸠就曾指出，国王对封臣领有的土地"是什么税也不征收的，国王对采地更不能保留他自己的赋税。取得了采地的人，在这方面享有最广泛的权利，他们从采地吸取一切利益，一切俸禄，其中最可观的一种，就是司法上的利益"，因此"有了采地也就有了司法权……一种采地本身所固有的权利"。[①] 司法独立实际上意味着国王把各种行政司法职权交给了封建领主，领主因而获得了某种程度上的领地司法自治。[②] 西欧封建制度的这些特征孕育和生成了诸多现代政治理念、原则和制度，构成了西方创设国家政治制度独有的历史因素。[③]

---

[①] ［法］孟德斯鸠著，张雁深译：《论法的精神》（下册），商务印书馆 1993 年版，第 338—339 页。
[②] 参见朱耀辉：《城市文明与近代西欧民族国家的兴起——以英国和法国为讨论中心（12—17 世纪）》，复旦大学博士学位论文，2003 年，第 15—16 页。
[③] 参见魏建国：《西欧封建制度的立宪主义内蕴》，《环球法律评论》2007 年第 6 期。

第一,契约精神。启蒙思想倡导的社会契约论是有着深厚的历史基础和生活实践的。西欧封建制度是由一个个相对独立的采邑通过交互订立的契约而联结起来的。从国王到最小的封臣层层之间都有确定的权利和确定的义务,即封建依附关系是一种对双方都有约束而不只是约束附庸的契约,即便是国王或领主失约也会丧失享有的权利。因此,"西欧封建主义的独创性在于,它强调一种可以约束统治者的契约观念"。① 正是由于统治双方都"受到了共同义务原则的制约",其中蕴含的契约精神"为欧洲以及欧洲殖民地国家建立立宪政府创造了条件,因为,宪法也是一种规定了政府与公民双方权利和义务的契约"。② 在西欧封建制度中所蕴含的契约精神在创设现代国家政治制度时便很容易实现把国王与贵族之间的契约关系转换成国家与人民之间的契约关系,从而奠定了国家的合法性基础。契约精神存在的另一个价值在于推动了西方司法至上理念和实践的发展。因为维持契约关系必须有一种超越国王和领主的另外的判断力量,否则权利和义务的关系就难以为继,这就为司法活动存在的合理性和必要性创造了条件。"司法是政治权力的核心形态——其特点正如封建政治实体的真正性质那样"③,法官无须顾忌政治势力的态度,而是以法和正义的名义做出判决。"封建主义隐含着政治义务的契约基础和这样一个原则:法律和政府必须伸张正义。从原则上说,人民可以不服从非正义的统治者,因为他违反了契约。"④ 1215 年英国的《大宪章》就是根据契约原则实现了对君主权力的限制、确立了法律至上的传统。温斯顿·丘吉尔评论说:《大宪章》的"重要性不在于具体的法律条文,而在于广泛地确立了这样一条原则:国王也要服从法律"。⑤

第二,自治自保。采邑式封建制度造成整片的土地被分封给大大小小的贵族,西欧社会被分割得支离破碎。没有哪种政治力量能够使分散的欧洲形成一个统一的政治实体,查理大帝做过多次这样的尝试,试图以基督教信仰为纽带把西欧变成一个强大的统一王国,但都未果而终,分裂成为中世纪欧洲的显著特色。⑥ 西欧已不再是一个统一的政治实体,层层的采邑分封使得任何一个社会

---

① [法]马克·布洛赫著,张绪山等译:《封建社会》(下册),商务印书馆2004年版,第714页。
② [美]理查德·派普斯著,蒋琳琦译:《财产论》,经济科学出版社2003年版,第127页。
③ [英]佩里·安德森著,郭方等译:《从古代到封建主义的过渡》,上海人民出版社2001年版,第156页。
④ 《简明不列颠百科全书》第7卷,中国大百科全书出版社1986年版,第122页。
⑤ [英]温斯顿·丘吉尔著,薛力敏等译:《英语国家史略》,新华出版社1984年版,第234页。
⑥ 张浚:《欧洲:疆域与认同的历史辨识》,《欧洲研究》2005年第1期。

阶层都不可能积累起足够的政治资源,在广泛的地域内建立起稳固的经济政治共同体,结果是人们深受暴力的侵害和冲突的困扰。为获得安全感,西欧各地逐渐形成了两种组织形式,一种是投身当地最强大的贵族寻求保护,从而强化了领主的地方自治趋势。另一种是采取平等结社的方式获得互助保护,从而开启了西方结社自治的传统,成为近代西方市民社会的前身。这和我们把市民社会的出现看作商品经济、贸易发展的结果不同,它源于中世纪的分裂与混乱而出现的结社自治。有西方学者指出:"有关公民社会的概念和理论的历史演变已被人们追溯、分析了许多次。最近的研究表明,公民社会无论其概念还是理论都要比约翰·洛克及亚当·弗格森的著作或自由主义的发端早得多。"① 事实上,"在欧洲,公民社会最深厚的基础产生于废除罗马帝国集中化权柄"②,统治一千年的罗马帝国的消亡使西欧社会失去了政治中心,民众不得不奋起而自保。可以说,结社自治的"起源可以远溯到封建的自由主义,封建自由主义通过有限的统治,保证着个人与联合体的特权不受地主与君主的侵犯"。③ 中世纪的西欧社会"总的说来,这是一个缺乏首领的世界,在这里,自由在一个赋予社团权利以特权地位的法律体系中既得到普及又被稳定地编纂成典"。④ 由罗马帝国的一统到中世纪的分散,在社会留下了许多空隙,为城市文明的发展和市民社会的产生创造了条件,从而培养出自治的习惯和传统。这种习惯和传统为调节个人与国家之间的关系提供了一种缓冲机制,有利于对国家权力无限扩张的制约。

第三,自由特权。作为现代政治显著价值追求的自由,在中世纪的西欧却是以特权的形式存在的。意即相对于专制王权而言,欧洲封建社会依然存在王权也不能干涉的自由权利。例如,按照习惯法,英王必须尊重人民因此获得的各种权利,既不能随意没收人民的财产,更不能伤害人民的身体。⑤ 虽然那时的自由"是在赋予某些等级或某些人以特权的意义上的自由"⑥,还不可能惠及普通大

---

① [西班牙]萨尔瓦多·吉内尔:《公民社会及其未来》,何增科主编:《公民社会与第三部门》,社会科学文献出版社 2000 年版,第 154 页。
② [英]约翰·霍尔:《探寻公民社会》,何增科主编:《公民社会与第三部门》,社会科学文献出版社 2000 年版,第 23 页。
③ [意]圭多·德·拉吉罗著,杨军译:《欧洲自由主义史》,吉林人民出版社 2001 年版,第 342 页。
④ [英]约翰·霍尔:《探寻公民社会》,何增科主编:《公民社会与第三部门》,社会科学文献出版社 2000 年版,第 24 页。
⑤ 赵文君:《西欧私人财产权利观念形成研究》,东北师范大学博士学位论文,2011 年,第 78 页。
⑥ [英]弗里德利希·冯·哈耶克著,邓正来译:《自由秩序原理》(上册),生活·读书·新知三联书店 1997 年版,第 204 页。

众,但它毕竟提供了一种可能性,使一部分人在某些方面可以维护自己不受干涉的权利。有研究指出:"自由与现代君主制下的专制相比,确实更为古老,因为它根植于封建社会。正是在封建社会里,自由化整为零,并且(不妨说)分化为无数特殊的形态,而每一种都覆以同时起隐蔽和保护作用的外壳:我们知道,这外壳的名字就叫做特权……当缺乏较高层次的公共防护力量的时候,个人就不得不试图以自己的力量保护自己……彼此联合起来,以便提供最低限度的安全,这对发展我们的创造性来说是必不可少的。封建贵族、城乡社区、商业行会,都是特权团体;在每个团体内部,每个人都是自由的。"①这表明中世纪西欧社会的自由与权利是以"等级"和"特权团体"的"特权"形式存在的,虽然其内涵和意义不同于现代社会的自由与权利,但却存在着转化和普及的基础。正是封建制度所孕育的这种"特权"式自由与权利,才使资产阶级兴起时可以很便利地把仅适用于贵族的这种"自由特权"进行宽泛的解释,并推向社会中尽可能多的个体都可共享的权利,最终将特权转变成基本人权,明确了现代国家政治制度的价值取向。

第四,多元权力。在政治碎片化的中世纪西欧封建制度下,存在着多种多样的政治实体和权力中心。问题的关键在于,每个权力中心都把其奉行的原则、创设的制度视为合法和正统,"各种各样的制度都自命为正统的"②,依据的主要根据则是政治实体存在时间的悠久③。中世纪西欧长期存在的权力分散、正统多元共存的现象反映了西方文明的独特性,"构成社会诸阶层的有各色各样的因素,同时他们又处于不能互相排斥的状态,这就产生了今天盛行的自由。既然谁也不能消灭谁,那就必须让各色各样的原则一起存在——他们应该在他们之间订立某种协定。大家都同意各自去进行可以属于自己的那部分发展。在别处,当某一个原则占优势产生了暴政时,在欧洲,自由已成为文明因素多样性的结果"。④ 总之,封建制度使得西欧社会是"多样的、丰富和复杂的,它从未受一种

---

① [意]圭多·德·拉吉罗著,杨军译:《欧洲自由主义史》,吉林人民出版社2001年版,第1页。
② [法]基佐著,程洪违等译:《欧洲文明史——自罗马帝国败落到法国革命》,商务印书馆1998年版,第41页。
③ 研究欧洲文明史的法国学者基佐指出:"政治上的正统性显然是建立在源远流长这一概念上的一种权利,人们都喜欢把时间方面的优先作为这个权利的根源,作为权利的正统性的证据……各种极不相同的社会形式和政府都同样有着它们的正统性……把它们自称正统的权利建立在它们制度的古老性上,建立在他们政治制度的历史的优先和悠久上。"见[法]基佐著,程洪违等译:《欧洲文明史——自罗马帝国败落到法国革命》,商务印书馆1998年版,第43、45页。
④ [法]基佐著,程洪违等译:《欧洲文明史——自罗马帝国败落到法国革命》,商务印书馆1998年版,第24—27页。

排他性的原则所控制,而是多种多样的因素一直在相互影响、组合和斗争,经常不得不共处并存"。① 显然,西欧封建制度中的多元权力共存结构更容易催生共和主义的宪政体制,而不是一元化的专制体制。

第五,等级会议。现代西方国家政治制度普遍采取议会式代议制民主的政权形式,而"近代的议会,是以中世纪西欧各国的'等级议会'为其前身"。② 根据采邑分封制的原则,即使贵如国王也无权处置治下的所有财产。王室自身的用度只能依靠自己直接管理的采邑的收入,而公共事务的花销则需要通过等级会议协商向各领主征收,这便对王权的专断性产生了巨大的抑制作用。等级议会成为重要的政治遗产,为现代议会的形成提供了历史根据。例如,8世纪中叶,"贤人会议"出现在麦西亚王国,内政外交的重大事宜都无原则在会议上讨论才能决定。后来,这种议事制度被不列颠群岛上的各王国引入,成了最具代表性和权威性的贵族代表会议。尽管议事参与权不仅限于贵族阶层,但在一定程度上抑制了王权的专制,为保障平民的自由权利提供了一种渠道,因而有利于国家的统一。"贤人会议"成了近代议会民主制的先声。③

第六,二元分立。主要是指中世纪欧洲教权与王权的二元分立,在客观上有利于西方立宪主义思想和制度的创设。中世纪西欧教会在各国享有相对独立的政治地位,甚至在精神领域超越了国家权威。教会通过经典的统一性和神学语言的一致性享有被欧洲中世纪社会普遍认同的宗教权威,所有基督徒不仅是某个国家的臣民,更是隶属于教会的教民。基督教的教条和伦理观念更是渗入了社会深层,全面支配着世俗生活。中世纪西欧基督教会的存在形成了一股强大的社会力量,对世俗王权产生了巨大的约束力量。④ 正是教权与王权的对立与斗争,限制了绝对专制主义思想的泛滥,而制衡、协商、共治等政治理念得以产生和流传,为立宪主义在西方的确立奠定了政治文化基础。教权的这种作用表现在以下几个方面。一是教会作为一种严密的社会组织具有强大的社会动员力量,有能力发动作为信徒的社会成员对王权进行质疑和反抗,从而限制了王权的滥用。二是教会通过掌控道德评判权对王权产生制约。教会的承认是王权获得

---

① [法]基佐著,程洪逵等译:《欧洲文明史——自罗马帝国败落到法国革命》,商务印书馆1998年版,第218—219页。
② [日]美浓部达吉著,邹敬芳译:《议会制度论》,中国政法大学出版社2005年版,第6页。
③ 赵文君:《西欧私人财产权利观念形成研究》,东北师范大学博士学位论文,2011年,第78页。
④ [比利时]伍尔夫著,庆泽彭译:《中古哲学与文明》,华东师范大学出版社2005年版,第16页。

合法性的唯一途径,"这样,古代政治所享至高地位突然遭到推翻,国家被贬低为次要机构,必须臣服在另一组织的道德权威下面"。即"教会守护着一切道德利益……同样,教会也是道德律法的最高解释,有权力监督、控制世俗机关对法律的执行"。"国家的活动固然重要,却只应旨在执行而非制订政策;惟有教会,才以决定人类生存的终极目的、并指导国家完成这些目的……换言之,中世纪人民相信,国家并非道德目的……这种观念古代社会绝不曾出现过,而其出现,正代表着西方文明的确立。"① 三是教会通过上帝垄断了真理,有效地避免了个别人或少数人因占有真理而萌生霸权,从而在世俗事务中营造了一种协商、妥协的处事氛围。正如美国学者弗里德里希·沃特金斯所说:"西方的宪政主义兴起于中世纪,当时原罪学说限制了人对个人或群体在知识与伦理上的可靠性的信心,遂使人能够接受协商的方法,解决一些过于世俗化、而与基督教的天启真理无甚关联的问题。"② 四是教会与王权的二元分立,促使宗教与国家各自保持着自己的领域,这不但限制了国家权力的无限扩张,而且还有助于形成有限政府的原则和理念,并且暗含着国家仅仅是为教会服务的工具的国家观,这为近代把服务对象由教会转向个人权利和社会共同利益提供了机制。五是基督教强调信赖非人格的上帝而不是个人权威或某种政治势力,"拒绝服从人以便服从上帝就成为一种庶务:在这种方式中,通向专制政府的路被堵死了"。③ 这种理念在近代西方的政治转型中很容易促成信奉法律的观念和习惯,从而有利于法治社会秩序的建立。正像沃特金斯所指出的,西方"法治的概念主要在基督教制度那里得到了认可"④。

(二)频繁的战争催化西方现代性的成长

随着西罗马帝国的灭亡,西欧结束了相对统一的历史,进入了一个纷争、分裂和征战不休的时代。特别是"政教两权二元对等的'两皇'体制确立,加剧且固化了欧洲政治力量和地缘政治版图碎化的趋势"。⑤ 教会出于信仰和精神力量

---

① [美]弗里德里希·沃特金斯著,黄辉等译:《西方政治传统——现代自由主义发展研究》,吉林人民出版社2001年版,第30、36页。
② [美]弗里德里希·沃特金斯著,黄辉等译:《西方政治传统——现代自由主义发展研究》,吉林人民出版社2001年版,第222页。
③ [意]圭多·德·拉吉罗著,杨军译:《欧洲自由主义史》,吉林人民出版社2001年版,第377—379页。
④ [美]弗里德里希·沃特金斯著,黄辉等译:《西方政治传统——现代自由主义发展研究》,吉林人民出版社2001年版,第2页。
⑤ 张文木:《基督教佛教兴起对欧亚地区竞争力的影响(之一)——从统一到分裂:古代欧洲地区竞争力优势的形成和丧失——与中国比较》,《太平洋学报》2013年第8、9期。

的缘故,在碎片化的各种势力和国家力量中占据着相当的资源和制度优势,成为对抗有统一欧洲雄心的国王们的巨大力量。教权与王权的对抗使分裂的局面在欧洲维持了整个中世纪。16世纪开始,西欧各国逐步进入了建立民族国家的历史进程,社会秩序十分混乱,因信仰争斗、思想争锋以及强国扩张而引发的征战连绵不绝。① 根据统计,从1480—1700年,英格兰加入了29场战争,法国加入了34场战争,西班牙加入了36场战争,而神圣罗马帝国加入了25场战争。有研究者统计:"在整个十六世纪里,西欧只有不到10年时间处于和平时期;而在十七世纪,止戈息兵的日子更是缩小到了不到四年。从1500—1700年,约有95%时间,欧洲大陆处于战乱之中,几乎每三年便爆发一场新的战争,而且战争的规模越来越大,影响越来越广。"② 频繁的战争不但引发了军事领域的革命,而且还带动和影响到整个社会向现代的转型,战争成为催生西方现代性成长的直接动因,也是促成现代国家政治制度诞生与完善的推动力量。

首先,军事变革加快了西欧封建制度的瓦解。尽管学术界关于欧洲军事变革开始的时间、内容、标志等存在着很大的争议,但是有些军事领域的变化却引发了整个社会的变化,应当引起重视。中世纪欧洲军事领域第一个显著变化是发生在14世纪的步兵革命,即训练有素的手持长枪和弓箭、排列有序的步兵在战争中逐步取代了重装骑兵成为作战的主要力量。这不但改变了战争形态,而且还促进了战争的民主化进程,即打破了由贵族垄断军事的局面。由于步兵武器简单、廉价、实用,一般平民就可以具备和使用,相比于武装一个骑士要便宜得多,这就使国王可以拥有大量的常备军以对抗大贵族的武装并逐步使之削弱。14世纪的步兵革命带来了平民地位的提高,不仅平民在军事活动中有了重要的影响力,而且由此也提升了其政治和社会地位,从而打破了旧的社会等级秩序,削弱了贵族势力,从而加快了封建制度基础的瓦解。

其次,军事变革加快了各国提高行政管理效率的步伐。军事变革的一个最直接又显著的结果是军队规模扩大、兵员人数增多。这就促使国家行政管理必须在两个方面产生变化。一方面要维持庞大的军队必须拥有巨大的财富和资金。尽管步兵装备比较廉价,但由于战争所需人数巨大,比如攻城战的围困就需要大量的人力,这就使欧洲各国的军费需求猛增。为此,国王们不得不想方设法

---

① 张浚:《欧洲:疆域与认同的历史辨识》,《欧洲研究》2005年第1期。
② 屈畅:《君王的竞技场:近代早期的欧洲战争》,四川大学硕士学位论文,2007年。

地增加税收、开辟富源，这就需要改革国家的行政机构和管理方式以提高效率。另一方面，规模庞大的军队自身也需要一套明快、有效的管理方式。从士兵的招募、训练、行军、住宿，到给养、被服、装备、武器的生产、运输和分配一套复杂的工作链，没有层次分明的组织体系、高效快捷的管理效率是很难形成战斗力的。这就迫使各国必须改革官僚机构，加快提高行政管理效率的步伐。例如，由于三十年战争中暴露出各国的管理机构配置严重不齐的问题，17世纪中期以后，丹麦、瑞典、法国、普鲁士等国都相继开展了机构改革，逐渐形成了一套分工明确、部门齐全的政府管理机构，行政效率大大提高。这些变化促进了行政管理机构和管理制度的现代化。

再次，军事变革孕育了新的文化因素，加快了社会观念变迁。军事变革促使各国军队日益常备化、平民化，军人群体日益成为社会构成中非常独特的一部分，形成了独具特色的文化因素。一是军人着装统一、纪律严格、住地集中，这使其身份更加突显，标准化成为显著标志。二是组织严密、等级分明展示出特有的秩序状态。特别是步兵以方阵式协同作战为主，要求增强团结一致、共同对敌，从而突出了集体主义观念的重要性。三是军人群体的行为方式、外在形象和作战要求塑造了一种独特的价值观念和生活方式，即崇尚标准化、等级制、服从精神以及与他人合作的精神等，通过士兵与大众的互动影响逐渐在社会上传播开来，引领了社会风气的巨大变化。后来，军队管理的高效性和军人气质的感召力在社会上产生了巨大的示范效应，欧洲的许多工厂、机关，甚至学校为提高自身的管理效能纷纷引入军队的管理方式和精神文化，从而促进了整个社会面貌的变革。由于军事变革而产生的这些新的文化因素，在塑造欧洲社会的现代性方面发挥了重要作用。[1]

基于上述军事变革对社会的影响，有学者注意到，西方近代的强大并不是因为先出现了现代国家政治制度，恰恰相反，是由于频繁的战争引发军事领域的变革进而带动了整个社会变迁。战争不仅促使欧洲各国不断追求军事力量的积聚，刺激了军事工业的勃兴，而且还引起了对政治制度的改革和调整，而这又直接把国家利益至上的观念普及给了全社会，加快了国家统一的步伐和加大维护

---

[1] 以上参见许二斌：《14—17世纪欧洲的军事革命与社会变革》，《世界历史》2003年第1期；《近代早期（1492—1647年）欧洲战争原因类型研究》，《鞍山师范学院学报》第5卷；徐进：《论近代欧洲战争史上劫掠行为及其消失的动因》，《军事历史研究》2009年第4期。

民族利益的强度。就构筑现代国家政治制度的角度看,一方面随着各国军事实力的强大,改变了某些政治传统,比如贵族的"自由特权"逐步向城市有产者阶层扩展,促使各国政治制度中不断渗入新的元素,逐渐具备了今天形态的雏形。另一方面军事领域的变革引发了社会条件的巨大变化,促使社会各阶层、阶级对自由、民主的诉求更加强烈,后又经过长期的斗争才以现代国家政治制度的形式体现出来。因此,"近代西方的强大和后来的自由民主政治制度之间存在着先因后果的关系。这个因果关系不能倒置,如果倒置,则容易推断出是政治制度导致了西方在近代走向强大的结论,那是不符合历史实际的"。[1]

关于欧洲各国之间不断战争而引起社会变革的观点值得重视。以往只关注资本主义生产方式的兴起、科技进步和思想启蒙对世界近代变化的影响,而自古以来欧洲各国之间不断的竞争、冲突和战争的起因却在思考现代政治制度创设问题时没有被纳入核心视野。思考这一问题就是在弄清历史进程顺序的基础上找到真正的原动力。如果说生存竞争、国家称霸是引发各国冲突的主因,那么,其他现象的出现如贸易发展、地理大发现、科学发明、生产方式变革、思想解放、制度变迁等就都是果,从而实现了西方社会性质和治理方式的根本性变革。欧洲向近代社会转型的历史表明,推动人类社会变革的原始动力仍然是人类的私欲和生存竞争的压力,只不过披上了层层华丽的外衣,使我们无法直接看透现象背后的本质。如果说为了更好的生存境遇而不断发生争斗是一种人类社会存在和发展不可避免的形式,由军事行为而引起的社会变革就应当成为我们观察近代西方政治制度变化的重要视野,甚至对理解当今的世界格局变化和西方主要国家的世界行为都将有巨大的历史意义和现实价值。

(三) 国家建设推动西方现代民主普遍化

从中世纪中晚期开始,追求国家统一、加强中央政府权力成为一股并未引起人们足够重视的欧洲政治现象。民族国家这一国家形态的出现不仅是一个权力集中化并对社会渗透更深的过程,还是一个民主化的过程。有学者鲜明地指出:"西欧国家在民主化之前,早期国家建设已经完成,民主化只是对既有制度进行调整、转型的过程,而不是一边建立国家制度,一边进行民主化运动。"[2]也就是

---

[1] 参见冯钺:《近代西方国家政治制度的发展轨迹》,《红旗文稿》2014年第8期。
[2] 袁峰:《中国形态协商民主的成长——中国人民政治协商会议的政治学分析》,复旦大学博士学位论文,2010年。

说,西欧的国家建设不但早于民主化的出现,而且是推动民主化得到普及的重要力量,由此才完成了西方现代国家政治制度的创设。

首先,经济发展和资产阶级的崛起是促使绝对主义思想兴起、西欧民族国家建设勃兴的重要原因。15、16世纪,伴随着资产阶级生产方式的孕育和发展,日益繁盛的商品生产和交换活动对西欧的政治生活产生了深刻的影响。为争夺经济利益、抢夺商机,西欧各国或政治实体纷纷加入了控制商品市场、原料产地和贸易线路的争夺。这就促使人们迫切希望不断增强竞争实力,通过强有力的组织形式形成有利于争夺经济利益的先机。最理想的组织形式就是构建具有强大凝聚力和向心力的政治实体,于是,建设现代民族国家在欧洲逐渐成为一股潮流,由此拉开了国家建设的大幕。[1] 马克思、恩格斯从生产力与生产关系、经济基础和上层建筑关系的角度,深刻揭示了民族国家勃兴的历史原因。他们指出:资本主义的发展不断地消灭生产资料、财产和人口的分散状态,由此产生的结果就是政治的集中,即中央集权的民族国家的建立。于是"各个独立的、几乎只有同盟关系的、各个不同利益、不同法律、不同政府、不同关税的各个地区,现在已经结合为一个拥有统一的政府、统一的法律、统一的民族阶级利益和统一的关税的国家了"。[2] 列宁也指出:"为了使商品生产获得完全胜利,资产阶级必须夺得国内市场,必须使操同一种语言的人所居住的地域用国家形式统一起来"[3],相同的语言是人们之间进行沟通联系、互通有无、开展贸易等活动的重要条件,民族国家的构建正是这一需求的现实反映。马克思主义经典作家说明了民族国家是资本主义国家正常的和普遍的国家形式,揭示了民族国家产生的深刻经济根源。

其次,国家建设促进了现代西方社会的发育,推动了政治民主化的普及。国家建设的重要内容是具有明确领土、主权和人口规模的民族国家的建立。这些因素的满足就是推动政治民主化普及的过程。构成民族国家的要素主要体现在五个方面[4]。一是获得独立的国家主权。吉登斯认为:"从最本质的角度来说,

---

[1] 朱耀辉:《城市文明与近代西欧民族国家的兴起——以英国和法国为讨论中心(12—17世纪)》,复旦大学博士学位论文,2003年,第1—3页。
[2] 《马克思恩格斯选集》第1卷,人民出版社1965年版,第255—256页。
[3] 《列宁全集》第25卷,人民出版社1988年版,第224—225页。
[4] 参见王磊、王玉侠:《主权·统一·国族·集权·民主——论民族国家建构的五大构成要素》,《徐州工程学院学报(社会科学版)》2014年第6期。

民族国家是在特定国界范围内对既定的领土进行统治的政治体系"①,拥有独立主权是民族国家建构的首要前提。马克思指出:"一个大民族,还没有实现民族独立,历史地看,就甚至不能比较严肃地讨论任何内政问题。"②对西欧国家来说,获得国家主权的首要任务是战胜教权的干扰与控制,获得统治区域内的绝对统治权。在这个斗争中,王权作为一种进步因素③,与市民阶级结成了同盟,"王权依靠市民摧毁了封建贵族的权力,建立了巨大的、实质上以民族为基础的君主国,而现代的欧洲国家和现代的资产阶级社会就在这种君主国发展起来"④。建立在一定区域、国民、经济、文化和共同利益基础上的民族国家在西欧确立起来。二是实现完整意义上的国家统一。有学者指出:"民族国家,从本质上讲……它最为核心的内容是'统一'。"⑤主要包括领土统一、市场统一、民族统一和政权统一等内容。其中,领土统一是国家统一的首要内容。对西欧来说,建立民族国家首要的是要结束分崩离析、四分五裂的政治局面,建立起政治中心和中央权威。正如马克思在评价德国国家建设时所说的那样,"即使从纯资产阶级的观点看来,德国牢不可破的统一也是摆脱它目前的贫困和创造国家财富的首要条件"⑥。关于统一国内市场,斯大林认为这是"现代民族国家的本质特征",也是民族国家形成的重要驱动力。一方面是因为"在年轻的资产阶级看来,市场是基本问题。它的目的是销售自己的商品,战胜和自己竞争的异族资产阶级。因此,它力求保证有'自己的''本族的'市场";另一方面则因为市场开放和贸易自由是其发家致富的基础条件,闭关锁市和贸易壁垒则是对资产阶级的致命伤害。⑦三是通过政治整合形成政治民族。民族被看作一个拥有政治权利的人类共同体,其自由维护的最佳形式就是建立本民族的政权——国家。然而,从西欧存在的各个政治实体看,很少是由单一民族或族群构成的,在国家的领土疆域日益明确的情况下,必须通过整治整合把这些不同的民族或族群凝聚成政治意义的民族,即国族,形成对国家的文化和政治认同,国家的政治统治才能够确立。因此,

---

① [英]吉登斯著,郭忠华译:《全球时代的民族国家:吉登斯讲演录》,江苏人民出版社2012年版,第190—191页。
② 《马克思恩格斯全集》第2卷,人民出版社1957年版,第563页。
③ 《马克思恩格斯文集》第4卷,人民出版社2009年版,第220页。
④ 《马克思恩格斯文集》第9卷,人民出版社2009年版,第408页。
⑤ 张树青、刘光华:《关于民族国家的思考》,《兰州大学学报(社会科学版)》1999年第4期。
⑥ 《马克思恩格斯全集》第5卷,人民出版社1958年版,第48页。
⑦ 《斯大林选集》上卷,人民出版社1979年版,第70—71页。

"民族国家之所以称为'民族国家',是因为它创造了一个国族,并且与之互为条件,相互依存"。① 西欧正是在国家建设的过程中逐渐形成比较清晰的族属意识,英国人、法国人、德国人、意大利人、希腊人等称谓的流行便反映了政治民族形成的情况,有力地促进了现代西方国家政治制度创设中所保护基本人群意识的形成。四是通过集权加强中央政府的权力。从西方历史看,"传统国家的本质特性是它的裂变性。其政治中心的行政控制能力如此有限,以至于政治机构中的成员并不进行现代意义上的'统治'"。② 因此,国家建设的首要任务是实现政治统一,建立一个有凝聚力、统治力和号召力的中央集权政府。民族国家能否建成关键看是否能形成政治共识,在疆域范围内实现意识形态、法律体系和共同语言的统一,实现对国民进行规范系统的教育、共有文化的熏陶以及有效的政治社会化,所有这些都必须依赖一个强有力的中央集权政府的存在才有望实现。欧洲各国的新兴阶级在创建民族国家进行的革命活动中,"不得不继续进行专制君主制度已经开始的工作,也就是使国家政权更集中更有组织,并扩大国家政权的范围和特权,增加它的机构,提高它对现实社会的独立性,加强它对现实社会的超自然控制"③。列宁也充分肯定了中央集权的历史功绩,认为"中央集权制的大国是从中世纪的分散状态向将来全世界社会主义的统一迈出的巨大的历史性的一步"。④ 如近代的德国,资本主义的"经济关系本身也会迫使德国采取严格的中央集权制"⑤,因此,"目前在德国实行最严格的中央集权制是真正革命党的任务"。⑥ 五是以民主作为国家建设的政治价值取向。从西方国家建设的历程看,虽然出现了建立中央集权的浪潮,但并不意味着走向独裁的专制政权。无论是资产阶级革命建立的政权,还是无产阶级革命建立的政权,在构建民族国家时无一例外地都把民主政治作为追求的目标和价值取向。早在20世纪30年代,陈独秀就看出了这样的特性,他说:"历史上各民族完成这些民主任务的动力,并非先天的限定是那一阶级,英国是资产阶级完成的,法国是小资产阶级联合工人完成的,德国和意大利是资产阶级联合地主贵族完成的,俄国是无产阶级联合农

---

① 周平:《民族国家与国族建设》,《政治学研究》2010年第3期。
② [英]吉登斯著,胡宗泽、赵力涛、王铭铭译:《民族—国家与暴力》,生活·读书·新知三联书店1998年版,第4页。
③ 《马克思恩格斯文集》第3卷,人民出版社2009年版,第148页。
④ 《列宁全集》第24卷,人民出版社1990年版,第191页。
⑤ 《马克思恩格斯全集》第5卷,人民出版社1958年版,第48页。
⑥ 《马克思恩格斯文集》第2卷,人民出版社2009年版,第179页。

民完成的",各个民族国家"所完成的民主任务虽有程度上的不同",但"无根本上的差别",即使是落后的东方如日本明治维新以来,也完成了某些民主任务,所以"勉强算是"一个近代民族国家[1]。新的生产方式、新兴的阶级力量出现在近代历史舞台必然会引导国家建设及其政治制度走向新的方向。列宁曾指出:"民族国家是资本主义发展中的一个必经阶段。争取民族自决、民族独立、语言自由和人民代议制的斗争,目的就是为了建立民族国家,建立这个资本主义的一定阶段上发展生产力所必需的基础。"[2]对于无产阶级来说,其任务是要"建立一个不但取代阶级统治的君主制形式、而且取代阶级统治本身的共和国"[3],建立共产党领导下的无产阶级的民族民主共和国,这个共和国的根本组织原则是"民主集中制"。

最后,先建国后民主的发展序列在西欧是历时性依次出现的,构成了现代国家政治制度创设独特的影响因素。从西欧现代国家形成和发展的历史来看,绝对主义的兴起是国家建设的第一步,表现为政治权力不断集中,国家对社会调控的能力不断提高的过程。正是这一过程促发了现代社会的成长,社会、市场逐渐成为相对独立于国家的领域,而后才是民主政治的完善与发展过程。有研究者指出:"绝对主义国家所培育的现代社会基础所形成的对公民政治权利的长期追求逐步重构了国家建设的内容,大规模社会动员和政治要求逐步构成了代议制度和民主制度的基础,推动了以民主与法制为标志的现代国家建设。"[4]这就如同理解战争对西欧政治现代化的作用一样,这种先有国家建设后有民主政治发展的现象只能产生于西欧自身独特的社会历史条件之中,在世界的其他地方或其他民族中是不具备这种条件的,从而也就充分地说明了现代国家政治制度创设只能根据自身所拥有的条件和资源来开展。西欧政治现代化的历史事实,一方面纠正了我们误以为是民主政治创造了现代民族国家的认识偏差,摆正了民族国家的建立与推进政治民主化的关系。另一方面也提供了有益的历史经验,即实现政治民主化的前提是建立独立自主的民族国家,也只有在享有完全主权的民族国家的框架下才能促进现代社会的发育,不但为现代国家建设完成奠定

---

[1] 以上引文见陈独秀:《抗战与建国》,《政论旬刊》1938年第9期。
[2] 《列宁全集》第26卷,人民出版社1988年版,第34页。
[3] 《马克思恩格斯文集》第2卷,人民出版社2009年版,第154页。
[4] 袁峰:《中国形态协商民主的成长——中国人民政治协商会议的政治学分析》,复旦大学博士学位论文,2010年。

了厚实的基础,而且为政治民主化创造了前提条件。

## 三、西方主要国家政治制度创设的历史启示

从全球视野观察,世界各国以政治制度为核心的国家和社会治理方式千差万别,治理的效果也可谓百果并现、成效各异。近数百年来,以西方主要发达国家为先导,创设和成长起被认为是引导世界政治现代化潮流的政治制度,极大地推进了西方社会政治文明的进步,其产生的示范效应至今仍然是非西方的发展中国家政治进步效仿的榜样、努力的方向。抛开西方具体的政治模式不谈,其制度生成中所蕴含的价值理念和目标蓝图在一定程度上反映了人类社会的共同追求、维持生存、享受自由、追求平等、向往正义等理念,成为全世界各国人民改变自身命运、渴望公平公正社会秩序的强大精神动力,由此显现了西方政治制度的某种魅力和吸引力。然而,历史的悖论在于,西方世界之外模仿或照搬西方政治制度安排的国家和民族并没有真正改变自己的命运。从1870年到2008年,按人均GDP计算,世界最富裕的20个国家几乎没有变动。其他照搬西方制度的国家,绝大多数至今仍然远远落后于西方国家。然而,西方国家却认为它们的制度具有"普世价值",想实现现代化就必须学习和模仿他们的制度(这种"希望"的动机值得深思)。但是,从实际情况来看,西方政治制度似乎只适合于西欧及其衍生国,把西方政治道路视为解决自身发展问题的唯一选择显然是一种片面认识。那么,为什么看似先进管用的西方政治制度被模仿或移植后会出现"橘越淮而变枳"的悲剧式结果?体现人类某些共同价值追求的理想有没有其他的实现方式?什么才是真正的全球治理和国家治理的现代化?我们应当以什么样的态度去学习和吸收西方的政治文明成果?只有深入揭示西方国家制度创设的历史背景和历史过程,弄清其出现的历史条件及其蕴含的历史限度,客观地总结出其发生发展的历史规律和历史经验,才可能成为后发国家学习借鉴时能够消化的养料。

(一)西方政治制度创设依据的理论具有想象性,不可能完全实现

现代国家政治制度是一个复杂的规则体系,涵盖了大众生活的方方面面,但起决定作用的则是基本政治制度的建立。为解决人类社会由内及外的各种矛盾与冲突而不得不建立起一套治理、管理和协调的机制。因此,现代国家政治制度在创建之初,无不把追求大众的生命权、自由权和财产权、追求幸福的权利作为制度设计所要实现的目标。

现代西方政治制度之所以具有如此大的吸引力，从根本上说是由于创设制度所依据的基本理念具有一定的普遍性。现代西方政治制度的核心理念是以个人主义和自由主义为内核的一系列关于保障人的基本权利，包括生命权、自由权、财产权、发展权以及追求幸福的权利等在内的思想体系。制度设计的基本方面体现了这些思想观念上的诉求，这对于整个人类来说具有一定的共性，因而落后国家争相学习之。然而，深入观察我们会发现，制度设计的完善性并不必然有利于社会矛盾及冲突的合理解决。无论是世界范围还是西方发达国家内部依然存在着十分严重的不公平、不公正、不合理、不平等现象。这至少说明，西方治理模式并非尽善尽美的，仍然有很大的提升空间。抛开这个因素，我们具体分析各个国家治理模式的生成过程，也有助于说明任何一个独立的国家和民族在选择和创设国家政治制度时，都必须以自己的文化传统、历史条件、国家规模、地缘格局等为基础，否则就不可能实现国家治理的现代化。产生这种现象的原因之一，就是近代西方国家政治制度创设所依据的基本政治理论含纳着空想因素，不可能完全变成现实。西方政治思想的诱惑性就在于其超现实性的理想政治和社会图景的描述上，把极致追求、理想状态说成是马上就可以变成现实的美景，从而产生了极强的蛊惑力。其实启蒙思想家所鼓吹的"天赋人权论""社会契约论""人民主权论""自由平等论""公平正义论""权力制衡论"等，都含纳着理想化的成分，具有想象的性质，在西方世界自身也不可能彻底变为现实。

例如"社会契约论"，有学者指出："由于很难证实是否真正存在所谓的自然状态而被认为是最大的政治假说。"然而，大多数研究者并未否定它的意义，认为问题的关键"并不在于是否真正存在一个自然状态和国家是否建立在社会契约上"，而是表达了对良性社会政治关系构建的一种理性认识和精神。比如社会契约论肯定了人的社会性，确认只有通过合作才能实现个人权利，"从而拒斥了神治和人治"；指出公共权力的存在是基于社会成员间的契约，而不是"神的意志"或"强权的结果"，"潜含着民主的气质"；强调公共权力出现的目的是更好地保障社会成员的自然权利，"隐含了人权高于主权的观念"。[①] 这样的解读固然能够观照到西方政治文明的变化，但其基本前提却不是对人类社会发展事实和规律的正确揭示。意即人类历史上的公共权力到底是怎样出现的？很难想象是通过

---

① 王海昌：《唯物史观视野中的宪政文明研究》，中共中央党校博士学位论文，2006年，第62—63页。

全体社会成员之间的协商、订约而产生。依据我们现有对早期人类社会组织的知识,由氏族→胞族→部落→部落联盟→酋邦→国家是大致完整的公共权力生成的序列,当然并不是每一个古老民族都会经历每一个阶段。公共权力影响的范围越大,政治秩序和社会秩序建立与维护的动因就越复杂,为了说明其合法性、权威性,"君权神授"论便畅行于各个古老民族。尽管把公共权力的合法性说成是"神圣安排"具有虚幻性和欺骗性,一方面说明当时人类认识世界和自身的水平只能是这个程度,但另一方面毕竟在历史的运动中出现了权威、秩序和中心权力。这种由生存法则而产生的社会秩序不过是被渲染上了"神"的光环而已,恐怕这是建立权威不可缺少的重要环节和阶段。也就是说"社会契约论"对现代权力构建和权威树立的新解说也存在着虚幻性,并不能科学地揭示资产阶级政治权力确立的客观过程和本质特性。对应社会契约论的想象特征和理想化推理,公共权力出现的必然性与合理性还应当深入研究人类早期的自组织情形所蕴含的秩序向往、组织纽带和信仰力量所共同构成的原始权力是如何转变为人为特征明显的组织力量的。这在权力起源问题上是一个必须解决的理论问题。

再如"人民主权论",涉及两个关键的政治术语"民主"和"人民"。关于民主思想的理解,自古至今就存在着巨大的争议,远没有形成共识。从历史事实出发考察民主思想和民主制度的历程,我们应该注意到"民主"从产生之初就有"小公"与"大公"的区别,是一部分人的政治待遇。不论是古希腊罗马的民主制,还是晚近美国民主制的创建,都是建立在无视人数众多的贫困人群(奴隶、妇女、黑人、异族等)存在的基础之上的。此外,宗教信仰上的差别也决定着资本主义精神不可能在全球范围内普遍适用并发挥出正向而健康的作用。"人民"这个概念一经出现就带有政治意味,无论是资产阶级思想家口中的"人民",还是无产阶级思想家所指的"人民"都是社会大众的一部分。比如,启蒙思想家所强调的"人民主权论"中的"人民"就应当是一个部分的概念。当时的统治者是封建贵族,新兴资产阶级处于被统治地位,他们所提出的"人民"很自然地是把包括自己在内的被压迫者区别于当时的统治阶级,表达的是强烈的"争权"意识——争取政治权力、自身权利(生存权、财产权、自由权和安全权等)。这一方面说明,民主思想自产生以来就是指部分人政治权利的追求,无论是古代希腊、罗马民主制中对奴隶、妇女的排除,还是美国确立民主制度中对黑奴的无视和对印第安人的灭绝政策,都说明西方主流民主概念中天然地就包含着等级和差别,最初并不是指争取所有人的自由、平等,从来就是针对部分人的。这样的政治理念在当今世界政治生态中依然表现得非常明显。所谓输出民主,并不是真正本着平等互利的真心,仍然是三六九等思想下实现西方强国自身利益的手段和口号。国际政治关系的不平等、不和谐是一个不争的事实,离理论上资产阶级思想家所标榜的理想追求仍然差着十万八千里。因此,判断一个国家政治制度的优劣好坏并不是看创设者说了些什么,要看这种制度安排是否有利于人的全面发展的实现,是否有利于社会秩序的维护,是否有利于人类世界大同的实现。

世界历史呈现的事实表明,民主自由理念和制度具有明确的地域性、民族性和阶级性。在其产生的那一刻起就是排斥一些人而眷顾另一些人的。因此,在同一国内、同一民族内、同一人群内,民主自由无论是作为政治制度还是作为社会生活准则都显得无比美好。一旦超越这些范围就失去了它追求的人文目标。也就是说,人们关于政治利益的表达是会因时因地因需而发生变化的。马克思就曾提出"关于永恒公平的观念不仅因时因地而变,甚至也因人而异"的观点,他论证说:"希腊人和罗马人的公平认为奴隶制度是公平的;1789 年资产者的公平要求废除封建制度,因为据说它不公平。在普鲁士的容克看来,甚至可怜的专区法也是对永恒公平的破坏。"[1]因此,"在马克思看来,自由需要社会和国家的完全民主化;只有消灭社会阶级并最终废除一切形式的阶级权力,自由才能实现"。[2] 从全球的视野、从人类的高度看,民主自由发展是不平衡的,带有强烈的民族性、国家性和阶级性,虽然它似乎是一个普世价值,但如何在全人类实现、在全世界无差别地实施,似乎还是一个十分艰巨的任务。民主制度的创建还必然依靠"自力更生",偏见、偏好的存在,利益冲突的存在,信仰差异的存在,民族差别的存在,历史传统异样的存在……都会影响到对民主本质的理解,也都会催生出极不相同的实现民主目标的途径和制度安排。

(二)西方政治制度创设根植于自身的文化传统,不可能完全复制

每个国家和民族遭遇的时代主题、面临的主要挑战是促成某种政治制度被安排的重要因素和条件。尽管怀有更为宏大的理想和美好的追求,但也不得不服从于历史条件的制约与限制。理想化与现实性的矛盾是近世国家政治制度创设必须面对和解决的问题,这是一条重要的历史启示和经验结论。

---

[1] 《马克思恩格斯文集》第 3 卷,人民出版社 2009 年,第 323 页。
[2] [英]戴维·赫尔德著,燕继荣等译:《民主的模式》,中央编译出版社 2008 年版,第 175 页。

马克思曾在《资产阶级和反革命》一文中高度评价了资产阶级革命胜利的历史意义,并详细列举了资产阶级对封建阶级胜利的具体内容:"当时资产阶级的胜利意味着新社会制度的胜利,资产阶级所有制对封建所有制的胜利,民族对地方主义的胜利,竞争对行会的胜利,财产分配制对长子继承制的胜利,土地所有者支配土地制对土地所有者隶属于土地制的胜利,教育对迷信的胜利,家庭对宗族的胜利,进取精神对游侠怠惰的胜利,资产阶级法权对中世纪特权的胜利。"① 其中列举的资产阶级所战胜的内容都是欧洲中世纪所独有的社会政治、经济、文化及制度现象,从而揭示了西方现代国家政治制度创设源于政治文化传统又超越其表现形式的独特实现状态。有中国学者以英国的政治制度为例,也指出:"不论是中央的还是地方的,不论是涉及议会和法院的,还是涉及行政机关的,都根植于悠久的历史之中,而并非完全由法令规章或宪法条文来创立。"②因此,有学者总结说:"对规则的遵守和习惯的养成需要很长时间才能在社会中逐步建立,如果缺乏这一意识,再理想的政治制度也可能难以发挥理想的作用。"③

与我们长期以来认为的封建社会制度概念不同的是,欧洲中世纪封建社会是一种分散的、相对独立的贵族权力与统治能力较弱的王权共存的状态。现代国家主权观念的出现,反而有赖于通过绝对专制主义王权的形成与巩固才能获得存在的基础。绝对专制主义成为政治民主化的前提和基础性因素。这种现象大大超出了我们对现代资产阶级政治制度创设及成熟的理想化认知。显然,国家主权确立及政治统一在近代西方尽管与民主化并无直接联系,但却毫无疑问的是政治现代化的当然内容。可见,确立一种制度必然是以解决人类发展阶段性困境为目标和前提的,这便意味着适合于西方各国的政治理念、制度设计、道路选择必然是独特的、不可复制的,更不是人们的主观愿望可以预期和左右的。封建专制主义在不同时代的社会条件下,其善与恶的评判存在着各具特色的不确定性,绝不是一个"封建糟粕"的评论就可以得出确定无疑的结论的。在这方面,我们的确存在着认知上的误区。这样看来,中国近代以来不少学人对封建主义的批判、对科学主义的盲目崇拜、对民主自由过度的渴望都被比较中落后挨打的现实所左右,也被昔日的强大与辉煌所蒙蔽。资本主义全球扩张的趋势,使过

---

① 《马克思恩格斯选集》第1卷,人民出版社1995年版,第318页。
② 徐红等编:《比较政治制度》,同济大学出版社2009年版,第20页。
③ 冯钺:《近代西方国家政治制度的发展轨迹》,《红旗文稿》2014年第8期。

去往来不甚紧密的世界日益成为一个整体,生存竞争也不可避免地在地理位置遥远的民族和国家间不断地发生、日益在强化。西方政治制度的全球扩张,无非就是保证以资本增殖为核心的利益掠夺方式可以成为在全球范围内适用的利益攫取方式。因此,现代政治的产生在本质上还是由于资本主义生产方式的存在,没有这个基础,一切现代政治理念和制度便无从发生。由此看来,似乎世界各国是否能资本主义化便决定着其之上运行的政治制度是否有全球的普遍价值。因此,问题的关键便在于世界会资本主义化吗?人类社会发展的所有困境仅靠资本主义方式就能够彻底解决吗?如果答案是否定的,社会和国家治理的政治制度就不可能是普天皆一式的,必然充满着民族性、国别性和特殊性,这应当是观察西方主要国家政治制度创设而得出的一个最基本的结论。就拿议会民主这个标志性制度安排与文化传统的关系来说,就带有极其鲜明的"西方性"。有研究者认为,"早在不列颠岛的盎格鲁—撒克逊部落时期就已经有了部落重大事情协商的习惯,在建立国家后,'贤达会议'继承了这一传统,直到英国在诺曼征服之后也未改变这一传统"。[①] 这表明议会政治是一种源于中世纪的习惯性议事规则,并在英国得到了很好的坚持,故而向近代代议制政治制度演变就顺利得多。因此,问题的本质在于不同民族的社会治理是否都经历了相同的过程?文明民族创造的治理方式的多样性是否还具有现代价值?如果不从根本上解决这些问题的认识差异,就无法处理世界各国在联系紧密、冲突不断的关系中共存共荣的问题。难道不同民族、种族或国度的人们只能是你死我活的竞争?非要采取灭绝的方式才能解决相互之间的冲突?只有充分认清西方政治制度文明的独特性、专属性、个别性的本质,才能承认其他民族政治制度创设的价值,才能确认世界格局多元一体的现实。必须拨开认识的迷雾、冲出观念的误区、抛弃幻想的诱惑,才能为寻求一条世界和谐、人类共存的新路奠定科学的认识基础,形成客观的形势判断和理智的情感倾向。

(三)西方政治制度创设基于特有地缘政治格局,不可能完全照搬

前现代欧洲社会一个非常重要的地缘政治特征是文化上的貌似一统与实际政治控制上的碎片化、分散化并存,这成为催生西方现代国家政治制度的温床和前提。西欧封建社会结构蕴含着分裂因素和某些现代因素。前文已述,西欧封

---

[①] 孙昊:《政党与基层社会——中国早期政党的产生与三大社会群体》,复旦大学博士学位论文,2003年,第7—8页。

建社会以采邑制为主要的生产资料占有形式,造成政治生态上独立政治实体的林立,使整个社会呈现出政治碎片化、松散化的状态。据美国学者查尔斯·蒂利的研究,公元990年,欧洲的3 000万人口存在于大约1 000个国家形式中;到了公元1490年,欧洲版图上200个左右的国家形式拥有6 000万人口;而再过500年,1990年欧洲已增长到6亿的人口仅分布在不到30个民族国家之中。[①] 采邑式封建制度造成整片的土地被分封给大大小小的贵族,西欧社会被分割得支离破碎。中世纪封建分封制造成社会结构的碎片化、分散化,政治实体之间因荣誉、领域和经济利益的争夺而战乱频仍,基督教权的统一企图与建立集权主义民族国家的愿望之间的冲突,共同推动了现代国家建设的步伐,并促使民主思想和制度实现了平民化、日常化和制度化,最终导致现代国家政治制度的逐步定型。这个发展序列是西方独有的,是在特定地缘政治格局中发生的,当然也是无法照搬和模仿的。值得注意的是,西方现代国家政治制度的出现与确立并不是我们通常理解的那样是由于启蒙运动、工业革命、宗教改革、资产阶级的兴起及其政治思想的传播。相反,它是欧洲中世纪以来历史运动产生的必然结果,先有国家建设产生的民族国家,而后才有现代国家政治制度。西方现代国家政治制度是西欧历史发展规律与人为创设统一作用的结果,过度强调资产阶级或市民力量主动创设政治制度的活动很容易使人产生误解,以为落后民族只要照抄照搬照学这个过程也可以得到相同的结果。然而,这种认识却严重背离了欧洲历史的真实,割裂了欧洲历史发展的脉络,陷入了片面的、单线的、片断的,甚至是偏好性的认识迷雾之中。

(四) 西方政治制度创设背后的支配力量是资本,不可能完全均等

社会制度的本质在于以什么样的方式占有、支配人们生存的资源,最大的区别就在于是生产资料的私人占有制还是共同占有制。政治制度只能建立在这样的经济基础之上,经济、文化和生活领域内的民主自由决定着政治领域的民主和自由。政治制度安排应当扎根于经济制度、社会制度和文化传统的基础上,这是治理方式不同的根本原因所在。马克思指出:"物质生活的生产方式制约着整个社会生活、政治生活和精神生活的过程"[②],也就是说,由生产力发展水平支配的

---

① [美]查尔斯·蒂利著,魏洪钟译:《强制、资本和欧洲国家,公元990—1992年》,上海人民出版社2007年版,第6页。
② 《马克思恩格斯文集》第2卷,人民出版社2009年版,第597页。

生产关系决定社会制度的内容和形式,制约着社会规范、规则的形成和演变。马克思指出,正义、平等、权利等"决不能超出社会的经济结构以及由经济结构制约的社会的文化发展"。① 因此,不同的社会、不同的传统、不同的时代会产生不同的伦理评价标准,不存在永恒的、无差别的统一标准。

资本的存在和作用方式决定了西方主要国家政治制度的形态及其对世界各国产生的巨大影响。政治制度创设的背景当中,资本的扩展及其引起的生产方式变革和人际关系、社会结构、阶级构成等方面的变化,应当是现代西方政治制度得以创设的根本性条件与基础。也就是说,怎样看待资本主义的命运问题,必须深入研究它的社会特性。首先是资本主义生产方式的勃兴,引起了劳动组合方式的变化,从而改变了人与人之间、人与组织之间和人与社会之间的关系状况,形成了新的社会结构和阶级结构,从而引发了人们对参与公共生活、政治生活的某种强烈愿望,推动了人的思想启蒙和解放运动展开。其次,资本主义生产方式借助于思想启蒙、地理发现、科技发展和军事竞争等活动得到了确定优势地位的机遇,逐渐成为占统治地位的经济形式,资本所有者必然会产生参与政治、掌握政权以确保自身经济利益的要求。再次,资本主义生产方式的全球性扩张,进一步促进了西方发达国家政治制度的民主化进程,并日益走向成熟,成为比历史上出现过的任何一种国家治理方式都更为先进、更为有效的政治治理模式。资本国际化、全球化所构成的世界国家和民族不平等的秩序结构、等级差序是一个客观存在,短期内是无法消除的,这是社会自然属性的必然结果。"学习西方",绝不可能"变成西方";能感受到全球化的冲击,绝不意味着能顺利地搭上快车;能看到世界文明进步的样貌,绝不意味着可以均等地享受到它的成果。资本的全球扩张并不能把改造自然、完善自身的有效方式通过和平、平等、共享的手段或途径推广到全世界的各色人种之中。马克思、恩格斯认为资本主义的社会经济结构具有双重性:从政治上看,似乎提供了一种人人平等的广泛的权利分配制度。但从经济上看,由于生产资料私有制的存在,收入分配由市场决定,从而导致贫富分化的加剧,②形式正义和实质正义在资本主义社会严重悖反。每个民族都有向往美好生活的愿望,但在全球化的世界体系中不可能随心所欲地实现自己的愿望。只有确立一种道德的、科学的、合理的世界治理理念,建

---

① 《马克思恩格斯文集》第 3 卷,人民出版社 2009 年版,第 435 页。
② 参见[美]阿瑟·奥肯著,王奔洲译:《平等与效率:重大抉择》,华夏出版社 1999 年版,第 1 页。

立起"出入相友、守望相助"的世界秩序和社会结构,才能实现国家不分大小、民族不分强弱、人种不分肤色的世界和谐的美好前景。"人类命运共同体"就是为全人类开出的最公平、最合理、最科学,也是最有吸引力的治理妙方,是在不平衡中寻求平衡、在不一样中追求共存共荣的可视可感、可期可行的宏大理想。

(五) 世界民族文化和文明类型的多元性多样化,不可能完全趋同

斗争、矛盾、冲突是人类社会成长的永久现象。随着人类生存需要的扩张与丰富,人类之间的争斗由个人到群体、由同质文化到异质文化、由有限的生存活动地域到全球范围内的争夺与竞争,人类社会的基本秩序也由单一群体向复杂群体、由民族国家向国际社会扩展,呈现出全球一体化的基本趋势。可以说,只要人欲存在,斗争和冲突就不可避免。据此,人们也对斗争的形式和方法不断地探索,在无奈中形成妥协基础上的协调机制和基本秩序,积累出了系列的、复杂的规则体系。

2014年3月27日,习近平在联合国教科文组织总部发表了《文明因交流而多彩,文明因互鉴而丰富》的主旨演讲,从文明特性的高度系统论述了不同文明相互交流应该采取求同存异、平等包容的思想,深刻地指出:"世界上有200多个国家和地区,2 500多个民族和多种宗教。如果只有一种生活方式,只有一种语言,只有一种音乐,只有一种服饰,那是不可想象的。"习近平从三个层次阐述了对文明特性的看法。第一,"文明是多彩的"。习近平指出:"一个国家和民族的文明是一个国家和民族的集体记忆。人类在漫长的长河中,创造和发展了多姿多彩的文明。"正是因为人类文明是各式各样的才能产生文明之间"交流互鉴的价值"。第二,"文明是平等的"。习近平指出:"各种人类文明在价值上是平等的,都各有千秋,也各有不足。世界上不存在十全十美的文明,也不存在一无是处的文明,文明没有高低、优劣之分。"正是因为各种文明都是平等的才构成了人类文明之间"交流互鉴的前提"。因此,不同文明之间不应当是谁取代谁、谁模仿谁的关系,而是和谐共处、共同繁荣的关系。第三,"文明是包容的"。习近平指出:"人类创造的各种文明都是劳动和智慧的结晶。每一种文明都是独特的","一切文明成果都值得尊重,一切文明成果都要珍惜"。人类创造的各种文明既有其不可替代的独特性,又必然有符合全体人类属性的共同性,因此"和而不同""求同存异"才是文明包容性特征所要求的交流态度与方式。习近平强调:"在文

明问题上,生搬硬套、削足适履不仅是不可能的,而且是十分有害的。"①依据人类文明的上述特性,在评价社会制度时就应当采取摒弃单一性、尊重多样性的态度。

  从世界现代化发展历程看,率先步入现代化的民族无不以扩张和消灭异族作为自己生存质量提升的基本方式,这是人的动物性依据"丛林法则"而必然出现的现象。尽管当今世界仍然是民族林立、种族共存、族群遍布,但一方面在历史上被从肉体上灭绝了的族类有多少已经难以统计;另一方面发达国家扩张式的削弱与伤害,使许多落后地区的人们几乎失去了独立成为现代民族的条件,大多数只能模仿发达民族的发展模式而不断丧失着个性和独特性,西式全球化的本质也正在于此。然而,有能力角逐的民族及其文化毕竟还存在着,这一少部分民族可以看作人类社会构成层次的顶端,他们之间的竞争左右和影响着人类社会进步的方向。可以说,只有在这个层级和意义上,政治制度之争、意识形态之争才有现实的意义和价值。一个文明程度较高的民族和国家的社会治理、目标实现只能靠自己的探索和实践,而绝不能把希望寄托在模仿、移植或照抄照搬上。

---

①  以上引文参见《习近平谈治国理政》,外文出版社 2014 年版,第 258、259、262 页。

# 跨越西式政治思维逻辑的
# 认知门槛

　　长期以来在全球化概念的影响下,在对世界历史规律的认知和把握方面,我们不知不觉地遭遇了妨害思想自由发展的"门槛"。主要表现在对"趋势""潮流"和全球化性质的理想化理解、向往"现代性""政治现代化"的西式标准、对西方发达国家政治制度普世性的过度追捧以及在中西文明比较中认知方法上的错位,从而严重妨害了对符合自身特征的国家社会治理方式和发展模式探索的认知广度和深度。这种思想精神现象十分不利于提振民族自信心和自豪感。要繁荣中国学术理论研究,反映和体现中华文明对物质和精神世界独特独有的认识成果,为人类提供中国风格、中国气派、中国特色的真知灼见,在认知方法和思维方式上首先必须跨越近代以来蔓延全球的西式政治思维逻辑造成的认知门槛。

## 引言

　　"认知门槛"是借用美国社会生物学家丽贝卡·D.科斯塔在《即将崩溃的文明——我们的绝境与出路》一书中使用的概念,原意是指"一个社会再也'想'不出办法来解决其面临的问题"的现象。她认为:"一旦社会遭遇了这个认知门槛,人们就开始将尚未解决的问题留给下一代,直到一个或几个这样的问题最终将文明推到尽头。"因此,"认知门槛如同一个强大的暗流",而"暗流是完全隐蔽的,所以只有在我们停滞不前时,我们才能知道自己陷入了致命的漩涡。无论我们多么努力抗争都无法前进"。[①] 也就是说,认识视野的局限制约了我们对潜在危险的察觉,从而丧失了从根本上寻找出路的机会,不越过这个"认知门槛"必将导

---

① [美]丽贝卡·D.科斯塔著,李亦敏译:《即将崩溃的文明——我们的绝境与出路》,中信出版社2013年版,第7—10页。

致人类文明的最终崩溃。人类文明是否已经遭遇这样的困境还可以进一步深入探讨。然而,用科斯塔使用的"认知门槛"这个概念去审视政治理论领域的某些流行性概念,就会发现,我们在理论认知上同样陷入了"致命的漩涡",无法摆脱起自西方流向世界的一整套政治思维逻辑和理论概念体系对我们认知图式的导引和支配。这套逻辑已经成为非西方社会正确认识历史、认识自我、认识他者、认识世界的"门槛",只有跨出这个"门槛"才能看到更加绚丽多彩的别样图景,寻找到有利于自身社会进步的治理和发展方式。

当代世界的认知图式主要发源和形成于西方发达国家,就如同近数百年来在国际经济和政治领域占据主导地位一样,在政治理论领域同样依据相关的发展经验和模式形成了一整套对世界历史、社会现实和未来发展的解释体系,不但对他们的实践进行了有益的理论解释,昭示了其世界观、人生观和价值观的普世性,而且为落后民族和国家提供了一套认识世界和自身命运的逻辑。这种思想观念领域的"移植""灌注"现象,在非西方社会形成了一道思想认知上坚固而高大的门槛,严重影响了对民族命运和世界未来发展趋势真谛的认识和把握。落后国家不得不主动或被动地纳入西方发达国家设计、创设的世界政治、经济和精神秩序之中,独立自主地探索自己的发展道路和幸福生活样式变得困难重重。因此,必须首先跨越理论认知上的门槛才能准确把握民族发展道路选择的明确方向。

## 一、跨越"全球化"就是"一体化"的认知定势

"全球化"作为一个显性政治理论概念兴起于 20 世纪,迅速成为国际学术界关注的热点和焦点,也普及为社会大众的基本常识,成为人们观察世界趋势、寻求自身发展、改善生存境遇等十分重要的认知背景、逻辑起点和基本框架。加拿大学者约翰·拉尔斯顿·索尔曾生动地描述道:"20 世纪 70 年代,全球化如一夜春风,从天而降,并迅速蔓延,大有席卷天下囊括一切之势。其倡导者和追随者都大胆地宣称,通过某个经济学派的多棱镜,全球社会将进入一个崭新的时代,相互依存,共同进步。这一神圣使命在 80 年代和 90 年代这 20 年间,变成了各国政府的政策和法律,大有锐不可当之势。"[①]然而,从实践发展的历史看,在

---

[①] [加]约翰·拉尔斯顿·索尔著,江美娜、张积模译:《全球化崩溃》,青岛出版社、人民出版社 2013 年版,第 2 页。

全球化不断扩展并上升为显性流行概念和理论的同时,也兴起了反全球化的实践和思潮,深刻地反映了人们对全球化这个现象的认知存在着巨大的分歧。值得注意的是,学术认知的分歧并不能迅速直接地变成大众的社会意识,特别是对发展中国家和落后国家的民众来说,急切改变贫穷落后状态的心情,引导人们对全球化的认知蒙上了一层美妙朦胧的轻纱,宁愿相信跟上全球化的浪潮就可以驶入经济社会发展的快车道,全球的一体繁荣指日可待。这种意象的形成是因为赞美和认同全球化正向价值的认知仍然是主流。主张"全球主义"者为人们描绘了一幅令人神往的图景①:第一,全球化是人类社会发展和演变的规律,其最终目标是通过经济一体化来实现全球经济和社会的和谐发展,任何力量都不可能阻止逆转它的进程;第二,全球化意味着一种人类普遍的自由,表征着"全球正义"的实现,会给人类带来的普遍的福祉;第三,全球化是人类已知的最强大的提高人们生活水平的制度;第四,全球化基本上是一股慈善的力量,它可以创造机会更快地消除贫困;第五,全球化为个体行动者提供了更多的自由空间;第六,经济全球化将导致文化的全球化,必将出现和形成"全球文化"。这样的判断和描述必然会对社会大众产生巨大的诱惑和引导,也使知识界产生了莫名的亢奋,沉浸在充满遐想的憧憬和即将迈入世界大同的迷离精神意境之中。然而,世界历史发展的现实告诉我们,全球化远没有这样的美妙,对全球化趋势、性质、程度和最终走向的现有判断还是很可疑的。有西方学者曾尖锐地指出:"全球化带来的结果也清清楚楚地摆在了人们面前。其中,有巨大的成功,也有惨痛的失败,更多的则是满目疮痍、累累伤痕。换言之,这样的结果与铁的真理或所谓的大势所趋毫无关系","回首过去,不难发现,全球化就是一个美丽的谎言,一个骗局"。②

全球范围内各国联系的加强肇端于资本主义生产方式的确立、成熟及扩张。这种现象首先被马克思所注意,提出了"资本主义全球扩张"的预言,并对它可能给落后国家和民族带来的冲击、产生的后果做出了判断。马克思断言资本主义将统治世界,落后民族要么归服,要么被消灭。武力征服、海外殖民、资源掠夺和贸易保护既造成了资本主义世界的繁荣,也引发了世界的混乱和灾难。随着科

---

① 参见夏林:《"反全球化"的悖论——一个矛盾分析的视角》,《特区经济》2011 年第 10 期;徐艳玲:《"反全球化"对"全球化":一个全球正义的视角——兼论"和谐世界"理念的深度启示》,《理论探讨》2011 年第 5 期等相关研究介绍性论文。
② [加]约翰·拉尔斯顿·索尔著,江美娜、张积模译:《全球化崩溃》,青岛出版社、人民出版社 2013 年版,第 2、12 页。

学技术的飞速发展,武力掠夺和军事干预式的"硬扩张""明掠夺"逐步被建厂制造、资本输出、金融控制、技术垄断、文化渗透等看似平和、公平的"软嵌入""暗诱惑"方式所取代。人们用"潮流""趋势"代替了对"侵略""殖民"的表述,进而用"全球化"这个更加中性的词语,把西方主导的资本主义生产方式的全球扩张装扮成不可抗拒的、先进的、能够给所有国家和民族带来好处的世界性浪潮。发展中国家和落后国家纷纷被卷入这个漩涡,身不由己地追逐这个浪潮、适应这个趋势,力图搭上"全球化"这辆快车。"经济全球化"不可避免地催生着"政治全球化"的期盼和"文化全球化"的憧憬,振兴经济的愿望也就不可避免地与是否采用西方政治制度、接受或转向西方文化形态混杂在一起,于是"西方化"和"本土化"的冲突便浮出了水面。问题的关键是,在理论认知上普遍肯定"潮流"和"趋势"、承认"全球化"的正当性、合理性和必然性的心态下,有意无意地忽略了不同文明和国家之间由来已久、根深蒂固的差异与不同的客观现实,国家规模、历史传统、文明样态、发展程度、生存地域是每一个民族或国家生存发展的基础,不论是以什么样的姿态被卷入"全球化"的浪潮,都不可能产生同质性、均等化的转变结果。然而,在西式全球化数百年的浸润之下,落后国家的社会精英,甚至是相当数量的民众都或明或暗地在心中树起了"西方标杆",下意识地认为只有全方位模仿、系统性学习、整体化移植西方的制度、技术和文化才能摆脱贫穷落后的境况,赶上潮流、搭上快车。就我国近代以来出现的学术现象而言,先后提出过"师夷论""超越论""西化论""补课论""丑陋论""染缸论""睡牛论"等,这些都是认知偏移而导致的文化不自信的表现。这种精神现象在落后国家的出现可以引发更深一层的追问:全球化影响的深化是不是就意味着西式文明可以被其他民族所复制?把西方创造的政治文明全都看作全球化的趋势是否妥当?不容回避的尖锐问题是:世界上有几个民族有条件采用西方的政治制度?有几个国家有资格挑战西方国家的优势?全球化的结果使世界各国的地位是趋于平等化、同质化还是等级化、异质化?依靠资本主义生产方式实现全球共裕的想法是否是一个神话?只有对这些问题有了确定的答案,才能寻找到国家治理和国际社会治理现代化的实现途径。

作为一种规律性的表述,似乎说世界上的所有民族和国家都是这样开始现代化进程的,这是把现代化浪潮对各国影响均等化、理想化的结果。现代化浪潮对多数国家来说既不是经济的振兴,更不是民主化的开启,更像是一个被同化、被纳入服务国际资本集团的过程。对大多数规模小、资源总量有限、物质种类贫乏的国家来说，既不可能完全自主地赶上世界现代化的浪潮，更不可能因此而建立起西式制度形态的国家治理模式，这是近现代世界历史所证明的。世界经济、政治和文化发展的走向存在着趋同与分立的矛盾，能否认定几个世纪以来形成的认识定论：人类现代文明源于西方并蔓延全球？全球化是一个真实的历史前景还是一种不可能实现的想象？目前为止人类社会呈现的状态似乎还不足以支撑西式全球化就是发展方向的观点和看法。因此，全球一体化更像是一个神话。到目前为止，两百多年的全球化进程没有改变富裕国家的构成和排序，反而造成了巨大的国家间贫富差距。至于精神和文化领域更是存在着巨大的差异，不但宗教信仰、种族差别、文化传统等方面实现包容共存步履维艰，就是在同一政治共同体内要真正实现人的生存、自由、平等，社会的公平、公正、和谐，政治上的人民主权依然任重而道远。我们必须跨越"全球化"就是"一体化"这个认知门槛，在求同存异、共存共荣中寻求和构筑人类文明的新形态。

## 二、跨越"现代化"就是"西方化"的认知惯性

"现代性"和"现代化"是经常用来分析社会变迁发展的认知工具，我国学术界对其内涵的概括也渐趋一致。在"现代性"的认识上，有学者提出："现代性作为西方启蒙运动的'人权宣言'、'独立宣言'，向全球拓展的人类新时代的精神，是人类经历启蒙运动、宗教改革和工业化革命三大运动对以往的认识和思想进行了一次颠覆性活动所取得的最显著的成果。"[1]学界普遍将其内涵概括为在经济上实行市场经济，追求责任契约与平等竞争；在政治上实行民主政治；在文化上倡导自由、平等、博爱。进而认为："启蒙运动以来，伴随着现代性的演进过程，人类逐渐把现代性看作是一种生活方式和制度模式，表明生活在现代化中的人们不仅渴望追求自由与平等而且渴望获得秩序与价值，为此人类逐渐确立了一种特殊的社会生活方式与制度模式即现代民主制度。"[2]把在西方发生的社会变革冠之为"人类新时代的精神"，是"人类"思想认识上的一次"颠覆性成果"，显然是把西方历史和经验扩大化了，除非认定世界上存在的各种文明的精神世界具有一种"百川归海"式的运动方向。所谓"启蒙运动""宗教改革"和"工业化革命"

---

[1] 徐奉臻：《历史视野：改革与现代化研究》，黑龙江人民出版社1999年版，第45页。
[2] 徐奉臻：《历史视野：改革与现代化研究》，黑龙江人民出版社1999年版，第51页。

三大运动只能且仅仅发生在西方世界,具有极其鲜明的"唯一性"和"独特性",在世界其他地方均不可能原发性出现。将这种变化与整个人类相联系恐怕只能从西方扩张产生的影响来把握,绝不能把这种思想变化看作全人类共同的方向和追求。在西方,"启蒙运动"对应的是挣脱中世纪政教合一的政治制度对人性的束缚和思想的禁锢;"宗教改革"对应的是基督教自身的裂变,并不是指所有信仰和宗教的更张;"工业革命"则对应的是西方经济和科技发展特定阶段发生的爆发式变革,在当时世界的其他地方不具备发生的条件。显然,对"现代性"的这种看法隐含着"现代性"具有不以人的意志为转移的"普世性"的价值判断。

  对身处落后状态的观察者而言,西方近代以来的社会进步是不容置疑的客观事实,"过上他们那样"的生活自然就会成为一种渴望和向往。然而,代价也是显而易见的,那就是要冒着失去"自主性""民族性"和"独立性"的巨大风险。如果说人类各种文明处在不同发展阶段、呈现出不同发展程度是一种客观存在,那么,在判断世界文明总体走向时有没有可能"全球归一",这个"一"是不是指向由西方生成的"现代性"? 实际上,文明的多样性决定了对生活内涵、幸福指数、生存模式等极不相同的追求。例如从中世纪走向近代,西方所树立的个人主义价值观、逐步流行的契约精神、所倡导的"人民"参与和管理政治生活等,能否取代所有文明固有的理想追求而成为普遍的追求目标? 换言之,是否所有民族和文明都具备了走向西式现代性的条件? 我们不是否定"西方现代性"的进步意义,而是说把创造于西方的经济形态及其与之对应的思想精神固化的倾向是十分有害的。改善生存境遇应当是各类文明共同的向往,不断发展改造、适应和征服自然的思想、技术和手段是各种文明得以延续的基础,但是都是在各自追求的终极关怀与理想生活方式的观念世界里加以推动和实现的。文明之间的交流互鉴是不可避免的,人类历史上的文明交流大多数情况下还是充满血腥的。西方文明现代性的特质并非依靠自身的"先进性"被落后民族所接触、接受和接纳的,这是否说明改变落后民族生存状态的最初目的仅是服务于西方现代性的发育与成长,非西方文明的社会结构、精神追求、物质积累远远无法支撑接纳西方现代性所需要的基本条件,这从近代以来西方扩张与世界各地发展呈现出的状态就可以充分地说明。这里还没有讨论基督教背景的独特性与世界其他文明在信仰上存在的巨大差异所带来的挑战。可见,把"现代性"当作全球性趋势的看法显然有些过于盲目乐观了。

由此延伸出的"政治现代化"的内涵也被概括为民族国家的整合、政治体制的民主化、政治关系的平衡化、政治文化的世俗化、政治参与的大众化和政治行为的法治化。① 总括而言,这种关于政治现代化的概念、关于政治发展模式的划分都是源于对西方成功经验的理论确认,也就是说是一种经验式的归纳。已经出现的政治现代化结果原本并没有特定的标准和既定的方向,产生一种治理模式或政治制度类型必然与创造者所处的历史环境、传统积淀和现实需要紧密联系,更应该建立在人类社会发展总规律、总趋势的基础之上。尽管总规律、总趋势并非容易认知的内容,然而,如果我们秉持从人的基本需要出发的理念,那么,历史上出现的有利于促进人的自由和全面解放的思想、运动、制度等,就应当被视作符合人类社会发展趋势的现象。实际上,千百年来人类社会的发展无不是朝着这个方向在进步,这应当是我们评价某种政治制度合理性、进步性和有效性的终极标准。显然,实现这一目标的方式、途径和样态也必然是多元的、多样的,这是由各民族国家因文化传统、国家规模、生存地域和价值实现目标等主要方面存在着短期内无法消除的内在差异所决定的。因此,渴望全球一村式治理模式的出现就显得并不怎么合时宜,共同幸福理念的追求并不意味着实现方式的同一性和单一性。人类社会在治理模式上自然要寻求"求同存异""和而不同"的共存方式,呈现的也只能是差序和谐。

## 三、跨越"有效治理"就是"民主化"的认知偏好

西方现代国家政治制度仍然是一种相对有效的国家和社会治理方式。从人类国家和社会治理的历史进程看,近代以来逐渐兴起的以现代国家为基本领域、以国际关系调整为主的治理方式是人类文明进步的重要阶段。总体而言,治理的重要方式是逐步形成了以国家政治制度为核心,体现人类价值追求、伦理关怀和生存发展期望的一套规则、传统和习惯。政治制度是关于人类政治活动的一整套规则体系,而决定一个国家治理取向和目标追求的则是国家层面的政治制度体系,可以称之为国家政治制度。这种制度一方面体现出社会统治集团的利益诉求,另一方面在一定程度上顺应了人类社会的普遍愿望和共同价值追求,否

---

① 参见刘晨光:《建构政制:思想与统治——以美国立宪为例》,复旦大学博士学位论文,2009 年;徐奉臻:《历史视野:改革与现代化研究》,黑龙江人民出版社 1999 年版;李安增:《中国共产党政治现代化理论与实践研究》,东北师范大学博士学位论文,2006 年。尹保云:《什么是现代化?政治概念与范式的探讨》,人民出版社 2001 年版。

则它是不可能长期存在的。利益冲突是政治制度存在的前提,公共利益的客观存在是政治制度得以建立的基础,也正如亨廷顿所言:"如果完全没有社会冲突,政治制度便没有必要存在;如果完全没有社会和谐,政治制度也无从建立。"①因此,阶级属性十分鲜明的政治制度在现代视野里必然也要体现其他阶级、阶层,甚至全体公民的某种程度的愿望。人们根据西方的经验,一度认为要想经济发展就必须采用西方创造的政治制度,反之,只要经济现代化了就一定会实现社会的"民主化",且固执地认为非西方社会中有条件实现现代化或工业化的民族和国家都会是这样一个过程。然而,世界历史展示的真实景象却复杂得多,"民主化"在非西方社会出现了五彩斑斓的景象,移植西方制度的结果不是"夹生饭"就是"四不象",国家和社会实现"有效治理"的效果也不尽如人意。特别是对那些在一定程度上跳过资本主义发展模式的国家来说,工业化所带来的民主模式就不完全是西式的,甚至是完全创新的形式。因此,把国家和社会的有效治理等同于"民主化"的论断隐含着"民主模式和标准"全球唯一、各国一样、都需如此等"普天下皆一式"的思维倾向。但是,历史现实是残酷的,当民主在西方出现时,它只是一部分人的特权;当民主扩张到非西方社会时,"排斥异己"成为其重要的展现方式。②

当今世界社会治理现代化的进程仍在进行。从一个历史横断面上看,仍然存在着治理上先进与落后之分、相对有效和基本无效的重大差别。就相对成功的范例看,处在世界各国第一梯队的西方主要发达国家所形成的政治制度具有历史的示范效应,一度成为落后国家或地区效仿、追赶的榜样,然而却较少有实现民富国强的成功范例。近百余年来,世界国家地位与关系的结构并未发生质的变化,以"民主化"为鲜明特征的治理方式或政治制度经过扩散和移植,并没有在世界其他国家结出人们一厢情愿的美好果实。于是产生了一系列的追问:资本主义生产关系为什么要求自由、平等、民主?为什么要强调私有财产神圣不可侵犯?为什么会提出"天赋人权"?是否说这种生产关系的出现催生了人的自我

---

① [美]塞缪尔·亨廷顿著,李盛平等译:《变革社会中的政治秩序》,华夏出版社1988年版,第10—11页。
② "我们也认为在过去300年的时间里,美洲90%左右的土著从人们的视线中永久地消失是不可避免的事情。例如,到19世纪末,美国的土著从原先的500万降到了当时的25万。用瑞典作家斯文·林德威斯特的话来说,种族灭绝似乎成了'社会进步必然的产物'。"参见[加]约翰·拉尔斯顿·索尔著,江美娜、张积模译:《全球化崩溃》,青岛出版社、人民出版社2013年版,第24页。

意识的觉醒？近代出现的世界性浪潮都与资本主义生产方式的兴起有关吗？如启蒙运动、地理发现、贸易保护、战乱频仍等现象应当如何看待？它们与现代政治制度创设有什么内在的联系？然而，在没有更好的治理方式被人们普遍认同之前，西方政治制度的魅力依然光芒四射，继续执行着资本统治世界的功能、扩大着贫富差距不断加深的裂隙、勾画着苦难四处蔓延的可怕图景。国家和社会治理现代化是国际社会治理现代化的基础，问题的关键在于生发于西方社会的治理方式是不是放之世界各国而皆准？在当今科技条件下，实现全球一村式的全球治理现代化是否现实？怎样预计人类社会的治理走向？等等，回答这些问题就必须把问题放回到历史长河的视野中，具体考察现代主要国家政治制度生成的条件和基础，以期实现认知上的突破、观念上的更新，从而坚定独立探索的信心。世界需要在治理现代化上蹚出一条新路。

## 四、跨越"文明差异"就是"落后化"的认知误区

中西比较是一种常见的研究方法，从文化传统、哲学理念、政治制度、历史进程、文明样态到宗教信仰、民族性格、风俗习惯、艺术风格等，都有广泛的涉及。从比较中找差距、寻差别谋求振兴之策、探求富强之路无可厚非，也是一种科学理性的研究态度和有效方法。然而，研究者所处的历史背景、现实条件和研究目的都极大地影响着对比较结果的认知与判断。在"西降东升""北富南贫"的世界格局下，比较方法的运用被铺上了一层厚重的底色：经济发达就意味着文明"先进"，贫穷困苦就代表着文明"落后"。对发达国家的学者来说，比较是居高临下式的"拯救""指路"；对落后国家的学者来说，比较是充满艳羡式的"自轻""取经"，出现了"言必称希腊，比必看美国"这样的怪现象，不由自主地形成了西方文明具有先天性的"优秀品质"和"先进特质"的比较结果，导致比较的旨趣发生了严重的扭曲，不可避免地威胁到了民族自豪感和自信心的传承。

比较固然有学术研究的需要，但其兴起的动机在很大程度上是由于近代以来中华文明的衰落和被动挨打的悲惨地位的深刻刺激。随着与西方文明接触、冲突和碰撞的深入，中西文明的差异被呈现得越来越清晰，从而形成了误把"差异"当"先进"的认知门槛，以致出现了"全盘西化"的主张。进而，这又成了中西比较研究时的心理定势，近代西方的强大是自古以来西方文明"一贯"先进的结果。西方文明的"先进性"有着不容置疑的"先天性"，诸如民族性格的冒险倾向、

走向海洋的开放心态、探索自然奥秘的执着态度、崇法守纪的规矩意识、缜密严谨的思维逻辑,等等,甚至连海盗式的抢夺、灭绝式的侵占也成了传播"先进"文明的英雄之举。诸如此端均成了中西比较话题背后的支配性潜在逻辑,弥漫在中西比较研究的各个领域里。正是在这种比较逻辑的影响下,在对同一事物的评价上,比较方法的运用产生了混乱的,甚至是截然相反的结论。例如,在如何看待前现代中西社会形态、文化传统和政权格局这个问题上就存在着相当混乱的比较结果。有的认为古代和中世纪的西方是一种分裂对峙、小国林立的格局,不存在"大一统"的传统①;有的拿西欧一个小国与整个中国古代对比,得出开放或封闭的结论;有的又把整个西欧看作一个整体,即文化上的基督教一体化与世俗中的小国林立的对抗。这些无论如何都无法与中国古代文化生存的空间相比较。不少论者谈到地理因素时,就仅用希腊半岛的状态来说明不可能出现统一王权的地理原因。② 其实,中世纪前的罗马帝国就是长期统一的大帝国;如果再从基督教统一神权的视角来看,以教皇为中心的教阶组织也是影响整个欧洲的一种权力结构。这两个现象都说明西欧古代及中世纪并不是真正的分散与独立,有其特定意义上的统一政治实体的存在。总之,在比较观念上还是不可避免地存在着模式化、先验性的弊端。

## 五、跨越"晦涩表达"就是"深邃化"的认知表象

语言是文化交流的重要载体,也是相互深度理解和接受的重大障碍。特别是对历史悠久且文明昌盛的古老文明之间的交流而言,语言互通是必须迈过去的门槛。在中西方文化碰撞、交流的历史上,通过翻译活动,许多西方词汇、概念传入中国,极大地丰富了中文的表述范围和类型,同时带来了西方话语表达模式的影响。由语言表达特点带来的西式逻辑、句式构成、词语结构等也随之成为一

---

① 有学者提出:"与中国的'大一统'以及传统文化及政治传统的一脉相承不同,西方式的二元主义或多元主义的政治传统,缘自政治空间上的四分五裂与政治传统的多元化;在权力结构与政治制度安排上,也始终不存在一个至高无上的、不受任何力量制约的超级君王,而政治领域中的对抗原则则成为西方政治传统中的一道无法抹去的风景。"参见阎小波:《近代中国民主观念之生成与流变:一项观念史的考察》,江苏人民出版社2012年版,第65页。

② "西方没有'大一统'的条件,而中国有'大一统'的条件。古希腊多山、多岛屿、海洋环绕的地理环境为多元化的政治体制的发展提供了空间,因为这种地理环境形成的城邦国家都是比较小的政治共同体,很难有一个城邦能够完全征服其他城邦,专制王权很难出现。与古希腊相反,中国是广阔的平原,很容易产生彼此的兼并和征服现象,因此在中国,王权从一开始就很强大。"参见卢向国:《中西方政治制度"分叉"发展的原因分析——对曹沛霖教授观点的补充》,《上海行政学院学报》2007年第1期。

些研究者模仿、追捧的内容,不但在西方著作翻译中出现了晦涩难懂、佶屈聱牙的状况,而且在中文著述中也出现了生搬硬套西方话语表达方式的现象。试举一例展现之。有研究者这样来解释政治学的术语:

> 正如现代政治学理论的术语诸如"政治经济学"、"政治哲学"等语义所具有的"皆非亦是"(ambiguity)之特征,无论是政治与经济,亦或政治与哲学,对此类并置而立的语词而言,对于其概念机制之判定并非简单地呈现为诸如同一性机制中的对等或对立关系,亦或某一等级序列之中的隶属关系;毋宁说,此类现代政治学理论的术语,其概念与定义得以成形并由此而进行设准之缘由均指向并基于一种辩证话语(dia logos)所具有的提炼与扬弃之功能,正是通过此一功能的设定,从而成功地排除了某一概念形成过程中由各类"他者"所衍生并带来的歧义。由此,追溯并展示其概念形成过程中"他者性"与"歧义性"的生成、消解比解释其固定的语义概念更为重要。相对于固化的概念系统,正是在歧义所生成的裂隙与脉络之中,对于所谓"政治起源"之探讨才是充分的。①

此段主要是论述和分析政治学术语的特性及其使用中含义发生的某些变化,经作者的一通表述却显得不知所云。这种情况的出现,一方面说明作者在消化外来概念时还不够通透,只好搬来以充门面。另一方面或许也表明作者故弄玄虚,以这种晦涩的表达显示自己对西方文化的熟悉以及具有所谓高深的学术素养。尽管这是一种低层次的"媚外"现象,但却彰显了"虚夸漂浮"的学风和"东施效颦"的笨拙。这样文风的文章还能够公开发表,至少说明在学界它还有存在的市场,能得到不少人的认同和接受。反而质疑者、批评者显得很肤浅、很土气,被嘲笑不懂得西方文化的精妙之处。这实在是一种很不正常的现象。

当近代西方文明崛起,新一轮文明碰撞、冲突、交流拉开了序幕,随着全球化的不断深入,文明交汇的广度、深度也在不断地扩展。在这个过程中,西方文明长期处于主导地位,它的现代化的先发性使其获得了相比于其他文明更大的优势,由此产生了巨大的吸引力而成为落后民族学习的标杆。值得注意的是,西方

---

① 郎友兴、达央:《经济、内战与政治:对西方政治的一种解释》,《浙江社会科学》2021年第3期。

文明无论以基督教形态还是以现代化形态向世界传播时，都包含着一个替代或消灭异质文明的意象，要么皈依上帝，要么肉体消灭；要么接受西方文明，要么被遏制削弱。这种理念在文明交往中被西方世界运用到了无以复加的地步，似乎也成了一种固化的政治逻辑并向世界传播。不少落后国家的学人正是接受了这种逻辑，自觉不自觉地把实现"西方化"作为自己文明变迁的目标，从而逐渐地丧失了"自我"，执着地认为向西方学习就是变成西方那样，否则就是学的不到位，没有跟上所谓现代化的脚步。这种现象在中国向西方学习的历程中也明显地存在，时至今日依然左右着不少学人的思维倾向和逻辑链路，构成了禁锢思想解放的重要隐性樊篱。

# 中国古代乡村治理性质再审视*

## ——"自治"还是"他治"

在中国古代乡村治理研究中,不少学者坚持认为有一个历史悠久的自治传统。至少是在唐宋之际,乡村治理由"乡官制"变为"职役制"后,乡村就基本上处于"自治"状态了。主张"乡村自治"的观点严重忽略了古代政治统治的整体性、系统性和独创性,是对西方自治理论与经验的机械照搬。因此,有必要依据基本的历史事实,从更宏观的视角、广阔的领域来审视中国古代乡村治理的性质。

"皇权不下县,乡村唯自治"的观点自提出以来,就遭到不少学者的质疑。[①]然而,这样的观点远没有在学术界取得共识,还需要从理论和事实两个方面继续审视古代乡村治理的性质。首先值得深入思考的是,最基层的乡村治理参与者无论是"官身"还"役身",其承担的主要任务,如户口统计、征收赋税、派发徭役、捕捉盗贼、维护治安等,均需要一定的政治权威和强制力的支撑才能顺利完成。那么,历代乡村治理参与者要么职权微弱,要么无官无职,靠什么获得权威?是什么力量保证他们能完成如此繁重的任务?倘若没有中央政府采取的"无为而治""顺势而治"的治理策略和据此设计的治理制度安排,乡村治理参与者的作用恐怕是发挥不出来的。显然,乡村治理制度和组织不是独立运行、单独发生作用

---

\* 本文为 2019 年国家社科基金后期资助项目"中国古代乡村治理理念、制度与习俗"(项目编号:19FSHB001)的阶段性成果。

① 如有学者针对"皇权不下县"说提出了针锋相对的看法,认为王朝国家依靠田制、户籍制度和乡里制度这三大支柱,直接或间接地控制着乡村社会。无论是乡官制还是职役制,"都是国家基层控制制度的一部分,是王朝国家('官')的制度,而不是民间社会('民')的制度"。参见鲁西奇:《"下县的皇权":中国古代乡里制度及其实质》,《北京大学学报(哲学社会科学版)》2019 年第 4 期。再如,有研究者针对国家权力"局部真空"的观点,认为"宋代乡村社会并非国家权力的'真空'地带",国家权力"直接渗透到每个农户",即使是比较活跃的民间组织,如"宗族组织以及经济组织、宗教组织、民间武装等非血缘组织"等,也都处于国家权力的严密监控之下。因此,该作者认为:"宋代乡村社会不存在真正意义上的'自治'。"参见谭景玉:《宋代乡村行政组织及其运转研究》,山东大学博士学位论文,2005 年,中文摘要。

的,学者们津津乐道的所谓"乡村自治"在古代中国是根本不可能发生的。而况这个概念还是从西方的政治理论和历史经验中借鉴而来,不适合用来审视独成一脉的中国古代乡村治理的历史经验。本篇侧重从军事制度、土地制度、豪强富民治理以及对"职役"性质的探讨等几个方面,重新审视中国古代乡村治理是"自治"还是"他治"的纷争。

## 一、军事力量是支撑乡村治理的合法暴力工具

作为国家政权基石的军队及其军事制度安排,是涉及国家兵役制度、赋税制度、土地制度、户籍制度等重要治理制度体系中最核心、最关键的制度安排,为古代乡村治理活动提供了合法暴力支持。广大乡村是历代统治的基础,不可能是"世外桃源",这从战争的频仍、灾害频发的历史现象中就能得到说明。因此,古代对乡村社会的治理离不开合法暴力的运用,无论是强大的王朝,还是短命的朝代,建立起以农村、农业、农民为基础的统治秩序必须依靠强大的武力。因此,军事视角是我们观察古代乡村治理理念、制度和习俗的非常重要的维度。

从历朝历代的兵力部署看,从首都到乡村、从重要关隘到边防都有军队镇守。先秦时期的兵民合一制和帝制时代的常备军、地方军及私兵制度,反映了传统统治模式中合法暴力使用最基本的制度安排,从而对乡村形成震慑以达治理的目的。在兵力部署上,历代都贯彻"内重外轻"的原则以保持对地方的军事优势。因此,历代王朝都非常重视掌握和建设中央军,如秦汉的京师兵,魏晋的中外军,隋唐的府兵及中后期的神策禁军,北宋的禁军和南宋的屯驻大兵,元代的蒙古军、探马赤军和汉军,明代的卫所军,清代的八旗兵、绿营兵和新军等,都是中央掌握的军队,是用以宿卫京师和对外征战的武装力量主体。为有效加强统治,各朝也十分重视地方军的建设,如秦汉以后,驻守地方的兵力受到重视。西汉建有强大的郡国兵和边兵;魏晋有外军驻守各地,唐有外府兵屯戍10道,宋有厢兵、蕃兵等;元、明、清的地方兵力也很强大,并主要以中央直接掌握的军队镇守地方。在武装力量的构成中还逐渐发展起一支专门维持地方日常治安的武装队伍,是乡村制度安排运行的重要支撑力量。夏商周三代,整个武装力量由王室军队、公室军队(诸侯方国军队)、族军构成。其中的族军就是隶属于从王、诸侯到卿大夫的各级私人武装,一般是部队中的精锐力量。对维护地方和乡村治安、

形成作战核心起到了非常大的作用。① 春秋战国时期,各国相继设立了"县"和"郡",同时就出现了"县兵"和"邑兵",主要由过去无权当兵的"野人"组成,这股力量主要由诸侯任命的"县公"或"县尹"掌握,主要职责是维护当地治安,必要时随中央军出征作战。秦汉时期出现了在私兵部曲基础上发展出的自卫乡里且不脱离生产的"乡兵"组织。魏晋形成的中央军和中外军体制,经过隋唐五代的长期演变,至北宋,形成了以中央军(禁军)为主体,中央军、地方军(厢兵)和乡兵三位一体的武装力量体制新格局。庞大的禁军驻守京师和分镇全国要地,厢兵和乡兵则负责维护地方和乡村治安,并随时准备补兵出征。这种体制被后世大体相沿,成为历代王朝巩固统治、维持秩序的支柱。

从历朝历代的治理策略看,致力于构建"兵民合一"的安全体制。先秦时期大体实行的就是直接的"兵民合一"的军政制度,将日常治理与军事活动融为一体。居民们平时务农、闲时训练、战时入伍从征,所谓"春以蒐振旅,秋以狝治兵"。② 使居民组织军事化更利于耕战的需要,同时实现了直接治民的目的。"兵农合一"的军事制度对民人的管理与控制在当时乡村的各种治理制度中恐怕是最经常使用、最有效的治理形式,这是中央集权制度逐渐形成的基础。③ 战国时期,县下的乡级则专设游徼负责捕盗等治安工作,可以说是最基层的武职人员。县乡的军事力量与里、什、伍等行政组织相配合,实现对乡村的统一治理。④ 秦汉时期,设郡尉、县尉掌握郡县的军事工作,所设部队称之为郡县兵,是归中央统一调动的正规军,从编配人数看,大郡可达万人,小郡亦有数千人⑤。平时,郡县兵的任务主要是开展军事训练和维护当地治安,并轮番到京师或边防"屯戍";战时则由中央统一调发奉命出征。显然,郡县兵是保证地方和乡村政令、军令畅通的重要力量。到唐宋时期正规军与地方武装开始直接参与地方治安和秩序维护的工作。府兵配合州县直接参与地方治安活动是一种制度设计,并且以法律的形式规定了军地协作的具体流程。唐代中后期虽然出现了专门的捕贼尉,但人手缺乏,地方治安又转入军镇势力手中,这种情况一直盛行于晚唐和五代时

---

① 罗琨、张永山:《中国军事通史》(第一卷 夏商周军事史),军事科学出版社2005年版,第314—324页。
② 《国语·齐语》。
③ 参见黄朴民:《中国军事通史》(第二卷 春秋军事史),军事科学出版社1998年版,第93—94页。
④ 参见吴如嵩、黄朴民、任力、柳玲:《中国军事通史》(第三卷 战国军事史),军事科学出版社1998年版,第62页。
⑤ 黄今言:《秦汉军制史论》,江西人民出版社1993年版,第158页。

期。直到宋代加强了县尉的力量,把原由镇将统领的弓手交由县尉指挥,再加上设于各地的巡检所的力量,形成了维持乡村治安的专门武装力量。① 元明清时期,除继续保持弓手、弓兵和民壮等地方性武装外,还日益完善了专门弹压地方的巡检制度。巡检制度最晚应始自北魏,唐代中叶主要设置区域是盐池产地、交通要道和军队屯驻之地等,五代时巡检使成为一种官职的名称,呈现出按照行政级别分层设置的特点,其主要设于京师及附近诸州、藩镇治所以及边防重镇等地,以拱卫京师、维持社会治安,宋代巡检的设置更为普遍和复杂。元朝在维护地方治安和乡村秩序上设置了专门的机构,大致是路级设录事司,负责路府治所的治安;州设捕盗司,县设县尉司,负责维护治所及周边村镇的治安;在离州县城较远的乡村则专设巡检司,"其间五、七十里,所有村店及二十户以上者,设巡防弓手"②,在关津渡口和州、府驿路,亦设置弓手进行巡捕。有学者认为弓手的设置在王朝统治力深入民间的历史上,具有标志性的意义。③ 明代巡检司弓兵广泛设于内陆、沿海及土司地区,与卫所制度并行不悖,形成了梯次分明的地方治安防御体系。④ 清代前期地方军事力量部署是按照镇—协—营—汛逐级展开的⑤,最基层的营汛驻扎在全国各省府县及乡间的关津险要与交通要道,取代了前朝的民壮、弓手,承担着治安巡查、缉私捕盗、处置民变等地方警务工作,是清代由中央掌控、各级军事长官直接领导的稳控地方的主要力量。⑥

从历朝历代的统治需要看,军事力量是基础性支撑。古代国家运转需要井然的社会秩序和稳定的财源、兵源,而军事制度安排就是最重要、最基础的社会治理的依托。农业社会获取政治资源主要依靠乡村的供给,历代实施的户籍制度、赋税制度、土地制度和兵役制度的有效运转都要依靠军事制度的支撑。例如,战国时期出现的"傅籍"制度就是一种与军事活动相关的人口管理制度。为确保耕战所需要的兵源,各国都把适龄男子登记在册,以备征召和服役。如秦献公"十年,为户籍相伍"⑦,也就是开始把户籍管理与承担兵役联系在一起。兵役和徭役最能反映中央政府与最基层乡村民众的关系,即使是后来变为以钱赋替

---

① 赵璐璐:《从〈捕亡令〉看唐宋治安管理方式的转变》,《史学月刊》2014 年第 3 期。
② 《元典章》(卷五一),《刑部十三·诸盗三·防盗·设置巡防弓手》,第 1693 页。
③ 黄宽重:《唐宋基层武力与基层社会的转变——以弓手为中心的观察》,《历史研究》2004 年第 1 期。
④ 杜志明:《明代弓兵述论》,《历史档案》2015 年第 1 期。
⑤ 黄水华:《中国古代兵制》,商务印书馆 1998 年版,第 188 页。
⑥ 参见刘洋:《清代基层权力与社会管理研究》,南开大学博士学位论文,2012 年。
⑦ 《史记·秦始皇本纪》。

代,仍然是治理乡村最重要的方法和目的。而战国时期实施的"兵农合一"制度产生了巨大的军事动员能力。史载,燕国、赵国、韩国和齐国都是"带甲数十万",且有相当数量的车兵和骑兵。① 魏国的兵力,根据苏秦、张仪、须贾三人不同的说法,大体上在30万—70万之间。② 而楚国和秦国则达到了"带甲百万""车千乘,骑万匹"的程度。③ 这种状况说明,当时的诸侯对百姓有相当直接的控制能力,通过军事和行政制度安排以实现对乡村的治理,由此实现政治和军事目标。从进入帝制时代的兵役制度看,乡村百姓仍不可能游离于政府的直接管理之外。如汉代实行的是普遍征兵制,带有义务性和强制性的特点。因为服兵役的酬劳是国家分配给农户一定数量的土地,是建立在自战国以来实行的辕田制、军功赏田制等国家授田制的基础之上的,得到授田的农户就必须按规定服兵役。汉代兵役分正卒和戍卒两种,各服兵役一年,正卒主要在居住地开展军事训练活动,一年后转为预备役。轮到征调时,再离开家乡服役一年,即为戍卒,或充任京师卫士,或前往边地戍边。这个运行过程是通过当时的乡、里、什、伍等乡村组织来实施和完成的,当时民人到起役和止役年龄都要自己到官府登记申报,里、什、伍的负责人,要严格审核所有的申报情况,经审核批准方能生效。里、什、伍的负责人和邻里之间要互相监督,若出现不实的情况,如隐瞒年龄、谎报身体状况、脱落户籍、逃亡等情由,就要受到相应的惩罚,以防止隐匿户口,逃避兵役。④ 这种征兵制之所以能够实行,得益于国家以个体小农为基础实施的授田制度、户籍制度和什伍制度。⑤ 为此,西汉各级政府直到乡村组织都非常重视户籍管理,每年仲秋之月都要定期实行"算民"和"案比",登记户口,以为征兵的依据。显然,对乡村的治理就不是可紧可松的事务,而是古代国家最重要的政务。由此可见,乡村

---

① 《战国策·燕一》载:燕国在燕文侯时,"地方二千余里,带甲数十万,车七百乘,骑六千匹,粟支十年"。《战国策·赵二》载:赵国据苏秦估计,"当今之时,山东之建国,莫如赵强。赵地方二千余里,带甲数十万,车千乘,骑万匹,粟支十年"。《战国策·韩一》载:韩"地方千里,带甲数十万"。《战国策·齐一》载:"齐地方二千里,带甲数十万,粟如兵山"。
② 《战国策·魏一》载苏秦估计:"今窃闻大王之卒,武力二十余万,苍头二十万,奋击二十万,厮徒十万,车六百乘,骑五千匹。"同书载张仪的估计:"魏地方不至千里,卒不过三十万人"。《战国策·魏三》载魏人须贾的估计:"臣闻魏氏悉其百县胜兵,以止戍大梁,臣以为不下三十万"。
③ 《战国策·楚一》载:"地方五千里,带甲百万,车千乘,骑万匹,粟支十年,此霸王之资也"。《战国策·秦三》载:秦"战车千乘,奋击百万。以秦卒之勇,车骑之多,以当诸侯,譬若驰韩庐而逐蹇兔也,霸王之业可致也"。
④ 刘展主编:《中国古代军制史》,军事科学出版社1992年版,第156页。
⑤ 参见陈梧桐、李德龙、刘曙光:《中国军事通史》(第五卷 西汉军事史),军事科学出版社1998年版,第110—112页。

治理绝不是完全自发的过程,更不可能出现近现代意义上的"自治"现象。

军队是国家柱石,军事力量运用是历代历朝开展统治和治理活动的基本手段。由军事活动而引发的制度安排则是国家和社会治理的重要内容。因此,古代乡村治理作为最重要的国家治理内容自然不可能游离于中央控制之外,只不过在不同的王朝、不同的时期控制的强弱、治理的方式有所不同罢了。从军事视角观察古代乡村治理制度及其活动,就是要把乡村治理放到整体性、系统性和连续性的长时段、宽视域中加以观察,从注重本土性和自发性的历史经验出发总结出符合历史事实和规律的理论性认识,避免在研究中出现幻象性认识。

## 二、土地制度是保证乡村治理的根本经济制度

中华文明是建立在高度发达的农业文明的基础上的,因此人口、土地和赋税是国家社会治理最重要的对象。土地是古代社会最重要的生产生存资源,而历代王朝则始终掌握着土地的最终所有权①,这从根本上决定了古代国家对社会和乡村治理的主导性、直接性,彻底脱离中央上层治理的所谓"自治"是根本不可能出现的。

唐宋以前,土地国有制度是中央政府治理乡村最重要的经济制度。历代王朝通过实施井田制、授田制、占田制和均田制,把土地分配给农民,使之成为承担国家赋税、徭役和兵役的编户齐民,以保证统治秩序。这个过程实质是抬高了农民的地位,使之成为对国家负责的自耕农,"只有众多的自耕农才能使国家足食足兵,强大兴盛。我国自古以来,帝王们无不希望据有'广土众民',其故就在于此"。② 如北魏开始历经东魏北齐、西魏北周、隋、唐各朝实行的均田制,本着"先贫后富、先无后少"的分配原则,对土地分配、农作物种植的种类以及土地处置的分类和负担的数额都有明确的规定,体现了各朝政府对农村、农业、农民的直接管理。北齐、隋朝的均田令都与乡村人户编制一同颁行,说明乡村治理制度与户籍制度、土地制度、赋税制度、兵役制度和徭役制度是配套创设的,都是国家治理制度的组成部分。③ 唐

---

① 参见王昉:《中国古代农村土地所有权与使用权关系:制度思想演进的历史考察》,复旦大学出版社2005年版。
② 李埏、武建国主编:《中国古代土地制度史》,云南人民出版社1997年版,第12—13页。
③ 如据《隋书·食货志》载,北齐开武成帝河清三年(564)三月颁布均田令规定:"至河汗腺三年定令,乃命人居十家为比邻,五十家为闾里,百家为族党。……率以十八受田,输租调,二十充兵,六十免力役,六十六退田,免租调。"同书载隋文帝开皇二年(582)颁布的均田令也规定:"制人五家保,保有长。保五为闾,闾四为族,皆有正。畿外置里正,比闾正,党长比族长,以相检察焉。""男女三岁已下为黄,十岁已下为小,十七已下为中,十八已上为丁。丁从课役。六十为老,乃免。"

代推行的均田制一直落实到最基层,把授田作为里正的主要职责,并用法律形式规定下来:"诸里正,依令:'授人田,课农桑'。若应授而不授,应还而不收讫,应课而不课,如此事类违法者,失一事,笞四十。"①其职责中既有授田,将国有土地授给缺田少地的农民;又有收田,将已经占有土地的人户中的漏剩土地及户绝田等收还于公。并且还要勘地造簿,既对人户已经占有土地的数额和状况进行勘查核实,造成簿牒呈报于乡、县。授田的同时又规定了百姓承担的赋役义务,从而使土地制度与赋役制度紧密地联系起来了。如北魏均田令规定,民人年15岁为成丁开始授田,以一夫一妻为授田单位。总之,历代王朝依托土地国有制而催生的乡村治理举措,一方面反映了"民本""重农""均平"等治理思想的具体运用与落实,另一方面又起到抑制土地兼并、保证国家税源的功效。尽管在三百年的实施过程中不可能完全按照制度设计来运行,但这种土地制度的创设却体现了当时的国家治理能力是能够直达乡村基层的。

唐宋以后,主要通过均平赋役实现对乡村的治理。在土地私有逐渐盛行的情况下,虽然国家通过控制土地直接治理乡村的手段有所弱化,但却通过赋税徭役的差异化征收延续着对乡村直接治理,以实现均贫富、平赋役的政治目的。从历史上看,远在西周时期,统治者就采取了"养老抚幼"的优恤政策。据汉人追记当时采取的是"七十以上,上所养也;十岁以下,上所长也;十一以上,上所强也"②的政策。春秋战国时期的思想家也都主张实行"重农"政策,提出使民以时、平均赋役等主张。早在春秋时期,晏婴就提出:"其取材也,权有无,均贫富,不以养嗜欲。"《论语·季氏》也说:"闻有国有家者不患寡而患不均,不患贫而患不安。盖均无贫,和无寡,安无倾。"这些主张都是要求统治者通过平衡财富来消除因贫富不均而可能引发的社会动荡。孟子还具体设想了自耕农的生活图景,认为这样的安排可以实现"死徙无出乡,乡田同井,出入相友,守望相助,疾病相扶持,则百姓亲睦"③的治理效果。可见,和谐亲睦、相互扶持的思想源于农业经营的方式和样态,既是一种生存传统的体现,又成为历代统治者治理乡村的重要理念,并落实在对农业经济的治理活动之中。具体而言,就是历代王朝在赋役征收过程中注意贫富差别,力求负担得到平衡。在《周礼》设计的授田制度中百亩

---

① 《唐律疏议·卷十三》,《户婚》。
② 《汉书·食货志》。
③ 《孟子·滕文公》。

为基数,差田授予则多于百亩,仍按百亩计赋,这样每户承担的赋役就大致相同了。商鞅在改革中实行按亩纳赋,从而实现贵族与小民赋役征收上的相对公平。汉代按照民户资产的多寡将其分为上户、中户、下户三等,采取"使中家以下得均贫富"①的政策,即在赋役征发中以家资序先后,富厚者先,贫弱者后。此外,还时常减免受灾下户的赋税,并以其作为救济的主要对象。为稳定编户齐民的经济地位,两汉政府还经常采取"假民公田"的举措,以较低的地租收取为条件,将国有或公有土地、皇家苑囿等出租给无地或少地的农民耕种。汉魏以降,乡村里吏的职责之一就是按赀产勘定户等、按户等摊派赋税租调。曹魏建安年间就有了评估家赀的记载②,西晋时户等分九品,征收租调采用"九品混通"法。县令每年都要下乡主持"诘评百姓家赀"的工作。③ 唐代两税法即由"税丁"变成"税产",即"人无丁中,以贫富为差"④或说"唯以资产为宗,不以丁身为本"。⑤ 唐人陆贽曾总结说:"有田则有租,有家则有调,有身则有庸,天下为家,法制均一,虽欲转徙,莫容其奸。"⑥宋代继续实行"履产而税"的政策,乡村赋役摊派主要按田地多寡肥瘠、家业钱和税钱等划分乡村主户户等的财产标准来确定额数并予以征收。总之,历代王朝治理乡村社会的重心一直放在"贫富不均"上,这是得到长期坚持的一项基本国策。

历代王朝的直营土地也是支撑乡村治理的重要土地制度。历史上出现的屯田、营田、方田都属于国有土地利用的方式,主要解决边患防御、出塞作战、内部征战等军事活动中的军需供给问题,同时是安辑流民、恢复生产、稳定社会秩序的重要举措。例如,历代军屯主要由兵士来耕种,两宋时虽采取招募平民耕种的方法,但组织形式均带有军事色彩,屯田所处地域自然是由国家直接管理。战乱是古代社会常见的现象,无论是时间上还是空间上都占有极大的比例,处于此种情形的乡村社会必然是由中央政府直接治理的。例如,疆域只剩半壁的南宋,虽有南方地利之优,但长期的战乱带来巨大破坏,人口流散、土地荒芜。史载:江

---

① 《汉书·哀帝纪》。
② 《三国志》(卷九),《魏书·曹洪传》注引《魏略》。
③ 《晋书》(卷七十),《刘超传》。
④ 《旧唐书》(卷118),《杨炎传》。
⑤ [唐]陆贽:《唐陆宣公翰苑集》卷(22),《均节赋税恤百姓六条》。
⑥ [唐]陆贽撰,王素点校:《陆贽集·卷二二》,《均节赋税恤百姓六条:其一论两税之弊须有厘革》,中华书局2006年版,第716—723页。

淮地区"民去本业,十室而九;其不耕之田千里相望"①;荆襄地区"自靖康以来,屡经兵火,地旷人稀","千里之间,人迹断绝"②。战乱频仍造成江南地区一片荒凉,"自江西至湖南,无问郡县与村落,极目灰烬,十室九空"③。宋时的两浙地区已是"鱼米之乡",但遭到金兵南下劫掠后变成了"田筹荒莱,室庐破毁"④的凄凉景象。因此,南宋政府开展屯田、营田活动,不得不"募兵若民以耕"。河南的营田官就说:"伏见河南残破,民之归业者未众,其民营田,全籍军兵。"⑤这充分说明了在动乱时期,军队在安置流民、恢复生产、稳定社会秩序等方面发挥了重要作用。关于兵屯、民屯的功能,时人也有明确的认识。宋高宗时的左司员外郎张纲就认为,兵屯"相度地形险隘远近,酌中处置立堡寨,遇有寇盗,则保聚在寨御捍,无则乘时田作";民屯"亦令依军兵法,于地形险隘远近,酌中处置堡寨,以备盗贼"⑥。显然,张纲是把军民屯田看成是战乱时期重建乡村治理秩序的重要举措。因此,有学者指出:"南宋屯田和营田,其设置范围遍及全国","都采取官庄形式进行经营管理"⑦,较好地解决了流民安置、恢复生产和稳定秩序的急迫问题。

总之,土地制度是古代治国的重要制度。上述基本史实,一方面反映了"财均力平"的治理理念在实行治理活动中得到了贯彻和坚持,平均分配国有土地、平均承担国家赋税的政策即使是在土地私有化成为主流的情况下也以赋税征收的"按资科税、先富后贫"的政策得到了很好的体现。另一方面,乡村治理参与者也是围绕土地分配、人口登记、资产核查、劝课农桑和催征赋税等工作展开的,相对于多数具体王朝的主要统治期而言还是表现出了较好的治理结果。

### 三、软硬兼施是应对乡村宗族势力的主要策略

长期以来,不少学人执着于古代乡村自治的追寻,通常都是把乡村中的宗族及其组织的活动看作至少是带有自治色彩的行为。那么,应该如何认识由血缘

---

① 《浮溪集》(卷2),《论淮南屯田》。
② 《宋会要·食货志》(三之十至十一、六十三之十三)。
③ 以上见《建炎以来系年要录》(卷41),绍兴元年正月乙丑、癸亥。
④ 《三朝北盟汇编》(卷53)。
⑤ 以上引文见[清]徐松:《宋会要辑稿·食货二》,《营田杂录》。
⑥ 以上引文见[清]徐松:《宋会要辑稿·食货二》,《营田杂录》。
⑦ 李埏、武建国主编:《中国古代土地制度史》,云南人民出版社1997年版,第306页。

亲和力而产生的自然权力在文明时代的地位和作用？能否把家族宗族组织看作自治组织？历代统治者又是如何治理血亲和姻亲联结起来的自然组织的？只有在理论上弄清和回答了上述问题，才可以清楚地判断出古代乡村社会是否存在政治性和制度性的自治现象。

(一) 公共权力与自然权力

有研究者把中国古代地方秩序的生成划分为"外输秩序"和"内生秩序"两个部分。所谓"外"就是指乡村社会以外的"来自行政、政治、法律等具有一定强制力的制度性力量"；所谓"内"则指"基于某种地方性认同而产生的公共规则、地方规范、社会伦理等"。① 所谓"外输秩序""内生秩序"的划分显然透露着"国家""社会"二分对立的思想。这种认知倾向在学术界带有一定的普遍性，坚持认为地方社会有其自身的运转逻辑，根本不需要一个驾乎其上的"公共权力"，存在这样的"公共权力"就是对"地方自治"的侵害和剥夺，似乎就是不合理的。然而，问题的关键在于为什么会产生这样的根本不被需要的公共权力及其形式呢？进入文明社会以来的人类不正是在权力不断集中的过程中不断克服着内外冲突与争夺而逐渐走向文明的更高阶段的吗？其实，在政治价值的选择与认同上，人们纠结于"自治"还是"被治"更能服从符合"人性"的特点。在现代政治理论中，似乎"无政府""小政府""有限政府"才是正道，被更多的学人所推崇。然而，历史和现实并不完全支持这种理论期待，文明进步的制度支撑还需要不断地向普惠性、有效性方向迈进。例如，对宗族势力与乡村治理关系的研究，就弥漫着似乎从古以来就有很好的相互利用的错觉。实际上不但上古、中古和近世宗族有很大的不同，即使是同时代的南北宗族也存在着从形态到存在方式的巨大差异。② 秦汉以降，世家大族、豪强富户常常是中央集权的离心威胁，对乡村的控制也成为割据势力赖以存在的主要方式，这种现象对统一的王朝来说显然是不利的，打击豪强就成了治理乡村的重要手段。利用宗族力量加强乡村治理兴起于宋以后的南方，且也不能以什么"乡村社会的自治力量"的性质来评判。应该说，利用自然力

---

① 孙敏：《民间信仰、社会整合与地方秩序的生成——以关中凤池村庙会为考察中心》，《北京社会科学》2017年第1期。
② 据学者研究，北方地区的宗族特点是"这些宗族人丁不多，经济力量也薄弱，故其内部制度和各类设施也多不完善，教育及文化能力也差，甚至连完整的族谱家谱也不具备。但它们在乡村总人口的比例中占据优势比例，它们的组织形态、内部结构和制度，它们的文化形态和影响力、传承力才代表着华北地区乡村宗族的典型"。参见乔志强主编、行龙副主编：《近代华北农村社会变迁》，人民出版社1998年版，第161页。

量、自发力量进行统治是古代中国的一个重要治国理念和举措,宗族势力只能是在统一的更大范围的公共权力的制约下存在,只能是公共权力的社会基础,超出这个范围就会遭到中央政权毫不犹豫的打击。

(二) 打击分化与顺势而用

有不少研究认为,古代"官府并没有足够的财力和人力对州县以下的广大地区实施直接统治,朝廷律例也远不曾为社会日常生活提供足够的指导原则,因此不能不在很大程度上依赖于民间的组织和秩序,以维持整个社会的秩序"。[①] 这种观点显然是有悖于历史事实的。所谓"民间组织和秩序"实际上指的就是家族宗族组织及其在乡间的活动。需要注意的是,维持家族宗族组织秩序的"夫权"和"族权"具有双重特性。一方面作为社会公共政治意识产生的温床,它提供了维护国家统治的精神资源,支撑着国家基层秩序的良性运转。另一方面,它的私人性又决定了它有自身关注的利益,这种利益有时可能会与公共利益、其他社会组织的利益产生冲突,从而引发家族宗族组织的离心倾向而自行其是,成为分裂社会和国家统一的基础性力量。夏商周三代的国家政权直接体现着"血缘亲情"的宗法特性,即把人为组织力量与血缘自然力量合而用之,构筑起国家和社会治理的制度体系。秦汉以降,宗族、家族组织的显性形态逐渐在上层政治舞台上潜退,主要活跃于民间社会。历代统治者都非常重视对家族宗族势力的治理与运用,采取"打击分化"和"顺势而用"两手并用的"软硬兼施"策略,从总体上说,这降低了乡村治理成本,提高了乡村治理成效。事实上,教化与暴力是古代统治国家和治理乡村的两个基本手段。合法暴力的使用是国家政权得以确立和巩固的基础,对社会秩序的维护起着决定性作用。而教化则注重在思想上、心理上和习惯上培养百姓的服从与认同心理。无论是无为而治,还是忠孝治天下,都反映了古代统治者"顺势而治"的理念。黄老之学和儒家思想能够先后成为主流意识形态,正反映了这种治国思想。由此,我们看到,古代对乡村的治理,一方面把人为制度与自然制度相结合,发挥其最大的亲和力;另一方面则是把产生于自组织的忠孝伦理意识和习惯上升为统治意志,又通过一定的制度安排,如乡饮酒礼、学校设立、正祀礼仪、节令庆典等,持续地培养百姓的认同意识。因此,看似游离的乡村社会,其运转其实是符合统治阶级意志的一种治理状态,这才是中国古代不

---

① 梁治平:《在边缘处思考》,法律出版社 2003 年版,第 17 页。

断出现统一王朝且统治时间比较长久的原因所在。

## 四、役者职责是乡村各类头目服务国家的表现

学界普遍把唐宋时期乡村治理职役化的趋势看作是中央政府权力无力深入基层乡村的反映,是"以官治民"难以维系而不得不采取"以民治民"的策略。但又坚持认为乡役人代表着"国家权力的末梢",乡、里、都、保是"行政组织""基层权力机构",把宋代承担"职役"的各色人等看成是"基层政权的头目"[①],甚至认为这种现象乃是所谓"乡村自治"传统的继承和发展。由于乡村治理职役化主要完成于宋代,我们主要就宋代的情况进行分析。要判断宋代乡村治理的性质,主要是怎样看待乡村治理活动中起着重要作用的里正、耆长、户长、保正长、都保正副的性质。此外,还有"乡书手"性质的变化、统治者针对富民采取的策略等也都能反映出国家直接治理的特点。

### (一)乡村各类"正""长"的地位

据《宋史·食货志》记载宋代的职役包括:"以衙前主官物,以里正、户长、乡书手课督赋税,以耆长、弓手、壮丁逐捕盗贼,以承符、人力、手力、散从官给使令,县曹司至押录,州曹司至孔目官,下至杂职、虞候、拣、掐等人,各以乡户等第定差。"大致上是管理官家物品、催督赋税、维持治安和承办官府杂务等四项工作,分别依"乡户等第"从乡户中佥派,从而全面实行乡村治理的职役化。[②]

从史籍记载看,无论是北宋"于捕盗则用为耆长壮丁,于催税则用为户长里正"[③],还是南宋"保正指掌烟火,奉行文引,而有收捕凶暴盗贼之虞;户长夏则催税,秋则催苗,而有并催二科役钱之苦"[④],他们的职责和行为的确带有行政、经济和治安管理的意味,行使着国家授予的部分权力。值得思考的是,为什么这些头目主要从富裕者中选派?北宋规定"第一等户充里正,第二等户充户长","耆

---

① 参见谭景玉:《宋代乡村行政组织及其运转研究》,山东大学博士学位论文,2005年,第147页。
② 有学者认为:"中国古代役制始终包含力役和职役两个类别系统。力役是国家、社会层面用役,属于大系统,主体役种是正役和杂徭,这种用役带有公共性……职役是各个官府部门的小系统用役,目标是完成其应承担的行政职能。正常情况下,属于官府部门的工作人员,应该有俸禄,或者说薪酬,但国家财政拿不出那么多钱来,故只能通过强制征用的役形式了。"参见吴树国:《北宋募役法改革前特殊户役探析》,《山西大学学报(哲学社会科学版)》2017年第1期。
③ [宋]苏辙:《栾城集》(卷35),《自齐州回论时事书·划一状》。
④ 《宋会要辑稿·食货》(六十六之三十一)。

长差第一、第二等户"。① 保甲法规定,大保长和都正副保正都要选"物力最高者"。② 尽管这些人都被冠以"正"或"长",但他们的履职经历却并不愉快,弄不好还可能倾家荡产。如史载,仁宗至和二年(1055):"罢诸路里正衙前。先是知并州韩琦言州县生民之苦,无重于里正衙前。自兵兴以来,残肃尤甚,至有孀母改嫁,亲族分居,或弃田与人,以免上等,或非命求死,以就单丁,规图百端,以脱沟壑之患,殊可痛伤。国朝置里正,主催税及预县差役之事,号为脂膏,遂令役满更入重难衙前。"③ 司马光也曾批评说:"臣窃见顷岁国家以民间苦里正之役,废罢里正,置乡户衙前。又以诸县贫富不同,东乡上户家业千贯亦为里正,西乡上户家业百贯亦为里正,应副重难,劳逸不均,乃令立定衙前人数,每遇有阙,于一县诸乡中选物力最高者一户补充,行之到今,已逾十年,民间贫苦愈甚于旧。议者以为一州一县利害各殊,今一概立法,未能尽善。又里正止管催税,人所愿意为,衙前主管官物,乃有破坏家产者。然则民之所苦在于衙前,不在里正,今废里正而存衙前,是废其所乐而存其所苦也。"④ 正因为如此,在实际运行中,富户往往想尽办法逃避任职。⑤ 史载:"上户百般规避,却令中下户差役频并。"⑥ 把负担逐渐转向中下户不但打乱了宋政府的赋役征收的制度安排,还引起了更大的社会问题。时人就尖锐地指出:"大保长皆选差物力高强、人丁众多者,其催科,则人丁既壮,可以遍走四远;物力既强,虽有逃亡、死绝户,易于偿补。今置甲头,则不问物力、丁口,虽至穷下之家,但有二丁,则以一丁催科。既力所不办,又无以偿补,类皆卖弩子女,狼狈于道。……又保长多有惯熟官司人,乡村亦颇畏之,然犹有日至其门而不肯输纳者。今甲头皆耕夫,岂能与形势之家、奸滑之户立敌,而能曲折自伸于官私哉?方追呼之急,破产填备,势所必然。"⑦

总之,这些记载不仅反映出赋役不均的问题,更重要的是这些乡村头目并没有表现出"政治权威"的任何气象,将其视为"基层行政头目"显然是不合适的。

---

① 《续资治通鉴长编》(卷第三十五),淳化五年三月戊辰。
② 《续资治通鉴长编》(卷第二百一十八),熙宁三年十二月乙丑。
③ 《续资治通鉴长编》(卷第一百七十九),仁宗至和二年四月辛亥。
④ [宋]司马光:《温国文正司马公集》(卷三十八),《衙前札子》。
⑤ 参见朱瑞熙:《宋朝乡村催税人的演变——兼论明代粮长的起源》,《河北大学学报(哲学社会科学版)》2016年第1期。
⑥ [宋]刘敞《彭城集》(卷三十七),收录于《赠兵部侍郎王公墓志铭》,出自《景印文渊阁四库全书》第1096册,第363页。
⑦ 《宋会要辑稿·食货》(六十六之七十七至七十八)。

为官府做事未必就能代表国家权力,"役"本身就带有强迫性,加上"职"就更有了法定意味。显然,宋代乃至各代乡村承担管理或治理任务或职责的人群,既未有什么机构或组织,其本身也不是代表国家治理乡村的主体,真正的治理主体只能是国家本身,唐代以前由县乡、其后则主要由县级来实施,这是首先应该明确的问题。正如马端临所说:"至于乡有长,里有正,则非役也。柳子厚言:有里胥而后有县大夫,有县大夫而后有诸侯,有诸侯而后有方伯连帅,有方伯连帅而后有天子。然则天子之与里胥,其贵贱虽不侔也,而其任长人之责则一也。"①这段话正说明了唐宋以前各代乡村治理的基本情况。

(二) 乡书手身份和性质的演变

我们再从乡书手的身份由乡役变为县役,最终变成县衙直属吏员这个现象看,似乎更能说明州县才是乡村治理的主体力量,被称为"长"的耆、户、保、都等不过是"出力"的役者,恐怕很难把这些人组成的"单位"或"区划"称为"行政组织"或"基层政权"。乡书手之名最先出现在唐代两税法实施之后,元稹在《牒同州奏均田状》[唐宪宗元和四年(809)]中就提到了"书手":"臣自到州,便欲差官简量,又虑疲人烦扰。昨因农务稍暇,臣遂设法各令百姓自通手状(实),又令里正、书手等傍为稳审,并不遣官吏擅到村乡"②,文中的"书手"就是负责审查百姓自报家资情况并登记入簿等工作的。五代时,如出现欠缴赋税达三成以上时就要追究责任,其中"乡里正、孔目、书手等各徒二年"。③ 这说明书手造账簿的准确性是影响赋税完收的重要因素,出现欠征自然会怪罪到账簿的准确性而责罚乡书手。宋代以乡为单位实行簿账、户籍等财政单列,通常只配设以书算文书为职责的乡书手一名,主要工作是审计赋税稽征、各类钱物簿账、版籍簿及年度税租账、差账等。北宋初年间,乡书手是里正属下承担乡役的人员,宋仁宗至和二年(1055)废止里正后,乡书手的性质就由乡役变成了县役。宋神宗熙宁年间后,乡书手选派方式也由差役变成了募集,大体上按照一乡一员来安排。到了南宋时期,其地位有了很大变化,现存的一些方志中乡书手赫然列入了"县吏"的行列。如《嘉泰吴兴志》卷七"官制"载长兴县:"本县吏额:……乡书手十五名";台州各县吏人"以前后押录、前行、后行、贴司、书手为名次"。④ 从时人的观察看,

---

① 《文献通考》(卷一三),《职役三》。
② 《册府元龟》(卷四百九十五),《邦计部》。
③ 《五代会要》(卷十九),《县令上》。
④ [宋]陈耆卿:《嘉定赤城志》(卷一七),《吏役门》。

乡书手已经成为乡村治理制度和赋税征收机制中不可替代的重要角色了。宋人评论说："乡司虽至微至贱,而关乎民事有最切。故凡乡司,知广狭之地,人户之虚实,赋役之重轻,皆所以熟讲而精究。往往民间之事,官司所不能知者,惟以所供为是;官与之事,人户所不能名者,惟以乡司所陈为实。"①乡书手地位和性质的变化正说明,宋代乡村治理活动始终是以州县为主导,国家通过户籍制度、赋役制度、治安制度等制度设计,以国家军事制度、法律制度、保甲制度为依托,通过"派役"的方式对乡村开展治理活动,从而维系了整个王朝的运转和社会秩序的稳定。

(三)富民的地位与作用

唐宋乡村治理研究上出现了一个悖论:有学者认为富民是乡村社会控制的主要力量,是国家权力的末梢代表和执行者,这就意味着富民与上层统治集团利益一致、气脉相通,自然会有其相应的政治和经济利益的回报。② 然而,富户承担的催征赋役、维护治安等工作的性质却是"役",尽管称之为"职役""乡役",带有"公"的意思,但更主要的意味是"强制"性质的工作。这就提出了一个问题:宋代治理乡村社会的主体到底是谁?所谓"乡官制"转向"职役制"是治理方式和性质变化的说法能否成立?从唐宋的历史事实看,职役化实施不久富民们就不愿担任这些"职位"了,想尽办法逃避之、推诿之,避之唯恐不及。那么,治理乡村社会依靠这样的人、这样的方式却长达数百年,真正的统治力量到底体现在何处呢?把职役制看作是行政机构或政权组织是否合适呢?有学者将其称之为"以民治民"法③,那么,治民之民的权威从何产生呢?从历史事实看,正因为是"役",所以从业者既要完成官府规定的任务(收赋、催税、派役等),又要承受完不成任务的责罚(有明确的律法规定),结果往往是承役者不是产破人亡,就是四处逃亡,依靠这种状态的人群如何能实现乡村秩序的维护和财政收入的保证呢?因此,把职役制看作是行政制度或基层权力机构的说法就大可怀疑了。实际上,宋代乡村治理的职能直接由州县实施,原来所谓乡官制下的乡里头目、制度安

---

① [宋]佚名:《群书会元截江网》(卷二十八),《役法》。
② 参见林文勋:《唐宋"富民"阶层概论》,《宋史研究论丛》2008年年刊;田晓忠:《"富民"与宋朝乡役制度的变迁》,《中国经济史研究》2020年第4期。
③ 刁培俊认为:"两宋政府一直贯彻着以乡村中较富裕(一般指第三等以上的主户)的民户充任里正、户长、耆长、都副保正、大小保长、甲头等乡役的制度,并凭藉这些较富裕的乡役人,来实现中央政府'以民治民'职役模式下对于乡村社会的控制和有效管理。"参见《乡村中国家制度的运作、互动与绩效——试论两宋户等制的紊乱及其对乡役制的影响》,人大复印资料《宋辽金元史》2007年第2期。

排、治理内容恐怕都变成了被治理的对象。也就是说,宋代乡村各色头目的行为不能看成是"治理"性质,应当是被治理的表现。任用富户担任所谓乡村头目,一方面说明官府是为确保赋税征收能够得到落实,看中的是他们的经济能力而不是治理能力。另一方面,虽然称谓上或延续前代或带有"长",恐怕都不能与"政治权威"相联系。他们不但不是"官",谈不上有什么"薪俸",而且还是一种"苦差",弄不好就会倾家荡产,故而避之犹恐不及,何来"治民"的快感、"权威"的优越感和"权力"的至上感呢?正因为佥派富户应役存在着尖锐的矛盾,富户依靠自己的家资财力、人际关系、文化影响想方设法逃避赋役、转嫁负担,造成了日益严重的"赋役不均",反而扰乱了国家的赋役制度和乡村的社会秩序。因此,如何治理乡村中的富户(豪强、豪横、富民等)就成了中央政府乡村治理的突出问题,这更说明了乡村治理活动是由宋朝各级政府直接进行的。

两宋时期中央政府治理富户之策主要体现在三个方面。一是通过诏令宣示和法律规定来弥补制度漏洞,以打击富户的"诡名挟户"行为。如宋真宗天禧四年(1020),勒令形势户凡有"荫庇差役"者限百日自首,逾期将治罪。① 宋哲宗绍圣时也把"人户以财产妄作名目隐寄"等行为按"违制论"②,随后还专门制定了"诡名挟户法"③,明确把隐匿户口的行为定为犯罪。在南宋宁宗时的法令汇编《庆元条法事类》中专门收录了南宋时期制定的《匿免税租》的条文:"诸诈匿减免等第或科配者(谓以财产隐寄,或假借户名,或诈称官户,及立诡名挟户之类),以违制论。如系州县人吏、乡书手,各加二等,命官仍奏裁,未经减免者,各减三等,许人告。即知情受寄,诈匿财产者,杖一百。"④二是为解决赋役与户等相符合的问题,加强对乡村民户财产和土地占有情况的核查。宋仁宗至和年间(1054—1056)制定了"乡户五则法",规定:"凡差诸州军乡户衙前,以产钱与物力从多至少置簿,排定户数,分为五则。其重难差遣亦分等第准此,若重难十处合用十人,即排定第一等一百户;若有第二等五处,即排定第二等五十户,以备十次之役。"⑤这再次明确了依"产钱与物力"编排户等的规定,要求据此安排轮役。此

---

① 真宗天禧四年敕:"以田产虚立契,典卖于形势、豪强户下荫庇差役者,与限百日,经官首罪,改正户名。限满不首,许人陈告,命官、使臣除名,公人、百姓决配。"参见《文献通考》(卷十二),《职役考一》。
② 《宋会要辑稿·食货》(十四之六)。
③ 参见王曾瑜:《宋朝的诡名挟户》,收录于《涓埃编》,河北大学出版社 2008 年版,第 575 页。
④ [宋]谢深甫监修:《庆元条法事类》(卷四十七),《匿免税租》。
⑤ 《续资治通鉴长编》(卷第一百七十九),至和二年四月辛亥。

后,宋神宗时在部分地区推行方田均税法,南宋高宗、孝宗则在南方诸地区推进经界法,都是为准确核实民户田土占有多寡、肥瘠,编订相应籍簿以作为佥派乡役的依据,努力使乡役负担与民户的财产相符合。三是探索实行免役法和募役制,以从根本上解决赋役征派上的矛盾现象。宋神宗熙宁二年(1069),有关部门奏称:"考合众论,悉以使民出钱雇役为便,即先王之法,致民财以禄庶人在官者之意也"①,提出"乡户差役者,悉计产赋钱,募民代役,以所赋钱禄之"的方案。② 宋神宗采纳了这个建议,并于熙宁三年(1070)开始在开封府试行,其办法是:"畿内乡户计产业若家货之贫富,上户分甲、乙五等,中户,上、中、下三等,下户二等,坊郭十等,岁分夏秋,随等输钱。乡户自四等、坊郭自六等以下勿输。产业两县有者,上等各随县,中等并为一县输,析居者随所析,若官户、女户、寺观、未成丁,减半。募三等以上税户代役,随役重轻制禄。禄有计日,有计月,有计事而给者。"③从规定中看,免役钱也是依据户等确定征收额数的,官府收钱后根据役事的轻重给应募者支付相应的报酬。经过试点后,熙宁四年(1071)开始以法令的形式向全国推广,规定:"天下土俗不同,役轻重不一,民贫富不等,从所便为法。凡当役人户,以等第出钱,名免役钱。其坊郭等第户及未成丁、单丁、女户、寺观、品官之家,旧无色役而出钱者,名助役钱。凡敷钱,先视州若县应用雇直多少,随户等均取。雇直既已用足,又率其数增取二分,以备水旱欠阁,虽增毋得过二分,谓之免役宽剩钱。"④

宋王朝有关免役法以及相应的各种雇募役的规定,对缓解赋役征收中与乡村富户的冲突,保证国家财政收入显然是有利的。这些法令举措充分说明乡村治理就是宋王朝的主要工作,无论是中央政府还是路州府县都通过国家行政权力直接开展治理活动,民户通过"役"的形式服务国家不过是分担了本应由政府行政部门承担的工作,这种履行"役"的活动恰恰就是被治理的过程。可见,把里正、耆长、户长、壮丁、保长、都保正副看作是乡村治理活动的主体,甚至是"国家权力"的代表显然是不合适的。

---

① 《文献通考》(卷十二),《职役考一》。
② 《续资治通鉴长编》(卷第二百二十七),熙宁四年十月壬子。
③ 《续资治通鉴长编》(卷第二百二十七),熙宁四年十月壬子。
④ 《宋史·食货上五》,《役法》。

# 近代中国政治制度转型与创设的经验教训

近代中国政治变革的重要内容之一就是结束传统的君主专制制度,向现代国家政治制度转型。自明末清初中国资本主义生产方式萌芽以后,中国社会实际上已经开始了从传统社会向现代社会的转型进程。随着西方势力的东来和太平天国起义的冲击,传统稳定的统治秩序被打破,加速了以君主为核心的中央集权式国家政治制度的衰落,被迫走上改良、改造和创设新型现代国家制度的艰难道路。历史的诡异性在于,旧的君主制权威在变革中逐步瓦解与崩溃,而新的政治权威又因缺少必要的合法性根据和有效性作用难以确立,从而导致连续出现最高政治权威危机,中华民国的国家政治制度始终难以成为国家建设的制度保障。在中华民国国家政治制度创设的过程中,民族革命与政治革命、政体之争与政党斗争、国体之争与政体之争、国内阶级斗争与东西列强干预侵略交相叠加、相互干扰,国家政治制度创设显得仓促、急迫,最终未能实现国家建设的既定目标,其中蕴含的经验教训和历史启示值得玩味和检讨。

## 一、制度创设历程逐渐偏移西方模式

近代国家政治制度创设的历程以戊戌变法为界可划分为两个时期。戊戌变法前,以郑观应、王韬等为代表的早期改良派,认识到西方议会是西方政治制度的根本,是西方强盛的缘由。他们重点介绍了西方议院的起源、组织方式、议事程序、辩论情况以及各国议院的差异。1898 年后,宣传介绍的重点转向了西方政治制度背后的民主理论层面,如天赋人权论、社会契约论、人民主权论、权力制衡论等都被比较完整地介绍了进来,在改造中国现实政治方面也先后提出了"兴民权""设议院""实行君主立宪""建立民主共和"等主张,成为新的国家政治制度创设的理论依据。近代中国经历的第一次重大政治制度改革是清末新政中君主立宪的尝试。尽管颁布了《钦定宪法大纲》,制定了预备立宪的时间表,但是"皇权永固"是改革的主导思想,希望在不动摇甚至是强化君主权力的同时,吸纳新的政治力量进入政治体系,实现某种君民共治的国家治理形态。但是还没有等到立宪预备期结束,清王朝就已经被革命倾覆。改革的失败,是因为清朝统治者已经丧失了领导改革的权威,而新的政治力量也不满足于有限开放的政治参与所能获得的政治权利,以君主为符号的政治权威也就失去了其感召力和凝聚力。辛亥革命后,中华民国的国家政治制度采用了西式的共和制,并在最开始的阶段取得了社会精英较为广泛的认同。由于帝制的覆亡,原本存在分歧的君主立宪派和革命派反而因此迅速达成了一致,于是有了共同的选择——民主立宪。但在共和制度运行过程中,却产生了新的问题,多元政治所必然具有的争议和分歧与传统政治运行方式的固有观念发生了激烈的冲突,新的政府形式根本无法正常运转,陷入瘫痪之中。民国初年,全国反帝思潮的兴起和护国运动的开展,粉碎了袁世凯复辟帝制的活动,维护了共和制度和政权形式,借此民主共和国观念得以进一步传播。尽管人们对于共和政体本身的价值有所失望且产生了疑虑,对共和主义的内容也存在误解,但是共和制度理论形态的先进性却被广泛认同和坚持了下来。然而,思想的深入并不等于制度的可行与顺利运行。历史证明,辛亥革命虽然推翻了帝制,也初步实行了美式的共和政体。但是,民主共和制度也仅仅是短暂的逗留,中国并没有真正走上革命者预设的民主共和的轨道,反而倒退到四分五裂和军阀割据的局面中,创设西式国家政治制度的努力就此归于失败。抱持激进主义思想的革命派也等不及磨合和渐变的实现,迅疾从议会斗争转向武力对抗。军事对抗使社会的基本政治共识破裂,近代国家政治制度的创设开始逐渐向"以党治国"和个人独裁体制演变。

民国制度创设及其运行的艰难令人们大失所望,这又促使孙中山把探索和实践的眼光投向了东方,遂决定以俄为师,萌生了"以党建国""以党治国"的新思想,提出了推动国家政治制度建设三期完成的方案,并着手加以实施,从而使国家政治制度创设进入了以国民党为主体的"党国体制"阶段,终结了完全依照西方模式创设国家政治制度的进程。纵观孙中山以党治国思想的演变过程,我们可以清楚地看到,无论是十月革命以前还是以后,孙中山以党治国思想的核心都是想通过政党的力量和作用,把中国引上民主政治的轨道,以实现他为四万万中国民众所设计的民主共和国的目标。孙中山的"以党治国"理念中始终混合着西方宪政理念和苏俄体制影响的复杂成分,其思想内涵成为国民党确立"党国"体制的理论基础,对此后中国国民党"党国"体制的初创及实践产生了重大影响。以蒋介石为首的国民党所建立的国家政治制度,虽然在表面还保留着孙中山建国方案中的体制机构设置,推进的过程也按照所谓军政、训政和宪政三期操作在进行。但是,无论是孙中山的"以党治国"思想本身,还是蒋介石以统一国家政令、军令为名行独裁专制之实,根本上说都背离了近代中国所要真正解决的时代课题,既未能争得独立主权国家的世界地位,也没有能够实现国内政治的根本改造,现代国家建设和国家政治制度创设变成了维护少数特殊利益集团和部分富有者利益的招牌,不可能得到最广大人民群众的认同与支持,其存在的合理性也就荡然无存。

中国的现代化并不是中国社会本身现代性自然孕育、成长和壮大的过程,而是对西方文明挑战的一种应战。这种历史前提便决定了中国的现代化不完全取决于社会经济的自然状态,更主要的是取决于社会统治集团是否有足够的政治动员能力和合理地配置资源的能力,通过政府的组织、控制和协调,启动和推进现代化的进程。因此,中国现代化的成功与否,不但取决于统治集团的政治素质,而且取决于确立何种国家政治制度,采用何种治理和控制社会的手段。对于中国而言,现代化的外发性要求中国加强中央集权以主动地推动现代化,而近代世界民主思想的潮流和众多留学生对西方政治制度的推崇,又迫切要求中国尽快跟上世界政治思想发展的潮流,创建现代民族民主国家为现代化奠定制度基础必然成为时代的呼唤。因此,在当时的社会历史条件和社会环境下,能否找到适合国情的国家政治制度,便成为中国现代化成败的关键。然而,创设国家政治制度既不能靠理想化的设计,更不能靠简单的移植和模仿西方成熟的样板,而是必须从自身的国情条件出发。

## 二、制度运行结果造成国家更加衰败

伴随着西方文明的东来,特别是工业革命后资本主义生产方式和生产制度的移植,传统中国社会发生了深刻的变化,尤其是社会结构发生了前所未有的新变化。但总的来说这个新变化并不是朝向资本主义方向。经济结构变化中资本主义因素的有限增长还不能从全局和根本上改变整个国家经济的性质;而政治结构的变化也未能成功地移植近代西方政治制度。特别是政治组织在近代中国发展的重要作用，决定了中国现代化道路选择和模式确立过程中新型政治组织的重要地位，这是旧的组织系统和由西方移植的并未扎根的所谓新组织系统和制度体系所难以承担的；文化结构的变化没有形成资产阶级意识形态占主导地位的格局，反而由于侵略者的横霸面孔，全社会普遍拒绝以野蛮方式传入的西方文明；宏观区位结构的变化显示了近代西方资本主义对中国经济和社会文明的负向效应，它试图使中国的变化符合于西方的利益，从而成为中国自身发展的严重障碍。社会变化总体趋向于混合型社会形态的生成，传统文化仍然起着主体或导向作用，从而使文化传统中那些仍有活力，能够影响社会发展方向的因素被激活并发挥出了巨大的作用。民国国家政治制度就是在上述这些总的社会变化趋势中被创设的。梁启超曾对辛亥后的国家状况评价说："自辛亥八月迄今，未盈四年，忽而满洲立宪；忽而五族共和；忽而临时总统；忽而正式总统；忽而制定约法；忽而修改约法；忽而召集国会；忽而解散国会；忽而内阁制；忽而总统制；忽而任期总统；忽而终身总统；忽而以约法暂代宪法；忽而催促制定宪法。大抵一制度之颁行之，平均不盈半年，旋即有反对之新制度，起而摧翻之。使全国民仿徨迷惑，莫知适从，政府威信，扫地尽矣。"①短短四年间，政体五变，由君主专制、君主立宪制到总统制、内阁制、总统独裁制。跳跃的共和思维反映出国人对共和认识的肤浅，及由此产生的在制度设计与安排层面上的草率随意和浮躁心态。正如当时的报纸评价的那样："时局扰攘之真正根源，则在中国现状不能适用世界现行之共和式政府。……五年来中国之扰攘，多起于将他国政治制度强移植于全无预备、人民无公共智识之中国之故。"②从民国政治制度运行的实际情形看，创设者们的主观设计与社会历史发展的客观现实之间出现了错位，制度创设不能不走向歧途而失去了存在的合理性和生命力，使国家陷入了秩序混乱、结构破碎和生活破败的境地。当时的社会现实状况可从以下几个方面来观察。

第一，军阀混战。民国以来，中央权威非常有限，地方的分裂割据十分严重。军阀混战，国无宁日，国家统一长期不能实现。从1912年至1928年的16年间，国家元首（总统）变换了12次，共有7人先后担任总统，每人每次平均在位不到

---

① 梁启超：《异哉！所谓国体问题者》，2015年底《大中华》月刊，第95页。
② 《双头共和制》，《京津时报》（英文）1917年6月14日，《外交部编译处译件》第259本，《北洋军阀史料·黎元洪卷》第13卷，天津古籍出版社1996年版，第1099—1101页。

16个月;内阁改组45次,有29人担任过政府首脑(总理),任期最长的为17个月,最短的仅有5天。① 国家元首和政府首脑如此走马灯似地更换,不仅难以制定长期的政策,从事实际的国家建设,也无法形成中央应有的权威,政治纷争、军阀割据和混战的状况仍难以避免。从1912年到1928年的16年中,全国约产生了1 300多个大小军阀,一共发动了140次以上的省内及省际战争。② 从1921—1933年,仅四川一省就发生大小战争479次,平均每年达20次以上。③ 大小军阀为了争权夺地,无限制地扩兵。有兵就有权,兵越多则权越大,仗越打越大,兵越招越多。军阀们为了巩固和争夺地盘无不扩充军备,把财税收入的很大一部分用作军费开支。与此同时,还大肆搜刮民财,举借外债,招兵买马。有学者统计,从1912—1927年,军阀政府举借外款总额达13亿美元以上,用来支付军费的开支即达54%以上。辛亥革命到护国战争时期,全国军队共有50万人;1918年有100多万人;1924年150多万人;1928年达到200万人。④ 袁世凯死后,中国社会进入了派系林立、军阀割据的时代。中央政府更迭频繁,而且政令不出都门;地方上实际由大大小小的军阀控制,他们在自己的地盘上征兵、收税,形成了一个个独立王国。由于武力成为利益分配的唯一凭据,战事和兵变就不可避免地频繁发生。据加拿大学者陈志让收集的资料统计,1908—1936年共发生300次兵变,仅1919—1929年就发生了206次,占69%。这10年间又以1919—1921年的68次和1926—1929年的84次为兵变的两个高潮。⑤ 兵变给社会经济与人民生命财产造成了巨大的损失,如1920年4月河南信阳兵变,平民"百数十人"被击毙,"城乡被抢者五百余家,损失之数,不下七十余万";1920年8月京兆通县兵变,"商号被烧者五十家,被抢者二百一十二家,约计损失一百余万元"。⑥ 而南方与北方、军阀与军阀之间的战事,除掉民国5年(1916)秋冬外,几乎无时无地不有,其中单支几次主要战争中的参战军队人数即达260多万人次。民国10年(1921)左右,军费开支在国民收入中所占比例高达70%,也为世所罕

---

① 杨大辛:《北洋政府总统与总理》,南开大学出版社1989年版,第467—471页。
② 何军新:《军阀·土匪·兵匪:军阀时期中国政治的基本主题》,《益阳师专学报》1998年第4期。
③ 蔡少卿:《近代中国的土匪》,《百科知识》2005年第3期。
④ 齐锡生:《中国的军阀政治》,中国人民大学出版社1991年版,第12、71页。
⑤ 陈志让:《军绅政权》,生活·读书·新知三联书店1980年版,第81页。
⑥ 中国第二历史档案馆编:《北洋军阀统治时期的兵变》,江苏人民出版社1982年版,第158、163、173—174页。

见。① 军阀从民众中收取名目众多的租税,而且大规模发行毫无保证的纸币,仅仅广西一省军方就发行了 50 亿中国元。军阀还强迫农民种植鸦片,减少粮食作物的种植面积,加上水利失修,军队抢夺农民的牲畜,大大降低了生产能力和抵御灾害的能力,军阀统治甚至还酿成饥荒。② 频繁残酷的战争经常使交通停顿、工厂歇业、商店关门和农田抛荒,人民"不得安其居,刀兵水火,天灾乘之,人祸临之,荡析离居,转死沟流,尸骸暴露,饿殍横野"。③ 连绵不断的军阀纷争、割据与混战,给国家和民族带来空前灾难,严重阻碍了中国的经济发展、社会进步和现代化进程。

第二,土匪横行。民国初年,旧的统治秩序已被打破,新的秩序却没能够建立起来,造成社会失控、乱象丛生。"绿林"作为一种社会不安定因素乘势而起,匪祸由是成为民国年间严重的社会问题并与民国相始终,对民国历史的发展变化产生了巨大的影响。民国时期各地匪情愈演愈烈,"遍全国无一省没有盗匪的,一省之中,又无一县没有盗匪的,一县之中,又无一乡镇没有盗匪的"。④ "1930 年,土匪人数的保守估计,为 2 000 万左右","国家不像国家,简直成了土匪世界"。⑤ 以当时中国四亿人口折算,从匪的人口比例为 20∶1,以至于中华民国被称为"中华匪国"。匪患之巨,无以言表,如 20 世纪 20 年代末的河南新蔡县,"共约有 4 000 个村庄,其中的 2 967 个遭到过土匪抢劫,受灾户数 29 905 户,伤亡 12 609 人,被拉'肉票'35 204 人,焚毁房屋 72 354 间,财产损失折合银元13 368 928 元"。⑥ 有的地方小农"夕则抢卧于野","日间操作,夜间备匪,精神不继,憔悴无人色,偶然一不慎,即为匪所取"。躲避中怕弄出声响,有时"婴儿哭着吃奶,就赶紧捂着小嘴,听说有被捂死的"。⑦ 就河南省而言,土匪活动制造的灾难也不限于一县、一城、一地,且无年不有。1929 年和 1930 年省境"匪灾"严重的县分别为 45 个、61 个,即占半数以上,加上匪灾稍轻的县份,受祸面积更广⑧,

---

① 《民国以来一百七十九次之兵灾》,《东方杂志》第二十卷第一号,转引自胡春惠:《民初的地方主义与联省自治》,中国社会科学出版社 2001 年版,第 145 页。
② [美]费正清编,杨品泉等译:《剑桥中华民国史》(上),中国社会科学出版社 1994 年版,第 353 页。
③ 《李大钊选集》,人民出版社 1959 年版,第 2 页。
④ 周谷城:《中国社会史论》(上),齐鲁书社 1988 年版,第 295 页。
⑤ [英]贝思飞著,徐有威等译:《民国时期的土匪》,上海人民出版社 1992 年版,第 1 页。
⑥ 周蒋浒:《北洋政府时期的乡民防匪》,《文史月刊》2005 年第 3 期。
⑦ 张介侯:《淮北之农民生活状况》,《东方杂志》第 24 卷 16 号。
⑧ 王天奖:《民国时期河南"土匪"略论》,《商丘师专学报》1988 年第 4 期。

给全省人民的生命和社会经济带来十分沉重的打击,当时的百姓们说:"宁做太平犬,不为离乱民"①,足见老百姓渴望过安宁日子的强烈愿望。

第三,帮会林立。据《民国档案》记载,民国时期约有 1 000 个帮会组织,遍布大江南北。规模较大的会党有北方的红枪会、忠孝团、无极会等,东南沿海地区的大刀会、小刀会等。清末胡思敬认为帮会丛生是政府软弱、社会失控、各种势力逐渐汇集发展的结果。他在《会匪篇》中说:"政刑失,寇盗滋张""发匪据江南,捻匪乱中原,胡匪起奉天,刀匪掠山东,拳匪练拳勇,票匪自海外,枭匪盐两湖,红帮西溯江,青帮入湖南,咽匪穴南山,棚匪黔入山,四川哥老蔓,……黄河发源甚微,沿途汇众流,势汹汹,渐不可遏;过三门以东无大山夹持,乃为中国患害,不可不知也"。②如在陕西境内各种会道门组织有 106 种,如一贯道、修友会、白阳圣贤大道、一教古佛道、一宫道、金母道、道德学社、天地道、三皇道、聚仙堂、四正香、黑煞道等,约有道徒五六十万之众;甘肃会道门派系庞杂,主要有一贯道、无极道、皇坛、瑶池道、中华礼教会等约 50 种,道首约 5.96 万人,道徒 94 万人,分布在 67 个县市。③这些会道门组织成员大部分与土匪、宪警和特务勾结,破坏力强,危害严重,实为残害百姓、祸乱乡里的黑恶势力。

第四,灾害频仍。民国时期,仅 1912 年到 1937 年的 25 年中,灾害就达 77 次,其中水灾 24 次,旱灾 14 次,地震 10 次,蝗灾 9 次,风灾 6 次,疫灾 6 次,雹灾 4 次,霜灾 2 次,歉饥 2 次,平均每年 3 次。灾荒造成了粮食的严重短缺,灾民的代食物主要有树皮、树叶、草根、青草、青麦皮、粗粉、水藻、田螺、橡子、野菜、油渣、葛根粉、风化石、观音土等,造成"所到之处饿殍盈野,村落成墟","饥民率皆鹄面鸠形,仅余残喘,竟有易子析骸之惨"的局面。民国时期,因灾死亡人口超过 2 000 万,大量土地荒芜。据 1930 年官方对 1 527 个县的统计,共有荒地 900 多万亩;1934 年对 49 个县的统计,荒地则多达 1 530 万亩。广大农村呈现出一幅悲惨的破败景象。例如,近代以来西北各省灾荒频繁,具有积累性的特点。1851—1910 年,陕甘两省累计灾害,陕西是 767 次,甘肃是 403 次,合计 1 170 次。④ 民国以后,自然灾荒更加频繁。据南京赈务处统计,1929 年西北各省遭灾县数为陕西 85 县,灾民 5 355 264 人;甘肃 65 县,灾民 2 440 840 人;绥远 17 县,

---

① 许海洋:《我所经历的"跑反"》,《郏县文史资料》第 3 辑。
② 胡思敬:《国闻备乘·会匪篇》,收录于《近代稗海》第 1 辑,四川人民出版社 1985 年版,第 232 页。
③ 《中国会道门史料集成》(下),中国社会科学出版社 2004 年版,第 1121—1126、1166 页。
④ 李文治:《中国近代农业史资料》第 1 辑,北京三联书店 1957 年版,第 735 页。

灾民 1 498 819 人。① 1929 年 3 月，国民政府内政部长薛笃弼到甘肃平凉视察灾情，面对惨象，薛在致刘郁芬的电报中说："平凉迭遭兵匪，庐舍荡然，釜罄如洗，草根树皮，挖掘殆尽，死亡之余，或卧疾不起，或赤身无衣，此种奇灾，历所未有。"5 月，薛又报告行政院"陕西省有灾民 620 余万人，甘肃省有 240 万人，陇东面粉每百斤涨至银币 25 元"。②《申报月刊》所载《甘肃最近之情况》也报道："承询此间最近状况，两言可答，即饥军遍地，土匪如毛是已！问军何以饥？因民穷财尽，无法再事敲剥也。问何必要饥军？因土匪如毛，非此不足以维持也。问土匪何以如毛？因饥军遍地，不能安于营伍，相率哗变也。问人何愿为饥军？因负担太重，不能安于农村，为军虽饥，尚不至于死，不为军，势必婉转呻吟，渐就死途也。"③

第五，烟毒泛滥。据卜凯主编的《中国土地利用》一书的调查资料显示，1904—1909 年罂粟种植面积占全国土地总面积的 14%，1905 年，鸦片的产量已达 22 000 吨左右。④ 清末民初，河南的豫西、豫东种烟特盛，约占农田总面积的 40%—50%⑤。种植罂粟不但导致土地肥力下降，日益贫瘠化，更使粮食作物的种植面积大规模减少。以 1925 年为例，全国引种罂粟而每年减少粮食 5.4 亿斤。⑥ 民初烟毒在河南农村泛滥的程度超乎人们的想象，在有些地方甚至成为一种大众社会交往的必备内容。"二十世纪二十年代，人们吸食大烟的恶习在泌阳境蔓延。盛行后，中等生活水平以上的人家，必备烟具为平时招待客人之需。""当时央人求情多以烟土、老海为厚礼；招待官场和乡绅也是以此为上乘。"⑦ 豫东郸城民谣描述很多人为"大烟枪，羊皮金（即锡箔纸，吸老海的工具），两件宝贝不离身。上哪去，庙后头，铺麻叶，枕砖头，卖掉老婆和高楼，哧喽哧喽吸两口，瘾过足，觉睡够，赛过公子和王侯，哪管明天炮敲头"。⑧ 豫南泌阳民谣："嗞儿，嗞儿，南北畛（卖地。畛：指南北向耕作的地块，代指土地），呼，呼，东西屋（卖房），

---

① 觉哉：《谈谈现在的灾荒》（1929 年 4 月），《中共党史参考资料》（三）（第二次国内革命战争时期），人民出版社 1979 年版，第 45 页。
② 《甘肃文史资料选辑》第 10 辑，甘肃人民出版社 1980 年版，第 118 页。
③ 《申报月刊》第 1 卷第 1 号，第 7 页。
④ 参见任伟伟：《北洋军阀时期国内鸦片泛滥对中国农村发展的影响》，《科技信息》2007 年第 24 期。
⑤ 蒋秋明、朱庆葆：《中国禁毒历程》，天津教育出版社 1996 年版。
⑥ 章有义主编：《中国近代农业史资料》第 3 辑，生活出版社 1957 年版，第 926 页。
⑦ 刘广合、宋书秀：《民国年间泌阳"官膏局"创办始末》，收录于《泌阳文史资料》第 3 辑。
⑧ 黎民：《郸城境内的烟毒泛滥始末》，《郸城文史资料》第 5 辑。

大闺女、小媳妇,都进我的烟葫芦(烟葫芦指大烟枪,进烟葫芦指卖儿卖女)。"①"郸城曹集村 385 人中,有 269 人不同程度的吸食,挂瘾的近 1/5,有 46 人变为盗贼或二流子懒汉,14 户卖尽田产,4 户落个妻离子散。"②这些记载都很好地说明了因吸食鸦片家破人亡、倾家荡产的情况。

第六,赋税繁重。如河南,仅 1916 年至 1920 年,地丁税就增长了 50%以上。从 1920 年开始,河南预征田赋,以后逐年增加,普遍预征三年以上,有的地方多达十几年。③ 从 1929 年到 1934 年,广东省的地租额普遍增长了 20%。1930 年,河南商城的田赋附加税超过正税的 600%,四川奉节则超过 768%。④ 除正常的地丁税、兵差徭役之外,苛捐杂税多如牛毛,其名目有印花税、营业税、牙帖税、包裹税、戏捐、斗捐、花生捐、棉花捐、瓜子捐、枣捐、蛋捐、杂粮捐、柳条捐、牛马税捐、羊捐、户捐、屋捐、门捐、契捐、煤捐、粮差捐、煤油捐、赌捐、烟土捐、车捐、船捐、潜串捐、丁串捐等近 30 种,名目繁多,达到骇人听闻的地步,百姓困苦不堪。⑤

第七,生活窘迫。军阀割据的形成和南北对立的分裂状态,加剧了社会经济衰败,而新兴的军阀、官僚依靠他们显赫的政治地位独霸一方,大量兼并土地,土地的集中呈现出加速化的趋势,导致大量农民破产,生存维艰。自 1914 年到 1918 年全国农民减少了 1 500 多万户;⑥1924—1927 年,据国民党农业部统计,在全国农村人口中,有 55%(1 亿 8 600 万人)是无地的佃农、雇农和游民。⑦ 据经济学者对江苏昆山、南通和安徽宿县三个县的调查,1905 年到 1924 年这近 20 年间的农村土地关系的变动情况大致相似。以南通为例:各类农户的比例是 1905 年自耕农占 20.2%到 1914 年为 15.8%,1924 年只占 13%。佃农则由 1905 年的 56.9%到 1914 年的 61.5%,1924 年再升为 64.4%。⑧ 广大农民的日常生活十分艰辛,如湘中佃农的生活状况是"每天只有两顿粗糙饭,还有一点自

---

① 刘广论、宋书秀:《民国年间泌阳"官膏局"创办始末》,收录于《泌阳文史资料》第 3 辑。
② 黎民:《郸城境内的烟毒泛滥始末》,收录于《郸城文史资料》第 5 辑。
③ [美]张信著,岳谦厚、张玮译:《二十世纪初期中国社会之演变——国家与河南地方精英 1900—1937》,中华书局 2004 年版,第 205 页。
④ 以上数据见关海庭主编:《中国近现代政治发展史》,北京大学出版社 2005 年版,第 134—135 页。
⑤ 李文楼:《民国时期河南土匪研究(1912—1927)》,河南大学硕士学位论文,2008 年。
⑥ 《陈独秀文章选编》(中),生活·读书·新知三联书店 1984 年版,第 317 页。
⑦ 章有义主编:《中国近代农业史资料》第 2 辑,生活出版社 1957 年版,第 67 页。
⑧ 金德群:《民国时期农村土地问题》,红旗出版社 1994 年版,第 22 页。

家种的蔬菜。肉,除掉大节气,如过年节的时候,是不容易发现的";"衣服仅足蔽体,料子都是极粗的老棉布。常常看到许多的农民,身上穿的衣裤,没有一件不是补过又补,缝过又缝的。脚差不多终年赤着,穿鞋袜的,大概只有到人家拜年的时候才看见,穿了一、二天,又得好好收藏起来,预备明年此时再用"。① 农民"终岁勤动,不越吠亩,汗被体,泥添足",然而"羹不盐,爨无薪。宵无灯火,冬夜无衾,号寒俟旦","大穰"之年不过维持温饱,遇到凶岁则难免"流离于道路,亡故者十八九"。② 无业游民和破产的农民,再加上日益增长的人口,对早已超负荷运转的社会构成了巨大的压力。

历史事实表明,近代以来摆在中国人民面前最大的时代课题就是争取民族独立、民主自由和民生幸福。碎片化的近代中国呼唤出现一个强有力的政治中心、政治组织来统一意志、凝聚力量,形成实现梦想的强大现实力量。

### 三、制度创设思想偏离社会生活现实

创设制度包括主观设想和尊重规律两个方面,而以尊重社会发展规律为基础。对规律的把握体现着一个政治集团的政治智慧和理论认知能力,包括把脉群众呼声、确认发展大势、明确追求目标、指明实现路径等,这样用于管理和治理的制度设计才能合乎规律和趋势,才能管用。对近代中国来说,进行现代国家建设既是顺应世界潮流的必然趋势,又有不同于任何一个先进国家的独特情形。制度创设中一方面要考虑国家权力纵横两个方面的调控,即权力制衡问题在设计的制度安排中是如何体现的,有什么根据和表现形式。另一方面还要注意传统乡村权力运行模式与创设新的权力组织之间的相互影响的关系。离开了特定的历史条件和土壤,很难创设出有生命力的国家政治制度。理想化与现实性的矛盾是近代国家政治制度创设必须面对和解决的问题,这是一条重要的历史启示和经验结论。

近代思想家和政治家所提出的现代国家建设思想和政治制度设计,对当时的中国而言大多都带有超前性和空想性,并不完全是当时中国社会现实的直接反映。维新派与义和拳民之间认识的歧异就足以说明问题。前者主张学习洋

---

① 《东方杂志》第24卷第16号。
② 黄侃:《哀贫民》,收录于《辛亥革命前十年间时论选集》第二卷(下册),生活·读书·新知三联书店1960年版,第786页。

人,而后者则对洋人、洋物深恶痛绝,甚至把主张开展洋务的中国人也一律指斥为洋毛子,依据接触洋人、洋物、洋务的亲疏程度,从真洋毛子、二毛子依次划分到十毛子。这样强烈的差异至少表明农民这个人数众多的阶级很难以平静的心态接受通过侵略渗入的西方文明。维新派的主张并没有真正反映出以农民为代表的大多数社会成员的愿望和要求。思想观念的超前性是人类认识世界从而改造世界的特征之一,但它应是建立在对社会历史和社会现实进行了严密、细致、深入的考察、研究、分析后得出的科学见解,这样才能引导社会或是反映社会发展的基本趋势。然而,中国近代仁人志士的思想主张大多是从西方搬入的现成理论与在对中国社会感性认识的基础上以并非完全科学的社会发展理论串联起来的。因此,不可能完全真实地反映中国社会内部酝酿着的社会发展的趋势,这就不可避免地使他们的主张与中国近代的现实存在差距而呈现出空想性的特点。

纵观近代 100 多年的历史变迁,我们应当清醒地认识到中国近代社会内部的经济要素和文化要素还远没有达到自发地要求发展资本主义的程度。近代化的经济要素主要是洋人在华的"独资经济"和由此诱发的中国政府和私人建立的一批工厂企业、商贸公司和金融机构,带有极明显的模仿性和移植性。但是,无论是什么性质的经济模式和经营方式,它们存在下去的主客观条件并不完全是由技术本身和文明先进程度及其生命力所左右和决定的。列强在华的所有经济行为是在船坚炮利打出的一系列不平等条约的保护下完成的;而政府举办的工矿企业、商业贸易则是充分发挥政治权力的垄断性、强制性的基础上进行的。至于私人经营的种种企业,且不说总体上近代化水平和机械化程度之低下,就其能存在下去并有所发展的部分而言,要么寻求的是政府保护,要么主办者自身就是在职或退休官僚,要么就是依靠海外资本、洋人势力,要么就是旧式货币持有者通过家族血缘关系投入新的赢利方式。总之,这几种带有近代化意义的经济成分是在一种古老的社会经济和文化关系的基础上产生、存在甚至发展的,它们能否彻底取代中国原有的生产关系尚存有疑问,而它们自身的性质又很难说"资本主义"性质是主流(使用机器生产并不等于接受资本主义生产关系),故而,从这一角度把这些近代化企业的产生看作中国近代社会资本主义走向的标志物是缺乏说服力的。中国近代向西方学习的过程就如同经济领域的状况,仁人志士之所以倡言学习西方是在某种救亡图存的总体心态下展开的,他们痛感清政府的腐败无能，对民族危亡产生了种种忧虑，于是来不及区分西方文化的优劣和适用性，也来不及辨别中国文化的现代价值，就热情地鼓吹、介绍西方文化思想、政治制度，以为能使西方强大的东西在中国也一样管用。在介绍和传播西方文化时，不可避免地呈现出生搬硬套、囫囵吞枣的现象。介绍和学习的西方政治理论越详尽，离中国的实际就越远，特别是当用它来指导社会实践时是缺乏号召力的，我们稍稍分析一下参加辛亥革命的各种分子的动机便能清楚地看到这一点。

辛亥革命历来被看作一个完整意义上的资产阶级民主革命，人们当然推论出它的发动者们是以建立资产阶级共和国为目标的。然而，这种判断失之于笼统，并没有真实地、全面地反映出当时参加者的动机。不错，被称为中国第一个资产阶级团体的兴中会和第一个资产阶级政党的同盟会的纲领中的确有"创立合众政府"和"创立民国"的口号，但这丝毫不能说明它们代表了多数中国人民的呼声。以1905—1907年加入同盟会者为例，可考知其出身者有379人，其中留学生354人，占93%以上；官僚和有功名的知识分子10人，教师、医生8人，这两类各占7%多一点；资本家、商人6人，占1%多一点，贫农1人。这组数字充分说明，两会纲领中"创立合众政府"和"创立民国"的思想主要是青年知识分子的要求，更多的是留学生的要求。可以肯定，辛亥革命的参加者绝不是在共同追求一个资产阶级民主共和的目标下走到一起来的。而两会口号中最引人注目的却是"驱逐鞑虏，恢复中华"这八个字，恰恰是极具民族主义色彩的口号成为号召人们推翻清政府统治的强大号角。由此才不难理解，一次偶然的弹药库失事而仓促起事的反清起义会如此迅速地得到近半个中国的响应，在极短的时间内便推翻了两千多年的帝制。如此强大的政治动员力的源泉来自对"排满"的认同。辛亥革命的参加者，无论是领袖人物，还是各类会党分子无不是具有这种浓烈的种族主义的思想。孙中山在表述他的民族主义思想时就明确地说："民族革命的原故，是不甘心满洲人灭我们的国，主我们的政，它要扑灭他的政府，光复我们民族的国家。"他所说的"我们的民族"指的就是"汉族"，即"中国者，中国人之中国；中国之政治，中国人任之。驱除鞑虏之后，光复我民族的国家。敢有为石敬塘、吴三桂之所为者，天下共击之！"①邹容在《革命军》中就鲜明地倡言："与尔之世仇满洲人，与尔之公敌爱新觉罗氏，相驰骋于枪林弹雨之中"；宋教仁在一首长歌中

---

① 《孙中山选集》，人民出版社2011年版，第78、81页。

也写道:"嗟神州之久沦兮,尽荆天与地棘;展支那图以大索兮,无一寸完全干净汉族自由之土地。"至于各类小团体更是以排满相号召,光复会的口号是:"黄河溯源浙江潮,卫我中华汉族豪,莫使满胡留片甲,轩辕仍旧是天骄"①;龙华会的入会誓词则说:"我等协力同心,誓杀鞑子,报我祖宗大仇。"②而湖南的洪江会则打出了"新中华大帝国南部起义恢复军"的旗号,主张"勿狃于立宪、专制、共和之成说,但得我汉族为天子,即稍形专制亦为家中祖父"。③ 无须罗列更多的例子,无论学者们怎样赋予"排满"以反封建的性质和含义,都丝毫无助于减弱它浓烈的大汉族主义的色彩。因此,不能把辛亥革命仅仅看作向西方学习走资本主义道路的表现,恰恰相反,它充分说明了西方文化与中国实际的差距,倡言向西方学习者的言论不能真实地反映中国近代社会发展的趋势。

中国近代资本主义的发展是在外国资本主义的刺激下兴起的。然而由于社会内部自身发展的程度远未达到成熟地接受这种生产方式及其伴随物——机器,因此,虽然诸多的统计数字呈现出工矿企业、机器数目的直线上升的趋势,但人的观念、经营方式、生产关系、文化景观等诸多方面却没有紧随其后发生变化。反映在思想界,高谈西方社会政治理论者多,注重中国现实社会状况研究者少;盲目崇拜西方文化的成分要远远大于对中国固有文化兼融性功能的注意,从而形成了政治活动家高喊着改良、革命、民主、共和而认同者寥寥的现象。康有为、孙中山都被看成空想主义者,孙中山还被戏称为"孙大炮",说明思想与现实脱节的程度还是相当严重的。然而,如果我们再深入分析思想家的禀性特点、思想倾向、情感取向就会惊奇地发现,他们在行为上和习惯上更多的是自觉不自觉地抵抗着西洋文化及其物质文明的,文化传统和西方文明这两种文化在思想家的头脑中就如同油与水的关系一样,西洋文化好比光亮可见的油花,中国文化传统犹如一潭宁静的清泉,油花漂浮水上,两者并未发生交融,这正说明中国文化的韧劲。康有为最终成了一个保皇分子,而孙中山也热衷于集产社会主义的宣传,资本主义已经不是那个时代思想家所向往的最美好的制度了,而是被各种不同形式的公有制理想所代替。

---

① 冯自由:《革命逸史》第二集《鉴湖女侠秋瑾》,新星出版社 2009 年版。
② [日]平山周著,史择新译:《中国秘密社会史》,商务印书馆 2011 年版,第 139 页。
③ 转引自邵循正:《辛亥革命时期资产阶级革命派和农民的关系问题》,收录于《辛亥革命史论文选》(上),生活·读书·新知三联书店 1981 年版,第 177 页。

## 四、创设制度的政党呈现松散化、软弱化和独占化特征

在创建近现代国家政治制度的过程中，政党发挥着不可替代的重要作用，这是中外学者公认的一个结论。有学者指出："政党的兴起无疑是现代政治最显著的标志之一。事实上，政党起了民主政府的缔造者的主要作用。政党创造了民主，倘若没有政党，现代民主是不可想象的。"① 关于政党与政治体系稳定性的关系，美国学者亨廷顿认为："一个现代化中政治体系的安定，取决其政党的力量。一个强大的政党能使群众的支持制度化。政党的力量反映了大众支持的范围和制度化水平。凡达到目前和预料到的高水平政治安定的发展中国家，莫不至少有一个强有力的政党。……同有强大的政党的政治体系相比，在没有强有力政党的政治体系中，更容易出现暴乱、骚动和其他形式的政治不安定。"② 这是因为现代政党对阶级利益的整体把握是阶级之成为阶级、阶级成员产生共同阶级意识的重要纽带，是形成阶级组织行动力量的中枢。特别是该阶级尚不占生产上的统治地位，但政党的先进性意识已经代表了生产力发展的方向。那么，这种政党的政治主张和政治意志就能够反映社会发展的趋势，并通过自己的努力使国家走向这个先进的方向。其实，无产阶级政党的出现及其作用就是典型的代表，通过夺取政权、创建新型国家、创设全新国家政治制度来推动本国现代化的发展。因此，无论工业化是什么水平，只要有了代表生产力前进方向的政党领导，落后国家实现经济腾飞和民主政治制度创设就有了根本的保障。因此，通过先进政党先创建国家制度再推动发展经济也是一种现代化发展模式的选择。

西方国家普遍的特点是先有民主制度后有政党政治。西方的政党大多出现在中世纪就存在的议会制度里，执政党在既有民主制度的规范下进行活动，因此一般被称为议会党。而近代中国政治的现代性转换却需要先建党后才能建国。"先党后国"的"国"是指建立现代民族国家，它应当是独立的、不受任何外部压迫和干涉的，内部是有序的、民主的。创建她的党一般被称为革命党，或者也可以直接呼之为建国党。近代出现的国民党、共产党都属于这个范畴。革命党、议会党这样的划分说明在不同的国家，由于历史条件不同，政党的作用就不同，使命

---

① 郭定平：《政党与政府》，浙江人民出版社1998年版，第4页。
② [美]塞缪尔·亨廷顿著，李盛平、杨玉生等译：《变革社会中的政治秩序》，华夏出版社1988年版，第396—397页。

就不同,这就深刻地影响着国家制度的设计。复杂社会中的先进政党不仅代表先进阶级的政治理想,更关注着国家和民族的命运,因此其政治主张中必然包括了超越本阶级政治诉求的内容。特别是在特定的历史环境里,先进政党的历史使命虽然有长远的打算和追求,但也必须面对历史现实赋予它的近期任务与使命,这就必然使它的代表性更加广泛、历史任务更加复杂多样,依靠的力量也必然丰富多样。这或许是落后国家进行社会革命时必然遇到的历史挑战和现实问题。遗憾的是,领导近代中国创设国家政治制度的国民党却是一个松散的政治联盟,既不能提出反映社会发展规律的先进理论,也不能最大限度地反映最广大人民群众的愿望,更不具备强大的社会动员能力,其所创设的政治制度必然脱离了社会需要,成为维护少数阶级利益的工具。历史呼唤一个能够代表人民利益、实现民族振兴的坚强的、有力的政治领导核心,这是历史给出的又一个重要的经验和启示。

无论是兴中会、同盟会还是国民党、中国国民党,在创设国家政治制度的过程中表现出了鲜明的松散化、软弱化和独占化特征。体现在以下几个方面:

首先,参加辛亥革命的各色人等报着极其复杂的政治动机,思想认识十分混乱。且不说会党、旧军队中参加革命的投机者,就是资产阶级革命团体如兴中会、同盟会的参加者也是鱼龙混杂。这种状况使得同盟会中形成了三股政治思潮。第一股是以章太炎为主要代言人的光复会,它更多地反映出一种单纯而狭隘的反满革命和农民阶级的意识形态。第二股是以朱执信为代表的表现为一种激进的,然而很难为时人所理解和接受的社会主义思想。第三股是以陈天华为最早发言人的华兴会反帝救国思想,赢得了较为广泛的同情和认同。指导思想的混乱,不能表明这些革命者都是奔着建立资产阶级共和国的目标走到一起的,更多的是反满民族主义思想和救亡图存的迫切需要产生了巨大的聚合力,形成了反满革命的洪流。如另一位著名的革命者徐锡麟就不赞成以"民权主义"相号召,他明确表示:"我们的宗旨与孙文不同,他是民族、民权、民生并重,我们只做民族上的事情,不必与他联合。"[①]指导思想的混乱还表现在孙中山逝世后,国民党各色人等纷纷以自己的理解来诠释三民主义,都以"总理学生"和遗训正宗继承者自居,实际都是为了争得对自己有利的政治地位。这些都加剧了国民党内

---

① 《神州光复志演义》(上、下),收录于董文成、李勤学主编:《中国近代珍稀本小说》,春风文艺出版社 2003年版。

的派系之争,逐渐失去了人民对"革命"的国民党的信任。

其次,惧怕帝国主义和封建势力,无法真正推动国家的独立和民主制度的运行。为争得西方列强的承认,辛亥革命在南京建立的临时政府承认了晚清与洋人签订的所有不平等条约,承诺继续支付庚子赔款,甚至为筹措经费打算举借外债,还引起了不少地方群众的抗议活动。令人惊异的是,对下层民众真正的客观上具有扫除封建势力效果的反抗行为,临时政府却大加镇压。如广西:"近因宣布独立,匪股均建独立旗帜……军政府通电各路统兵大员,一遇此等伪国民军,痛加截剿。"江苏奉贤农民起事,"以抗租税,不还店账为目的",其首领洪某更自称为"洪天王复活",而一向以洪杨继承者自居的革命党人竟派"师船"加以镇压。因此,从人所称道的中华民国临时政府存在的情形看,它的资产阶级性质只是规定在文件和通告上,在实际政治生活中的作用十分有限。当时它不能"慑服各省,号令不能下行",对起义各省也只是"电报统一",远未实现"实际统一"。章太炎就曾挖苦说:"政府号令,不出百里,孙公日骑马上清凉山耳!"①

再次,同盟会和随后出现的国民党中弥漫着一种功成名就、意志消退的氛围,极大地削弱了政党的号召力和凝聚力。革命成功后,基于"排满"而联合起来的同盟会也濒于瓦解,不少会员只把它看成是一个反满的秘密组织,所谓"革命成功,革命党消"的呼声甚嚣尘上。同盟会内的斗争也异常尖锐,功成名就、居功自傲、功成隐退等思想蔓延。南京临时政府刚成立,章太炎就正式退出了同盟会,而且反对孙中山当大总统,认为论功应当是黄兴,论才应当是宋教仁,论德应当是汪精卫。黄兴在临时政府中任陆军总长,实为各部之领袖,但这样一个重要人物却有着功成隐退的思想。1912年,黄兴在39岁生日时写出了这样的诗句:"三九年知四十非,大风歌罢不如归。"②至于居功自傲几乎是弥漫性的现象。参加辛亥革命的胡瑛被委任为营口都督后,竟"对镜顾影自豪,喃喃地说道:'周公瑾年少膺都督,我胡经武今日亦足比拟,何让前贤!'"领导革命的政党革命后处于如此涣散的地步,何谈创建一个稳定的国家政治制度。最后连孙中山都激愤地说:"不图革命初成,党人即起异议,谓予所主张者理想太高,不适合中国之用,众口铄金,一时风靡,同志之士亦悉惑焉。是以予为民国总统时之主张,反不若

---

① 参见中国史学会主编:《中国近代史资料丛刊·辛亥革命》第8册,上海人民出版社1957年版。
② 黄兴:《回湘感怀》,收录于王毅主编:《革命烈士诗歌选读》,人民文学出版社2012年版。

为革命领袖时之有效而见之施行矣。"①这种状况表明,"救亡图存",特别是"排满兴汉"是当时的主要目标,由于共同的敌人被打倒,很多人感到已经无事可做,并没有迫切地把发展经济、建设国家放在首位,更不用谈扫除封建势力了。

最后,以蒋介石为首的国民党最终走向了独占政权的专制道路。蒋介石在《中国之命运》一书中就明确表示:"如果今日的中国,没有中国国民党,那就是没有了中国,如果中国国民党革命失败了,那亦就是中国国家整个的失败。简单地说:中国的命运,完全寄托于中国国民党。"②蒋介石仍然以"革命"的名义论证了国民党"一党治国"的合法性和有效性,明确排除了其他阶级和党派的"革命权利"。从历史发展的事实来看,国民党确实在1927年实现了形式上的全国统一。但是,重塑的南京国民政府是通过与地方军阀的妥协来实现的,实际上国民党及其军队只不过沦为地方军阀的总头目,早已迷失了国家建设和制度创设的意识。一方面,地方势力对中央政府的反抗依然贯穿在20世纪的二三十年代,仅1929—1931年,大型的内战就达6次。另一方面,作为中央政府,南京国民政府无力应对全国性的社会经济问题。在城市,失业人口数量居高不下,社会危机极为严重;在农村,地主与农民两大阶级也处在严重的对立状态。虽然南京国民政府曾多次试图打破这种状态,但最终都以失败告终。国民党对政治资源的独占,不但阻断了各阶级及人民群众参与政治的渠道,而且也未能形成引领国家建设的政治权威,失败便成为必然。

近代中国国家建设的逻辑已很清晰,即必须建立起一个具有现代化取向的中央集权性质的国家。从现代民族国家创建的世界经验看,"现代化政权必须实现政治整合过程,即由单一的、世俗化的、全国性的政治权威,取代各种传统的、宗教的、家族的或地域性的政权,实现中央政权的集中统一、把权力集中于公认的公共机构手中的政治整合过程,形成一个统一集中而有效运行的中央权威"。③但事实是在中国创建现代民族国家的过程中,旧的君主制权威被瓦解直到消亡,而新的政治权威又因为缺少必要的合法性和有效性,因此连续出现了权威危机。一直到1949年以前,无论是袁世凯、段祺瑞,还是孙中山、蒋介石都难

---

① 孙中山:《建国方略·自序》,生活·读书·新知三联书店2014年版。
② 蒋中正:《中国之命运》,中国书局1945年翻印本,第143—148页。
③ [美]塞缪尔·亨廷顿著,李盛平、杨玉生等译:《变革社会中的政治秩序》,华夏出版社1988年版,第35页。

以进行切实有效的国家建设,自由派知识分子群也提供不出解决危机与困境的现实方法,政治精英们及其代表的阶级力量始终无法改变软弱涣散的组织状态,近代中国革命的任务远没有完成。

## 五、创设制度的文化氛围日益情绪化、极端化和模糊化

1840年以来,伴随着民族危机的不断加深,来自西方压力的不断增强,国人的反应也渐趋强烈。"亡国亡种"的呼号、"保国保民"的呐喊,反映着民族独立意识和自强意识进一步高涨。在上层,思想观念呈现出恪守传统与维新自强并立,盲目拒斥与急切超越并存;在下层,则表现为乡里百姓皈依洋教和仇洋、灭洋现象势不两立;排满革命意识与外争国权意识的界限模糊。这些应对西方势力东来的对外反应日益营造出一种急切而又浮躁的文化氛围,既会影响到对西方思想文化和物质文明学习的动机,也遮掩了人们清醒认识国家命运与历史走向的理性认知之光,从而导致中华民国国家政治制度从设计到创设都远离近代中国时代挑战问题的真正解决之道。对外反应的文化心理日益表现出情绪化、极端化和模糊化的特点。

第一,恪守传统意识的排拒性。近代思想家大多在文化传统的熏陶下长大成人,原有的民族价值观念、思维方式已渐成模式,然后才开始接触、吸收西方文化。这必然成为有选择、过滤式且带有一定目的的学习吸收过程,也就决定了其展示的文化面貌是复合式的。中国传统知识分子大多被视为"四民"之首的"士",他们通常博古通今,是儒家思想和文化的主要传承者和解释者。因此,近代思想家大多处在由传统士大夫向近代型知识分子转变的状态,他们的阶级属性也必然是两者的糅合。东来的西方文化不同于以往的异族文化,传入的方式又带有腥风血雨,从而在社会各阶级人士中都产生了某种抗拒心理。开明者取"习而用之"的开放态度,而多数社会成员却是从直接感受出发持有排斥态度。就制度文化而言,西方政治制度与中国传统制度之间存在着"紧张"与冲突。我国传统社会政治权力的常态是以宗法伦理为基础的大一统中央集权状态,实行的是自上而下的、单向的、等级结构的线状控权模式,这与近代西方政治制度在分权制衡原则下注重权力的横向制约也有较大的不同。[1]众所周知,中国的传

---

[1] 刘云虹:《制度移植的变异与失败——基于对近代中国宪政的考察》,《江苏行政学院学报》2011年第2期。

统政治文化表现为君为中枢、德主刑辅、以民为本、四海一家等治国理念,这些是历代历朝施政的思想基础和依据,与西方的政治思想和制度设计也存在巨大的差异,两者直接发生对接或替代显然存在着巨大的困难。① 因此,传统知识分子大多最后都成了传统文化的坚守者,对西方文化产生了某种排拒心理。

第二,驾乎其上意识的急切性。纵观近代中国向西方学习的社会思潮,蕴含着两个鲜明而又强烈的意识。一是反抗意识,即反抗外国侵略,争取民族独立的爱国意识。二是超越意识,即通过学习西方追赶和超越西方的意识,它是反抗意识的自然延伸。如果说反抗侵略的爱国意识是文化碰撞中激发出的一种自然反应,那么,超越意识则代表着近代先驱对中华民族发展模式、发展目标和发展道路的思索。在近代思想家们的言论中随处可见制胜、并立、争雄、并驾、制夷、驭夷、驾乎其上等词语,甚至还有横兵欧美、雄视五洲、问鼎西洋、横扫东洋等字眼,这反映了近代思想家在思考民族存亡和未来发展问题上由浅及深、由窄及宽、由近及远的思维轨迹。中国近代的仁人志士对西方的向往和宣传,更多的不是来自他们代表的本国资产阶级的迫切要求,而是来自对清政府腐败、软弱、无能的极度愤懑和西方文明东来的强烈刺激。以他们当时的认识水平、知识结构和概念系统而言,对待中西文明并没有认识到质的差别,而是或明或暗地看作"夷夏之不同"、"古旧夷"与"现代夷"之不同、富强与贫弱之不同。当他们要求学习西方的所有事物,包括议院、立宪等时,也没有意识到要使中国资本主义化,而是充满"自强""雪耻""超夷""驾乎其上"等带有极强烈的民族危机感、独立感的情绪倾向。冯桂芬在认同魏源著名的"师夷之长技以制夷"的口号时,就曾倡言:"始则师而法之,继则比而齐之,终则驾而上之"②,从而开创了近代思想史上"超越意识"的传统。康有为在《进呈〈日本明治变政考〉序》中更鲜明地主张:"大抵欧美以三百年而造成治本,日本效欧美,以三十年而摹成治本,若以中国之广土众民近乎日本,三年而宏规成,五年而条理备,八年而成效举,十年而霸图定矣",那时就可以"雪祖宗之愤耻,恢华夏之声教,存圣伦于将泯,维王教于渐坠"③,恢复中国天朝大国的地位。孙中山也提出"驾乎欧美之上",他甚至乐观地认为,近代中国比西方更有条件率先实现社会主义理想,通过"毕其功于一役"的社会革命,

---

① 林建华:《论近代中国的制度移植及其教训》,《学习与探索》2010 年第 6 期。
② 冯桂芬:《校邠庐抗议·制洋器议》,上海书店出版社 2002 年版。
③ 《康子内外篇·阖辟篇》,中华书局 1988 年版,第 19 页。

中国一定会超过西方走到世界文明的前列。超越意识是近代先进思想家中普遍具有的思想。近代中国所遭受的苦难,使他们强烈的复仇雪耻意识伴随着民族文化优越感的心态,无可阻挡地发展为战胜侵略者,与侵略者相抗衡并立,甚至超越侵略者乃至全面超越东西方先进国家的超越意识,反映出某种急切心态和焦躁情绪,国家建设的可靠性和合理性不可避免地从创设者的眼界中溜了过去。

第三,仇洋灭洋意识的亢奋性。鸦片战争的炮声拉开了中西文化碰撞的序幕,这种碰撞首先表现在物质文明方面,大量的西方产品通过不平等条约的保护逐渐地由沿海向内地扩散,这势必会引起乡里社会经济结构的变迁。在南方,苏松杭嘉湖一带明清以来一直是我国纺织业发达的地区,专业化经营程度也比较高,因而对外地的棉花、蚕茧、粮食等需求量很大,由此与华北经济区形成了比较紧密的贸易关系。随着洋纱、洋布的侵入,这一地区的纺织品生产遭到沉重打击,产品在华北市场的销售也受到影响,因而棉花的需求量大为缩小。随着北方港口的开放,洋纱、洋布更是汹涌而入。19世纪下半叶,天津、烟台两港的洋纱、洋布入口量之大远非南方口岸所能相比,近40年间,两港的洋纱平均入口量竟与华中9港(上海、宁波、汉口、九江、镇江、芜湖、宜昌、温州、重庆)的总和不相上下。由于北方各省没有厘金的烦扰,大量洋货可以畅行于华北各地,致使华北地区洋纱、洋布的人均占有量远远超过了其他地区。1897—1899年,华北各口岸平均每年输入洋纱45万担,若以直隶、山东、山西三省共约6 600万人口计算,则人均占有0.83斤;1896—1899年,天津、烟台、镇江三口岸向华北地区平均每年输入的洋布约740万匹,人均占有洋布4.5码。这种状况逐渐使乡村的经济结构发生变化。据严中平先生的统计,华北地区每年输入的洋布若以面积计算约可取代27万—30万个熟练手工织布者的全年劳动;若以重量计,约可取代14万个熟练手工织布者的全年劳动。而洋纱则可取代40万个熟练手工纺纱者的全年劳动,足见其冲击力之大。[①] 山东陵县的白粗布"销路顿形滞涩,渐至断绝","全县手工业无形破产,农民经济影响甚巨";鲁西北的桓台县"旧为妇女纺线,织为粗布、小布,粗布销本地,小布销外境。自洋纱洋布兴,此业遂归淘汰,民生益困"。[②] 随着棉织手工业的破坏,棉花的种植也受到影响,如平度县"种棉者

---

[①] 参见严中平:《中国棉纺织史稿》,科学出版社1955年版,第24—26页。
[②] 王元一撰:《桓台县志》(卷2)。

亦锐减"。① 传统经济结构的破裂使农民用以补充农业收入不足的渠道消失,逐渐把农民推向了衣食无着的境地。经济结构缓慢变化的过程也是农民心理各种不安因素的积累过程,正如牧师斯魏磁在《波动的中国》一书中察觉到的:"许多'文明'逐渐地进攻中国内地,无数受祸者他们自己不明白受灾害的原因。……可是许多人都知道在外国商业未进来扰乱旧秩序以前,在普通的年份里是够吃够穿的,现在在各方面都缺乏,前途一天一天地可怕,像这样的经验在活动的各个方面,能怪中国人对新秩序感觉得很深的不满意吗?"②经济结构是社会结构的基础,它的变化是缓慢的,因此,人们的心理感受也是模糊的,甚至是无意识的,但是威胁却在一步步地增强,愤愤不平的情绪就开始在心理的深层结构上酝酿和积累了。

随着大批传教士的涌入,文化心理层面的碰撞显得更为直接了。西方宗教是在欧洲的经济基础、社会结构和文化心理素质的基础上发展起来的,19世纪传入中国的西方宗教大多数是"原教旨主义者",他们死守《圣经》的字句,不允许有任何微小的变动,崇拜唯一真神,把异教视为罪恶,不惜用暴力打倒一切偶像,包括孔子等儒家先圣和祖先鬼神的牌位都在打倒之列;在家族关系方面,要求信徒"不扫墟墓,不祀木主",这对中国人来说就是"无祖宗也"③;同时他们还否定皇帝的神性和至上权威,"所见奉教之人无不指斥乘舆,谓皇上与教主接见,先拜天主,次行平礼,是率天下皆为无君之人矣"。④"无君无父"在中国历来被看作大逆不道,为人所唾弃。所谓一神崇拜与乡里民众的信仰特征与习惯格格不入,中国的乡里民众不仅非常重视祭祀祖先,而且随时随地对一切神灵都加以祭祀和崇拜,而这与西方宗教崇拜一神大相径庭;此外,定时祷告也是不符合乡土民众祭拜神灵、祖先的习惯。传教士和教民共同构成的传教集团成为乡村社会新的权力系统,从经济上和文化上都冲击着原有的社会文化结构,使乡里社会的人际关系陡然紧张,民教纠纷大量增加,更加剧了人们对洋教、洋人的憎恨。正如严复所说:"夫一乡之人,见向所践踏不已,报复无由者,今乃与之平等,已是恨

---

① 《平度县续志》(卷10)。
② 转引自李达:《帝国主义与中国》,收录于宋俭、宋镜明编:《中国近代思想家文库·李达卷》,中国人民大学出版社2015年版,第112—113页。
③ "中央"研究院近代史研究所编:《教务教案档》第5辑(1),1977年版,第916页。
④ 王明伦编:《反洋教书文揭贴选》,齐鲁书社1984年版,第25页。

矣。况变本加厉,转而吾陵,则怀愤激之情。"①因此强烈地喊出了"保卫身家,守望相助"的心声。"直隶数十州县人民平时受教民欺侮,地方官慑于外人气焰,凡民教涉讼,平民每不得直,积怨日深,以故拳匪一声呼啸,风靡全省。"②于是,"人心蓄怒已久,不约而同,闻灭洋鬼子杀教民,人人踊跃思奋……,凡所云,荒诞可笑,而愚民多信之,以仇教之说得人心之故也"。③人心所向正反映了华北地区各层人士共同的心理感受,这种情绪首先指向背弃乡土文化的教民,进而"推原于洋人,亦禁于洋货,皆当乎天理之自然,合乎人心之大同"④,从而把模糊的没有目标的愤恨明确地集中在了洋人、洋物和教士、教民身上。农民群体强烈的排外情绪并不完全导源于他们守旧的文化心理和有意对抗先进文明,而是在于乡里百姓一开始看到的西方文明就是由传教士和西方军队的野蛮行径所构成的横霸面孔,乡土民众的对外反应并不是在判断了西方文明的先进与落后之后才开始的,而是在自身利益遭到剥夺和侵害的前提下出现的,无论怎样评价这种心理变化,作为一种文化反应,它并不指向西方文明的全盘接收,这恰好是中国文化独特性的表现。

第四,"排满"革命意识的狭隘性。在追逐现代化、创建现代民族国家的历史进程中,先进人物普遍认为阻碍这一历史任务完成的最大障碍是清政府。在八国联军侵华之后,"排满兴汉"成为社会青年知识分子的共识,"救亡图存"便落实为打倒清王朝。当时的青年知识分子(主体是留洋学生)强烈的仇洋排满意识十分突出,大量书刊的中心论题就是排满和灭洋,力图把"外拒白种,内复满洲"的历史任务承担起来。邹容直接把清政府与满族画等号,在《革命军》中以种族主义的情绪倡言:"与尔之世仇满洲人,与尔之公敌爱新觉罗氏相驰骋与枪林弹雨之中,然后再扫荡干涉尔主权之外来之恶魔,则尔历史污点可洗,尔倾国之民誉飞扬,尔之独立旗已高标于云霄。"⑤陈天华在《警世钟》中则表达了强烈的仇洋情绪,他号召:"读书的放了笔,耕田的放了犁耙,做生意的放了职事,做手艺的放了器具,齐把刀子磨快,子药上足,同饮一杯血酒,呼的呼,喊的喊,万众直前,杀那洋鬼子,杀投降那洋鬼子的二毛子。"⑥这里,我们惊奇地发现,作为资产阶级

---

① 王栻主编:《严复集》第一册,中华书局1986年版,第189页。
② 《义和团史料》(上册),中国社会科学出版社1982年版,第503页。
③ 《义和团史料》(上册),中国社会科学出版社1982年版,第222、223页。
④ 左绍佐:《悟澈源头》,收录于《义和团史料》(上册),中国社会科学出版社1982年版,第232页。
⑤ 邹容:《革命军》,中华书局1971年版,第41页。
⑥ 《陈天华集》,湖南人民出版社1982年版,第30页。

民主革命的辛亥革命并不是高举着"自由""博爱""民主""共和"等他们的西方老前辈们在反对本国封建主义时所高举过的旗帜,而是以"驱逐鞑虏,恢复中华"相号召。他们有感于近代以来民族的屈辱,内心产生了巨大的痛苦。故而,"排满"成为辛亥革命前 10 年响彻云天的口号,以致出现了不问青红皂白,对整个满族加以诬蔑、仇视和谩骂的极端现象。如发表在 1901 年 3 月 20 日《开智录》第 6 期上的一篇名为《义和团有功于中国说》①的文章便鼓吹说:"我国人日言为外人奴隶之耻而不知为满洲奴隶之耻,日言排外种而不知满洲之外种。满洲贼之盗我中华,二百八十年兹矣。……考其种类,乃居我国这东北,种原鞑子,国号满洲,地极苦寒,不利五谷,无以活命,则同猎野兽,取其皮而衣之,取其肉而食之,无教化,无礼义……无御风雨之宫室,如上古之穴居野处。无通书札之文字,如老死不相往来。……将蓬蓬之头发,永不整理,惟四周剃去少许,使青丝一束,臭压其头,垂拖其脑,分三股成一束,牵一发而痛全身。……使非天假义和团之手,借联合军之力,而为我国民雪二百余年之深恨,苦固有民权之萌芽,曷克到此!"这样的结论已经达到了荒谬的程度。在作者看来,只要"排满",洋人之侵略也是可以接受的,至于民权兴不兴都是无关紧要的。这样的观点在当时的知识分子中还是有较大的市场的。

如果我们把眼光放到辛亥革命所依靠的基本力量——会党和新军——上,问题就变得更为复杂了。反满的种族主义观念是光复会的主导思想,也是其与群众联系的纽带。群众要求摆脱贫困的愿望易于接受推翻现政权的主张。光复会重要成员秋瑾曾赋诗云:"黄河溯源浙江潮,卫我中华汉族豪。莫使满胡留片甲,轩辕神胄是天骄。"②在《光复军革命告示》中号召:"与我国同胞共复旧业,誓扫妖氛,重建新国。图共和之幸福,报往日之深仇。"③龙华会的创始人陶成章把"革命"理解为改朝换代,他说:"无论各国立宪,是因为离着封建时代不远,一时不能至平民执政的时代,就把这立宪做个上下过渡的用法。我们已是平民做了皇帝宰相千百余年,那里还有用着立宪过渡呢。"他认为:"立宪实在有弊病,无论什么君主立宪、共和立宪,总不免于少数人的私意,平民依旧吃苦,将来天下各国,定归还要革命。"因此,他主张革命"成功以后,或因为万不得已,暂时设一总

---

① 关于此文的作者考证请参见宁树藩、陈匡时:《评〈开智录〉》,《复旦大学学报(社会科学版)》1984 年第 3 期。
② 《中国古典文学读本丛书典藏:秋瑾选集(增订本)》,人民文学出版社 2020 年版,第 157 页。
③ 杨松等编:《中国近代史资料选辑》,生活·读书·新知三联书店 1954 年版,第 577 页。

统,由大家公举,或五年一任,或八年一任,年限虽不定,然而不能传子传孙呢。或者用市民政体,或者竟定为无政府,不设总统也未可知,然而必须看那时候我国国民程度了。但无论如何,皇帝是永远不能霸占的……我们中国古时皇帝也不是世袭的"。① 陶成章的思想在当时是有一定的代表性的,参加革命的动机就是打天下、做皇帝,至于是否建立新型国家、实现平民掌权都不是关心的重点。安徽的岳王会之得名是由于"盖岳武穆抵抗辽金,至死不变,吾人须继其志,尽力排满"。② 福建的许多社团大部分由知识分子创立,如汉族独立会就声称:"积极为军事之准备,将以福建脱离满清羁绊,独立一国,树立全国革命之先声"③,这又夹杂了地方分立主义的倾向。

会党的群众基础是从各个生产领域游离出来的流氓无产者,他们没有固定的职业和稳定的社会地位,他们的愿望和要求还达不到要求建立民国的程度,参加革命的思想基础主要建立在种族主义或皇权主义上。因此,他们的社会理想表现出了带有平均主义色彩的共有、共享的倾向。龙华会的会规中规定的宗旨是:"要把田地改作大家公有财产,也不准富家们霸占";④洪江会在《中华国民军起义檄文》中则表示:"使地权与民平均,不至富者愈富,成不平等之社会。"⑤著名革命党人刘光汉则要求:"籍豪富之田",他分析说:"今之田主,均大盗也,始也操蕴利之术,以殖其财,财盈则用以市田,田多则持以攘利,民受其陷,与暴君同。今也夺其所有,以共之于民,使人之田,均有定额,此则仁术之至大者也。"⑥上述这些思想和言论与发展资本主义、创立共和国的思想是多么不协调。在思想不统一、目标不明确、政治权威不能树立的情形下,创设新型国家政治制度的复杂性和艰难性是可想而知的。

## 六、创设制度路径表现出急切化、简单化和武断化趋势

西方民主制度被引入中国时已经达到相对成熟的状态,表现为有组织的政党活动、大规模的选举运动、相互制衡的机构设置等。在中国人看来,民主需要

---

① 汤志均编:《陶成章集》,中华书局1986年版,第133—135页。
② 参见《柏文蔚传》,《国史馆馆刊》(第一卷)1940年第3期;常恒芳:《记安庆岳王会》,收录于全国政协文史委员会编:《辛亥革命回忆录》(第4集),中华书局1966年版,第66页。
③ 郑祖荫编:《福建辛亥光复史料》,建国出版社1940年版,第8页。
④ 杨松等编:《中国近代史资料选辑》,生活·读书·新知三联书店1954年版,第577页。
⑤ 《辛亥革命》(第2册),上海人民出版社2000年版,第477页。
⑥ 张枬、王忍之:《辛亥革命前十年间时论选集》第2卷(下册),生活·读书·新知三联书店1963年版,第754页。

大众参与,要求民众普遍具有较高的文化水平。这样对于一个有大量文盲的国家来说,自然很容易得出建立民主制度异常困难的结论。据学者研究,18—19世纪的中国"大约有30%—45%的男性和只有2%—10%的女性具有某种程度的读写能力"。① 民国建立之初,绝大多数成年人还停留在文盲状态,事实上即使到了1949年,成年人中的文盲比例还在80%以上。尽管民国时期学校教育有了较大的发展,在校学生达到数百万之众②,但是相对4亿多的人口总数,即使以适龄青少年只占人口总数的1/10估计,入学率也绝不会超过10%,"以此国民程度为基础实行宪政和政党政治,这也只能是社会精英、先知先觉者的活动"。③ 如何在这样的国情基础上寻找到实现新型国家政治制度的可靠路径和现实力量,考验着领导革命者的思想深度、情感倾向、价值取向、政治智慧和社会动员能力。遗憾的是近代国家政治制度的创设者们没有能够准确把握国情和大势,当然也没有找到成功的路。主要表现在以下几个方面:

第一,宣传动员社会力量的浅表化,未能形成社会各阶级的共识。近代中国先进知识分子所从事的思想启蒙,无论从广度和深度上来看都不可避免地存在着很大的缺陷。从广度上看,无论是维新派还是革命派,他们影响的范围都是极其有限的。启蒙家们宣传新知识、新观念、新思想的工具主要是报刊,而当时报刊的发行量十分有限,传统精英和普通民众尚未真正接受民主思想。时人评论说:"其识国家为何物,共和为何义,立法为何事者,千万之一比例耳。"④更形象的说法还有:"从前的立宪党,是立他自己的宪,干国民什么事! 革命党是革他自己的命,又干国民什么事! 好比开一瓶皮(啤)酒,白泡子在面上乱喷,像是热烘烘的,气候一过,连泡子也没有了,依然是满瓶冰冷。"⑤正如孙中山在总结辛亥

---

① 转引自[美]吉尔伯特·罗兹曼主编,比较现代化课题组译:《中国的现代化》,江苏人民出版社2003年版,第168页。
② 虞和平主编:《中国现代化历程》第一卷,引《第三次教育统计表》称1909年学堂总数为52 348所,学生人数1 638 884人,江苏人民出版社2001年版,第303页。何怀宏:《1905年废除科举制度的社会涵义》,引桑兵的统计数据,称1909年学堂总数为52 438所,学生人数约300万人,《东方》1996年第5期。二者在学堂总数上基本吻合,学生人数在百万之上大体可信。岑树海"据1909年学部的第三次教育统计,当年全国在校学生不过100多万,加上各省简易识字学塾和私塾的学生,以及原科举制下受过旧学教育的人口,粗通文墨者总数仅约300万左右,清末人口四亿,说明当时人口的识字率不到百分之一"。《清末民初政党组织嬗变的类型学分析——基于精英政党的视角》,《江苏社会科学》2015年第5期。
③ 岑树海:《清末民初政党组织嬗变的类型学分析——基于精英政党的视角》,《江苏社会科学》2015年第5期。
④ 行严:《二院制果足以防国会之轻躁乎》,《民立报》1912年4月5日。
⑤ 《梁启超全集》,北京出版社1999年版,第2979页。

革命失败的原因时所说:"国人多有不解'共和'二字之意义者。"对民主共和这种肤浅、模糊甚至错误的认识,一方面造成人们对新制度的漠视,不懂得珍惜和维护,另一方面又使封建军阀官僚得以随意假共和之名行专制之实。① 从深度上看,无论维新派还是革命派,他们的民主思想都带有很大的局限性,并且在宣传过程中又常常被其他舆论所掩盖。维新派虽然宣传了不少具有民主色彩的东西,但力主实行君主立宪制,君主与民主的共在扰乱了人们的认识;革命派主张推翻专制政府,效仿西方建立民主共和国。然而,却没有更进一步地去研究和传播自由、平等思想,而是从实用的角度出发,将民主视为救国良药,片面认为专制被推翻,民主就能顺利实现,以致过度地突出了反满宣传。同盟会的机关报《民报》发刊26期,延续五六年,反满文章连篇累牍,竟没有一篇宣传民权主义的专文。② 可以说,这种片面和不深入的思想启蒙活动,在客观上冲淡了民主理论的宣传,阻碍着民主共和政体在近代中国的健康发展。

第二,看不到人民群众的伟力,把创制的希望寄托在君王或精英身上。在创设政治制度时找不到实现的阶级和社会力量,主要原因在于对"民主"中"民"的所指认识不到位。无论是维新派还是革命派,在"民"的所指问题上是有相通之处的,即都不是指最下层人民群众,而是指"英雄"和"先知先觉"者。梁启超则更是言:"吾读数千年中外之历史,不过以百数十英雄之传记磅礴充塞之,使除出此百数十之英雄,则历史殆黯然无色也"③;孙中山认为"由于这种先知先觉的人,预先想出了许多办法,做了许多事业,世界才有进步,人类才有文明。所以先知先觉的人,是世界的创造者,是人类中的发明家"。④

早在维新时期,康有为、梁启超等人就已经提出了通过训导民众,达到启发民智,弘扬民权并进而富国强国的思想。他们对民众的冷漠、麻木等奴性进行了无情的揭露,对其"垢之而不闻,曳之而不动,唾之而不怒,役之而不惭,刲之而不痛,縻之而不觉"⑤的生存方式感到悲痛。维新派认为,中国之不变不仅是因为封建统治者视民为奴隶,而且是因为民众也自甘为奴隶。当时的中国"民智未

---

① 参见周维美、谢志杰:《辛亥革命的民主共和制为何难以在旧中国落籍》,《历史学习》2004年第4期。
② 参见湖南省历史学会编:《纪念辛亥革命七十周年青年学术讨论会征文选(中)》,中华书局1983年版,第1765页。
③ 《饮冰室合集·专集之二·自由书·英雄与文明之比例》,中华书局2015年版。
④ 《孙中山选集·三民主义·民权主义》,人民出版社1981年版。
⑤ 梁启超:《知耻学会》,转引自彭半一:《冲破思想的牢笼:中国近代启蒙思潮》,湖南师范大学出版社2000年版,第156页。

开",人民不仅文化水平太低,而且缺乏政治觉悟,可以说是处在一种不开化状态,如果在这种情况下"委政于民"一定会发生暴乱。孙中山也认为国民人格中存在缺陷,首先是存在奴性,"中国人民久处于专制之下,奴性已深","此中国政治之所以不能进化也"。① 其次是国民意志悲观低沉,"中国国民之性质,其最大之弊为悲观"。② 他认为(人民)"无自由平等的幸福,自甘暴弃责任,毫无竞争之心,进取之性。此实吾国民至于贫弱之一大原因"。③ 最后是国家民族观念淡漠,人民"只有家族主义和宗族主义,没有国族"观念④,"不知国与身之关系"⑤。由于人民没有民族的精神,所以"弄到今日,是世界上最贫弱的国家,处国际中最低下的地位"。⑥ 因此,要改造国民人格中的负面因素,就必须通过"先知先觉"的精英来动员、教育、组织、训练民众。早在 1905 年,同盟会成立之时,孙中山已经认定"惟夫一群之中,有少数最良之心理能策其群而进之,使最宜之治法适应于吾群,吾群之进步适应于世界,此先知先觉之天职"。⑦ 他把人群划分为先知先觉、后知后觉和不知不觉三类,其中的"先知先觉"者承担着治国的"天职"。而政党则是精英的集合,"在实事上,则由此少数优秀特出者集合为政党,以领导全部之国民"。⑧ 孙中山认为一个由精英组成的政党是改造国家的主导力量,"要改造国家,非有很大力量的政党是做不成功的;非有很正确共同的目标,不能够改造得好。我从前见的中国太纷乱,民智太幼稚,国民没有正确的政治思想,所以便主张'以党治国'"。⑨ 孙中山相信民权时代是社会发展的方向,但是他认为在民智未开之国情下,为了群体的进步,必须由精英组成的政党担负起训导民众的责任。可见,孙中山并不懂得民众是历史发展的真正动力,因此,再完美的制度设计也无法变成改造社会、创建新型国家的可行方案。

第三,在治国方式和路径的选择上,不是流于空想就是趋于幻想,最终陷入妄想。这主要表现在民国建立后孙中山及其后继者的思想变化之中。首先是在

---

① 《孙中山全集》第 5 卷,中华书局 1985 年版,第 211 页。
② 《孙中山全集》第 3 卷,中华书局 1985 年版,第 63 页。
③ 《孙中山全集》第 2 卷,中华书局 1982 年版,第 476 页。
④ 《孙中山全集》第 9 卷,中华书局 1986 年版,第 185 页。
⑤ 《孙中山全集》第 1 卷,中华书局 1981 年版,第 523 页。
⑥ 《孙中山全集》第 9 卷,中华书局 1986 年版,第 281 页。
⑦ 《民报》发刊词,收录于《孙中山选集》,人民出版社 1981 年版,第 76 页。
⑧ 《国民党宣言》(1912 年 8 月 13 日),《孙中山全集》第 2 卷,人民出版社 1982 年版,第 397 页。
⑨ 《国民党第一次全国代表大会开幕词》,荣孟源主编:《国民党历次全国代表大会及中央全会资料》上册,光明日报出版社 1985 年版,第 4 页。

中国社会性质和革命阶段的判断上流于空想。1905年5月,孙中山以"中国社会主义者"的身份访问了第二国际总部,向其领导人陈述中国社会主义者的奋斗目标,表示"中国社会主义者要采用欧洲的生活方式,使用机器,但要避免其种种弊端","防止往往一个阶级剥夺另一个阶级"。提出了"我们要在将来建立一个没有过渡的社会。……中世纪的生产方式将直接过渡到社会主义的生产阶段,而工人不必经受资本家剥削的痛苦"[1]的政治主张,他充满信心地说:"几年内我们将实现我们梦寐以求的理想,因为届时所有的行会都是社会主义的了,那时,你们还在为实现你们的计划而努力的时候,我们将已生活在最纯正的集体主义制度之中了。"他明确表示要使中国从"中世纪"直接过渡到"社会主义",他坚定地相信:"完整的集体主义制度并不是虚无缥缈的梦想或乌托邦。"[2]之所以这样乐观是因为孙中山认为当时的中国不存在阶级分裂,也没有能控制社会的资本,较欧洲社会更加有条件实现社会主义的理想。所以,他主张中国的革命应当"毕其功于一役",即一举完成民族民主革命的任务。因此,民国建立后,他乐观地提出今后要专做民生上的事,显然是忽略了中国革命的复杂性、长期性。其次,是幻想借助外力巩固政权、发展经济。孙中山在民国建立伊始便反复申说:"国家欲兴大实业,而若无资本,则不能不借外债。借外债以兴实业,实内外所同赞成的。"[3]清政府之所以遭到各阶层人民的唾弃,最重要的就是对国家主权的出卖和大举借外债。孙中山一派倡导举外债自然引起了人们的强烈反响,当时的成都就"组织一'反对外债会',开会时危词以耸观听,各报亦从而鼓吹之。……此次民愤惹,较去年铁路风潮更形激烈"。[4] 其他各省反对外债的舆论也很高涨。发动辛亥革命的志士们曾渴望民族经济独立发展,建立一个繁荣强大的工业化国家,也曾描绘过宏伟的工业化蓝图。这些思想是可贵的,然而却远远脱离了中国的实际,他们的地位决定了无论对封建势力,还是对西方列强都有着巨大的依赖,这就极大地影响了革命的彻底性。最后,宪政三期建设、以党治国等思想被后来者发展成了"一党治国"的妄想,从而终结了民国政治制度的创设实践。蒋介石主张国民党独揽政权的思想基础与孙中山的认识一脉相承。蒋介石在分析"我们为什么要有党"的时候,认为"国家这样大,人民这么多,而我们国民的智识

---

[1] 《孙中山全集》第1卷,中华书局1982年版,第273页。
[2] 《孙中山访问第二国际书记处》,《近代史资料》1979年第5期。
[3] 孙中山:《民生主义与社会革命》,收录于《孙中山选集》上卷,人民出版社1956年版,第87页。
[4] 《太平洋报》1912年6月6日。

和普通的教育,却又这样幼稚和缺乏,如果我们要使四万万同胞,个个人明白我们三民主义,懂得革命的道理,个个人有决心来革命,真不晓得要几多年后才能够做到!到了几多年以后,国家也就亡了";"所以要革命完成,要主义成功,就是一定要有组织。这个组织是什么?就是一个'党'"。循着这样的思路,早在1929年7月4日蒋介石在北平视察党务的时候,就曾详细分析民初革命失败的原因:"民国元年的时候,有所谓共产(和)党,有所谓进步党……各种的政党派别都起来了!起来之后,是怎样一个结果呢?就是真正的革命党——从前成功中国革命的同盟会,被他们推翻消灭了,而产生一个做皇帝的袁世凯。"据此,他强调:"所以在现在国家没有稳固,三民主义没有实现以前,如果允许各种主义,各个党派,在国里面活动,我们真正革命党——国民党就一定要失败。国民党失败,不仅是一党的失败,而且就是国家的失败,民族的失败。所以现在革命没有成功以前,帝国主义没有打倒以前,三民主义没有实现以前,不能够再许第二个党起来攻击国民党,使国民党失败。"①同年,他在长沙市民欢迎大会上也讲:"在这过渡时期内,本党一面以保姆的资格,培养社会的元气;一面以导师的资格,训练人民政治的能力。中央受全党的重托执行保姆和导师的职权。所以我们知道以全力尽保姆和导师的责任,以全力行保姆和导师的职权。有消耗社会元气的行为,中央必以保姆的资格,加以抑制,有不受训练的举动,中央必以导师的资格,加以约束。"②可见,蒋介石所谓的"以主义治国"实际上就是把国民党的意识形态置于与宪法同样,甚至更高的地位,一个主义、一个政党、一个领袖的提出,使国民党完全演变成了维护少数人利益的政治工具,现代国家政治制度建设完全走入了歧途。

创设国家根本政治制度是革命党通过制度安排巩固暴力革命成果,实现自己政治主张的关键性活动。近代国家根本政治制度的创设与确立,既包含着近代以来国家体制发生巨变而产生的历史经验,也含纳着近代政党关于建设国家的理论与实践。研究和总结中华民国国家政治制度创设的经验教训,一要考虑中国的政治传统,看此中有无吸收或延续某些思想和政治技术;二要考虑近代以来传入中国的西方政治理论,特别是近代盛行的民主、自由、法制理念怎样在制

---

① 以上见蒋介石:《为什么要有党》,高军、李慎兆等编《中国现代政治思想史资料选辑》上册,四川人民出版社1983年版,第557—558、563页。
② 蒋介石:《中国国民党革命和俄国共产党共产革命的区别》,《中国现代政治思想史资料选辑》上册,四川人民出版社1983年版,第554页。

度中体现;三要考虑创建者的理论认识能力、大势把握能力、社会组织能力和实践贯彻能力是否符合社会发展的规律,能否有效应对时代挑战,是否满足了人民群众的热烈期盼和根本利益。中国共产党正是在理论和实践的两重探索、成功与失败的两果并现的深切体验中,才逐步摸索出一套相对稳定、能够实现自己政治追求的国家和社会治理现代化的制度安排。

# 民国时期有关民族和国家的
# 理论认知及检讨

民国创建是中国国家制度的一次重大转变。随着中西文明碰撞的不断加深,从西方传入的政治概念逐渐成为近代社会精英认识和改造中国的思想武器,特别是在有关民族、国家、领土、疆域、主权、统一等问题上,一方面接受了西方的理念,形成了创建新型国家、构建中华民族的系列思想;另一方面又刺激和唤醒了文化传统中固有的政治理念,如"天下一统、四海一家"等。两种倾向相互交织,构成了民国时期在国家和民族问题上的理论认知特色。但是,在西方民族国家理论的冲击下,在国家和民族问题上也遇到了理论与现实的挑战。其认知状态处在一种既想坚持传统政治理念,又要接受西方思想的复杂状态中,导致实践中未能找到一条现实可行的路径。认真总结民国时期在民族国家问题上的认知历程,有利于深刻理解来之不易的创设新中国制度的伟大成就。

**一、民国时期民族国家问题上遇到的主要理论和现实挑战**

20世纪初,西方的"民族—国家"观念传入中国,"创建民国"成为非常鲜明的政治目标。但是,在怎样创建民国、创建一个什么样的"民国"、通过什么样的制度安排来实现国家统一等问题上却存在着分歧和争议。主张改良的立宪派和主张暴力的革命派围绕是通过改良实现君主立宪,还是以暴力革命来推翻清王朝;是满汉团结建设多民族的"大中国",还是驱逐满人建立"汉族的中国"(民族—国家)展开了激烈争论。为此,康有为等人提出建立一个"大中国"的主张,涵盖清王朝统治下的全部版图[①];孙中山等人最初主张"排满"革命,倾向于建立

---

① 常宝:《"寻找国家":清末民国时期蒙古地方精英国家认同的演变与形成》,《社会科学战线》2010年第8期。

一个纯汉人的新政权,革命后又主张"五族共和"。然而,具体应该如何对待中国境内的各个民族的问题并没有形成共识。此外,民国时期的学人和国民党上层人物的主导思想是通过"汉化""同化"实现"中华民族"一体化,在掌握政权后也通过制度安排部分地落实了"同化"的主张,但始终没有找到实现族际关系平衡的现实道路,反而加剧了国内民族关系的紧张状态,民族分裂的危险始终是需要直面的现实挑战。辛亥革命后,为维系清朝遗留下来的领土完整和统一,就必须正确处理与蒙满回藏等民族的关系。然而,整个民国时期民族分裂的危险却无时不在,如外蒙古的独立诉求、西藏的"驱汉"举动、新疆的泛突厥运动以及西南彝苗等少数民族的政治承认诉求等。特别是日本帝国主义在侵华过程中采取利诱和分化的手段加速了民族分裂的进程。20 世纪三四十年代,从内蒙古德王咄咄逼人的"高度自治"到伪蒙古联合自治政府的建立,从回族中民族败类的"大回回国"阴谋到所谓"泛回教运动"的策划等,都进一步加重了民族分裂的危险。总之,怎样把各民族熔炼成一个国族,成了民国时期民族问题的主要内容。[①]

  民族问题是伴随着人类发展的历史现象,之所以在近代才被重视是由于资本主义时代的到来使世界范围的联系不断增强,迫切需要明确个体、主体、群体的利益界限和范围。在世界各大文明相对独立发展的过程中,不同的人群依据自己生存的地域形成了各具特色的语言、习俗、信仰,成为自我确认、有别他人、区分他群的文化符号,也形成了维护族际关系、群际关系的特定方式。这样的认知和存在背景既是近代民族主义思想兴起的历史基础,又是不同文明选择处理族际关系模式的历史依据。只有从自然民族存在状态出发去观察和处理族际关系才能得到符合实际的解决方案。就近代中国而言,正是由于西方民族理论和民族主义思想的影响,在很大程度上忽视了中华大地上自古以来存在的族际关系的特点,才导致认识上的偏差和政策、制度安排上的窘迫。西方民族主义思想的传入对中国固有的国家观、民族观是一种冲击和干扰,近代"联邦论""联省自治论""民族自决论"的出现,既是时人对解决困局的一种应对主张,也反映了在族际关系认识上无所适从的状态。传统的观念无法应对帝国主义列强的侵略和分裂活动,实现民族独立、促进国家转型、维护领土完整的任务显得十分紧迫艰巨。在国际社会,民族被看作一个拥有政治权利的人类共同体,其自由维护的最

---

[①] 潘蛟:《民族国家与民族问题》,《中央民族大学学报(哲学社会科学版)》2015 年第 1 期。

佳形式就是建立本民族的政权——国家,这才有了方兴未艾的民族解放运动,这种现象深刻揭示着现代多民族国家架构与民族自决权的激烈冲突。在我国,"民族"概念的引入固然有反抗外来侵略、争取国家独立的革命需要,但用它来描述中国自古以来族际关系变化的轨迹和本质却也是十分恰当的,它能够反映建筑在文化高度统一、生存方式基本相似、人种完全同一基础之上中华各族体历史与现实的状态,含有浓郁的"中国化"色彩。面对理论与现实的挑战,民国的学人们纷纷从古代的政治理念和制度传统中寻找认识灵感,立足于近代中国的实际,在国家、民族、领土、统一等重大理论问题上提出了自己的见解和主张,对维护国家统一、领土完整和民族团结做出了有益的贡献,也为新中国制度安排提供了可以借鉴的宝贵经验与教训。

## 二、关于"民族"和"中华民族"概念的理解和运用

20世纪初,在寻求救亡道路的过程中,从日本引进了源自西欧历史经验的"民族"这个词汇。当时的人们认为,民族就是"具有同一之言语、同一之习惯,而以特殊之性质区别于殊种别姓之民族",中国未来须"合同种,异异种,以建一民族的国家"。[①] 孙中山提出的"驱除鞑虏,恢复中华"口号就是典型之一。与这种倡导建立华汉民族国家的主张不同,另一部分中国人主张实行"大民族主义",即把中国"本部"18行省的汉族,与"属部"的满、蒙、回、苗、藏诸族同化成为一个大民族[②],这个"大民族"被称为中华民族。严复则从人种的角度认识到,中国的民族情形与欧洲有很大不同,"亡国亡种"的威胁主要是来自外部"白种人"的侵略。在严复看来,"今之满、蒙、汉人,皆黄种也。由是言之,则中国者,遂[邃]古以还,固一种之所君,而未尝或沦于非类,区以别之,正坐所见隘耳"。[③] 清政府版图内的所有人是黄种人,他强调"合群"的重要性,强烈反对排斥满族的言论。他认为中国"亡国灭种"不是由于内部种族间的分歧和矛盾,而是来自外部"白种"竞争所带来的挑战。值得注意的是,20世纪初期,虽然"中华民族"的概念已经提出

---

[①] 《民族主义之教育——此篇据日本高村世雄所论而增益之》(1903年)、余一:《民族主义论》(1903年),收录于张枬、王忍之编:《辛亥革命前十年间时论选集》第1卷,生活·读书·新知三联书店1960年版,第405、486页。
[②] 梁启超:《政治学大家伯伦知理之学说》(1903年),收录于《梁启超全集》第4卷,北京出版社1999年版,第1070页。
[③] 严复:《原强》,收录于王拭主编《严复集》(第一册)诗文(上),中华书局1986年版,第10页。

并不断被普遍认同,但现代"民族国家"的构成还要包括对领土主权范围及人民构成有清晰的概念。从当时的知识领域看,由于认识的局限性而使问题显得很复杂。"民族"和"国家"的概念是舶来品,有着很鲜明的西方历史背景,与中国传统的国家观和族际关系状态有很大的不同,精确的领土主权范围和哪些族体构成中华民族组成部分在当时并不是一个确定不疑的问题。

在清朝末期,随着西方民族主义思潮的传入,对民族现象、民族问题和民族过程的认识和阐述冲击着传统民族观念,民族国家观念的形成、"中华民族"概念的提出,在学界进一步推动了民族、种族、国民、民族国家问题的研究。随着西方国家领土主权思想的传播,民国时期,文化精英又把研究的视野扩展到了中国古代的历史地理、边疆四至范围及中华民族的主体和构成等多个领域。[1] 到了20世纪20—40年代,出现了一批民族史的著作,反映了近代学者对中华民族现状的认识水平。这些作品约有十种[2],有的侧重于对中国各民族内部特质的研究,有的着眼民族关系的梳理,但都将"中国"境内历史上存在的各民族单位视为中华民族的一员,强调中国作为一个多民族国家的统一性。[3] 作者们从中国浩如烟海的史料中求索,试图确立"中华民族"在人类历史上的地位。这些研究为当时人们确立"民族"概念,探索"中华民族"的构成及其世界地位提供了知识背景。但是,一个显而易见的事实是,由于"民族"概念的不确定,要在动荡不安的战争环境下确认"族属"问题是不现实的。另一方面从民族认识的本质看,不少民国志士也曾一度把"中华民族"等同于"汉族"。民国时期的不少学人也是主张"民族平等""民族团结"的,但传统的族际关系思想和现实的民族发展差距,使他们在具体的活动中在情感上又很难接受与"其他弱小民族""平起平坐"的状况。比如,《新亚细亚》月刊的撰稿人杨希尧,就积极倡导研究边疆、建设边疆,并且也到青海实际考察了一番,他在游记里表达了这样的感受:"走过青海的人,总觉得住

---

[1] 参见张淑娟:《民族主义与近代中国民族理论》,中国社会科学院研究生院博士学位论文,2010年。
[2] 主要有张其昀:《中国民族志》(上海商务印书馆1933年版)、王桐龄:《中国民族史》(北平文化学社1934年订正增补本)、常乃惪:《中华民族小史》(爱文书局1928年版)、曹松叶:《中华人民史》(上海商务印书馆1933年版)、吕思勉:《中国民族史》(上海世界书局1934年版)和《中国民族演进史》(上海亚细亚书局1935年版)、宋文炳:《中国民族史》(中华书局1935年版)、柳诒徵:《中国民族史》(上海世界书局1935年版)、林惠祥:《中国民族史》(上海商务印书馆1936年版)、郭维屏:《中华民族发展史》(成都,1936年)、李广平:《中华民族发展史》(正义出版社1941年版)、张旭光:《中华民族发展史纲》(桂林文化供应社1942年版)、俞剑华:《中华民族史》(国民出版社1944年版)、吕振羽:《中国民族简史》(光华出版社1948年版)等。
[3] 参见麻国庆:《明确的民族与暧昧的族群》,人大复印资料《民族问题研究》2017年第7期。

不惯那种挡不住风雪的黑牛毛帐房,吃不惯那种三分兽粪,七分白面的核巴,闻不惯那种由人畜身上分泌出来而化合的一种怪味,听不惯那种支离咕噜的番话,和那种牛鸣狮吼的诵经声。看不惯那种面目狰狞,终身不浴,裸臂露腿的男女,走不惯那种自有地球以来未经人工修理的道路。"①这种对"弱小民族"又爱又鄙夷的心态,恐怕是那个时期研究边疆和民族问题的人们中常见的现象。②

### 三、关于领土主权和疆域国境的认识

近代中国始终面临着被帝国主义瓜分肢解的危险,特别是英俄日对东北、西北和西南的觊觎,进一步加重了边疆危机。随着西方政治理念的不断输入,在构建新型现代国家的过程中,必然要弄清中国都应该包括哪些人?国家的边界在哪里?实现国家统一应包括哪些区域?在形成新的国家领土主权意识的过程中,中国传统的疆域意识会产生怎样的作用?民国的学人和政治家对上述问题都有所研究和关注。

依据西方现代政治理念,现代民族国家是以民族共同体(政治民族)为组织基础的政治共同体,与传统国家最大的区别是有明确的边界,也就是吉登斯所说的"传统国家有边陲而无国界"③;与王朝国家相较最显著的特征是拥有主权。作为民族国家范畴的国家要素,"是一种自立于其他制度之外的、独特的、集权的社会制度,并在已经界定和得到承认的领土内,拥有强制和获取的垄断权力"④;与历史上的政治组织和实体相较,最大的差别是民族和国家熔为了一炉。因此,现代民族国家最核心的意识是民族认同意识,这是形成国家整体意识最重要的前提和基础。现代民族国家的构成主要包括四个要素,即全体人民、永久居住的土地、独立处理内外事务的权利和一个受到拥戴的统治机关。其中,领土与国家关系的转变是传统国家向现代国家转变的关键因素。领土逐渐具有权利内涵,是自然空间向政治空间演变的结果,并成为现代国家的构成要素和主权的核心内容。原因在于领土能够唤起人们的归属感甚至自豪感,实现对自我身份和价

---

① 杨希尧:《青海漫游记》,《新亚细亚》月刊 1931 年第 2 卷第 2 期。
② 参见孙英:《建构与统合:20 世纪 30、40 年代边疆研究刊物中的"中国"印象》,中央党校硕士学位论文,2016 年,第 19 页。
③ [英]安东尼·吉登斯著,胡宗泽、赵力涛译:《民族——国家与暴力》,生活·读书·新知三联书店 1998 年版,第 4 页。
④ [英]戴维·米勒、[英]韦农·波格丹诺编,邓正来译:《布莱克维尔政治学百科全书》,中国政法大学出版社 2002 年版,第 490 页。

值的认同。通过对领土的认同而形成的国家认同,有助于建立公民之间的情感纽带,培养公民之间的义务感,使国家凝聚为一个整体成为可能。[1] 边界是近代国家概念,是指相关国家通过签立条约、各方会勘确定的国家之间的分界线。历史疆域是古代国家概念,是指近代前历史上不同时期王朝国家自认的管控范围。当中国步入近现代时空时,民族危机、边疆危机、主权危机促使中国民众领土主权意识的觉醒。特别是在五四运动中,广大民众尤其是爱国学生的国家领土和主权意识极大地觉醒,形成了强烈而鲜明的民族意识。[2] 学生们纷纷发表宣言称:"现在日本在万国和会上要求并吞青岛,管理山东一切权利,就要成功了!他们的外交大胜利了!我们的外交大失败了!山东大势一去,就是破坏中国的领土。领土破坏,中国就亡了……中国的土地,可以征服,而不可以断送!中国的人民,可以杀戮,而不可以低头!"[3]"外交失败,国人同愤。学生痛国柄之沦亡,悲主权之丧失,是以宣言请愿,内革祸源,外解茧缚,欲挽狂澜于既倒,拯国土于将倾。"[4]这些呼号、倡议表明维护国家主权和领土完整虽然肇端于青岛的归属,但在全社会也形成了关注整个中国版图维护与统一的意识。自此以后,"领土完整"的维护成为社会的敏感问题,凡试图分裂、割让、虚置领土主权的行为都遭到了全国人民激烈而坚决的反对,形成了维护国家统一的良好文化氛围。另外,近代还有一个非常显著的文化现象就是边疆研究的兴起。为了应对帝国主义在中国造成的边疆危机,学人积极呼吁政府和国人去关注以往不被人们重视的边疆地区和民族。一时间,各种研究边疆的报纸、刊物如雨后春笋般出现,更多的国人明白了大量关于边疆的情况。在20世纪三四十年代,有代表性的边疆刊物有《禹贡》半月刊、《新亚细亚》月刊、《边政公论》、《中国边疆》以及《边疆服务》。在这些刊物上有时人发表的大量关于边疆地区民族、习俗、宗教、文化的调查报告,也有关于中国的周边国家,如朝鲜、越南、暹罗等的介绍文章。[5] 这些研究厘清

---

[1] 参见周光辉、李虎:《领土认同:国家认同的基础——构建一种更完备的国家认同理论》,《中国社会科学》2016年第7期;李虎:《领土权及其证成》,吉林大学博士学位论文,2016年。
[2] 参见李婷轩:《近代国家转型中的民族区域整合初析——以五四运动前后西藏地方与中央政府关系之演进为中心》,中央民族大学硕士学位论文,2010年。
[3] 龚振黄编:《青岛潮》,收录于中国科学院历史研究所第三所近代史资料编辑组编辑:《五四爱国运动资料》,科学出版社1959年版,第169页。
[4] 南开大学历史系等编:《五四运动在天津——历史资料选辑》,天津人民出版社1979年版,第59—60页。
[5] 孙英:《建构与统合:20世纪30、40年代边疆研究刊物中的"中国"印象》,中央党校硕士学位论文,2016年,第1页。

了中国古代疆域的大致范围,明确了中华民族活动的区域,为确认中国的领土主权提供了历史资源。

　　值得注意的是,无论是近代学人还是当代学者,在对待中国古代疆域的认识上都存在着一定的误区,即过于相信西方的领土理论,断然认为古代中国只有漫漶的疆域概念,而没有精确的边界意识。有学者深入研究了1820年刊印的《嘉庆重修大清一统志》,认为它"标出了盛清疆界:北到外兴安岭,西到帕米尔和后藏的阿里地区,东到库页岛,南到南海"。认为"清廷君臣经过长时间与俄人交涉,对疆域、边界、边民的界定与认识,是非常清晰的",乾隆帝给英国国王的敕谕,更是道出清廷君臣的疆域观与边界意识:"天朝疆界严明,从不许外藩人等稍有越境搀杂……天朝尺土俱归版籍,疆址森然,即岛屿沙洲,亦必划界分疆,各有专属。"[①]因此,可以说"《嘉庆重修大清一统志》('嘉庆志')及所附'皇舆全图',既承载着中国历史内在发展所能达到的空间极致,又记述着康熙帝祖孙四代对领土、边界、主权与边民所具有的清晰界定与认知理念,还附丽着沙俄与西欧列强对清朝领土主权的国际承认。1820年的清朝疆域,既是中国疆域范围的最终底定极点,也是东西方力量对比最终逆转的临界点,更是中国国势由强转弱的最后时刻"。[②]当然,最高统治者对疆域的认定能在多大程度上成为公众认识和普遍知识尚不能确定,但作为国家编制的正式文献必定会对统治阶层和准备进入官僚队伍的人群产生一定程度的影响。尽管我们没有直接的资料说明其中的联系,但从中华民国的制宪活动中对疆域的勾画还是可以看出关于中国疆域认识的关联性和继承性。

　　1912年颁布的《中华民国临时约法》以列举的方式宣布:"中华民国领土,为二十二行省、内外蒙古、西藏、青海。"(第3条)然而,在民国年间的历次制宪修宪活动中,关于领土要不要入宪和以什么样的表述入宪一直存在着较大的争议。在起草《天坛宪草》时,有人就提出:"外国宪法规定领土鲜见列举,若美国为文明国开化又早,于领土一节尚未规定,日本俄国宪法亦然。其他诸国尽多不规定者,由是观之,宪法上实无规定领土之必要。且领土不无增减,倘现时规定,将来一遇增减,宪法将失去效力。况我国领土广大,有故有而失者,亦有非故有而得

---

[①] 《清高宗实录》(卷1435),《乾隆五十八年己卯》。
[②] 于逢春:《论中国疆域最终奠定的时空坐标》,《中国边疆史地研究》2006年第1期。

者,此中情形,规定尤难。"①认为以列举的方式描述领土范围,美日俄等国都没有这样做,就是因为不能适应领土的盈缩变化。而赞成者则从两个方面加以反驳。一是"国际上有规定之必要。中华民国合五族而成,领土散漫毫无归宿,若以此规定之于宪法,将来欧美各国译成本国文时,见我五族一家,更见我领土统一,其凯觎心自减。况蒙藏等处人民蒙蔽,不将领土尽行规定,难免日后不生误会"。二是"事实上有规定之必要。查我国官私文书所载国家领土,除二十二行省外,尚有蒙古青海西藏等处,久已尽人皆知。兹值共和立宪更当列举,以符事实"。② 争论的存在既表明民国的创建者试图通过法律规定的形式避免外国列强分裂中国的企图,又反映出对领土认识的粗糙和笼统,仍然只能从大的区域来概括性地表述中华民国的领土范围,说明时人在国家领土主权方面还不能做到准确和精细。

## 四、族际关系上"同化论"与"平等论"的对立

民国时期,"中华民族"观念创生以来就存在着不同的理解,其背后反映了不同的民族观和处理族际关系的理念。有学者将有关"中华民族"的理解分为三种:第一种是以孙中山、李大钊等为代表主张的"单一国族"论,即把中国境内各民族同化为中华民族,其思路是"努力于文化及精神的调洽",使少数民族接受中华文化,从而"使藏、蒙、回、满,同化于我汉族"并进而融合为一个中华民族;第二种是以傅斯年、顾颉刚为代表主张的"一元一体"论,即强调中国版图上只有一个民族,中华民族本来就是一体、本来就是"一个",着重从血缘、血统上论证中华民族的"同源""混合",蒋介石在《中国之命运》等文献中实际上采纳了这种主张;第三种是以费孝通、翦伯赞等为代表主张的"多元一体"论,即致力于建立统一的多民族国家,注重以政治统一为手段维护中华民族的整体性,通过建立统一的多民族国家实现中华民族整体的大团结、大联合。③ 实质上,三种主张可以分为"同化论"和"平等论"两种观点的对立与分歧。

(一)"同化论"的基本思想

傅斯年、顾颉刚的"中华民族是一个"的主张。"同化论"主张是民国自创建

---

① 参见《各政党对于宪法最近之主张》,《宪法新闻》第1期,1913年4月13日。
② 参见《各政党对于宪法最近之主张》,《宪法新闻》第1期,1913年4月13日。
③ 参见俞祖华、耿茂华:《单一国族·一元一体·多元一体:民国时期中华民族整体观念的三种类型》,《东岳论丛》2018年第1期。

以来比较盛行的观点。近现代中国的民族国家建构自其伊始就面临着单一民族国家的解决方案与多民族现况之间的取舍与争议。而效法欧美的"一族一国"模式建立民族国家并据以"图强保种",则在政学两界"几成宗教"。① 就学者而言,早在排满革命时期,杨度已经观察到革命将使国家面临"国亡"或"分裂"的危险。他主张:"中国之在今日世界,汉、满、蒙、回、藏之土地,不可失其一部,汉、满、蒙、回、藏之人民,不可失其一种……但可合五为一,不可分一为五",否则,"国亡矣"。因此,他认为应以"领土的保全"、国家的统一为第一要务,与汉族血统不一的蒙、回、藏将可以通过"国民统一之策",进行种族同化,将来"不仅国中久已无满、汉对待之名,亦已无蒙、回、藏之名词,但见数千年混合万种之中华民族,至彼时而益加伟大,益加发达而已矣"。② 章太炎在《中华民族解》一文中,主张通过同化少数民族而将民族建国范围扩大。他把有效控制区域分为"中国""三荒服""二郡一司"三个部分,其中的"中国"是指内地十八个省,"三荒服"指西藏、回部、蒙古,"二郡一司"指越南、朝鲜二郡和缅甸一司。他主张从语言、文字、法律、风俗等方面分析同化少数民族的难易,经过努力使少数民族与汉族真正合一,"若三荒服而一切同化于吾,则民族主义所行益广。自兹以后,二郡一司,反手可复,则先汉之疆域始完,而中华民国真为成立"。③ 傅斯年在 1935 年 12 月 15 日撰文指出"中华民族是整个的","我们中华民族,说一种话,写一种字,据同一的文化,行同一伦理,俨然是一个家族……所以世界上的民族,我们最大;世界上的历史我们最长。这不是偶然,是当然。'中华民族是整个的'一句话,是历史的事实,更是现在的事实"。④ 顾颉刚于 1939 年 1 月 13 日在《益世报·边疆》上以《中华民族是一个》为题撰文强调中华民族已经凝结成为一个民族实体:"凡是中国人都是中华民族——在中华民族之内我们绝不该再析出什么民族——从今以后大家应该留神使用'民族'这二字""我们从今以后要绝对郑重使用'民族'二字,我们对内没有什么民族之分,对外只有一个中华民族"。⑤

孙中山的"合为一炉而冶之"的主张。就政治家而言,首先是孙中山主张将少数民族同化为一个民族,并据此建立"一族一国"的现代国家。早在 1903 年的

---

① 丁文江、赵丰田编:《梁启超年谱长编》第 4 册,上海人民出版社 1983 年版,第 398 页。
② 刘晴波主编:《杨度集》,湖南人民出版社 1986 年版,第 304、369 页。
③ 《辛亥革命前十年间时论选集》第二卷,读书·生活·新知三联书店 1963 年版,第 738 页。
④ 傅斯年:《中华民族是整个的》,《傅斯年全集》第 4 卷,湖南教育出版社 2003 年版,第 125 页。
⑤ 顾颉刚:《中华民族是一个》,《益世报·边疆》第 9 期,1939 年 2 月 13 日。

檀香山演说时,孙中山已经完成了"汉族=中华民族"的国族构想。而在辛亥革命一周年纪念日,孙中山则明确表明多民族的中国是一个"伟大之单一国","中国自广州北至满洲,自上海西迄国界,确为同一国家同一民族"。① 在孙中山看来,将汉族改名为中华民族并借中华民族之名将各少数民族"合为一炉而冶之"是解决方案的核心:"夫汉族光复,满清倾覆,不过只达到民族主义之一消极目的而已,从此当努力猛进,以达民族主义之积极目的也。积极目的为何?即汉族当牺牲其血统、历史与夫自尊自大之名称,与满、蒙、回、藏之人民相见于诚,合为一炉而冶之,以成一中华民族之新主义,如美利坚之合黑白数十种之人民,而冶成一世界之冠之美利坚民族主义,斯为积极之目的也。"② 而在 1921 年,孙中山在对"党内同志"的演讲中也指出,"本党尚须在民族主义上做功夫,务使满、蒙、回、藏同化于我汉族,成一大民主义的国家"。③ 其次,我们看居正的主张。他认为:"历史上中华民族虽然是经过了无数次的分崩离析,可是自从辛亥革命成功,推翻满族的宰制政策以后,我们的国家,已经逐渐走到了民族的国家的境地。就现在国内的民族说,总数在四万万以上,而其中掺杂的不过百余万蒙古人、百多万的满洲人、两百万的西藏人,和百余万的回族,而且这些民族,自满清推翻以后,各族和平相处,多数业已同化,所以就大体上讲,四万万人可以说是一个民族,同一血统、同一语言文字、同一风俗习惯,完全是一个民族"④,而这恰是蒋介石在《中国之命运》中所呈现的民族国家观念和治理思想的主旨。

蒋介石的"宗支论"。蒋介石在 1942 年一次演讲中提出了他的"宗支论":"我们集许多家族而成为宗族,更由宗族合成为中华民族。国父孙中山先生说:'集合 4 万万人为一个坚固的民族'。我们中华民国,是由整个中华民族所建立的,而我们中华民族,乃是联合我们汉、满、蒙、回、藏五个宗族组成一个整体的总名称。我说我们是五个宗族,而不是五个民族,就是说我们都是构成中华民族的分子,像兄弟结合成家庭一样。……我们中华民族是整个的,我们的国家更是不

---

① 孙中山:《中国之铁路计划与民生主义》(1912 年),《孙中山全集》第 2 卷,中华书局 1981 年版,第 487 页。
② 孙中山:《民族主义》(1919 年),《孙中山全集》第 5 卷,中华书局 1981 年版,第 187—188 页。
③ 孙中山:《在中国国民党本部特设驻粤办事处的演说》(1921 年),《孙中山全集》第 5 卷,中华书局 1981 年版,第 473—474 页。
④ 居正:《民族的国家与民族的政党》,《益世周报》第二卷第 7、8 期合刊,1939 年 3 月 3 日。

能分割的。"①1943年,在《中国之命运》一书中,他又提出:"我们中华民族是多数宗族融合而成的","各宗族之间,血统相继之外,还有婚姻的系属"②,把境内各民族通通称为"宗族"。蒋介石的"宗支论"显然是不承认存在其他独立的民族,反映出明显的大汉族主义的倾向。例如,蒋介石就坚持了孙中山关于"回教虽众,大都汉人"的看法,也认为回族是"实际上不过是信仰的不同,并没有种族的分别"。③ 1940年9月,国民政府行政院在重庆发布通令,回民"除其宗教上之仪式外,其他一切与汉人无异,实与信仰耶稣教天主教之教徒相同,故只可称回教徒,不得称为回族"。④ 与此同时,在少数民族的行政建制上也进行了调整,撤销了北洋军阀时期的特别行政区,将民族地区改成与其他地区相同的省县建制,对少数民族地区进行直接管理。这种不顾历史事实和现实民族存在客观事实而形成的民族观,必然影响到民族政策的制定和落实,也很难寻找到有效的处理族际关系的合适路径。

(二)"平等论"的基本思想

与"同化论"对立的是"平等论",即主张中国境内各民族地位平等,共同构筑统一的多民族国家。早在1926年,吴文藻先生就主张多民族国家说:"世倡民族自决之说,即主张一民族造成一国家者",但"民族与国家结合,曰民族国家。民族国家,有单民族国家与多民族国家之分"。吴文藻先生进而指出,"一民族可以建一国家,却非必建一国家,诚以数个民族自由联合而结成大一统之多民族国家,倘其文明生活之密度,合作精神之强度,并不减于单民族国家,较之或且有过无不及,则多民族国家内团体生活之丰富浓厚,胜于单民族国家内之团体生活多矣";"今之人舍本逐末,竞言一民族一国家之主义,而不明其最后之用意所在,宜其思想之混乱也。前谓一民族可以建一国家,却非一民族必建一国家,良有以也。吾且主张无数民族自由联合而结成大一统之民族国家,以其可为实现国际主义最稳健之途径。由个性而国性,由国性而人类性,实为修身齐家治国平天下之大道。万一无数民族,不能在此大一统之民族国家内,享同等之自由,则任何

---

① 蒋介石:《中华民族整个共同的责任》,转引自[日]松本真澄著,鲁忠慧译:《中国民族政策之研究——以清末至1945年的"民族论"为中心》,民族出版社2003年版,第140页。
② 蒋介石:《中国之命运》,秦孝仪主编:《先总统蒋公思想言论总集》(卷四专著),中国国民党中央委员会党史委员会1984年版,第2页。
③ 余振贵:《中国历代政权与伊斯兰教》,宁夏人民出版社1996年版,第314页。
④ 邱树森主编:《中国回族大词典》,江苏古籍出版社1992年版,第2页。

被虐待之民族,完全可以脱离其所属政邦之羁绊,而图谋独立与自由,另造一民族国家也"。① 翦伯赞、费孝通等学者也都赞同中国境内存在民族,民族状态"多元一体"是客观事实,主张平等的基础上建立统一的多民族国家。至迟在抗日战争初期,中国共产党人就清楚地认识到:"中华民族包括汉、满、蒙、回、藏、苗、瑶、番、黎、夷等几十个民族……中国是一个多民族的国家,中华民族是代表中国境内各民族之总称,四万万五千万人民是共同祖国的同胞,是生死存亡利害一致的。"从而确立了合乎中国实际的民族观。②

(三)"同化论"源出于西方的"一族一国"论

在欧洲,民族被纳入视野是与"国"联系在一起的,也就是从出现就是一个政治概念。当代西方学者则更加强调"民族"概念的建构性,认为民族"是一项相当晚近的人类发明。'民族'的建立跟当代基于特定领土而创生的主权国家(modern territorial state)是息息相关的","是国家创造了民族,而不是民族创造了国家"。③ 这种观点应该说与历史唯物主义并不矛盾,只是侧重点有所不同。政治性的民族不过是资产阶级革命后才出现的,民族国家是在欧洲中世纪晚期出现并在资产阶级革命时代普遍形成的。在国家结构形式的问题上,民族结构上的单一民族国家是近代西欧资产阶级思想家对国家领土与民族居住地域一致性的理想追求。因此,当时的西方资产阶级思想家为民族国家提出一个经典模式——"一族一国"。当西洋人东临中华大地的时候,中国人也都是以国名称呼,诸如英夷、米夷等,也出现了以人种特点将其称为红毛夷、番夷的情形。至于各国背后对应的是什么自然民族在很长的时间里是模糊的,因此,革命者要创建的首先是一个汉人掌权的政权,后来才逐渐意识到国家的治理范围远不止18行省,才有了"五族共和"的想法,随后又进一步提升为"中华民族"为一国的高度。从这种思想发展的脉络和变化中可以清晰地看到西方近代民族理论、国家理论的影子,特别是"一族一国"理论对近代思想家、政治家产生了巨大的影响④,无

---

① 吴文藻:《民族与国家》(1926年),《吴文藻人类学社会学研究文集》,民族出版社1990年版,第24、35页。
② 八路军政治部:《抗战士政治课本》(1939年12月),中共中央统战部编:《民族问题文献汇编1921.7—1949.9》,中共中央党校出版社1991年版,第807—808页。
③ [英]埃里克·霍布斯鲍姆著,李金梅译:《民族与民族主义》,上海人民出版社2006年版,第9、40页。
④ 如陈独秀在《实庵自传》中就说:"此时(1902年)我才晓得,世界上的人,原来是分作一国一国的,此疆彼界,各部相下,我们中国,也是世界万国中之一国。"见陈独秀:《实庵自传》,台北传记文学出版社1967年版,转引自高杨:《主权的地理之维——从领土属性看中国民族国家之形成》,《历史法学》2010年第3卷。

论是康有为提出的建立"大中国"思想、梁启超的"大民族主义",还是孙中山提出的"中华民族汉化论"、蒋介石的少数民族"宗支论",抑或是傅斯年、顾颉刚等的"中华民族是一个"说,都是在面对中华大地民族众多、长期共存的历史与现实时提出的以构建一个民族建立现代国家的解决方案。

### 五、顾颉刚对"中国本部"用法的质疑与批判

用"中国本部"(即内地18行省)来表述国家结构形式是民国时期学人中流行的用法。抗日战争爆发后,顾颉刚先生对这个表述及其有关民族国家概念的使用进行了质疑,在《"中国本部"一名亟应废弃》一文中,他说:"我们觉得最痛心的一件事,乃是帝国主义者造出了几个分化我们的名词,传播进来,我们上了他们的当,随便用了。大家日日在嘴里说,又在笔下写,这几个名词就起了极大的分化作用,仿佛真把土地和人民划成了若干部分,要做团结的功夫就增加了许多困难。这不能不责备我们知识分子的糊涂,以致国家陷于空前的危险。"①在另一篇文章中,他还详细列举了"帝国主义者"造出的"分化我们的名词":"外人称我们的满洲为 Manchuria,称满人为 Menchus,称蒙古为 Mongolia,称蒙人为 Mongolian,称新疆为 East Turkistan,称回民为 Mohammedans,而称我们的十八省为 Chine Proper,称汉人 Chinese,简直把我国裂成五国,而屏满蒙回藏于中国之外!我们从前的名称是西域,现在的名称是新疆省,他们都不用,偏称为'东土耳其斯坦',很清楚地要使它联接西边的土耳其而疏远东边的本国政府。"②顾先生没有考证出"中国本部"最先出于谁的笔下,但"只知道我们的地理教科书是译自日本的地理教科书,而这个名词就是从日本的地理教科书里钞(抄)来的。"他认为,依据田中奏折和日本一贯奉行的"大陆政策","就可见出日本的博士们是怎样的伪造历史或曲解历史来作窃夺我们的土地的凭证,而帝国大学把他们所造的谣言发表于世界也就是用作侵略的前驱,并不是提倡纯正的学术研究。自从明治天皇定下政策,打算征服中国必先攫夺满蒙,便硬造出'中国本部'这个名词,析出边疆于本部之外,拿来欺骗中国及世界人士,使得大家以为日本人所垂涎的只是'中国本部'以外的一些地方,并不曾损害了中国的根本"。所以,他非常痛心地写道:"所最不该的乃是我国的知识分子,自己尽量受他们的麻醉还

---

① 《益世报》,1939年1月1日。
② 顾颉刚:《续论"中华民国是一个":答费孝通先生》,《益世报》1939年5月8日。

不够,更替他们到处宣传,弄得这四十年来我国人自己著作的许多史地书里无不写上'中国本部'这个名词,习非成是,只要受过小学教育的同胞们的脑髓里也无不深印着这个名词,住在十八省中的人民的目光只注在'本部',而许多边疆地方真就渐渐地不成为中国的领土了!"①顾先生之所以把矛头指向日本军国主义分子,原因在于自明治大正年间以来,日本学者就开始频繁地对中国内地及边疆地区蒙藏回族聚居地开展调查活动,其目的就是要为日本的侵华决策提供支持。他们借用欧洲"民族国家"的理念,将"中国"描绘成以汉族为主体的聚居地在长城以南的一个汉人国家和散在周边以满、蒙、回、藏民族为主体的其他少数民族国家,从而为分化瓦解"中华帝国"提供了学理上的支持,也是20世纪以后日本持续侵略中国的理论根据之一。②

顾先生所言:"只要受过小学教育的同胞们的脑髓里也无不深印着这个名词",也反映了20世纪以来新式学堂教育中教材使用所产生的消极影响。清末民初,特别是1905年"废科举,兴新学"之后,开办新式学堂成为风气。然而,使用的教科书大多直接译自国外,特别是日本同科目的教材。由于带有急功近利的特点,所译之教科书来不及仔细斟别,确有一些带有侵略和殖民意图的政治理念、思想观点和名词概念传入课堂并渐次流行起来。例如,清末最早的中国历史教科书就是从日本编译过来的,其中《东洋史要》和《支那③史要》都有较大影响。《支那史要》的作者是市村瓒次郎,该书于1902年由广智书局译成中文,成为很多学堂的中国历史教材,讲到中国民族时,列举了苗、汉、蒙古、满洲和回回五个人种。1903年由东新译社编辑出版的《中国历史》,列举了汉、蒙古、通古斯、土耳其、西藏和苗族六个人种。作者称汉族为"本族",认为"支那"历史就是汉人种的历史。中国之所以有今日,都是汉族辛苦努力而得来的。"汉族蕃殖于中国内地全部,世握帝王之特权"。蒙古等其他五族一概称之为"外族"。至于这六个民族在中国历史上的地位,"以汉人种为历史大主干,其余五外族,皆拼枝也。枝干相乘,得历史之全局"。④《中国历史》将汉族作为中国历史的重心和主体,其他

---

① 顾颉刚:《"中国本部"一名亟应废弃》,《益世报》1939年1月1日。
② 参见葛兆光:《宅兹中国——重建有关"中国的历史论述"》,中华书局2014年版,第242—245页。
③ "支那"是近代日本侵略者对中国的蔑称。
④ 东新译社编纂、横阳翼天氏编辑:《中国历史》上册,东新译社1903年版,第18页。

各族处于辅助的地位①。这种以汉族为中心的叙述方式在清末国人自编的教科书中极为普遍，构成族际关系认知上的公共意识，在学人和政治家的思想中流传。

## 六、中国古代国家与族属理念在近代的传承与裂变

### （一）民族国家问题上的理论偏见

中国历史上出现国家形式以来，历代统治者一直实行的是高度中央集权的统治方式。然而，在如何认识中国古代国家形态问题上，学术界却流传着以西方标准为标杆的认识倾向，这在很大程度上影响了对我国政治文化传统的经验总结和汲取。例如，关于国家主权问题，有学者认为："早在17世纪，主权就成了西方近代国际关系和国际法的价值基准。而中国在漫长的封建社会是缺乏国家主权观念的，直到近代，国家主权观念才逐渐产生。""从严格的政治学角度言之，传统中国的国家概念不同于西方近代的'国家'概念，它是一个普世王国的形态，没有主权、疆界的观念。"②此种论说纯属皮相之见，谈到西方是"近代"，谈到中国就成了"古代"。事实上，与古代中国同时期的西方其实也是没有"主权"和"国家"观念的。主权和领土观念的形成应当是在不同政治实体的接触和碰撞中才可能突显出来的概念。在讨论中国的国家观念时不能先入为主地认为，因为古代没有"国家观念"，所以与西方不能很好地对接，在交往中才处于下风。客观上呈现出来的现象只能说明中西国家发展的不同样态，不能因为没有西方式的所谓"主权""价值基准"就否定中国存在明确的领土和主权意识。当然，边界的明确需要一个认识过程，传统疆域边界的模糊曾经是普遍现象，只有在全球化浪潮的冲击下才可能成为接触各方必须明确的问题，这是一个结果，而不能把它作为事情的原因。再比如，关于中国的自我认识问题，有学者认为："在传统的民族观念和世界观念的影响下，首先，中国人不会认识到中国只是世界的组成部分，而是认为中国本身就是天下，就是世界的核心；也不会产生各个国家之间是平等关系的想法；一定区域内相对封闭的国家观念不会形成，国家利益观念也不会产生，国家利益被一种程序上和形式上的文化优越感所掩盖和遮蔽。在这种状况

---

① 刘超：《现代中华民族观念的形成——以清末民国时期中学中国历史教科书为中心》，《安徽史学》2007年第5期。
② 刘慧娟：《试论中国近代国家主权观念形成的基本轨迹及其影响》，《贵州社会科学》2009年第9期。

下,自然不具备形成近代意义的民族主义思想的条件。"[1]文中的这个说法具有一定的代表性,因其理论背景是近代西方民族国家的生成及其世界体系的构建,许多研究者都断然认为中国的历代统治者都认为自己是天下的"中心",除己之外无国,或是无能与自己抗衡的国。这种判断显然低估或误读了自古以来中国的世界认知水平。倘若如此,那么怎样看待丝绸之路的形成?怎样看待绵延千年的中外交流史?至少,所谓"中央之国"的意识不过是一个地理概念,以为自己处于世界或地球的中部,这是看到世界地图的正常反映,绝不意味着当时的统治者就认为自己是全球的"政治中心"。循着这样的思路去研究或探索中国落后的原因以及摆脱困境的出路,必然会产生西方标准下的歧义,这是不利于科学的总结历史经验的。

(二) 中国古代特有的国家状态

历史事实告诉我们,中国古代不但存在着超越帝王之上的"国家观念"和"国家利益",而且,也存在着超越皇族利益为"国"谋利的帝王政治行为。在古代思想史上,强调"天下为公"的言论绵延不绝,倡言"尚公""公天下""天下为公""贵公抑私"者代有其人,其核心内容就是要求君主把"公"作为自己职能的目的,把"民"作为自己服务的对象。荀子说:"天之生民,非为君也。天之立君,以为民也。"[2]吕不韦等人也认为:"天下,非一人之天下也,天下之天下也。""置君非以阿君也,置天子非以阿天子也。"[3]《慎子·威德》更明确地提出:"古者立天子而贵之者,非以利一人也。曰:天下无一贵,则礼无由通,通理以为天下也。……立天子以为天下,非立天下以为天子也,立国君以为国,非立国以为君也。"成书于战国时代的《六韬》提出了"同天下""天下同利"的思想,认为"天下非一人之天下,乃天下人之天下","同天下之利者则得天下,擅天下之利者则失天下"。带着自组织逻辑的思考惯性,人们普遍认为帝王应以"四海为家",在观念上仍残留着把最高首领看作血脉相通的族人、家人和亲属,帝王存在的意义就是维护天下人的根本利益。荀子提出:"四海之内若一家,通达之属莫不从属。"[4]萧何说:"天

---

[1] 参见张淑娟:《民族主义与近代中国民族理论》,中国社会科学院研究生院博士学位论文,2010年,第28页。
[2] 《荀子·大略》。
[3] 《吕氏春秋》中的《贵公》《恃君》。
[4] 《荀子·议兵》。

子以四海为家。"①《文子·九守》也认为:"天下公侯以天下一国为家",《抱朴子·逸民》则说:"王者无外,天下为家,日月所照,雨露所及,皆其境也。"挂在古人嘴边的"天下"仅仅是"文化"意义上的"界定群体的观念"吗?大家知道,"大一统"是古代重要的政治理想,其内涵集中体现了古人明确的国家概念。在古代中国,每当人们谈到理想政治时常常会见到这样的说法:"圣帝在上,德流天下,诸侯宾服,威振四夷,连四海之外以为席,安于覆盂,天下平均,合为一家。"②希望普天之下,无论远近大小,共戴一主,并为一国,汇聚一族,合成一家,有学者指出:"这种理想境界显然集天下一统、治权一统、政令一统、帝位一统、王道一统、文化一统、华夷一统于一体"③,是"大一统"理想的体现。尽管这是一种理想,然而却反映出"天下"有所指,国家有范围,人民分族类的古代政治生态图景,人们希望没有国家、种族、文化的界限,实现"以天下为一家,以中国为一人"④的目标。总之,"一家一姓的王朝"并不是把"天下"绝对视为"私产"("天下"人也不绝对这么看),"王朝中国"的确不是近代意义上的"民族国家",但它绝对是一个"政治共同体",对"王朝中国"的认同就是对国家的认同,在一定意义上也是对华夏核心民族的认同。说古代中国缺乏国家观念和民族认同意识是缺乏根据的。

(三) 中国古代特有的民族观念

在中国的古代典籍中虽然没有民族、民族主义或其他主义的词语,可是,从《尚书》《诗经》和存世的金石铭文来看,早在西周初期就有了"中国"这个词语,这是中国人自我认同的标志。东周春秋时期已经把夏与夷,中国与东夷、西戎、南蛮、北狄区别和对立起来。"惠此中国,以绥四方""戎狄是膺,荆舒是惩""尊王攘夷""内诸夏而外夷狄",这是中国古代的政治民族主义。"吾闻用夏变夷者,未闻变於夷者也"⑤,这是中国古代的文化民族主义。"华夷之辨"又称"夷夏之辨",是专门讨论汉民族(华夏族)和其他民族关系的政治理论。据学者们研究,华夷之辨有六个方面的意义,即辨别族类亲疏、辨别内外远近、辨别生活习惯、辨别道德优劣、辨别人兽之别和辨别高低贵贱。⑥ 其中的辨族属和辨远近就包含着民

---

① 《汉书·高祖纪》。
② 《史记·滑稽列传》。
③ 刘泽华主编:《中国传统政治哲学与社会整合》,中国社会科学出版社2000年版,第127页。
④ 《礼记·礼运》。
⑤ 依次见《诗经》《春秋》《春秋公羊传》《孟子》。
⑥ 参见刘泽华主编:《中国传统政治哲学与社会整合》,中国社会科学出版社2000年版,第29—134页。

族意识和地域范围。从这个意义上说,"华夷"之"夷"特指与"中国"相对的"四裔""四夷",即居住在华夏族周边的族类。孔子主张:"裔不谋夏,夷不乱华",这里的"裔"即边远之地,边地多为夷狄所居,所谓"南蛮、北狄、东夷、西戎",故"四裔"与"四夷"相通,所以古代文献常把"中国"与"夷狄"对称。自古以来,华夏族就是中原地区的优势民族,其族裔长期支配中原王权,据"天下之中",为"天下共主",统治、支配或抗衡"南蛮""北狄""东夷""西戎",因而形成以自己的领地为"中国"、为"根本",以"蛮荒之地"为"四夷"、为"枝叶"的观念。正如北宋的石介所说:"居天地之中者曰中国,居天地之偏者曰四夷。四夷外也,中国内也。"[1]如果我们再把视野投向中外交流史,就会发现至迟在两汉时期,人们就知道在更遥远的地方还有"国"和"族",形成有别于"他国""他族"的国家和民族的自我认同意识是显而易见的。近代以来,孙中山领导制定的《中华民国临时约法》规定中国为22个行省,蒙古、西藏、青海等为属地或特别区,明确宣布中国是一个领土完整的、主权独立的、统一的、多民族的国家。国民党政府的宪法也明文规定中国是一个单一的高度集中统一的国家。[2]

我们并不是要刻意强调中国历史发展的独特性,但就民族意识和民族情感形成的过程看,古代中国确实有着明确的国家观念和民族自我意识,其中的核心部分构成了"中华民族意识"的骨干,且逐渐为其他民族所认同。因此,用近代西方民族主义的理论和观念去观察古代中国的民族问题显然是不适用的。

(四) 古代中华各族族际关系中的亲缘意识

"民族"作为人类共同体的一种形式显然是自古以来就有的。民族的形成受到了地理环境、生存方式、风俗习惯等因素的制约,并在此基础上逐渐形成了某个民族共同的活动地域、习俗、法律、记忆、信仰、语言、艺术和宗教表达方式、社会制度、生活方式等,此外还包括共同的遗传、血缘、种族特性,这些因素塑造了其独特性格及其目标和价值。因此,民族意识的形成就是一个从情感到理性、由具体到抽象、由点滴思想到系统理论的发展过程。

归属于一个愉快的身份群体的欲望被看作人类的自然需求:家庭、氏族、部落、社会等级、社会秩序、阶级、宗教组织、政党,最后是民族和国家,所有这些都是这种基本需求实现的历史形态。共同的祖先、语言、习俗、传统、记忆、长期地

---

[1] 《徂徕石先生文集》(卷十),《中国论》。
[2] 参见杨小云:《论新中国实行民族区域自治制度的历史必然性》,《政治学研究》2003年第2期。

生活在同一块土地,具备了这些因素就被认为构成了民族。这种同质性凸显的是一个群体与周边群体的差异,强调的是部落、文化和民族团结的存在,通过这一点,突出自己与信守不同习俗、具有不同历史或神话起源的群体的差异,且经常夹杂着对自己以外群体的厌恶或蔑视。这种具有悠久历史传统的民族特性、民族心理和民族意识,持久地影响着近现代以来世界各国在处理族际关系问题时的态度和模式。中国自古以来就是由多民族组成的政治共同体。民族主义对于中国历史而言不必一开始就是"中华民族"的,它有一个核心民族及其文化起主导作用的漫长时期。不同历史时期的主体民族与非主体民族的相互融合、交流、同化,不断的变化、扩衍,同种同族的观念便不断地深入人心,从而形成"中华民族"的观念。因而,历史地考察民族主义思想的形态,它始终包含两种状态:一种是不被自我自觉意识的民族主义及其表现形式,一种是自觉意识和认识并上升到一定理论形态的民族主义。[①] 因此,历史上的民族主义不因为它没有自觉的理论表述而不存在,它以一种原生的形态,作为一种覆盖面极广的社会心理和社会情绪,往往在与异族的碰撞中强烈地表现出来。在近代以来争取民族独立的斗争中,传统疆域内的中华各族体都以各种方式投身到谋求自身和共同解放的洪流之中,在这个过程中,"中华民族"这个名称经学者提出、政党宣传、各族人民认同,逐渐成为全体中国人共同的族称。随着新中国的成立,中华民族作为一个崭新的政治民族开始自立于世界民族之林。

"族"在中国文化里最突出的内涵就是基于血缘、姻缘和地缘纽带而形成的人类共同体,小到家庭,大到全体社会成员,人们都习惯通过这三条纽带结成伙伴体,由此获得归属感和安全感。我们应该注意到古代社会盛行的"结盟拜会""合宗联族"等习俗,相当典型地反映了这种群体意识对社会生活行为的影响。如果把眼界放到各个少数民族,我们会惊异地发现,在神话传说、神灵信仰和民俗故事中,各族人民无不传颂着各族同源的说法。这说明在主观上,各少数民族认同以汉民族文化为主体的华夏文化,愿意把大家想象为兄弟,类似盘古、伏羲、黄帝、炎帝、大禹等传说中的英雄就成了各族人民的共同始祖,表明在意识深层把各民族想象为具有共同始祖、血缘关系密切的整体。近年来,学者们的许多个

---

[①] 伯恩斯便认为"民族主义一般被界定为一种以民族意识为基础的纲领或理想"。见《当代世界政治理论》,商务印书馆1990年版,第423页。

案研究更说明了这种现象,比如大禹信仰在羌族的流传①,黄帝的熊图腾与朝鲜族及西南彝语支民族之间的关系②,良渚文化反映的伏羲信仰与百越的关系③,以及学界公认的黄帝、炎帝及夏商周始祖均为氐羌之人等。这样的关系在藏族文化研究中也有突出的体现。④ 这些都说明,中华文化多元一体、多维向心的格局是自古以来的历史事实。根据历代的文献记载,徐中舒先生考证出中原地区的夏族与北方的胡人、南方的越人、西方的氐羌都有密切的历史渊源关系。⑤ 他认为,夏商之际夏民族一部分北迁为匈奴⑥;一部分南迁于江南为越⑦;西方的羌与夏族的关系更为密切⑧。这样,从商周之际到秦汉时期,黄河流域兴起的华夏族向四周迁徙、扩展,派生出四周的"蛮夷戎狄"。在某种意义上说,活动于东亚地区的远古各族类实则同出一源,血缘密切、文化相近,再加上以华夏族为主体的先进文化,长期吸引、吸收、融合、同化,各族体之间的心理认同、文化认同便构成了多元一体、多维向心格局形成的重要基础。因此,在分析古代民族关系时,绝不能忽视血脉相通和文化交流的影响。⑨

总之,从考古发现、文献记载和田野调查所取得的成果看,目前生活在我国境内的各少数民族绝大多数是原住民,即土著,大都有固定的居住区域和生存方

---

① 肖先进、邱登成:《鲧、禹神话与三星堆遗址》,《中华文化论坛》2005年第2期;张泽洪:《岷江上游羌族的大禹崇拜——以禹生石纽说为中心》,《黑龙江民族丛刊(双月刊)》2003年第4期。
② 苑利:《朝鲜熊虎同穴神话与源泉出北方关羌族考——兼论中国彝语支民族熊虎图腾崇拜的北来问题》,《民族文学研究》2003年第4期。
③ 顾希佳:《良渚文化暑期的伏羲神话母题》,《思想战线》2004年第4期。
④ 格勒指出:"炎帝族、黄帝族、夏族、周族等同为关系民族。当他们先后迁居中原地区融合为华夏后,共同创造了黄河中下游的仰韶文化。而另一些仍然留居西北甘、青地区的古氐羌人创造了马家窑文化、齐家文化、寺洼文化等仰韶文化系统的另一些文化类型。因此,我们有理由推断,整个仰韶文化系统是氐羌系统与原始部落共同创造。仰韶文化系统实为原始氐羌民族系统的民族文化,亦即华夏族为主体的氐羌民族系统的古代文化。所以,提出西北黄土高原地区的先史文化基本上是历史上古代羌族系统各部落部族在不同时期所创造的这种见解是非常正确的。"古代氐羌系统的民族分布非常广泛,可以说我国西南半壁河山都是氐羌民族系统的势力范围。参见格勒:《论藏族古代文化与中华民族文化的历史渊源关系》,《中国藏学》2002年第4期。
⑤ 《新中国的考古发现和研究》,《中国新石器时代的家畜》(194页)和《北方草原的青铜文化》(339页),文物出版社1984年版。徐中舒:《夏商之际夏民族的迁徙》,四川文物管理委员会印,1983年。
⑥ 《史记·匈奴传》云:"匈奴,其先祖夏后之苗裔也。"
⑦ 《史记·越世家》云:"越王勾践,其先禹之苗裔而夏后少康之庶子也,封于会稽以奉守禹之祀。"
⑧ 《史记·六国年表》云:"禹兴于西羌",夏与羌有同源关系。
⑨ 正是基于中华文化的这些特点,有学者在使用"族群"时便赋予它"家族"的含义,使之更接近中国文化的内涵。如纳日碧力戈就认为"族群"兼含"种族""语言"和"文化"含义。族群在本质上是家族结构的象征性扩展,它继承了家族象征体系的核心部分,以默认或者隐喻的方式在族群乃至国民、国家的层面上演练原本属于家族范围的象征仪式,并且通过建造各种富有象征意义的设施加以巩固。参见《全球场景下的"族群"对话》,《世界民族》2001年第1期。

式。在漫长的历史过程中,有过大规模的民族迁徙、交流、战争、融合、混居等情形也频频发生,但总体上都是活动于欧亚大陆东部的古老人群,不存在从这一特定文化——生态系统之外迁入的问题。学者们公认的"ethinc group"的本意是指"族体的碎片",特别是它包含着指称"移民群体"的意象,那么,我国境内的各族体从古至今没有一个适合于被称为"族群"。① 因此,有学者认为,尽管"民族"概念的政治性很强,但从人类群体发展的历史事实看,我国境内的各个族体仍拥有部分政治权利,完全可以用"民族"来指称,这也是我们采用民族区域自治制度的根据所在。②

正是由于在族缘关系上存在着这种"亲缘意识",因此,"天下一统、四海一家"不仅是中原统治者的理想,也是入主中原的各族政权创立者的追求。历代汉族帝王及其大臣在论述民族关系时,都致力于阐发大一统思想,把中原华夏与边疆四夷当作一个不可分割的有机整体。如贾谊的"首足"观、司马相如的"遐迩一体"思想、司马迁的诸族同祖论、韩昌和张猛的"汉与匈奴合为一家"思想、《淮南子》中的"夷夏一圈"思想、《盐铁论》中的"肢体与腹心"论、隋文帝的"华夷同重"论、唐太宗"根本与枝叶""爱之如一"的思想、明太祖"华夷无间""抚宁如一"的思想等。在这些观点中,虽然由于历史和阶级的局限性,都或多或少地带有上下主次、内外轻重的差别,但这毕竟是大一统格局内部的差别。即使是入主中原的少数民族统治者,也从不自外于中华。有的甚至同汉族攀宗认祖,从而形成了古代中国一种独特的历史现象。如,前秦苻坚自称"混六合为一家,视夷狄为赤子",俨然一派中华天子架势;匈奴贵族刘渊利用匈奴与汉在历史上形成的甥舅关系,以汉为国号,追尊后主刘禅,表示上接汉统。此外,夏国铁弗匈奴人赫连勃勃自称是"大禹之后";北魏拓跋氏称自己为"轩辕之苗裔";北周宇文氏和辽的契丹统

---

① 正如朱伦先生指出的那样:"'族群'不单是一个人文差别概念,而且还是一种非传统的社会组织形式概念,它是当代西方族类学、文化人类学和社会人类学在研究'国族—国家'内部的族类异质性以及这些族类的存在方式时所使用的术语,其使用价值仅在于它所指的特定对象,不可随意将其泛化。从研究族类差异入手,把不同的文化族体归因于族类不同,欧美国家文化人类学的这种思路不可全盘接受,更不可运用到中国各民族内部的地方差异研究中,把这种地方差异说成'族群'之别。"参见《西方的"族体"概念系统——从"族群"概念在中国的应用错位说起》,《中国社会科学》2005 年第 4 期。
② 朱伦先生指出:"尽管现代国家以公民个人权利平等为基本理念,但在大多数国家中,历史形成的一些相对弱势的族体的存在,同样也是不争的事实,他们表现出来的集体权利诉求也是不可回避的。在这些族体中,有一类族体是基于社会延续性、地域固定性、文化共同性、心理认同性和政治集体性等综合因素而形成的。这类族体即是'民族'。'民族'没有独立国家,但有世居区域;没有主权,但可以有一种含糊的或理解不一的自治权或自主权。"参见《西方的"族体"概念系统——从"族群"概念在中国的应用错位说起》,《中国社会科学》2005 年第 4 期。

治者均称其先"出自炎帝"。事实究竟如何,应另当别论,甚至已不再重要,重要的是隐藏在这一历史现象之后的华夷一家观念。特别值得指出的是蒙古族和满族这两个为中华大一统做出重大贡献的伟大民族,其民族观和国家观较汉族统治者更为开明。元世祖忽必烈即位后不久,立即诏告天下,以示他所统治的国家是"绍百王而纪统"的中华大一统正统王朝,而不只是蒙古族的国家。清雍正帝更是亲撰《大义觉迷录》一书,凭借清朝对中华大一统的贡献,理直气壮地驳斥了"华夷之辨"的观点。[1] 特别是明清时期,统治者通过各种文化政策进一步强化民族认同已经存在的成果。例如官方文字的使用,早在明代,在我国北方部分地区就已经出现了汉、蒙古、藏、女真四种文字的碑刻。例如,今青海乐都县城南的瞿昙寺中就保存有明朝洪武年间的汉、藏两种文字对应的碑刻;明永乐十一年(1413)立的《奴儿干永宁寺碑》,就有汉、蒙古、藏、女真四种文字的"六字真言"。到了清代康雍乾时期,满、汉、蒙古、藏四种文字的碑刻、匾额等逐渐增多,表明文字的通用性在进一步加强。特别是乾隆年间,还先后完成了《三体清文鉴》(满、蒙古、汉三种文字)、《四体清文鉴》(满、蒙古、汉、藏四种文字)和《五体清文鉴》(满、蒙古、汉、藏、维吾尔五种文字)。《五体清文鉴》就是五种文字对译分类的辞书,除汉文外,其余皆为中国古代北部和西部地区人口众多、生活地域广大、社会影响突出的主要几个少数民族的文字。清代官方编修的这部空前的辞书,客观上为后来中华民族的认同提供了文化方面的重要基础。[2]

在西方理论的视野里,民族问题其实就是国家问题,它不是源于对自然人类群体的识别和认同,而是来自边界明确、权利明晰的"国家主权"的确认和维护。正如伯恩斯指出的那样,民族主义是"那种认为民族—国家具有伟大价值的群体意识,这一群体意识保证完全效忠于民族—国家。这一群体赞同民族—国家保持统一、独立和主权,以及追求某种广泛的相互可以接受的目标。"[3] 由于民族主义追求具体的建立主权国家的目标,所以很自然地带有分裂和暴力的倾向,因此,欧洲国家主权确立的过程就是一个充满争夺、竞争和暴力冲突的过程。经过数百年的激荡最终形成了一种相对稳定、结构均衡的国家格局和族际关系,由此又反过来强化了各自的"民族意识"。因此,"民族国家"概念中的"民族"毫无例

---

[1] 参见许彬:《新中国确立民族区域自治制度的历史原因》,人大复印资料《民族问题研究》2010年第2期。
[2] 胡岩:《论中华民族的百年认同》,《民族研究》2013年第1期。
[3] [美] E. B. 伯恩斯著,王宁坤译:《简明拉丁美洲史》,湖南教育出版社1989年版,第250页。

外地都是指"政治民族",而非自然民族。正如吉登斯所认为的:"'民族'指居于拥有明确边界的领土上的集体,此集体隶属于统一的行政机构",所以,"只有当国家对其主权范围内的领土实施统一的行政控制,民族才得以存在在此"。[①] 然而,在资本主义崛起和扩张的几百年里,世界民族存在的状态是不平衡的,特别是发展程度、文化面貌、生存样态差异极大,以什么样的理念和思想处理世界范围内各个自在族体的关系一直是一个复杂而棘手的问题。从根本上说,就是在关于民族的理论认识上还存在着巨大分歧造成的理论困惑。

---

① [英]安东尼·吉登斯著,胡宗泽、赵力涛译:《民族—国家与暴力》,生活·读书·新知三联书店 1998 年版,第 141—147 页。

# 习得杂陈篇

# "鬼神观念源于蟾蜍(月)族"说质疑

关于鬼神观念的起源,近年来学界出现了一些新的观点,特别是有学者提出"中国古代鬼神观念,就是建立在精灵主义和图腾崇拜之上",具体而言就是"来源于崇拜蟾蜍(月)的一族"[①]的新看法,有较大的影响。然而,这种观点涉及图腾理论的理解、考古学证据的分析及其与文献资料印证等一些重大理论和史实问题,因此,有必要加以深入探讨。

## 一、"蟾蜍(月)"图腾所对应的族属问题

图腾理论是支持"鬼神观念源于蟾蜍(月)族"观点的一个重要理论依据,特别是把以蟾蜍(月)为图腾的族属与考古学证据相对应,就引发了关于仰韶文化和马家窑文化的图腾信仰问题。

有论者认为,蟾蜍(月)族即"《史记》中黄帝之十二子之一的昌意族",并说:"在我国新石器时代的仰韶文化中,就有蟾蜍的形象出土,在黄河中游,见于陕县庙底沟、万泉荆林、临潼姜寨等遗址。这应即这一族的文化遗存。"也就是说,月族活动于黄河中游。而刘文接着考证出昌意"降居若水"的若水即弱水,"是指甘肃一带,其降居后的文化遗存即马家窑文化",并认为"马家窑文化彩陶上的一些蟾蜍纹被画成非常圆的身体,很像一个圆月;……身体上的饰网纹,因此可推知马家窑文化中的大圆圈纹及网纹都有月的寓意"。这样昌意族的活动范围就十分广阔了,既在甘青一带活动,又出现于陕豫交界的黄河中游,难以确定踪迹。然而,这样的看法是经不起推敲的,具体表现在:

第一,仰韶文化与马家窑文化虽然均是新石器时代的文化遗存,但是分属于

---

① 刘夫德:《试谈我国古代鬼神观念的产生》,《中国史研究》1990年第2期。以下简称"刘文"。

不同地域的特殊类型,它们分别代表着同一时代不同区域里母系氏族文化的面貌。因此,在出土器物、遗迹及彩陶器型、纹饰上便有着明显的区别,当属不同氏族的文化遗存,将其均指为月族是不准确的。

第二,刘文显然是根据已有的观念,认定中国上古存在过以蟾蜍为图腾的氏族,并根据后世关于"月中有蟾蜍"的神话,认为"月亮就属于蟾蜍一族",蟾蜍、月亮互相替代,同为某一族的图腾。在这种既成观念的引导下,认为仰韶文化和马家窑文化彩陶上的蟾蜍纹、网纹、大圆圈是图腾,有月的含义。所谓图腾崇拜,根据中外学者的研究,一致公认,一个氏族只采用一种动物、植物或无生物为本氏族的图腾。而论者却忽视了仰韶文化的重要纹饰并不是蟾蜍纹或月纹,而是鱼纹,此外还有鹿、鸟、龟、羊、花瓣纹、叶形纹等纹饰。那么,到底哪一种动物或植物是仰韶先民的图腾呢? 说其以蛙(蟾蜍)为图腾的根据是什么呢? 马家窑文化彩陶纹饰也不是单一的,这充分说明用图腾说来解释仰韶文化和马家窑文化纹饰的含义是缺乏说服力的。①

第三,所谓蟾蜍(月)族,即说该族既以月为图腾,又以蟾蜍为图腾,这是违背图腾理论的。尽管后世神话中蟾蜍象征或代表着月亮,但是,作为图腾同时存在是难以说通的,而这种现象也是图腾理论难以圆满解释的。

总之,图腾理论作为鬼神观念产生的理论根据是缺乏说服力的。考古学的证据不能说明蟾蜍是作为图腾而受到崇拜的。反之,崇拜蟾蜍的也并非只有一族。蛙纹(蟾蜍纹)的发现西至青海的柳湾,中部出现在临潼姜寨、陕县庙底沟,北到辽宁敖汉旗小河沿南台地遗址。在如此广阔的地域内活动的远古人类,不可能都是以蟾蜍为图腾的昌意族。因此,鬼神观念产生于某一氏族的说法难以令人信服。

## 二、"两合组织"与鬼神观念的起源

关于"两合组织"的说法,刘文有两处论及。一处云:"我国古代有以三足乌和蟾蜍为图腾的两族,三足乌和蟾蜍又分别与日和月相关联。"产生这种关联"可能是因为三足乌和蟾蜍是一对胞族,即由两个氏族组成的两合组织"。那么,这里所说三足乌和蟾蜍族分别是一个胞族,每个由两个氏族组成呢,还是说三足乌

---

① 参见赵国华:《生殖崇拜文化论》,中国社会科学出版社 1990 年版,第 146—151、181—215 页。

和蟾蜍族共同构成了一个胞族呢？语焉不详。至于接下来所谓两族分占自然事物,各自占有了太阳和月亮的说法则纯属推测,无法得到证实。然而,刘文正是以此推测为根据,认定"日月也分别成了这两族的象征"。另一处是刘文在释"两"字时提到的。认为"两字"是"画成两半的月纹……马家窑文化彩陶上的月纹,除作'田'字形的四分外,有一部分是在月面上画一纵道,将月纹中分"。并据《说文》及段注指出"两,再也",而"再"原作"冊"形,是月的两半有"二人"。不知刘先生据何将"冊"形释为月的两半,又据何能说明"两"字的初文就是月的两半？刘文在解释"何以月的两半有'二人'"的含义时再次提到了两合组织,他说："将一个圆月中分为两半,可以看作是氏族社会组织中两合组织（两个半边）的象征。"这就是说月族是一个胞族,它包含两个氏族。接着,刘文引用《搜神记》中关于蒙双氏、高阳氏的材料进一步论证,把这种两合组织及其婚制落实到颛顼族,说"所谓'有同产而为夫妇'应指颛顼一族内部又有氏族的通婚现象。即通婚双方均出于高阳（颛顼）氏,两个互相通婚的氏族结成胞族。这种两合组织即两个半边,作为这种现象的象征,将一个圆月分成两个半圆。它们又是两性（'二人'）的象征。因此就是'二头,四手足'。在胞族组织看来,这种通婚是属于内婚制,所以称之为'男女同体而生'"。

　　至此,我们清楚了,刘文的两合组织是指同一图腾信仰的两个氏族共同构成的一个胞族,也就是说在刘文所说的甘青、黄河中游一带至少有两个以蟾蜍（月）为图腾的氏族,颛顼（高阳）当为胞族首领,月（蟾蜍）为胞族图腾。这里便带来了困惑：其一,图腾是象征始祖的,颛顼一族内的两个氏族便是共祖同源的关系。在中国古代婚姻制度中早就存在同姓（氏）不婚的族外婚制（与内婚制同义,指不同氏族之间,部落内部的婚姻制度）,同为高阳氏的两个近亲氏族却存在着婚姻关系,在理论上是难以说通的。其二,说胞族内的两个半边分别是一个圆月分成两个半边的象征,那么这两个氏族的图腾有何变化？是半个月（蟾蜍）还是完整的月（蟾蜍）？无论是什么,有何为证？其三,因为内婚制,就能说明"男女同体而生吗"？据《辞海》的解释："内婚制……主要指部落的内婚制。即氏族内实行禁婚,同时部落内若干氏族互相通婚。"[①]而"男女同体而生,二头,四手足"虽然是共用一个身体而长出两颗脑袋、四个手足的"蒙双氏",如勉强从婚姻关系的角度

---

① 《辞海》,第 4034 页。

来理解材料的含义的话,也只能理解为氏族内部的"内婚制",即班辈婚,文中丝毫看不出"体"指的就是胞族,倘若将"体"理解为部落,恐怕"二头,四手足"就不够了。其四,断然说分成两个半圆的月"又是两性('二人')的象征",把"两""⺇⺇"的"从"和"入入"理解为两性,不知有何证据?用半月分别代表"男性"和"女性"又有何证据?文中的两个旁证材料均为推测之辞,均无法证明"两"是指"中分的月纹饰"。总之,刘文关于两合组织概念的使用既含混又有许多牵强之处。其第二处提到的两合组织显然指的是蟾蜍胞族内的两个氏族,而第一处又有将三足乌与蟾蜍合为一个两合组织的倾向,故而有"在这种两合组织内部,往往有一种分别战胜自然界诸事物的现象。当这两个半族分割和占有自然界诸事物时,太阳是属于三足乌一族的,那么月亮就属于蟾蜍一族了"的说法。概念和理论上的混乱自然不能令人信服地解释文字现象。

刘文为了说明自己的观点不顾这种混乱,带着推测和含混的语气把一些说法模糊的史料解说为符合自己观点的论据,这当然是无法真正解决问题的。比如,刘文认为"马家窑文化彩陶上的月纹,除作'田'字形的四分外,有一部分是月面上画一纵道,将月纹中分"。前面已述,刘文将中分的月纹阐释为两合组织,是男女两性的象征,依照这种逻辑,"田"是月的四分,岂不是具有"四合组织"的含义?或者说"月"胞族包含着四个"月"氏族吗?由于对马家窑文化纹饰上判断的失准,对"鬼"字的解释也就失去了意义。因为刘文多处引证"鬼"就是"归",归向何处呢?刘文引《礼》曰"昭明",《韩诗外传》《礼运》为"天",并根据柯斯文氏关于"原始人认为人死后即返回自己的氏族图腾"的观点,将"昭明""天"理解为"实际上就是到月亮上去了"。既然月与蟾蜍均为图腾,如用归于蟾蜍来解释不是也有道理吗?恐古籍中找不出归于蟾蜍的记载,那么图腾说恐亦难解释"归"的去向。此外,将"昭明""天"理解为指"月"也缺乏证据。然而,有了这番推论,便为刘文解"鬼"字创造了条件。"鬼"本字为"󰀀",刘文用大量篇幅证明"田"是月纹,于是其下的"人"形便可释为"一人形的精灵进入鬼头",意即可证归入月亮。那么,刘文据何认定古人将"精灵"想象为"人形"?又据何断定"󰀀"字下的"人"便是"精灵"?此外,刘文还认定"在马家窑文化的彩陶上,作'由'字形的月纹比比皆是,这也就是鬼头纹"。依刘文全篇的逻辑,"由"纹即表示月亮、蟾蜍,又表示鬼头,显然"由"纹便应是这一氏族的图腾纹饰,岂不是自认自己的祖先是"鬼"了吗?

此外,刘文关于"我国历史上崇拜月(蟾蜍)的这一族,多与鬼和从鬼字有关"的说法,也大可怀疑。刘文所引证的几则资料也不能令人完全信服。

1. 关于员神。刘文引《山海经·西山经》的"长留之山,……实惟员神魂之宫,是神也,主司反影",实则出自《西次三经》,而且引用时省略了极重要的一段话,即"长留之山,其神白帝少昊居之。其兽皆文尾,其鸟皆文首,是多文玉石",这明确表明长留山魂氏之宫的主神是少昊,赤懿行注云:"是神,员神,盖即少昊也。"少昊又名穷桑氏、桑丘氏、金天氏,实为鸟国的首领,与蟾蜍毫无关系,在神话中,它主管西方之地万二千里。将员神释为"圆月之神",有望文生义之嫌。

2. 关于祝融。刘文采纳古籍上的一种说法,认为"祝融在世系上属月族"。所据为《山海经·海内经》和《大荒西经》所云,黄帝—昌意—韩流—颛顼—老童—祝融之世系。然而,《海内经》又云:"炎帝之妻,赤水之子聴沃,生炎居,炎居生节并,节并生戏器,戏器生祝融",则祝融又为炎帝之后裔。至于指祝融为灶,进而解释"竈"之"黾"与蟾蜍的关系来说明祝融的族属也是不全面的。在古籍中,被指为灶神的除祝融外还有炎帝,《淮南子·氾论篇》云:"炎帝作火,死而为灶。"也有说是黄帝的,如《事物原会》云:"黄帝作灶,死为灶神。"还有把蚩尤当作灶神的(《后汉书·礼仪志》),能说这些上古传说中的人物均属于月族吗?炎帝和黄帝一般认为是两大部落(或氏族)的首领,就算说黄帝因产昌意而勉强可划归月族的话,但炎帝无论如何是难以并入这一图腾氏族的。如此说成立,我国远古先民岂不是都归于一个图腾氏族了吗?

### 三、有关材料引用上的硬伤

刘文在引证材料方面还存在着引用不准和解释不精的问题,从而影响了立论的可信度。该文引《后汉书·礼仪志》所引《汉旧仪》云:"颛顼氏有三子,生而亡去为疫鬼。一居江水,是为虐;一居若水,是为网两蜮鬼;一居人宫室区隅沤庾,善惊人小儿。"这则史料还见于《论衡·解除篇》及《周礼正义》、晋干宝《搜神记》卷16,虽内容大同小异,但所用文字略有区别。如《周礼正义》引《汉旧仪》云:"颛顼氏有三子,生而亡去,为疫鬼。一居中江水,是为虐鬼。一居若水,是为网两蜮鬼。一居人宫室区隅,善惊人小儿。"这里"网两"为"魍魉",证之《论衡》《搜神记》均如此。《解除篇》云:"昔颛顼氏有子三人,生而皆亡,一居江水为虐鬼,一居若水为魍魉,一居欧隅之间,主疫病人。故岁事毕,驱逐疫鬼,因以送陈迎新,纳吉也。"《搜神记》卷16亦云:"昔颛顼氏有三子,死而为疫鬼,一居中江水为虐鬼;一居若水,为魍魉鬼;一居人宫室,善惊人小儿,为小儿鬼。"我们再把中华书局点校本《后汉书·礼仪中》所引内容陈于下:"《汉旧仪》曰:颛顼氏有三子,生而亡去为疫鬼。一成江水,是为(虎)[虐鬼];一居若水,是为罔两蜮鬼;一居宫室区隅(沤庾),善惊人小儿。"下面我们就该文的解释进行一些分析。

首先,刘文所引《后汉书》文字与中华书局1965年版的《后汉书》不尽相同。参照《论衡》《周礼正义》引文,显系刘文脱漏。如刘文引为"一居江水,是为虐",各本均作"是为虐鬼"。

其次,刘文将"虐"字视为"虎"字之不当。(1)中华书局本《出版说明》云:文中"应删的字,用小呈字排印,加上圆括号;改正或者增补的字用与正文、注文相同的字体排印,加上方括号"。① 刘文在引用中并未引出"虎"字,而在下文的解释中却展开论证,既引用不精,又为应删之字,刘文将"虎"释为"菟",又将"顾菟"释为蟾蜍,与该引文便没有直接关系。(2)《礼仪中》《校勘记·三一二八页八行》云:"按,虐即瘧字,虎与虐形近而伪。《文选东京赋》注正作'瘧鬼'。"这就更为明确地指出文中圆括号中的"虎"字当删除。

其三,刘文引证不精之处,还表现在将《后汉书》之"罔"改为"网";将"沤庾"应删之文视为正文。《校勘记·三一二八页八行》云:"按,《文选东京赋》注无'沤庾'二字,当即'区隅'之音注,而误入正文者,今删。"刘文引用时既没有甄别,又有所解释,显然是很粗糙的,自然很难得出令人信服的结论。

其四,关于"网"的解释,前文已提及,这里再从字形、字意上提出一些问题。对照各本,此处均为"罔"或"魍",且"罔两""魍魉"连用,实指一物。古文还写作"蝄蜽",均不见写作"网两"者。宋罗泌《路史·后纪四》云:"蚩尤乃驱罔两,兴云雾,祈风雨,以肆患于诸侯。"《左传·宣公三年》亦云:"故民入川泽山林,不逢不若,螭魅罔两,莫能逢之。"注云:"罔两,水神。"释文引《说文》云:"罔两,山川之精物也。"可见,"罔两"连用为精怪专名,刘文将其拆为二字加以解释是缺乏根据的。刘文将"网"指为彩陶上的网纹亦有望文生义之嫌。《说文·冈部》释网曰:"庖牺氏所结绳倡田倡渔也。从冖。下象网交文。"段注:"乂乂象网目。"明确指出此字乃象渔网之形,联想到仰韶遗址和马家窑文化大量出土的捕鱼工具和

---

① 《后汉书》(一),中华书局1965年版,第9页。

鱼骨,便会相信此字实为写实之作,而且网纹是新石器遗址陶器上较为普遍的纹饰,各地均有发现。例如,在江西宜丰县大平岗新石器时代遗址出土的陶器上,便饰有方格纹、绳纹、田字纹、网纹等纹饰,难道在江西一带活动的远古先民也是以月(蟾蜍)为图腾的昌意族吗?刘文关于"两"的解释也不精确。刘文引《说文》"两,再也"有误,原文实际上是"两,再也。"段注认为"两"是"覆其上也",并未说此字即为"两"之古写。且《说文》明确说:"二十四铢为一两。两者,二十四铢之称也。"可见"两"为后起之字,是称量单位的专有名词,以后才有"两行而两废"的情况。因此,用"两"来解释"罔两"之"两"是不准确的。

其五,关于"蜮"的解释。刘文释为"蟾蜍"是不准确的。上古时期"蝦蟆"与"蟾蜍"有着明确的区别,段注《说文·蝦》时明确说:"蝦蟆,见于《本草经》,背有黑点身小,能跳接百虫,解作呷呷声,举动极急。蟾蜍身大,背黑无点,多痱礧,不能跳,不解作声,行动迟缓,绝然二物。"可见,两者在形状、皮肤特征及活动特点方面均有明确区别,先民不可能把这二物都视为图腾,必择其一。因此,即便"臣铉"等人指"蜮"为"蝦蟆",也不能得出"蜮"即为"蟾蜍"的结论。此外,"蜮"在古人看来还有另外一番解释。《汉书·五行志》云:"蜮……在水旁,能射人,射人有处,甚者至死。南方谓之短弧。"颜师古注云:"即射工虫,亦呼水弩。"晋张华《博物志·异虫》也说:"江南山溪中,水射工虫,甲类也。长一二寸,口中有弩形,气射人影,随所著处发疮,不治则杀人。"可见,"蜮"形与蟾蜍相去甚远,《玄中记》更说:"蜮长三四寸,蟾蜍、鹭鹭、鸳鸯悉食之。""蜮"是蟾蜍的口中美食,两者是天敌。刘文将"蜮""以气害人"理解为"蝦蟆(月)盈缩如呼吸之气,用以射害人"的说法也显系推测之辞,不足以令人信服。

其六,关于"鲧",刘文阐释的也有不尽如人意之处。刘文依《说文》关于"蜮""短弧也,似鳖三足"的说法,联想起鲧"相传即化为三足鳖"的说法,由此证明鲧与蟾蜍、月亮的关系。其实,袁珂先生早就详尽地否定了"相传"的鲧化为三足鳖的看法,他指出:

鲧原系天上白马,《周礼·夏官·庾人》:"马八尺曰龙。"则天马化龙,当无足异。除此而外,尚有"化为黄熊"(《左传·昭公十七年》),"化为黄能"(《周语·晋语八》),"化为玄鱼"(《拾遗记》卷二)诸说,要以"化为黄龙"之说为近正。

《国语·晋语八》:"昔有鲧违帝命……化为黄能……。"韦昭注:"能,似熊。"盖本诸《说文》。《说文》(十)云:"能,熊属,足似鹿。"而《尔雅·释鱼》云:"鳖三足,能。"则不知所谓能者,为熊或为鳖。……然《尔雅·释鱼》止云"鳖三足,能",不作熊,《说文》亦无熊字,知熊是后起字。徐灏《说文解字注笺》能字下,谓改熊字,下体作三点,以为三足鳖,此为世俗所造。然据《史记》正义引束晳说,此字晋时已有之,是字本作能,后人于能下加三点以为熊,以符《尔雅》之说,熊又讹为熊,是书传所谓鲧化黄熊者,即黄能。[①]

总之,据袁先生考证可知,鲧为三足鳖的说法是后起的传说,与刘文所涉及的新石器时代相去甚远,不足以用来说明刘文探讨的问题。

### 四、关于"人面蛇身"的象征意义

刘文认为"申"是"神"字的本字,"像一弯曲的蛇身而有两足,我国古代有'人面蛇身'的神,申字应是它的写照,'人面蛇身'神正是月亮的形象"。此说的确令人难以苟同。在我国上古神话传说中,"人面蛇身"的著名大神为伏羲和女娲,如果说女娲因为"捧月"而可算作是"月亮的形象"的话,那么,在汉代画像石、画像砖、墓室壁画上大量出现的"人面蛇身"的伏羲手捧红日的造型便很难被归为月族。伏羲太昊氏是传说中的太阳神、东方天帝,伏羲的神话传说多与"日""男"等相关,断难与月族发生联系。刘文在解释"人面蛇身"形象产生的原因时认为:"大概是新月时,地球反射日光于月面形成一个光环,很像新月的一个蛇形尾巴环交首上,这就是'尾交首上','蛇身自环'。"所谓"新月"多呈现"香蕉"状,与人面难以相像,至于地球反射日光于月面是否能形成光环也属疑问。因为地球本身不发光,反射日光于月面和日光直射月面相比较而言,日光直射的亮度、强度显然大于反射者,因此便很难从地球上观测到这个所谓的"光环"。奇怪的是,刘文又指出"其后,由于人们对此缺乏理解,不知'人面蛇身'者为何物"的看法,与前说又相矛盾。既然"人面蛇身"是依自然现象而产生的,且此观念又在月族人中流行,再加上太阳、地球、月亮三者的自然关系相对稳定,"其后"的人为什么不能再看到这种自然现象而一定要去"想成一个'身长千里'的巨大蛇身呢"?月亮是该族的图腾,在传播有关图腾的观念时一定是非常严密、完整的,这么重要的

---

[①] 袁珂:《中国神话传说辞典》,上海辞书出版社1985年版,第431、348页。

观念,月族人都难以继承,置图腾于何地呢? 所以刘文在此问题上的解释也是飘忽不定的。在解释典籍中"人面蛇身"形象"有足无足"的矛盾说法时,竟说:"因为拖在月亮脸之后的蛇(龙)身后来完全变成意想的产物,所以有时有足有时无足,也就由人去想象了。"这里似乎有一种不负责的口气,既没有说清为什么后人对这种自然现象视而不见而要去臆想,又难以解释后人为什么看不到这种自然现象了。总之,刘文关于"人面蛇身"形象的阐释尚不能自圆其说,带有很大的猜测成分,难以令人信服。

刘文关于"人面蛇(龙)身"神——烛龙的解释也不尽全面。《山海经·大荒北经》说烛龙"其瞑乃晦,其视乃明,不食不寝不息,风雨足竭,是烛九阴"。刘文按照自己的需要将其解释为"能晦能明,不吃东西,在应寝睡时它却不休息,出来时没有风雨,直直地烛照着'九阴'"。也就是将"烛龙"解释成符合"月亮"运动规律的神物。从原文中并看不出这样的意思,且刘文引述"烛阴"的一段史料恰恰说明烛龙(阴)并非只在夜晚活动,也并非只"照夜明",它还有"昼""风""雨"的职责。明董斯张《广博物志》卷九引《五运历年记》云:"盘古之群,龙首蛇身,嘘为风雨,吹为雷电,开目为昼,闭目为夜。"袁珂先生指出此乃"烛龙之神格",[①]可见,烛龙有开辟神的含义,它的神职是多方面的,仅释为月神是不全面的。

总之,刘文所列证据不足以说明"神"的观念源于月(蟾蜍)氏族,特别是刘文关于月族的地望介绍十分混乱,指为与月有关的烛龙活动于雁门北之委羽之山,将炎帝指为月族,其活动于陈、鲁之地,这些地方早就跨出刘文前面指定的黄河中游和甘青地区。此外,将炎帝混同于伏羲,将望舒指为月都是考证不精所致。比如"望舒"并非"月神"的别名,而是为月神驾车者。《楚辞·离骚》:"前望舒使先驱兮",王逸注:"望舒,月御也。"洪兴祖补注:"《淮南子》曰:'月御曰望舒,亦曰纤阿'。"《史记·司马相如列传》:"阳子骖乘,纤阿为御。"集解:"纤阿,月御也。"可见望舒,又名纤阿,乃为月神御车者,并非月神。因此,仅从文字学上是难以证明刘文观点的正确性的。

## 五、关于《庄子·达生篇》内容的理解

刘文关于春秋战国之际"新的鬼的观念"的阐释也存在不精当的地方。刘文

---

① 袁珂:《中国古代神话传说辞典》,上海辞书出版社1985年版,第329页。

在引述了《庄子·达生篇》齐恒公与管仲的长篇有关各种"鬼"的对话后,进行了逐句阐释。

沉有履。释"履"为"践迹之迹,两栖动物在水边淤泥上活动留下的痕迹"。暗指蟾蜍,不知有何根据?

关于灶有髻。刘文认为"蟾蜍又作'蝛蠹'、'居蛞'、'屈龙'等。'蝛'、'蛞'、'居'、'屈'与髻或音近或间同,髻实为蟾蜍之转,名禅(蟾)的灶神可以为髻"。而"'吉'同'髻',周人将新月初生的数日称为'初吉',可证'吉'(髻)因蟾蜍而与月发生关系"。也就是说"初吉"的含义是支持刘文上述文字考证的唯一旁证。然据刘雨先生的辨析,西周金文中的"初吉""不是月相","春秋战国铭文多称'吉日'、'元日'等,而不称'初吉',然其所称却皆与'初吉'含义相同,可见初吉之初并无始意"。刘雨先生还指出"初吉"乃是"首善""大吉"的意思,与月相并无瓜葛。① 这样将灶神与月联系起来便显得有些勉强。

关于嫘祖。刘文因其"系于田"而指其"源于月族",这与刘文前面所说相矛盾。前述刘文认定黄帝第二子昌意族为月族,而嫘祖乃黄帝之妻,《山海经·海内经》:"黄帝妻雷祖,生昌意。"那么到底是先有了月族才有了昌意,还是昌意缔造了月族?刘文没有交代。这里的意思显然是嫘祖乃是月族的女子,即月族早在嫘祖、昌意之前就存在了,那么嫘祖与黄帝所生的其他儿子(25个)均应是月族的子裔,为什么偏偏指昌意一族呢?显然刘文在此问题上是含糊其词的。

此外,将"罔象"指为"网两"不确。"罔象"在神话中是精怪的专用名称,一指无伤。《庄子·达生》云:"水有罔象",释文"罔象,司马本作无伤,云状如小儿,赤爪,大耳,长臂。一云水神名"。一指在墓地为乱的精怪。唐段成式《酉阳杂俎》云:"《周礼》方相氏欧罔象,罔象好食亡者肝而畏虎与柏。墓上树柏,路口致石虎,为此也。"可见,罔象是精怪专有名,与"网两"毫无瓜葛,仅以字音"叠韵"便指"罔象"为"网两"带有极大的随意性。

总之,刘文全篇在史料的阐释上存在着很大的随意性和浓重的猜测成分。据已意而取舍典籍含义,从而使典籍材料变成说明自己观点的论据,这是难以令人信服的。

综上所述,通观刘文全篇建立在精灵主义和图腾崇拜说之上的"鬼神观念源

---

① 详见刘雨:《金文"初吉"辨析》,《文物》1982年第11期。

于蟾蜍(月)族"说是很难成立的。一方面,刘文的月族活动地域极不确定。文中提到的地域几乎包括了西至甘青,东达陈、鲁,北抵雁门以北,南至太湖流域(雷泽即今太湖)的广大区域,而众所周知,这片区域的先民绝不止一个部落、一个氏族,这显然是刘文对新石器时代遗址彩陶纹饰和某些典籍释解错误而导致的(还不算依刘文逻辑所包含的这一区域之外的其他先民。因为他们的遗迹中也有刘文指为月纹的纹饰)。另一方面,世系也很混乱。将学术界公认为不同部落、不同氏族的炎、黄、嫘等都释为月族,这样给人以强烈的印象:远古先民都在一个图腾下生存、繁衍,不知刘文对以三足乌为图腾的氏族做何解释呢?正因为如此,刘文便存在着更大的悖论,既然说精灵主义和图腾崇拜是所有远古先民必须经过的一个阶段,而且与月族同时代的尚有其他许多氏族(至少还存在一个三足乌氏族),那么就难以想象,当月族因以月为图腾而产生了鬼神观念的时候,其他氏族便没有鬼神观念吗?如果说没有,万物有灵说不就不能适用于这些氏族了吗?如果说有,那么鬼神观念不就不能仅仅源于某一个氏族了吗?如果说起先没有,后来获得的,那么由月族产生的观念是如何传播的呢?这种悖论是十分明显的。考古发现向我们说明,迄今为止新石器时代遗址发掘、发现了六七千处,地域分布全国各地,在相当的时代能说只有一个氏族萌发了鬼神观念而其他先民便没有这种观念?可见,刘文立论是建立在十分脆弱的逻辑上的,因此在论证时才会在论据的解释上漏洞百出。

# 说　灶

人类学会用火对推动人类社会的进步有着巨大的意义。然而,从烧烤食物到烹煮食物不但经历了上百万年的漫长岁月,而且用火方式的变化,盛火设备的出现也标志着人类进入了一个新的发展阶段。因此,对用火、盛火设备的产生及其演变的考察,有助于我们从一个侧面来研究人类社会文明的演进。用火方式的变化和盛火设备的出现至迟不晚于新石器时代早期,此后,这种与人们的饮食相关被称为"灶"的盛火设备便普遍地出现在华夏大地上活动的众多氏族之中。本篇试就我国新石器时代考古发掘中有关灶址的发现[①],以中原文化为主干,参照其他地域相同时代或相当发展阶段的文化遗迹,对这一时期灶址的演变及其特征做一个初步的研究。

## 一、什么是"灶"?

人类在漫长的旧石器时代,主要是以采集和渔猎为生。采集的果实、根茎可以生食,而捕获的野兽及鱼类等水生动物,则主要是经烧烤后熟食,古籍称此法为"炮"。《诗经·小雅·瓠叶》:"有兔斯首,炮之燔之";《六月》有"饮御诸友,炰鳖脍鲤"(按:炰即炮)等记载。《礼记·王制》"炮",郑玄注云:"炮者以涂烧之",即以泥涂抹于生物在火上烧烤而食之。可见旧石器时代的主要熟食方法是烧烤。

进入新石器时代,在人类进化上有着重大转折意义的农业出现了,由此带来了人类食物性质的变化,即逐步变为以谷物为主,从而也促进了用火方式和盛火设备的发展。这主要是因为谷物必须用器皿加水盛装并经过火上炊煮才能食

---

[①] 在考古发掘报告中,对用火遗迹的命名极不统一,如称灶址、灶坑、烧灶、火坑、火塘、火池、烧土坑、红烧土面、烧土面、烧火坑等。为行文方便,本篇将这些遗迹统一称为"灶"或"灶址"。非饮食用火遗迹不在此列。

用,于是陶器发明并应用于日常生活之中。考古发掘表明裴李岗文化时期,陶器已成为主要的饮食用具,而在河姆渡、屈家岭、庙底沟、半坡等遗址中也发现了迄今为止最早的炊釜。陶器的出现和使用从一个侧面说明,灶的出现当在旧石器时代晚期和新石器时代早期。此外,文字学的证据也表明了灶与陶制炊煮器的关系。《说文》云:"竈,炊竈也",段注:"炊者,爨也";《说文》释"爨"云:"⿱象持甑,冖为灶口。推林内火",段注:"林,柴也。内同纳。"文字的构造向我们提示,灶是与陶制炊具的使用密切相关的。

陶器作为炊煮器主要有鼎、鬲、釜、甑等器形,这些器皿加热时都需与火焰保持一定距离,因此,就必须使用耐热的支垫物。支垫物的出现,不但改变和标志着人类用火方式的进步,而且也标志着一种新的盛火用具——灶的雏形开始形成。就目前掌握的材料看,最早的支垫物出现在距今约 28 000 年的山西峙峪遗址的用火遗迹中。在这里发现的灰烬周围有许多排放不甚规律的大石块,有研究者认为这些石块是垫石或燃火垫物时使用的。① 此外,云南保山唐子沟发现了发掘者称之为"火塘"的用火遗迹,"火塘呈不规则圆形,塘内散布着红烧土、炭屑及火烧骨",还有"烧石"等遗物,这是最早的半地穴式用火方法的出现,距今约 8 000—10 000 年。② 如果说这两处用火方式的变化尚不明显的话,那么在距今 8 000 年以上的江西万年仙人洞遗址共发现 10 处烧火堆,平面多呈椭圆形、圆角方形和不规则圆形,且多用较大的不规则的石块圈起来,火堆中夹有陶器残片,如 T5⑥B 层的一处烧火堆:"平面呈圆形(原文如此),长 0.8、宽 1.1、厚 0.15—0.5 米……有大小不等的石灰岩块垫底,石灰岩块多比较扁平。"③ 显然,上述遗址中已出现了支垫物,并与陶器并用。进入新石器时代后,这种变化就更为显著了,在不晚于裴李岗文化的河南密县莪沟北岗遗址中共发现 6 座房屋遗址,其中 F1 内靠东北角的地面上有一红色坚硬的圆形烧火面,上面堆有石块和烧土块,显然是用来支撑器皿的。④ 此后便出现了专门用于支撑器皿的各种陶制支座、支脚、垫圈等,如磁山文化中发现由夹砂粗陶制成的"一种形制比较奇特的陶支架(或称支座)",有研究者称:"类似这种遗物在河姆渡遗址中往往与釜同出,部分支座里面有烟熏痕迹,这说明这类陶支座可能是用来支撑釜的,也可能就是鼎

---

① 尤玉柱、李壮伟:《关于峙峪遗址若干问题的讨论》,《考古与文物》1982 年第 5 期。
② 《云南保山唐子沟旧石器时代遗址发掘简报》,《考古与文物》1989 年第 6 期。
③ 江西省博物馆:《江西万年大源仙人洞洞穴遗址第二次发掘报告》,《文物》1976 年第 12 期。
④ 《河南密县莪沟北岗新石器时代遗址发掘简报》,《文物》1979 年第 5 期。

的雏形。"①青莲岗文化江南类型中,还发现有夹砂灰陶制成的烧火架,"平面长方形,形似现在的炉……四角各饰一锥状泥钉,两侧有桥形把手,把手饰圆三个,器身满附烟炱,是一种炊烧用具"。② 上述发现表明,出现支垫物和陶制支脚等,事实上改变了人类用火的性质和方式,构成了新的盛火设备——灶的雏形,它的出现适应了人类生活方式和食物性质的变化。这种现象在发展程度相当的其他文化遗址中也有发现,详见表1。

表1 支垫物出土情况

| 地 点 | 灶址特征与支垫物 | 年代(时代) | 资料出处 |
| --- | --- | --- | --- |
| 西藏昌都卡若 | F3 西边呈三角形排列三块卵石,石有烧裂痕 | 4690±135 年 | 《文物》1979 年第 8 期 |
| | F5 东北角一处灰烬,周围有几块小石头及两个烧焦陶盆 | | |
| 吉林珲春南团山 | 灶址由三块长约 0.20 米,宽约 0.10 米的卵石围成三角。当中有烧土、炭屑、炭灰 | 原始社会氏族村落遗址 | 《文物》1973 年第 8 期 |
| 一松亭 | 灶址(1)西半部是用四块长条卵石围成,为生火处 | 同上 | 《文物》1973 年第 8 期 |
| | 灶址(2)三石围成三角形,内夹烧土和炭灰,上横卧一残破之鼓腹瓮 | | |
| 吉林永吉杨屯 | 灶由五块带火烧痕迹的石块围列成半环形,中间有烧土炭屑、炭灰等,北临成堆粘带烟灰的鼎、壶等陶片 | 相当于中原青铜文化时代 | 《文物》1973 年第 8 期 |
| 吉林延吉柳庭洞 | 房址中部偏东,有直径 0.5 米圆形红烧土,边缘呈正三角形布列三块扁平石块,西南出土三个陶罐 | 3160±90 年 | 《考古》1983 年第 10 期 |

表中内容说明,无论是中原地区还是边缘地区,大致都经历过用火方式的相似的变化过程。因此,可以确认最初意义的灶往往是与某种支垫物联系在一起

---

① 唐云明:《略论"磁山"和"裴李岗"的有关问题》,《考古与文物》1981 年第 1 期。
② 《圩墩新石器时代遗址发掘简报》,《考古》1978 年第 4 期。

的,甚至这种支垫物在半地穴式土质灶已成为普及型炊煮设备的新石器时代中晚期仍时有发现,足见它在灶址形成初期的重要地位。

综上所述,对于"灶",至少可获得以下几点认识:

1. 灶大约出现于旧石器时代晚期到新石器时代早期;
2. 灶的出现与人类食物性质的变化密切相关,与陶器的发明大约共时;
3. 雏形的灶就是在火堆中增添用于支撑器皿的支撑物(垫石、烧土块等),以后出现特制的陶支架、陶质烧火架等与石块并用;
4. 灶是人类社会发展到一定阶段的产物,是人类智慧与文明发展的又一象征,它的出现标志着人类生活方式和生产方式的一次飞跃,对人类体质进化和社会进步起到了极为重要的作用。

## 二、灶的位置、类型与质地

新石器时代的灶址绝大多数发现于房屋遗址中,一般位于房屋的正中面对门道处,尤以仰韶、龙山文化为突出。如临潼姜寨的早期村落遗址中,共发现房屋基址一百多座,灶址二百多个,特别是数量最多的小型房屋,迎门正中都有一个灶址。比如F14,面积约14.9平方米,是方型半地穴式基址,"进门正中有火塘一个,圆形,径约1米",[①]兼作炊事和取暖之用。就灶址居中的位置而言,在其他地域的新石器时代的遗址中也呈现出相似的情形,见表2。

表2 灶在房屋遗址中的位置

| 地　点 | 灶址的位置 | 年代(时代) | 资　料　出　处 |
| --- | --- | --- | --- |
| 甘肃秦安王家阴洼 | F3前部正中有一圆形灶坑 | 仰韶晚期 | 《考古与文物》1984年第2期 |
| 湖北枝江关庙山 | F22火塘位于室内中部 | 大溪文化第三期 | 《考古与文物》1986年第4期 |
| 甘肃永靖马家湾 | 3座方形房子中心对门处各有一灶 | 4150±100年 | 《考古》1975年第2期 |
| 辽宁北票丰下 | 18座半地穴式房址内中心多有一圆形红烧土面 | 龙山文化晚期 | 《考古》1976年第3期 |

---

① 巩启明、严文明:《从姜寨早期村落布局探讨其居民的社会组织结构》,《考古与文物》1981年第1期。

续　表

| 地　点 | 灶址的位置 | 年代(时代) | 资料出处 |
|---|---|---|---|
| 西藏昌都卡若 | F4 居住面中部有锅底状灶址 | 4020±130 年 | 《文物》1979 年第 8 期 |
| 黑龙江宁安莺歌岭 | F3、4 中部有一椭圆形烧土面 | 早期原始遗存 | 《考古》1981 年第 6 期 |
| 内蒙伊盟锡尼镇 | 遗址中部有一圆形土壁式灶 | 新石器时代 | 《考古》1983 年第 12 期 |
| 云南麻栗小河洞 | 紧靠洞中间石钟柱旁有一火塘 | 新石器时代晚期 | 《考古》1983 年第 12 期 |
| 吉林延吉柳庭洞 | 房址中部偏东有一圆形红烧土面 | 3160±90 年 | 《考古》1983 年第 10 期 |

由表中的情况大致可以确定,新石器时代的灶址大多位于房屋的中部,厨室、居室没有严格划分,灶址成为房屋中最显著的生活用具。这主要是因为灶址具有多种功能,除用于炊煮烹烤食物外,尚能照明、取暖、驱逐野兽等,故而,它在原始先民的观念中有着重要的地位。灶址大多对着门道,除可防备野兽袭击外,还可以利用自然风力鼓风,以此提高燃烧效力。

新石器时代灶址的形状,最常见的是圆形和椭圆形,此外尚有方形、长方形、圆角方形、苹果形、桃形、葫芦形、瓢形、勺形、中字形、蹄形等。下面分别介绍。

1. 圆形灶址(见表 3)

表 3　圆形灶址数据表(单位:米)[①]

| 地　点 | 口(内)径 | 底(外)径 | 深(高)度 | 时　代 | 资料出处 |
|---|---|---|---|---|---|
| 甘肃秦安王家阴洼 | F1 0.74 |  | 0.4 | 仰韶半坡早期 | 《考古与文物》1984 年第 2 期 |
| 陕西临潼原头 | K2 0.8 |  | 0.8 | 仰韶半坡 | 《考古与文物》1982 年第 1 期 |

---

[①] 表中所列仅为发掘报告中有据可查者。许多发掘报告缺乏具体的数据或只有个别项数据,因而缺项较多。有的数据由于测量部位、方法不同,加上用语差异,所以具体数据也就不同。如直径,一般分为口径、底径,有的则称内径、外径。

续 表

| 地 点 | 口(内)径 | 底(外)径 | 深(高)度 | 时 代 | 资料出处 |
| --- | --- | --- | --- | --- | --- |
| 陕西临潼姜寨 | F1 1.25 | 1.75 | 0.5 | 仰韶半坡 | 《考古》1975 年第 5 期 |
| | F17 0.9 | 1.18 | 0.14 | | |
| | F14 0.74 | | | | |
| 陕西铜川李家沟 | F8 1.04 | 0.96 | 0.12 | 仰韶半坡 | 《考古与文物》1984 年第 1 期 |
| | F18 0.92 | 0.6 | 0.12 | | |
| | F3 1 | 0.8 | 0.2 | | |
| 陕西咸阳高陵 | 0.95 | 0.8 | 0.4 | 仰韶半坡晚期 | 《考古与文物》1984 年第 4 期 |
| 陕西旬邑崔家河 | K1 0.8 | | 0.5 | 仰韶半坡 | 《考古与文物》1984 年第 4 期 |
| | K2 0.6 | | 0.5 | | |
| | K3 0.8 | | 0.5 | | |
| 甘肃宁县阳坬 | 0.9 | | 0.15 | 仰韶半坡晚期 | 《考古》1982 年第 10 期 |
| 陕西铜川李家沟 | F1 1.3 | | 0.9 | 仰韶庙底沟 | 《考古与文物》1989 年第 1 期 |
| 河北蔚县 | 1 | | 0.44 | 仰韶庙底沟 | 《考古》1981 年第 2 期 |
| 甘肃秦安大地湾 | F82 0.85 | | 0.6 | 仰韶庙底沟 | 《文物》1983 年第 11 期 |
| | 0.35 | | 0.6 | | |
| 江苏铜山丘湾 | 1.2 | | 0.15 | 龙山文化 | 《考古》1973 年第 2 期 |
| 陕西绥德小官道 | | | 0.2—0.3 | 龙山文化 | 《考古与文物》1983 年第 5 期 |
| 甘肃永靖马家湾 | F1 1.4<br>F2 1.15<br>F3 0.8<br>F4 0.25<br>F6 0.8 | | | 4150±100 年 | 《考古》1972 年第 2 期 |

续 表

| 地 点 | 口(内)径 | 底(外)径 | 深(高)度 | 时 代 | 资料出处 |
|---|---|---|---|---|---|
| 陕西凤翔大辛村 | F1 1.15 | | | 龙山文化 | 《考古与文物》1985年第1期 |
| 西藏昌都卡若 | F4 0.46 | | 0.26 | 4020±30年 | 《文物》1979年第8期 |
| 陕西武功赵家来 | F4 1.1 | | | 客省庄二期 | 《考古》1983年第7期 |
| 内蒙伊盟锡尼镇 | 0.6 | | | 新石器时代 | 《考古》1983年第12期 |
| 陕西耀县北村 | 0.5—0.6 | | 0.5—0.6 | 商代早期 | 《考古与文物》1984年第1期 |
| 新疆木垒四道沟 | 0.8<br>1.8 | 1.5 | 0.35 | 3010±105年 | 《考古》1982年第2期 |
| 天津蓟县围坊 | 0.8 | | | 商周之际 | 《考古》1983年第10期 |
| 陕西凤翔马家庄 | 0.82 | | 1.5 | 春秋中晚期 | 《考古与文物》1982年第2期 |
| 陕西临潼郑庄 | 0.25 | | 0.3—0.4 | 秦代 | 《考古与文物》1981年第1期 |

表中的数据粗略地表明,直至秦代,圆形灶址的口径约在 0.25—1.8 米之间变动。所列 35 个标本中,口径 1—1.8 米者为 11 个;0.6—1 米(不含 1 米)者约 18 个;0.5 米以下者为 4 个。底径在 0.6—1.5 米之间变动,又以 0.6—1 米以内为主。深度在 0.2—0.9 米之间,其中以 0.4—0.6 米为主。上述 3 项数据表现出的主要倾向表明,新石器时代的圆形灶址以中型规模为主,适用于单位家庭的使用。总的来看,灶址大小变化无常,主要由于灶址大多是就地于生土层中挖掘而成,工艺较为简单,无须考虑更多的技术要求。其他形状的灶址也有相似的情况,形状的多样性也是这一原因造成的。

2. 椭圆形灶址(见表4)

表4 椭圆形灶址数据表(单位:米)

| 地　点 | 东西(长)径 | 南北(短)径 | 深　度 | 时　代 | 资料出处 |
|---|---|---|---|---|---|
| 陕西西乡何家湾 | 0.8 | 0.65 | | 仰韶半坡 | 《考古与文物》1981年第4期 |
| 河北蓟县四十里坡 | F1 | | 0.35 | 仰韶文化 | 《考古与文物》1982年第4期 |
| 广西桂林曾皮岩 | 0.28 | 0.2 | | 新石器时代晚期 | 《考古》1976年第3期 |
| 陕西绥德小官道 | AF4 1.3 | 1.5 | 0.03 | 龙山文化 | 《考古与文物》1983年第5期 |
| 甘肃永靖马家湾 | F5 1.08 | 1.98 | | 4150±100年 | 《考古》1975年第2期 |
| 河南永城黑固堆 | F1-4 0.6 | 1 | | 龙山文化 | 《考古》1981年第5期 |
| 黑龙江宁安莺歌岭 | F1 0.5<br>F3 0.9 | 0.7<br>1.1 | | 3025±90年 | 《考古》1981年第6期 |
| 河南洛阳东杨村 | F1<br>F2<br>F3 | 0.7<br>0.85<br>0.32 | | 商代中期 | 《考古》1983年第2期 |
| 新疆木垒四道沟 | Z2 2 | 1 | 0.15 | 3010±105年 | 《考古》1982年第2期 |
| 陕西武功郑家坡 | F6 0.7 | 0.9 | 0.2—0.35 | 先周时期 | 《文物》1984年第7期 |

　　从目前掌握的材料看,椭圆形灶约出现于仰韶文化半坡时期,其大小变化规律与圆形灶基本相同。不同的是,椭圆形灶一般主体坑较浅(0.03—0.35米),更多的是在居住面以上,这说明灶的结构有某些变化。但由于各种灶形杂陈并处,这种变化既无普遍意义,也没有决定性意义。

3. 其他灶形(见表5)

表5　其他灶形数据表(单位：米)

| 地　点 | 编号 | 形状 | 长 | 宽 | 口径 | 底径 | 深 | 高 | 时　代 | 资料出处 |
|---|---|---|---|---|---|---|---|---|---|---|
| 河北三河孟各庄 | F1 | 长方形 | 0.6 | 0.32 | | | | | 磁山文化 | 《考古》1983年第5期 |
| 陕西临潼原头 | K | 圆角长方形 | | 0.9 | 0.4 | | 0.1 | | 仰韶半坡 | 《考古与文物》1982年第1期 |
| 甘肃庆阳孟桥 | F1 | 瓢形 | | | 0.95 | 0.75 | 0.27 | | 仰韶半坡 | 《考古与文物》1988年第3期 |
| 甘肃宁县 | F4 | 圆角长方形 | 0.7 | 0.4 | | | | 0.5 | 半坡晚期 | 《考古》1983年第10期 |
| 陕西宝鸡北首岭 | F3 | 桃形 | | | 1.42<br>1.2 | 0.92<br>0.59 | 0.8 | | 6035±140年 | 《考古》1979年第2期 |
| 河南郑州大河村 | | 长方形 | 0.7 | 0.5 | | | | | 5040±100年 | 《考古》1973年第6期 |
| 辽宁喀左东山嘴 | F1 | 长方形 | 1.1 | 0.8 | | | | | 4895±70年 | 《文物》1984年第11期 |
| 陕西绥德小官道 | Ⅱ型BF2 | 勺形方形 | 1.25 | 1.15 | | | 0.02<br>0.05 | 0.05 | 龙山文化 | 《考古与文物》1983年第5期 |
| 甘肃永靖马家湾 | F7 | 葫芦形 | 0.3 | 0.5—0.6 | | | | 0.02 | 4150±100年 | 《考古》1975年第2期 |
| 河南临汝煤山 | F6 | 长方形长方形 | 1.4<br>1.4 | 0.9<br>0.8 | | | | | 豫西龙山文化 | 《考古与文物》1986年第1期 |
| 河南洛阳矬李 | Z2 | 蹄形 | 1.15 | 1.4 | | | | 0.2 | 河南龙山文化 | 《考古》1978年第1期 |
| 河南孟津小潘沟 | | 长方形 | 0.6 | 0.5 | | | 0.05 | | 龙山文化 | 《考古》1978年第4期 |

续 表

| 地 点 | 编号 | 形状 | 长 | 宽 | 口径 | 底径 | 深 | 高 | 时 代 | 资料出处 |
|---|---|---|---|---|---|---|---|---|---|---|
| 江苏句容白蟒台 |  | 条状 | 3.8 | 0.9—1.2 |  |  | 0.05—0.2 |  | 商代中期 | 《考古与文物》1985年第3期 |
| 河南偃师二里头 |  | 圆角方形 | 0.65 | 0.6 |  |  |  |  | 二里头二期 | 《考古》1983年第3期 |
| 陕西岐山凤雏村 | S3 S7 | 长方形 长方形 | 0.92 0.7 | 0.52 0.6 |  |  | 0.5 0.4 |  | 武王伐商前 | 《文物》1979年第10期 |
| 陕西扶风召陈 | K1 K2 | 瓢形 角方形 | 1 |  | 0.5 0.7 |  | 0.15 1 | 0.34 | 西周 | 《文物》1981年第3期 |
| 河南洛阳北窑 | K2 K3 | 瓢形 瓢形 中字形 | 1.8 0.62 0.3 | 0.62 0.36 0.4 |  |  | 0.12 0.14 0.75 |  | 西周 | 《考古》1985年第3期 |
| 甘肃敦煌马圈湾 | F2 | 长方形 | 1 | 0.78 |  |  |  | 0.37 | 汉代 | 《文物》1981年第3期 |

　　表中共列出 24 个灶址,其中长方形灶址 10 个,圆角方形灶址 5 个,瓢形灶址 4 个,余者仅各一例。各形灶址的地域分布极广泛,不同地域、不同时代的文化遗存中均有各种形状的灶址发现,显然,新石器时代灶址的修筑带有极大的随意性,这与该时代简陋的挖掘工具和以草木为主要燃料有着直接的关系。工具的粗陋不可能精工细作,能在生土层挖出坑穴已属不易,当然无法顾及它的形状;草木等极易燃烧,不需要特殊处理,架起来就可使用,因此,无论是堆放于穴中还是放置于地面灶中都可以起到点火燃烧的功效,也无需特定的形状与构造来达到助燃的目的。[①] 灶址的随意性与新石器时代中原地区文化中规整、绚丽的彩陶器皿和锥状房屋外形及严谨的村落布局形成了鲜明的反差。与人们的生存和日常生活如此密切的盛火炊事设备,却长期处在变化无常、随意性极大的建筑方式中,这的确是一个极其值得探讨的问题。

　　上面我们讨论的是以某种形状为主的单型灶,新石器时代还有组合型灶。

---

① 同时代用于烧制陶器的火窑就有特定的形状和附属设备,特别是用于冶炼金属的烧炉与此有很大区别。

有两种类型，一种是在一块较大的烧土面上又凸起一个台面，台面内凹构成火坑；另一种是由主体灶址连接其他设施共同构成。我们先来看第一种类型。

1. 河北三河孟各庄，磁山文化

(F1)在居住面中央，有一块混合烧土层，厚约8—9厘米，面积约1.5平方米，由炭末、烧土粒构成。……这块烧土面与整个居住面齐平，且在其上又有一块凸出的胶黏土灶台，为坚硬的深黄色红烧土……在灶台北侧以缓坡与一凹槽相连，槽壁北缘垂直而齐平……可能为支架器物，燃烧加热而设。①

2. 甘肃秦安大地湾F405，4520±80，仰韶文化晚期

灶台由略呈椭圆形的底座和盘形灶面两部分组成，台在下，盘在上……灶台顶部正中为火塘，东西径1.35米，南北径约1.06米，中深0.35米。……灶台是用草泥逐层堆砌而成，所抹草泥达16层。②

3. 江苏句容白蟒台，商代中期

在T1北侧近底部，发现条状红烧土面，南北长380厘米，东西宽90—120厘米，厚约15—30厘米；中部为圆形突起的台面，稍内凹，烧土上面是炭烬堆积，厚约15—20厘米。③

第二种类型的情况比较复杂，试举几例说明。

1. 陕西临潼姜寨，仰韶文化半坡类型

(F1)进门内1米处有方形小坑一个……紧接方形小坑的有内凹3厘米的平台一个……与平台相连的是圆形灶坑。……这三种设置均用细泥涂抹，经火烧呈青灰色，光滑坚硬。方形小坑和内凹平台可能是放置食物及生活用具之用。④

2. 甘肃秦安大地湾F820，仰韶庙底沟类型晚期

门后部近灶处有3个小圆窝，可立柱插板，作为灶的挡风装置。……房屋中部偏后正对门道处有灶坑2个，均作圆形，前大后小，底部相通。……大灶前方左侧，挡风装置的后面有一不规则形坑，内有一残破的夹砂陶罐。⑤

3. 陕西武功郑家坡，先周（文王作丰时）

(F6)灶由进火口、火膛、火眼和出烟口组成。进火口略低于室内活动面，呈

---

① 《河北三河孟各庄遗迹》，《考古》1983年第5期。
② 《秦安大地湾405号新石器时代房屋遗址》，《文物》1983年第11期。
③ 刘建国、刘兴：《江苏句容白蟒台遗址试掘》，《考古与文物》1985年第3期。
④ 《陕西临潼姜寨遗址第二三次发掘的主要收获》，《考古》1975年第5期。
⑤ 《甘肃秦安大地湾第九区发掘简报》，《文物》1983年第11期。

椭圆形。……火膛也呈椭圆形,底为锅底形,进火眼为圆形,上口内收,直径 0.1 米。三个火眼成等腰三角形分布,间距 0.4 米。灶厚 0.15—0.4 米。出烟口在灶面边缘,凹槽形,并与顶端火眼相连,自外向里呈斜坡状,长 0.4 米、宽 0.1 米。①

第一种类型多为地面灶且比较高大,疑有特殊用途。第二种类型主要是配置了附属设备,特别是郑家坡发现的灶址,具备了比较完备的构造,而且火眼增加为三个,提高了火的利用率,与战国以后定型的墓葬明器中的陶灶模型相比较,除地上、地下等差别外,基本构件相似,形成了后世普通型家用炊灶的雏形。

以上讨论了灶址的位置、形状和结构,主要印象如下:

1. 灶址的位置以居中对门为主;形状以圆形、椭圆形为主;结构有单型和复合型,以单型为主。

2. 新石器时代(以及下延相当的时期内),灶址变化无规律可循,无论是从时间上还是地域上来观察,灶址在形状、大小、深浅、位置、结构诸方面都呈现杂陈的局面。

3. 造成这种现象的主要原因有二,其一是工具简陋,工艺简单;其二是燃料无须靠结构、形状等助燃便可完全满足人们照明、取暖、炊煮食物的需求。

## 三、灶的构造及其分型

就新石器时代灶址而言,从构造上来看可以分为固定式和移动式两种。固定式又可细分为地穴式固定灶、半地穴式固定灶、地面式固定灶和壁龛式、半壁龛式固定灶,尤以半地穴式为主。前文所列数据可以看出前三种固定灶同时并存,基本上没有前后发展序列,以下不再细谈。下面着重介绍壁龛式和移动式灶的情况。

半壁龛式固定灶目前仅发现于甘肃宁县阳坬遗址,在发掘的房屋基址中,F4 为半地穴式圆形建筑,"穴深 0.95 米,灶坑位于住室的东壁底部,为微呈圆角的长方形,长 70 厘米,宽 40 厘米,高 50 厘米,三分之二深入壁内呈窑洞式,三分之一外露呈浅坑,无烟道"。② 该遗址相当于仰韶文化晚期,这种式样的灶带有浓郁的地域色彩。

---

① 《陕西武功郑家坡先周遗址发掘简报》,《文物》1984 年第 7 期。
② 《甘肃省宁县阳坬遗址试掘简报》,《考古》1983 年第 10 期。

壁龛式灶也多发现于黄土高原的地穴式房屋中,因壁掘龛,龛底略低于地面,龛壁内凹可以挡火,起到安全用火的作用,燃烧产生的烟也能顺墙壁而上,避免室内烟熏,因此,壁龛式灶无论是炊煮,还是取暖都是较安全的,有其优越性。这种灶址在甘肃宁县遗址、小官道遗址均有发现,较为典型的是内蒙古赤峰东山咀遗址,出土的9座房屋基址均为挖穴而成,"穴壁深均在0.3—2米之间,面积5—15平方米不等。……房址的墙壁皆为原生黄土壁,壁上凿有大小不等的壁龛",如F5为椭圆形地穴式房址,"南壁下凿有壁龛,龛高0.9,宽0.52,深0.5米,龛底略低,有火烧痕迹"。[①] 尤其值得注意的是F2,出现了一室多龛的现象,发掘者称这些壁龛均有火烧痕迹,表明照明、取暖、炊事等用火目的有所分化,这在中原地区文化中尚不多见。

移动式灶最早发现于仰韶文化早期南阳庄类型遗址中,主要盛行于仰韶和龙山文化,直至商代乃至汉代,这种灶仍有出土,其特征是器形呈筒状(或盆状),器壁有纹饰,火眼一个(有些与釜联在一起),火门一,平底或空底,工艺较其他灶精细。然而,与其他灶型比较,发现数量少,且较小巧,口径多数在20—35厘米之间,底径为25—30厘米,高15—25厘米。可以推测,这种灶在当时不是普通用灶,或许有特殊用途,见表6:

表6 出土各灶详细情况

| 地 点 | 基本情况与数据 | 时 代 | 资料出处 |
| --- | --- | --- | --- |
| 河北南阳南阳庄 | 缺数据 | 仰韶文化南阳庄类型 | 《考古与文物》1985年第4期 |
| 陕西宝鸡焦村 | 灶,1件,夹砂红陶。大体为圆桶状,侈口,唇沿呈两圈齿棱脊。器壁内侧靠下部有均匀分布的三个支架。器壁外侧有一对凸饰提手,器壁一侧下部有拱形灶口 | 仰韶文化 | 《考古与文物》1983年第3期 |
| 陕西宝鸡福临堡 | 灶T5⑤1,腹残,盆形,敞口、平沿、尖圆唇、斜真腹,平底下接四瓦足;腹及瓦足均有凹弦纹;夹砂红陶,表有白陶衣,手制,口径32厘米,底径23.5厘米,瓦足高4.5厘米,上宽10厘米,下宽8厘米 | 仰韶文化中晚期过渡 | 《考古与文物》1987年第6期 |

---

① 《内蒙古赤峰县四分地东山咀遗址试掘简报》,《考古》1983年第5期。

续 表

| 地　点 | 基本情况与数据 | 时　代 | 资料出处 |
| --- | --- | --- | --- |
| 河北磁县界段营 | 灶1件,夹砂红陶,敞口,长唇微向内卷,腹壁略有弧度,平底。口径17.6厘米,底径12厘米,高10.4厘米,腹内上部有大小支柱各三枚,大的形若翘起的拇指,做三足鼎立,小的似锥形,饰于三大支柱之间。腹下部前有圆形灶门,直径5.6厘米,后有烟孔,直径4.4厘米,器身外部刺剔纹 | 仰韶后岗类型 | 《考古》1974年第6期 |
| 陕西渭南北刘 | 灶,2件,皆为加砂红陶。T5③1,圆形直口,直壁,宽平沿,沿上饰宽带状褐色彩,沿内壁燃口边有三个支垫,外壁饰满旋纹。灶门呈上小下大的梯形,与灶门相对后壁有三个竖长方形出烟口。灶底呈半椭圆形。近灶门处壁加厚,无足。灶门周围及底边外缘饰有泥条附加堆饰。灶门上部两侧有圆饼状附加堆饰各一个。口径22.4厘米,腹径23.2厘米,高16.4厘米。<br>T1H4：6,圆形,口稍敛,外延的沿稍窄,沿内壁有三个支垫,直壁,壁上饰满旋纹。灶门呈长方形,上部后倾。在灶门两侧,饰穗状花纹灶底呈半椭圆形,有三个扁长方形矮足,口径34.2厘米,腹径31.2厘米,足高2.6厘米。 | 仰韶庙底沟类型 | 《考古与文物》1982年第4期 |
| 陕西宝鸡福临堡 | 釜灶H23：3,双釜与灶连体。灶顶视作椭圆形,圆肩,平底,正面小腹中间有下方上呈圆角形火门一个,宽14厘米,高15厘米。门框高出灶壁,灶顶部呈斜坡状;两侧各一径3.5—4厘米椭圆形出烟孔。前后各有径5—5.3厘米椭圆形烟孔,两釜相连的夹角前后各有径2.5厘米圆形烟孔。体饰稀疏散乱的斜纹,近口处有索状附加堆纹一周连两釜。烟孔下肩部有一周饰绳纹的附加堆纹条带,腹两侧中部有一鸡冠状鋬手,器表通涂一层白色。灶高40.5厘米,肩径35—50厘米,底径25厘米。两釜形同圆底罐,置灶顶左右,左釜残,口径约22.5厘米。右釜直口,平折沿,方唇,深腹,圆底,体饰竖行绳纹,口径14.5厘米,深27厘米,夹砂红陶。 | 仰韶晚期 | 《考古与文物》1987年第6期 |

续 表

| 地 点 | 基本情况与数据 | 时 代 | 资料出处 |
|---|---|---|---|
| 山西襄汾陶寺 | 灶,夹砂灰陶,敛口,折肩,灶门呈弧形,附双横耳,耳侧有出烟孔四个。M3015：28,器壁在双耳以上和近底部磨光,中部饰绳纹,灶门旁贴附泥条,通高 23.6 厘米,口径 22.4 厘米。 | 中原龙山文化 | 《考古》1983 年第 1 期 |
| 山西丁村曲舌头沟 | 釜灶,夹砂灰陶小者 1 件,口径 12 厘米,残高 14 厘米,仅存全部圆底釜及附于其上的部分灶壁。釜外壁饰绳纹并附圆柱形横耳于颈下。大者 1 件,上下部皆残,仅留釜之圆底及附于其外的灶壁,饰绳纹,残断处口径 38 厘米。 | 龙山文化陶寺类型 | 《考古与文物》1986 年第 4 期 |
| 陕西洛南焦村 | 灶 1 件,泥质淡黄色,呈筒形,上大下小,沿外有绳索状附加堆纹一周,中部饰二条波浪形划纹,上部两侧有对称鸡冠耳一对,下有拱形灶门,内有三个凸钮,上口径 22 厘米,高 20 厘米。 | 商代 | 《考古与文物》1983 年第 1 期 |

由表中的描述与图饰可以看到,在相当长的时间里,移动式灶的外观没有重大突破,结构也大同小异,纹饰主要有凸钉纹、锯齿纹、凹弦纹、弦纹、泥条堆饰、穗状纹、斜绳纹、绳纹等同时期陶器中常见纹饰。值得注意的是,这种灶在后世渐渐被用来取暖,不再用作炊事盛火用具,也许就是古籍中称为"煁""烓"的那种盛火设备的前身。《诗·小雅·白华》云:"樵彼桑薪,卬烘于煁",《说文》释"煁,烓也","烓,行灶也"。《尔雅·释言》亦云:"煁,烓也",郭注:"今之三隅灶……诗疏云,烓者无釜之灶,其上燃火谓之烘,盖煁非饮食之灶,若今火炉,然可以炻物。"可见,新石器时代的移动灶兼有炊事与取暖之功用,后世发生功能分离,演变为专门烘烤的盛火用具——炉。

此外,新石器时代的灶址从质料上看,可分为石质、泥质、土质和陶质四种,石质灶又分为卵石灶和料姜石抹面灶;泥质灶主要是草拌泥,大约出现于仰韶文化中期,多见于地面灶;土质灶是这一时期的主体,由红烧土构成,这与半地穴式灶为主要灶型的情况是吻合的;陶质灶主要见于移动式灶。

综上所述,新石器时代灶址具有以下特征:

1. 灶址有固定式和移动式两种,以固定式为主;
2. 固定式灶又有四种类型,其中以半地穴式固定灶为主;
3. 灶的质地有四种,以土质灶为主;
4. 不同地域和自然环境的特殊性,出现了特殊灶型——壁龛式、半壁龛式灶;
5. 移动式灶较精致细小,便于搬动,似有特殊用途,并向功能专门化发展。

## 四、灶的附属设施及其崇拜现象的端倪

新石器时代的灶址从形状、大小、质地、结构等方面来看,纵向没有明显的承袭关系,但是,作为一种盛火设备,在使用风力助燃方面却有些变化,这就是烟道的安置。烟道并非一开始就附设于灶上,它最早大约见于龙山文化早期(庙底沟二期),如小官道遗址 BF2 室中有方形圆角灶坑一个,在灶膛"两端有两块石板,由南北两侧倾斜在内,经拼对恰是一块,下边压着马鞍形烟道,从而得知石板压在烟道上平盖着,烟道残宽 0.42 厘米,高 0.3 厘米,两端已缺,从垮下的烟道堆积层次看,烟道是草拌泥加石垒成,可能是直通房室顶部,因为后室四壁无任何烟熏痕迹"。[1] 虽然此后的灶址并未形成普遍配置烟道的情形,但仍不能低估它出现的意义。一方面,烟道的设置增强了人们对火的支配能力,提高了用火效力;另一方面,既增强了用火的安全又使居室环境得到改善,因此,战国以降,当方形(近方形)固定灶定型为普遍的燃火设备后,在其后部都有灶突的设施,不能不说烟道的出现对我国古代用火设备的定型化有着积极的意义。

在与灶这种用火方式产生的同时,也产生了火种的保存问题。据考古材料看,中原地区的火种保存主要有两种方式,一种是在灶坑的某一端挖一个小洞,保存火种。如甘肃秦安王家阴洼 F1 的"灶坑底部的南端有一藏火种的圆底小洞,口宽 0.2 米"。[2] 另一种是在灶坑内某处挖洞或在灶旁某处放置一陶质小罐保存火种。如铜川李家沟遗址 F18 的"灶沿东北有一件Ⅱ式罐,侧埋在灶壁下,口部正对门道,内填满疏松浅灰色土,似为保存火种之用的柴灰"。F3 的"灶沿

---

[1] 《陕西绥德小官道龙山文化遗址的发掘》,《考古与文物》1983 年第 5 期。
[2] 《甘肃秦安王家阴洼仰韶文化遗址的发掘》,《考古与文物》1984 年第 2 期。

东北侧置着一个Ⅰ式罐,罐口对着灶膛,内填满浅灰色柴灰"。① 而甘肃庆阳孟桥遗址 F1 内灶坑的种火罐则置于灶底端一小洞内。② 这两种保存火种的方式都很普遍,相对而言种火罐的方式更为流行。

此外,还有一个现象值得我们重视,即新石器时代还发现有非实用灶址或有特殊意蕴的灶址,比较典型的是小官道遗址 AF4 后室出现的情况。发掘报告称"后室中央部位有一椭圆形图饰,底涂枣红色,再涂黑色,故黑中泛红。其东西 1.3 米,南北 1.5 米,比地面略低 0.03 米,边沿有手抹凸棱一周,其部位及形状显系仿灶坑形状,但无任何垒炉及火烧痕迹,显然不是实用的灶坑火膛"③,发掘者认为"这或与当时人类因崇拜火而象征火有关"。对此结论,笔者实不敢苟同,因为第一,前文已分析过自然火堆与灶的区别,这里的"图饰","显系仿灶坑形状",而不是象征火的形态。第二,黑中泛红的颜色也并非用来象征火焰的色泽。黑红相间,黑中泛红乃是新石器时代灶址的主要颜色(由于长期火烧及特定土质氧化后而自然形成的颜色),如陕西凤翔大章村 F1 内的圆形灶面就"被烤成黑红色"。可见,这一象征灶址的颜色,与实用灶的颜色也是一致的。基于上述两点认识,笔者以为该遗迹与火崇拜没有直接关系,而是崇拜灶和灶神的现象,根据有三:

第一,汉代盛行的组合明器中,灶的模型有一个通行的图饰,即除在灶面饰满炊事、燃火用具及食物外,在灶门两边还有两个图饰,左边饰炊人像,右边饰陶瓶或陶罐等形,显然,左图表现的是炊火做饭之人,右图则有两种可能,一是种火罐,二是祭礼器。

第二,按《说文解字》,古"灶"写作"竈",该字结构中没有"火",而是由穴、土、黾构成。根据前文研究,新石器时代灶址以半地穴式土质灶最为流行,笔者以为"穴"和"土"的组合恰好表示的是这种灶型。至于"黾",《说文解字》释为"蛙"的象形,而蛙纹(蟾蜍纹)乃是马家窑文化及仰韶文化的主要纹饰之一。又据赵国华先生研究,蛙纹乃是女性生殖器官的象征④,推而广之,泛指女性。由此可以说明新石器时代女性是炊事活动的主要操持者,那么汉代陶灶上的炊人大致可

---

① 《铜川李家沟新石器时代遗址发掘报告》,《考古与文物》1984 年第 1 期。
② 李红雄等:《甘肃庆阳地区南四县新石器时代文化遗址调查与试掘报告》,《考古与文物》1988 年第 3 期。
③ 《陕西绥德小官道龙山文化遗址的发掘》,《考古与文物》1983 年第 5 期。
④ 参见赵国华《生殖崇拜文化略论》,中国社会科学出版社 1990 年版。

以确定为女性了。

第三,据文献记载"灶者,老妇之祭,其神先炊也","灶者,老妇之祭也,故盛于盆,尊于瓶"。[①] 由此可知,灶神最初被称为"先炊",乃是女性,祭礼用盛食于盆,盛酒于瓶来进行。因此,汉代陶灶图饰正好展示的是祭灶的现象。无独有偶,在考古发掘中也在灶址附近发现了彩陶瓶、罐等文物,见下表:

表7 在灶址附近发现的文物列表

| 地 点 | 基本情况与数据 | 时 代 | 资料出处 |
| --- | --- | --- | --- |
| 陕西旬邑崔家河 | K1周围为白色姜石地面,出土有夹砂红陶罐1件,线纹夹砂红陶罐1件,彩绘细泥红陶瓶1件 | 仰韶半坡 | 《考古与文物》1984年第4期 |
| 山东日照东海峪 | 室内东北部有圆形红烧土面,旁有一件敞口圆肩篮纹陶罐 | 大汶口文化晚期 | 《考古》1976年第6期 |
| 河南临汝煤山 | F1内椭圆形红烧面,东室灶旁有一篮纹圆腹陶罐 | 豫西龙山文化 | 《考古与文物》1986年第1期 |
| 内蒙锡盟锡尼镇 | 圆形灶东南1.85米处有残篮纹陶罐 | 新石器时代 | 《考古》1983年第12期 |

学术界公认,新石器时代的彩陶,特别是仰韶文化出土的彩陶一般不用作日常生活器皿,而多数为礼器或祭器。表中所列现象绝不是毫无意义的一般组合,而是反映了先民对灶崇拜的方式和用具。

综合上述三点可以说明,仿灶遗迹并非崇拜火神,而是崇拜灶神,一定意义上可以澄清灶神信仰源于火神信仰的谬误说法。汉代盛行的"先炊"说与考古发掘的材料有颇多吻合之处,当为承自远古的有一定根据的说法。由此可见,当火出现一定阶段后才开始有灶和灶神崇拜,这反映了灶在人们心目中的地位和作用。

本篇粗略的考察,大致描绘了我国先民用火方式的变化及盛火炊事设备的主要特征。用火方式的飞跃性变化大约完成于新石器时代早期(磁山、裴李岗文化时期),由此带来了盛火设备的发明及其多样性的发展。综合各种因素,大致

---

① 《礼记·礼器》。

可以确定,新石器时代以位于居室中部正对门道的圆形半地穴式土质固定灶为通行灶式,这主要是由于它易于建造,便于使用,此外看不出灶址纵向与横向的承袭与相互影响的特点与规律。尽管新石器时代的灶址比较简单、粗糙,但是,当它与各种陶制炊具共同使用时,却标志着人类食物性质、生产方式及生活方式的重大改变,对人的体制进化起到了积极的作用,从而增强了人们应付自然挑战的能力。

# 中国灶神信仰及祭灶风俗研究

中国民间信仰的俗神可谓千奇百怪、数量繁多,几乎无物不神。灶神便是民间俗神中一位重要的神灵。在中国这块古老的大地上,上迄远古、下至近代,不分东西南北,无论穷富贵贱,都把它奉为庇佑一家和睦、健康长寿、五谷丰登的"一家之主",操有上天奏事降祸福、下地察过保平安的大权。灶神和土地神、门神、财神一样是土生土长于中国本土的信仰对象,在其信仰发展的衍变中,虽然也一定程度地受到佛教,特别是道教等正统宗教的影响,但其主流却一直保持着大众信仰的特征。因此,民间俗神信仰更直接、更普遍地反映出中国民间社会的思想倾向、是非标准和愿望要求。由这一信仰出发,演化出了从宫廷到民间绵延数千年不断的形式多样的祭灶风俗,构成了人们精神世界和现实生活的重要内容。因此,通过对灶神信仰及祭灶风俗的研究,可以从一个侧面来观察中国人的思维方式、价值取向和行为特征,由此推动对中国文化传统的深层次研究。

## 上篇:灶神信仰研究

### 一、灶神信仰起源及神主考

灶神信仰起源于自然崇拜中的火神崇拜还是起源于对作灶以熟食的先人的纪念,自古以来就众说纷纭,从而导致了灶神人格化的过程中神主不一的现象,至今人们的认识还不能统一。柴萼在《焚天庐丛录》中对古代的说法有过一个综述:"灶为五祀之一,昉于有夏。《淮南子》曰:'炎帝作火官死而为灶神。'汪葵《事物会源》以黄帝为灶神。《风俗通》以颛顼子重黎为灶神。《五经异义》以高阳氏后苏吉利为灶神。《敬灶全书》又有东南西北中五方灶神之目。《酉阳杂俎》谓灶君名隗,状如美女；又姓张名单,字子郭,夫人字庆忌,有六女皆名察洽。或云神名浩,又名髻。"①柴氏只列举了部分说法,此外还有《淮南子·时则篇》注云:"祝融,吴回为高辛氏火正,列为火神,托祀于灶。"汉高诱注《吕氏春秋》亦云:"吴回回禄之神,托于灶,是月火王,故祀之也。"又汉代"兴土龙"的仪式中,祭灶以蚩尤为神。《魏志·管辂传》云:"王其家贱妇人生一儿,堕地即走入灶中。辂曰：'直宋无忌之妖,将其入灶也。'"按《史记·封禅书》集解引《白泽图》云:"火之精曰宋无忌",这里又把宋无忌当作了灶神。上述看法有两个特点,其一是把灶神看作上古传说中的英雄人物转化而来。其二,这些英雄人物均以火神著称。据载,炎帝是火帝,以火德王；而重黎,又名祝融、吴回,为火正,也以火见称；宋无忌为火精,也与火有关；蚩尤为火神、灶神见于东汉"兴土龙"的求雨仪式中:"夏求雨,令县邑以水日家人祀灶,毋举土功,更大浚井。暴釜于坛,杵臼于术。七日,为四通之坛于邑南门之外,方七尺,植赤缯七,其神蚩尤,祭之以赤雄鸡七……"②参加求雨的官员、壮士皆衣赤,祭品用赤缯、赤雄鸡等皆以象火色,这个仪式中蚩尤就被当作了火神和灶神。求雨祭灶似乎难以理解,然从五行相克的观念来分析,在整个仪式中,灶被视为"火",夏季又是火旺之时,而水克火,祭灶意即要"火势减弱",以便水克火更易。这从后面的"毋举土功"亦能理会,土克水,压制土则水旺无阻,雨水必至。至于黄帝,初起于雷,《河图稽命征》云:"附宝见大电光绕北斗权星,照耀郊野,感而生黄帝轩辕于青邱",因此,祀黄帝为灶神当与"雷火"有关。

那么,这些传说人物之间有没有什么关联呢？《国语·晋语(四)》云:"昔少典氏娶于有蟜氏,生黄帝、炎帝。"原来黄炎乃为兄弟。清马骕《绎史》卷五引《新书》亦云:"炎帝者,黄帝同母异父兄弟也。"可见二者是有血缘关系的。古《周礼说》云:"颛顼氏有子曰黎,为祝融,祀以为灶神",而《史记·五帝本纪》又说:"帝颛顼高阳者,黄帝之孙而昌意之子也",这是说祝融高阳氏乃是黄帝的后裔,上引《五经异义》亦说灶神苏吉利为高阳氏之后,说明这个苏吉利应是祝融之后人。又据袁珂先生考证,宋无忌即苏吉利,这样可知宋无忌也是与黄帝一脉有血缘关系的后裔。至于"阪泉氏蚩尤,姜姓炎帝之裔也"。③ 综合上述说法,可以明了传说中人物之所以被看作灶神,不但由于他们都与火有关,而且是同一血脉传承下

---

① 转引自杨荫深：《事物掌故丛谈》(第1册),上海辞书出版社2011年版,第104页。
② 《后汉书·礼仪中》。
③ ［宋］罗泌：《路史·后纪·蚩尤传》。

来的,所以灶神之说会集中在这几个人物身上。那么,灶神信仰真的起源于火神信仰吗?值得注意的是,前引《淮南子·时则篇》言祝融是"托祀于灶",另《淮南子·氾论训》云:"炎帝,作火,死而为灶",高诱注:"炎帝神农,以火德王天下,死托祀于灶神。"一个"托"字充分说明,祭祀黄帝、炎帝、祝融、蚩尤等为神是"寄"之于灶而进行的,并非专祭灶神。也就是说,灶神与火神是不能混淆的,只是由于两者的功能有相似之处,人们才将其放到一起同祀。因此,笔者以为不能将他们与灶神混为一谈,前人对此也有察觉。王利器注《风俗通义·祀典》时说:"灶者,老妇之祭也",明确指出:"此祭先炊,非祭火神。"[①]可见,时人把灶之火与火帝、火官、火正之火混同看待,失却了远古祭灶的原始含义,从而产生了火神与灶神混淆的观念。今人因受上述典籍的影响亦认为"把灶神作为火神看待的观念,可能更早一些"[②],似乎上古的确在人们的观念中存在过火神与灶神不分的情况。然而,依据考古发掘的材料,我们会发现,从人类用自然火到灶的出现曾经历了漫长的岁月。就我国的考古发现来看,至迟在距今60多万年前的北京猿人时期就已经有了大量用火的遗迹,这表明在从猿向人转变的漫长时期里,早期人类便已经熟知了火的特性,普遍使用并进行崇拜。因此,可以说,火神信仰是要早于灶神信仰而出现的。正是由于火神信仰早已成为定型的观念,绝不可能与后起的灶神相混淆。"灶"这种用火装置出现的时间应当有两个情况相伴,一个是农业种植的发明和谷物进入人类的饮食,谷物必须经过蒸煮才能食用。另一个情况是为蒸煮谷物就必须有相应的器皿,制陶业的兴起和陶器的作用就是一个重要的参考值。而我国陶器的发明和普遍使用大约是在新石器时代早期,也就是距今万余年的母系氏族社会时期,上迄火的使用已经过去了几十万年,将灶与火混为一谈是不可思议的。由此可以断定,灶神信仰并不是起源于自然崇拜中的火神崇拜。秦汉时,人们对两者发生了混淆,再加上属于五祀之一的灶神一直被列在国家祀典之中,它的神主当然也应该是上古传说中赫赫有名的英雄人物,从而泯灭了灶神信仰产生的真正源头。

事实上,中国古代另一类关于灶神的说法,真正反映了灶神的起源和神主的初形。《礼记·礼器》云:"灶者,老妇之祭,其神先炊也。"又云:"灶者,老妇之祭也,故盛于盆,尊于瓶",王利器注云:"老妇,先炊者。"《仪礼·特性馈食礼》曰:

---

① 孙颖达疏《仪礼》亦云:"老妇,先炊者也,此祭先炊,非祭火神。"
② 宗力、刘群编:《中国民间诸神》,河北人民出版社1986年版,第254页。

"主妇视馈爨",郑玄注:"炊黍稷曰馈,众妇为之。爨,炊也。"孔颖达疏云:"周公制礼之时,为之爨,至孔子之时,则为之灶",表明爨、灶意义相同,"馈爨"描述的是妇女的炊事活动。《仪礼》又云:"尸卒食而祭馈爨、雍爨",郑注:"爨者,老妇之祭",孔疏:"老妇,先炊者,此祭先炊,非祭火神。"显然,自古以来便存在着祭祀以女性为特征的先炊的仪式,因此,可以认为先炊乃是灶神最早的神主,起源于母系氏族社会,这与考古上证实的陶器发明与使用的时间也是一致的。因此,我们再来反观关于上古英雄人物为灶神的说法,便会发现以他们为灶神的深层含义。《礼记·月令》曰:"孟夏之月,其帝炎帝,其神祝融,其祭灶,祭先师。"孔颖达在疏中指出:"此配灶神而梁者,是先炊之人。"这表明,第一,炎帝、祝融只是配祭于灶神,并非灶神本身。第二,之所以能配享是因为他们都是"先炊之人",并非火神或火官。郑玄在此问题上更直接认为:"灶神祝融是老妇",联系到学术界早已有学者指出黄帝是女性的观点,那么,与黄帝同一血脉分支而出的炎帝亦当为母系氏族的首领。因此,上述黄炎火神家族实为女性世系的延续,以其托祀于灶或配享于灶,无疑是基于其女性身价和先炊之劳,而非仅仅因为是火神。由此可以断定,灶的产生虽然使用火更加安全而有规律,且熟食亦靠火的功能,但祭灶主要是追念作灶者以及对用灶熟食的妇女们的报功。因此,把灶神视为先炊、老妇的信仰是灶神信仰起源的最早内容。

杨荫深先生在考证灶神时曾指出:"至云或名浩又名髻,按古灶亦窖,见《说文》。刘熙《释名》以为:'灶者,造也,造创食物也。'此浩名或即由窖造诸字而像作的。"[1]此说甚确,说明在创字之初就是依据其功用创造了"灶"字,特别是古人谈灶往往与盆瓶并举,显然是指釜盆烹饪食物之造食,单独用火熏烤是无法将谷物弄熟的。母系氏族时期,妇女做饭乃是自然分工的必然结果,由于女性的社会地位比男性高,而觅食生存又是人们活动的重要内容,这就必然把掌握"烹饪""分食"之事的妇女推上权威的位置。人们通过某种仪式追念先人(老妇)的造食之功自然是情理中的事情。随着父权制的到来,男性成为社会活动中的主导,"饭"仍然由妇女操持,但灶神的性别却悄悄地发生了变化,"先炊"让位于"灶王爷",甚至产生了祭祀中"妇女回避"的禁忌。这种变化粗略地反映了社会进化的轨迹。然而,灶神的性别虽然发生了变化,但是从当时人们的描述中还是能窥见

---

[1] 杨荫深:《事物掌故丛谈》之《神仙鬼怪·灶神》,上海辞书出版社2011年版。

到它的"原型"。如《庄子·达生篇》云:"灶有髻",晋司马彪注云:"灶神,其状如美女,著赤衣,名髻也。""髻"多用来形容妇女的发式,又说"状如美女",透出了灶神曾为女性的天机。其后如《酉阳杂俎·前集》云:"灶神名隗,状如美女";《道藏·太清部·感应篇》注引传云:"灶神状美人",凡此等等,把男性灶神仍描绘得如美女一般,不能不说与上古"老妇之祭"的信仰意识密切相关。"老妇之祭"变成"妇女回避"虽然已经成为大多数地区流行的禁忌,但在一些地方却仍然保留着由主妇祭灶的上古遗风。如吉林海龙县:"各家设香案于灶君前,盛秫米于碗,置灶糖于碟,米上播秫秸所编鸡犬等物,供于灶台,由主妇祭之。"①祭祀所用物品及程序均与其他地方相仿,唯有主祭人发生了变化,充分说明上古时期的确存在过祭先炊的老妇之祭。朱熹在回答灶以谁为尸时也说:"今亦无可考,但如墓祭以冢人为尸,以此推之,则礼灶之尸必是膳夫之类。"②作为一个熟知儒家典籍的著名学者,他没有盲从已有的说法,径直认为灶神是与厨师、膳夫有关的神灵,至少表明灶神起源于先炊的信仰在后世还有着较广泛的影响。

灶神的最早神主虽然为先炊(老妇),但是随着神灵性别向男性的转变、五行观念的流行,其信仰从内容到神主都在不断地丰富和变化,由单独"一神"发展出夫妻成双、儿女成群、属神众多的群体形象,这就使灶神信仰进一步趋于复杂且名号繁多。如《五经异义》云:"祝融为灶神,姓苏名吉利,妇姓王名博颊。"典型的说法出自《酉阳杂俎》:"灶神名隗,状如美女。又姓张名单,字子郭。夫人字卿忌,有六女皆名察洽。……其属神有天帝娇孙、天帝大夫、天帝都尉、天帝长兄、硎上童子、突上紫宫君、太和君、玉池夫人等。一曰灶神名壤子。"③把灶神说成了拥有妻室儿女、众多属神的大神。至道教将灶神吸收后把灶王名号变得更为复杂。如《道藏·太清部·感应篇》注引传云:"灶神状如美人,有六女,即六癸六女。一云,灶有三十六神。又苏吉利妇,姓王名博颊。张单妻,字卿吉,六皆名察洽。"④这显然是把各种说法不分好歹一并收入。更有甚者,道教在民间灶神信仰的基础上创制的《灶王经》中,虽以种火老母为灶神之尊,保存了上古某些信仰意识,但却把灶神划分得更为细致、繁杂不堪(详见下文)。上述说法在民间影响不大,仅存于典籍中。但是,有两点却在民间广为流传。其一是把灶神变成夫妇

---

① 《中国地方志民俗资料汇编》(东北卷),书目文献出版社1989年版,第311页。
② 转引自《渊鉴类函》(卷168),《礼仪部·五祀·朱子语录》。
③ 《酉阳杂俎·前集》(卷14)。
④ 见《风俗通义·祀典》王利器注引。

在很多地区都非常流行,符合民众追求"对称""平衡""和谐"的审美心理和合家平安的信仰心理。其二是灶王张姓近世通行民间。关于"张"姓的来源,杨荫深先生认为:"道家亦重视灶神,姓张之说,岂以为张陵的同族吗?"①认为灶神张姓是道家创始者姓的延用。笔者以为此说稍后起,在此之前已有张姓的因素。"张"在古代不仅是姓氏,而且是二十八宿之一。《史记·天官书》云:"张素,为厨,主觞客。"原来张星早就被人们看作与厨事、饮食、待客有关的星君,这与灶神的功能何其相似,灶神姓张或与张星信仰的结合有关系。在我国民间大多数地区只知灶王爷姓张,一般是把该地区自古流传的张姓人物(或显宦,或清官,或富翁……)附会为灶神。天津静海新旧县志记载的灶神人格化形象就一般地反映了民间灶神的信仰意识。其志载:"'祭灶',春秋时已有媚灶之风,至晋唐,谓人家祸福悉操之灶神,今日奉为一家之主,以灶司饮食,每家必有之也。又《说唐》:'张百忍,九世同居,故封为灶神',欲人之家庭和睦也。"另一处也记云:"相传唐张百忍,九世同,世尊为灶王,取家庭和乐之意。"②这一带把小说《说唐》中塑造的张百忍当作灶神,由此可以看到以下几层信仰意识:第一,表明自唐代以来,在一些地区便流传着张百忍的传说,且"张"姓与早已流传的灶神张姓相同,易于同化为人们所接受。名"百忍"也迎合了普通民众的心理趋向。第二,"九世同居"的说法反映了民众这样一些愿望:其一是长寿。张百忍能九世同居表明他本人寿命很长,若以古代通常流行的 30 年一世来计算,张百忍已经活过 270 岁了。其二子孙众多。能九世同居表明每世人口都健在,子孙必众多,表达了多子多福的企盼。其三合家欢乐和睦。九世同居而不散必然是家庭内部关系处理得好。其四九世同居可谓人世之一大奇观,如真有其事恐怕也是极其罕见的,正因为如此,这个传说才具有吸引人们信奉灶神的魅力。第三,由此可见,灶王信仰有着较为广泛的社会功能,这一信仰暗含着丰富的社会规范和民间所向往的标准家庭模式和生活目标。灶神不仅主人寿夭(详见下文),而且还是长寿与家族和睦的象征,难怪民间社会会如此持久地、广泛地祭祀这位并不太显眼的神祇。

此外,还要提到的是丁山、袁珂两先生从音韵学的角度对灶神古称进行的考证。他们认为无论灶神名单、禅还是蝉,上古三字是相通的。又灶神字子郭"当是子部传写之误,即是陆蟑",因而得出"穷蟑,正是陆蟑的方俗殊语,也是灶神"

---

① 杨荫深:《事物掌故丛谈》,上海辞书出版社 2011 年版,第 104—105 页。
② 《中国地方志民俗资料汇编》(华北卷),书目文献出版社 1989 年版,第 68、71 页。

的结论。① 按穷蝉,或作穷系、穷係,《史记·五帝本纪》曾云:"帝颛顼生子曰穷蝉",说明穷蝉也是黄帝的后裔,联想到与其同时代的高辛氏祝融和阪泉氏蚩尤都曾被视为火神(灶神),则同出一族的穷蝉被看作灶神也在情理之中。不过,由此我们可以推断,后世传说中的灶神名单或禅,字子郭的说法当是由穷蝉转化而来的。袁珂先生进一步考证说:"清俞正燮《癸巳存稿》卷十三'灶神'条引《许慎异义》云:'灶神,古《周礼说》,颛顼有子曰犁,为祝融,祀以为灶神。'犁、系、髻音皆相近,而穷系又作穷蝉即犁,亦即古之灶神。"②由袁先生的考证可知,颛顼子犁(黎)或名祝融,或名穷蝉,实乃同一人,这就进一步说明穷蝉确是火神家庭中的一员,后人不分就里地把祝融、穷蝉分为两系哄传,以致演化出了灶神姓张名单字子郭的说法。丁袁二先生还考证灶神为一昆虫,或谓红壳虫,或谓偷油婆,或谓蟑螂,并认为其正是民间俗语所称之"灶马"。其实,"灶马"和"灶神"是不能等同看待的,但是"灶马"的确是灶神信仰中的一项重要内容,也是后世祭灶活动中的重要祭器(详见下文)。《酉阳杂俎》云:"灶马状如促织,穴于灶侧,俗谓灶有马足食之兆。"可见,隋唐时期的人们已经把类似促织一样的昆虫出现于灶侧看作一种吉祥的现象,但这究竟与灶神本身不是一回事。

## 二、七祀、五祀与灶神

灶神信仰产生以后,经历了一个漫长的丰满过程。从原始社会的老妇之祭,发展到宫廷中的合祭,再变成民间大规模祭祀以致形成节日,表明祭灶活动存在两个传统,即宫廷传统和民间传统。在上古时期,灶神信仰一方面被贬为"老妇之祭",一方面又集合于七祀、五祀,被列入国家祀典,这反映了灶神由原型状态向适应王权社会转化所产生的内在矛盾。商周时期正是等级制盛行的时代,信仰领域的众神灵也被依其地位,自天子至庶人划分为各层次祭祀的对象,以体现"神道设教"的政治目的。因此,随着七祀、五祀为王者所祀,灶神不能再是"老妇"了,而必须是上古赫赫的英雄,只有如此才符合王者祭祀的尊崇。《明堂月令》就说:"孟冬之月,其祀灶也。五祀之神,王者所祭,古之神圣,有功德于民,非老妇也。"这典型地反映了这种矛盾心态。因此,祭七祀、五祀的活动一般地反映

---

① 参见丁山:《中国古代宗教与神话考》,上海文艺出版社1988年版;袁珂:《中国神话传说词典》"灶王条",上海辞书出版社1985年版。
② 袁珂编:《中国神话传说词典》,上海辞书出版社1985年版,第208—209页。

了与民间迥然不同的宫廷祭祀传统,由七祀、五祀活动的兴衰可以窥探灶神在宫廷传统中地位的变化。

关于七祀与五祀的具体所指历来说法不一,综合上古经典,可以认为五祀较七祀更为通行。《礼记·祭法》云:"王为群姓立七祀,曰司命,曰中霤,曰国门,曰国行,曰泰厉,曰户,曰灶。王自为立七祀。"此说注者多以不合诸经,因此后世绝少以七祀为祭,其中的司命、泰厉也被析出另祭,剩下的就成为五祀了。五祀自天子至庶人均祭,《礼·曲礼下》就提到天子、诸侯、大夫均行此祭。按商代五祀为户、灶、中霤、门和行,"天子与诸侯同,门户主出入,灶主饮食,中霤主堂室、居处,行主道路也"。[①] 周代诸侯五祀为司命、中霤、国门、国行和公厉,没有灶神。据《礼·月令》及《吕氏春秋》所载的五祀为户、灶、中霤、门和行,且分时祭祀,孟春祀户,孟夏祀灶,季夏祀中霤,孟秋祀门,孟冬祀行。秦汉时期五祀就定型为户、灶、中霤、门和井了,形成了五祀信仰的初步意识。《白虎通》云:"五祀,门户井灶中霤也,人之所处出入所饮食,故为神而祀之。"也就是因为这五者对人们的日常生活有帮助,祀之以报功。《论衡·祀意篇》便说:"五祀报门户井灶中霤之功,门户人所出入,井灶人所饮食,中霤人所托处,五者功钧,故俱祀之。"《淮南子·氾论训》更明确地说:"今世之祭井灶门户箕帚臼杵者,非以其神为能享之也。恃赖其德,烦苦无已也。故以时见其德所以不忘其功也。"可见,五祀之祭表现了功利主义色彩浓厚的报功思想。

殷周时期,五祀虽被列为祀典,但具体五祀中的五位神灵的礼遇是大不相同的。《礼器记》引孔子语曰:"臧文仲安知礼? 燔柴于灶。灶者,老妇之祭也,故盛于盆,尊于瓶"[②],灶是老妇之祭,规定的祭仪卑下,只能以盛食于盆、盛酒于瓶的规格致祭,不得以燔柴来祭祀。因此,孔子讥议臧文仲"燔柴于灶"是违礼的。事实上,《礼记·王制》中另有一番规定,"天子祭天地,诸侯祭社稷,大夫祭五祀",祭五祀本来就位列三等,天子是不祭灶的。到了《礼记·祭法》里连大夫、适士也不祭灶了,变成了庶士、庶人之祭了,"大夫立三祀,曰族厉,曰门,曰行。适士立二祀,曰门,曰行。庶士、庶人之一祀,或立户,或立灶"。这种混乱的规定给后世设祀提供了较大的挑选余地,规格也升降不同。正因为如此,司马迁才把汉武帝祭灶说成是"天子始亲祀灶",表明祭灶神与五祀的其他四神一样,在秦汉以前虽

---

① [明] 顾起元:《客座赘语》(卷四),《五祀》。
② 转引自《风俗通义·祀典·灶神》。

列在祀典,但地位并不是很高。汉武帝祭灶也是事出偶然,他推崇黄老之术,刻意求丹丸之事。有李少君者便以"祠灶、谷道、却老方"进见汉武帝,声称:"祠灶则致物,致物而丹沙可化为黄金,黄金成以为饮食品则益寿,益寿而海中蓬莱仙者可见。"①在他看来,祭灶可以长寿成仙,对汉武帝产生了巨大的吸引力,所以才有祭灶之举。随着李少君事败,"天子祭灶"的活动就又搁置起来了。商周时期,"五祀国之大祀,七者小祀"②,五祀作为整体地位是相当高的,到秦汉以后,五祀在国家祀典中的地位不断下降,东汉以后官方便专以五祀为祭,尽管礼遇已轻,"国家亦有五祀之祭,有司掌之,其礼简于社稷云"。③《汉仪》亦云:"国家亦有五祀,有司行事,其礼颇轻于社稷,则亦存其典头。"④五祀之祭的位序已经排在了祭社稷之后。隋唐时期,又恢复了七祀之礼,但是将其规定为中祀,祭祀也不算隆重,甚至成为一个程序过程,祭祀时重要官员也不到场,只有"太庙令""良酝令"之类的常设司祭官员例行公事:"时享之日,太庙令布神席于庙庭西门之内道南,东向北上,设酒尊于东南,罍洗又于东南。太庙令、良酝令实尊筐,太官丞引馔,光禄卿升,终献,献官及即事,一献而止。"⑤迄明清时期,五祀更是一降而为小祀,落得"遣官致祭"的待遇。宫廷祭祀的时间还是孟春祭司户、孟夏祭司灶、季夏祭中霤、孟秋祭司门、孟冬祭司井,但是把上古夏季三月均祭灶改成孟夏一祭,足见礼遇之轻。按照明朝祭典的规定,各封国仍把五祀奉为主要的祭祀内容,尤其值得注意的是对庶人的规定:"至于庶人,亦得祭里社、谷神及祖父母、父母并祀灶,载在祀典"⑥,明确把祭灶规定为庶人常礼的内容且载入祀典,这对于推动民间普及祭灶有很大的影响。同时,也反映出用祀典的形式肯定了民间早已广为盛行的祭灶活动。明初祀灶"设坛御厨,光禄寺官主之"。⑦ 主要是在御厨举行,并派主管宴享饮食的官员主祭,改变了上古祭五祀于庙的殷礼和祭五祀于宫的周礼,只是岁终在太庙合祭五祀一次。这种变化更突出了感谢灶神火食之功的信仰意识。对周、汉、唐、宋遗制的继承表现在"岁合祭五祀于太庙西庑下"的规定。明代以前,五祀都是合祀于太庙,依岁时轮番祭祀一神,余四者配

---

① 《史记·封禅书》(卷28)。
② 《礼记·祭法》。
③ 《后汉书·祭祀(下)》。
④ 转引自《晋书》(卷十九),《礼上》。
⑤ 《新唐书·礼乐(四)》。
⑥ 《明史》(卷47),《礼一》。
⑦ 《明史》(卷50),《礼四》。

享,一年至少合祭五次,而明朝把五祀按岁时分别祭祀,只合祭一次,这与把五祀降格为小祀的地位是相称的。

总之,由七祀、五祀地位的变化可以看出,灶神作为宫廷祭典中的一神,虽然一直得到礼遇,但却从没有获得如民间信仰那样广泛、丰富的文化内涵。因此,灶神信仰起于先炊,却沿着宫廷和民间两个路径在传播。宫廷祭祀中灶神被看成五祀之一,没有明确的人格化形象,这在宫廷祭祀的时间上也能得到印证。自上古至明清,宫廷祭灶都在夏季,按照五行的观念,夏属火,是阳气盛行的季节,而"灶"的功能也是以火熟食。因此,灶神的功能在宫廷信仰中一直未得到发展,仅仅是报火食之功,祭祀的时间、仪式、规模都没有对民间产生稳固长久的影响。可以说,宫廷信仰的灶神还较多地保留着远古崇拜的朴素观念。

### 三、司命与灶神

在民间灶神信仰系统的发展中,除接受了灶为五祀之一的观念外,沿着迥异于宫廷的模式独立发展,大大拓宽了灶神信仰的内容。这一点充分表现在中国民间将司命神与灶神合一的变化过程中。中国民间往往把司命与灶神联呼为"司命灶君",甚至径直以司命取代灶君而呼之。反映宋代开封市井生活的《东京梦华录》就把祭灶活动称为"醉司命";《三教源流搜神大全》也把灶神一条列称为"司命灶君"。道教的《灶王经》、笔者手存湖南礼俗资料中均把灶神呼为"司命灶君",甚至在近代某些地区把祭灶活动仍称作"醉司命",如恒仁县"以酒灌灶前,曰'辞(醉)司命'";广宗县"俗以灶为司命之神"等,这表明司命与灶神信仰有着十分密切的关系,揭开两者合称之谜,便可进一步深化对灶神信仰意识的研究。

司命在上古时期与灶神一样,同列于国家七祀之中,至秦汉时期才分化成民间单独祭祀的神灵。《周礼》:"以槱燎祀司中、司命",祭祀规格比较高。至汉代,"民间独祀司命耳,刻木长尺二寸为人像,行者檐箧中,居者别作小屋"。[①] 这表明司命已经在民间被单独祭祀,而且人格化倾向也已趋于定型。按《史记·天官书》载,"司命"仍一星名,属斗魁戴匡六星中的第四星。《索隐》引《春秋元命苞》说:"司命主老幼",可见"司命"一星在那时的人看来是主管人寿夭的星宿。《礼记·祭法》中有"司命",郑玄注云:"此非大神所祈报大事者也。小神居人间,视

---

① 《风俗通义·祀典·司命》。

察小过,作遣告者尔。"又曰:"司命主督察三命。"在春秋至秦汉时期,无论宫中还是民间,所祀的小神中都有主管寿夭和察人过失的司命神,进而转化为主管与生命相关事务的神。早在《管子·国蓄》中就有"五谷食米,民之司命也"的说法,司命信仰自古就与粮食、饮食和生命寿命密切相关,这与后世民间发展了的灶神信仰有着观念上的相通之处,或许这是将两者联系起来的信仰基础。屈原的《九歌》中曾提到大司命、少司命,多注为三台中的上台二星。《晋书·天文志》云:"上台为司命,主寿",明确地把司命看作主寿的星君。王夫之在《楚辞通释》中明确地把大司命释为主管人的寿命的神,把少司命释为主管人的子孙多寡的神。无论是大司命,还是少司命,其职能在后世灶神信仰中都能找到对应的信仰内容。汉高祖时,在长安城设祠祝官,网罗各地女巫负责按岁时祭祀各路神祇,其中的"晋巫,祠五帝、东君、云中君、司命、巫社、巫祠、族人、先炊之属"。① 由此我们可以得出两点认识:第一,司命原属七祀之一,但历代都将其单独列出祭祀,显然不同于其他六位神祇,也就是说,它有着特殊的地位,或许是七祀中的司命有着对应的星官,且主人寿夭才让人们对其格外地尊重。第二,上述材料表明,至少在汉初,司命就与先炊并祀,两者地位相当、功能相近,是否可以说是开了"司命"与"灶君"合而祀之的先河?

寿命与饮食相关的观念,从汉武帝建寿宫神君之事中也可略见一斑。汉武帝某次大病初愈后,令大赦,置寿宫神君,"寿宫神君最贵者太一,其佐曰大禁、司命之属,皆从之。非可得见,闻其言,言与人音等,时去时来,来则风肃然。居室帷中。时昼言,然常以夜。天子祓,然后入。因巫为主人,关饮食。所以言,行下"。② "太一"早在上古时代就是"天帝"的别称,是天地间万物的主宰,由它担任寿宫神君的主宰自然是再恰当不过了。相伴的还有大禁和司命,司命是主人寿夭者,当然应在陪祭之列。这里的祭祀以巫为主持,又关乎饮食,说明寿宫神君也含纳着保佑饮食充足的功能,至少说明:其一,古人把饮食的好坏与寿命的长短是联系起来思考的。其二,主寿的司命自然兼管饮食之事,而灶神信仰恰在这时也与饮食、寿命发生了联系,前述李少君上"祠灶、谷道、却老方"之事就说明当时的人们相信通过祭灶炼出黄金,用此金制成器皿用以饮食就可以益寿,这就等于说祭灶可以增寿。在人们的信仰意识中,早已把灶神也看作主人寿夭的神

---

① 《史记·封禅书》(卷28)。
② 《史记·封禅书》(卷28)。

祇了。因此，将两者合在一起称呼，并为一神祭祀，其信仰内涵并未发生本质的转变，反而强化了企求长生不老的愿望。魏晋时期，作为主人寿夭的司命一直受到人们的重视，无论是郊祭于南，还是郊祭于北，司命都是天帝的重要辅佐而陪祭于坛。① 这一时期，文献中还未出现将司命与灶君联呼的记载，但是信仰观念上的相互渗透还在继续发展。祭祀中产生了不经意的结合，例如，隋代"兆司中、司命于南郊，以天神是阳，故兆于南郊也"②，显然是把司命也看作与"火"有关的神，这与把灶神和火相联系有着一致性，促进了两者的信仰进一步融合。

总之，司命灶君在民间的联称，是把上古两神的信仰糅合在一起的反映。后世司命在官方和道教典籍中虽然仍以独立的姿态存在，然而民间却早已将其混为一谈，而且还借用上古司命信仰中"小神居人之间，视察小过"的意识，张大为灶神上天白人罪的内容，也成为人们媚神自娱的信仰基础。司命与灶神的合一强化了该信仰系统中渴望长寿、合家平安、五谷丰登的信仰取向，把灶神推到了民间俗神信仰中最为突出的位置。

### 四、民间故事中的灶神

灶神是民间广泛信仰的神灵，伴随着灶神信仰的发展和祭灶习俗的形成，在不同地区便流传着形形色色的关于灶神的大量传说与故事。这些传说与故事在民间流传的影响远比典籍中灶神的形象要丰富和鲜明的多，更直接、更具体地反映了不同地区由灶神信仰所表现出的真善美和价值观念。因此，近代以来不同地区民间心目中的灶神形象就是由这些传说和故事塑造的。有关灶王的民间故事大多与祭灶风俗的形成联系在一起，讲述该地区历史上或传说中的人物如何变成灶王爷的故事，有的肯定颂扬灶神，有的则讽刺挖苦灶王爷。总之，都是从人们的善良愿望出发，把自己的所喜所爱、所憎所恶通过民间口头文学的形式表现了出来。

关于颂扬灶神的故事又可分为两类，一类是直接颂扬灶神，如九江一带把乾隆皇帝的教师王聿修当成灶神，俗称"王灶君"。据说王聿修在九江做官时教会了当地的人们垒煤灶，从此不再烧柴草了。人们为了纪念他，遂把全国流行的张

---

① 参阅《魏书》(卷108)，《礼志(一)》。
② 《隋书》(卷7)，《礼仪(二)》。

灶神改成了姓王。① 另一类是通过颂扬灶王奶奶来颂扬灶神。如流传于河南南阳地区的《祭灶和守岁》的民间故事就是如此。故事中说到,玉皇大帝的小女儿爱上了一个凡间烧火的穷小伙儿,玉帝震怒遂贬女儿下凡受罪。后经王母说情才给穷小伙儿封了个"灶王"的职位,玉皇女儿便成了灶王奶奶。这灶王奶奶看到穷人的困苦,就经常从天上带些好吃好喝散给穷人们。玉皇得知后只准她每年回家一次。第二年,灶王奶奶看到快过年了,决定腊月二十三回娘家给穷人要点吃的,百姓们便设法凑了些面,烙成馍团送给她路上当干粮。玉皇看到女儿又来拿东西大为不满,要其马上回去。于是,灶王奶奶施展智慧,每天提一个要求,准备一样好吃的,直到三十晚上她才满载而归。人们燃起香纸,放起鞭炮迎接她,这时已是初一五更了。以后,人们为了纪念灶王奶奶的恩德,年年都要腊月二十三烙灶饼,二十四扫房子,二十五拐豆腐,二十六去割肉,二十七杀灶鸡,二十八把面发,二十九去灌酒,三十捏饺子,夜里不睡觉等着接灶王奶奶从天上归来。② 这则传说把民众活动纳入其中,生动地刻画了灶王奶奶大智大勇为民谋利的精神。同时鞭挞了玉皇大帝的丑恶行径,这是对人间上至皇帝下到官僚不关心人民疾苦的控诉和批判。在这则传说中,灶神实际上是陪衬,以灶王奶奶为核心展现了祭灶风俗的形成和过程,或许这是灶神男性化以后,人们通过赞扬灶王奶奶继续保持着远古老妇之祭的信仰和遗风。

关于讽刺和挖苦类的故事,内容也十分广泛,有讽刺贪官污吏的,有讽刺皇帝的,也有讽刺忘恩负义、宣扬恶有恶报的,等等,不一而足,在一定程度上反映了不同地区百姓们关心的社会问题。例如,流传于山东胶东地区的《灶王的来历》的传说,人们在祭灶时只供一碗烂面条,并流传着"灶王老爷本姓张,一年一碗烂面条"的俗语,说的是一户张姓的中等人家,因张郎外出做买卖,留下媳妇丁香侍候公婆并承担家里的一切劳动。结果,张郎在外发财后却一纸休书将丁香赶走。可是张郎也好景不长,家私财产全被大火烧光,落得行乞乡间,要饭要到丁香家门口。善良的丁香端出一碗面条给他吃。当张郎发现是丁香时羞得无地自容,便一头钻入灶内被活活焖死。然而,玉皇大帝不分好歹,竟将他封为灶王,人们不得不供奉他,但又不愿给他好吃的,联想到他在丁香家门口要到的是一碗

---

① 《中国民间传说故事》,中国民间文艺出版社1985年版,第9页。
② 陈晓勤、郑土有:《中国仙话》,上海文艺出版社1990年版。

面条,于是人们就供面条羞辱他。① 这则故事反映了人们对夫妻关系、家庭和睦的要求和标准,张郎富贵不能忘妻,但他偏偏违背了这一伦理要求,结果自己也遭到了报应。这里的灶神在人们的心目中简直就是一个忘恩负义之徒,人们供奉他完全是因为玉皇大帝封了他的官而不得不祭。这便把民俗活动中又敬神又娱人的矛盾心态通过民间故事进行了解释说明,没有违背人们在现实祭灶活动中的习俗,又表达了对人际关系,特别是家庭关系的一种内在规范性要求。再如流传于河北平原的一则《灶王爷》的故事,讲的是某州官上任后,规定全州每家要请他吃一天上等酒席,吃过一年后,把百姓吃得叫苦连天。在一个偏僻山村里有一个张大巴掌,力大无穷,巴掌奇大,听说此事后决定请州官到自家来吃饭。于是,州官便与夫人、鸡、犬和下司一同到了张家。张大巴掌关起房门一巴掌将州官打到了灶边的墙上,人们提议请画匠把他画下来贴在灶边,让他们瞪眼看家家户户吃好东西。后来皇上知道了,说州官生前是"御膳厨子",就封他两口子作灶王爷、灶王奶奶吧。② 这则传说便是人们对贪官污吏横行乡里、不顾人民死活的有力鞭挞,灶神也被人们惩罚而站在灶边,哪里还有一点敬神的肃穆。

通过上述民众传说故事,我们可以得出这样一些印象:第一,传说中的灶神与典籍中的灶神有很大的区别,他们大多是现世人神化后而来,生前并无"神味"。第二,传说中的灶神要么地位偏低,要么是受讽刺挖苦的对象,人们丝毫不惧怕他,敢于和他抗争,把祭灶神看成嬉弄耍笑他的时机,灶神毫无"威仪"可言。第三,灶神成为人们口头言论的笑料,反映了百姓们不惧怕官府、天庭,不甘心听任"神"的摆布的深层反抗意识,这正是中国百姓精神世界里积极向上的一面。

## 五、道教《灶王经》中的灶神

道教由于土生土长,最重视吸收民间的俗神信仰,将其改造、演化成自己教内信奉的对象,借以诱惑更多的百姓,灶神就是其中较为突出的一个。笔者手中现藏有流传于湖南地区的《太上灵宝补谢灶王经》《太上灵宝灶君大王平安经》等灶王经,通过对它们的研究可以看到道教是如何把民间信仰转化为道教诸仙的,从而进一步了解灶神在民间的形象和影响。《灶王经》在南方民间还是有一定的

---

① 《中国民间传说故事》,中国民间文艺出版社 1985 年版,第 201—206 页。
② 《中国民间传说故事》,中国民间文艺出版社 1985 年版,第 208—209 页。

影响,因为该经中宣扬"若有人能写一本灶经供奉,免他一生苦难之灾,更有一人刊刷一部灶经广为传布,劝世咸知钦敬,免他一家罪过之灾"。这在民间祭灶风俗中便产生了很大的作用。如吴中一带,祭品称"谢灶糰","先期,僧尼分贻檀越灶经,至是填写姓氏焚化禳灾"。[①] 这里的人们把灶王经看作消灾治病的符咒,灶王经中的灶神当然也应纳入民间灶神信仰的系统之中。

道教灶王经塑造了一个以种火老母为首的"灶神集团",天地间万物的化育、世界的生成、人类的产生均是种火老母的功德,因此,其中包含着一个生动的创世神话:

> 尔时太上老君、金阙上帝、妙行真人、圣祖妙天天尊、大道真君、开天门使者,在玉境山中,说上界种火之老母,玉顶大仙说圣母元君分身下界,化为世界。左眼化为日,右眼化为月,头发化为云雾,血脉化为雨露,手足化为星辰,舌头化为闪电,四肢化为四时,三百六十骨节化为一週三百六十六日。天位地育,阴阳变理,天道行之,神灵卫之,施于众生,可为我而转言。

灶王经中把种火老母塑造成了开天辟地的创世大神,对万事万物都有再造育化的恩德,赋予她统天管地的权力,由她来主管人间的寿夭是再自然不过的事情了:

> 种火老母能上通天界,下统五行,达于神明,观于二气。在天则为天帝,在人间乃为司命,又为北斗七元使者,主人寿命长短、富贵贫贱、掌人职禄,又为五祀灶君,管人住宅、十二时辰,普知人间之事,每月每日记人造诸善恶及其功德罪过,录其轻重,月晦之日,夜半上议天曹奏报,定其薄书,思道则进,非道则退。善者赐福,恶者染祸,悉是此母也。

这段经文赋予了种火老母多重身份,集司命、灶神、天宿星君之功能于一身,成为统治人间的神灵世界的最高大神。灶王经中借妙行真人之口称颂她说:"天帝临位,司命灶君,世人恭敬,福寿咸臻,祛除灾难,疫病潜奔,仰依诲示,普得安

---

① 《清嘉录》(卷12),《念四夜送灶》。

存。"对民间灶神功能最为突出的改造是把民间信仰中广为流传的灶神上天言事的内容加以强化,声称种火老母:"每月每日必记录人间大小善恶诸事,登载簿册,至月晦之日,灶君大王上天小奏,年终大奏。"这便迎合了民间每月塑望祭灶、年终大祭的习惯。关于灶神上天言人罪过的说法古已有之,前引郑玄注《礼记·祭法》司命的材料就已经提到小神居人间察人过的说法,《淮南万毕术》亦云:"灶神晦日归天,白人罪"[1],表明秦汉时此说已经流行,只是白人何罪尚无定论。至晋周处所撰《风土论》中就有了"灶神翌日上天,白一岁事"的说法,或许灶王经中的"年终大奏"就发端于此。到了葛洪的《抱朴子》中,白罪惩罚就有了具体的内容:"又月晦之夜,灶神亦上天白人罪状。大者夺纪,纪者三百日也。小者夺算,算者,三日也。"以夺人寿命的天数来惩罚作恶之人。《酉阳杂俎》继承了这种说法,只是把一"算"定为"一百日",加重了惩罚的斤两。于是民间祭灶风俗中便普遍有"贿赂"灶神的情节,让灶神上天后好话多说,不好的话不说。道教将这些信仰内容一并吸收并加以系统化。《敬灶全书》就说:"灶君……乃一家司命之主,最为灵感。每月三十日将合家所为善恶录奏天朝,毫不隐讳,降祥降殃,达于影响。"该书收录的《真君劝善文》中更明确讲:"灶君乃东厨司命,受一家香火,保一家康泰,察一家善恶,奏一家功过。每逢庚申日,上奏玉帝,终月则算。功多者三年之后,天必降福寿,过多者,三年之后,天必降之灾殃。"[2]举凡人家康泰、善恶、功过都是灶王司察的内容。道教为了使这种说法更为准确,把"应验"的时间拉长为"三年",三年中,一家必会遇到好事或坏事,从而成为验证灶王上天言事的有力证明,以此巩固灶神信仰的地位和权威性。

道教灶王经的另一个特点是编织了一张庞大的灶王属神网络。前引《道藏·感应篇》中就已经把灶王属神发展到了 36 位,灶王经更是有过之而无不及,如《补谢灶王经》中就提到如下诸神:

> 昆仑显像种火老母、天地司命灶君、九天炊母元君、北斗七元使者、东方青帝甲乙灶君、南方赤帝丙丁灶君、西方白帝庚辛灶君、北方黑帝壬癸灶君、中央黄帝戊巳灶君、五方五帝灶君夫人、天厨灵灶、地厨神灶、天帝娇男、地帝娇女、囱中童子童男童女、五方游奕灶君、左右将军、炊涛神女、前后值符

---

[1] 转引自《太平御览》(卷186)。
[2] 转引自吕宗力、栾保群:《中国民间诸神》,河北教育出版社2011年版,第258—259页。

灶君小使、进火神母、遊火童子、灶家娘子、姊妹、新妇、七十二灶侍。从神众,夫妻眷属,大小神众,列列神君,昭昭明明,凡属人家皆为福主。

《太上灵宝灶君大王平安经》更是把灶君系列发展为"天上三十六灶,地下二十四灶",除上面提到的名号外,灶神的名号还包括金、木、水、火、土、天、地、阴、阳、年、月、日、时、行、坐、内、外、新、旧、砖、瓦、长、短、方、圆、大、小、单、双、柴、煤、冷、热、祖、宗、公、婆、父、母、夫、妻、男、女、子、孙等,这些都被道教命之为灶神。道教灶王经主要是宣传敬灶致福和末劫来临时种火老母为首的众灶神及其属神下凡救世的思想,因此,灶神名号越繁杂,救世之说就越显得可行,就越能吸引百姓。由此,灶王经中大量的篇幅是发展了民间祭灶禁忌的风俗,把它们变成是否遭受惩罚的依据,以此来规劝人们虔心信奉种火老母等灶君,这也是民间秘密宗教贯用的吸引民众入教的伎俩。

综上所述,道教灶王经对灶神的改造是在民间灶神信仰上的一种发展,总体上还保留着民间灶神信仰的核心内容,从灶神的职能及惩罚手段上就可以得到印证。当然,在有些方面也大大地超越了人们原有的信仰内容,比如把灶君变成生育万物的大神,成了天地的主宰——天帝,但却坚持上天言事的说法,既要上天汇报而自己又是"总管",其间矛盾非常明显。总之,无法用一条清淅的逻辑思路来看待道教对灶神的改造,所列众神既与民间灶神信仰没有关联,且自身也未说明这些灶神出现的必然性。因此,可以断定如此繁杂的灶神系列和灶神名号必然不可能在民间产生更为广泛的影响。

## 六、上篇小结

我们对方方面面的灶神信仰进行了梳理后,就会发现灶神实际上在人们心目中是一个十分复杂的神祇,不同的场合、不同的地区、不同的人群对待灶神的态度是大不相同的。把上述研究归纳起来,可以反映出灶神信仰中乡土百姓日常的信仰心理和生活愿望。

第一,祈求长寿。这是灶神与司命神合并后产生的一个重要的信仰目的。长生不老是中国民间社会广泛盛行的一种心理诉求,由于灶神涉关饮食,人们便自然地把它与寿命的长短联系在一起,希望通过祭灶达到长寿的愿望,如汉武帝祭灶事、张百忍九世同居的传说都非常鲜明地反映出了百姓长命百岁的愿望。

第二，增添福分。祀灶致福是人们信仰灶神的另一个重要愿望，盼望灶神自天上归来降吉祥，保合家平安。民间灶王像两侧的对联就能反映这种强烈的愿望，祈祷灶神"上天言好事，回宫降吉祥"。早在汉代就有了"祠灶可以致福"的说法①，特别是汉宣帝时，阴子方腊月遇灶神而子孙福贵的传说，对这种观念的普及和扩散起到了有力的推动作用。据《后汉书·阴识传》载："宣帝时，阴子方者，至孝有仁恩，腊日晨炊而灶神形见，子方再拜受庆，家有黄羊，因以祀之。自是以后，暴至巨富，田有七百余顷，舆马仆隶，比于邦君。子方常言：'我子孙必将强大。'至识三世而逐繁昌。故后常以腊日祀灶，而荐黄羊焉。"一时民间竞相效仿，传为佳话。由此，我们可以认识到，所谓"福"的观念内容十分宽泛，中国民众通常把"福"理解为拥有财富、土地、仆役、子孙繁茂、合家和睦等，阴子方的传说恰恰符合最一般民众对生活目标的向往和追求。

第三，平安和睦。希望合家平安和睦是人们信仰灶神的重要目的。民间广泛地流传着这样一句俗语："糖瓜祭灶，家家媳妇都到"，意即祭灶时，凡是女子出阁住娘家的都要回到夫家。这表明，其一，民间普遍认为"嫁出的女儿泼出的水"，媳妇自然应算是夫家的人。因此，祭灶活动虽不能直接参加，但安住夫家也表示对灶神的敬重。其二，祭灶时归夫家，展示了全家人口俱在、和睦相处，以免灶神"理解"错误乱参一本带来祸患。可见，灶神信仰中明确地把向往全家和睦、团团圆圆作为重要的信仰目的。

第四，消灾治病。人吃五谷杂粮自然会生病，自然界神秘莫测的力量也会引发灾害，在人们的日常生活中不时地会遇到这些问题。因此，人们便把消灾治病的愿望寄托于灶神身上，希望他能保佑人们平平安安、无灾无病，这反映了人们在自然挑战面前脆弱的一面。河北遵化"每月二十三日，或燃灯釜中，覆使终宵，则家鲜灾病。亦禳灶之意欤！"②"禳"意即祈祷消灾。"每月二十三"这个时间正是民间把腊月二十三祭灶扩展到每个月而来的，是联想思维的一种反映，意即联想到每月二十三日恐怕灶神都会显灵。这个活动暗含着人们的一些生活常识所积累起来的正确观念，即"病从口入"，不过借巫术形式表达出现罢了。灶王在这里便已成为逐灾防病的神灵了。

第五，五谷丰登。灶王作为"一家之主"，人们当然不仅希望他保证人们日常

---

① 《史记》（卷12），《孝武本纪·索隐·如淳云》。
② 《中国地方志民俗资料汇编》（华北卷），书目文献出版社1989年版，第254页。

生活平稳安详，而且还希望他保佑人们的生产能取得丰硕的成果。有些地方在祈祷时便对灶神说："灶王爷今年走，明年五谷杂粮多带些来"，强烈地表达了这种愿望。因此，可以说灶神信仰不仅是报火食之功，而且是把灶神也看作保佑粮食丰收的神灵之一，正印证了"民以食为天"这句古话，足见乡村民众对土地的眷恋和对粮食的珍重，这是充斥在百姓精神世界里的信仰意识的最终落脚点，反映了人与自然之间朴素依存的紧密关系。

灶神信仰中的上述愿望，并不仅见于灶神信仰，在其他俗神信仰中也或多或少地有所表现。但是，由于灶神具有上天言事的权力，故而，民间祀之格外隆重。在人们的观念中，天地、灶君、财神、祖先、阎罗等构成的鬼神世界无时无刻不在注视着人们的现世生活，无时无刻不在保护或影响着人们的日常生活。这在年节送神迎神的民俗中表现得十分突出。新年临近时，各路神灵经过短暂的上天休整后，在新年的头一天就要被人们隆重地接回，这是近世以来年节活动中的一项重要内容。例如张北县，"至除夕之夜，通宵不寐，谓之'熬年'。鸡鸣时，全家老幼皆着新衣，于门外设香案，焚香、明烛、设供、叩首，谓之'接神'，同时并点旺火，放花炮。院内供天地，屋内供诸神，陈列馔肴、枣山，并供雄鸡、猪头、鲤鱼，谓之'三牲'。各供神码于接神时焚之，然后再拜四方诸神，依次叩拜天地、财神、灶君、神主等神位"。[①] 如此隆重的仪式似乎表明众神归位后，人们才能心安理得地开始新一年的生活。至此，我们可以得出这样的印象：中国民众自古以来便生活在一种三重结构的精神世界里，即以玉皇大帝为首的天庭瑶池、以天子为首的凡世人间和以阎王为首的阴曹地府。或许人们并不一定准确地知道鬼神世界中每一位神祇鬼怪的名号和功能，但却清楚地知道世界上的万事万物都有三种存在状态，或为神仙于天，或为鬼魂于地，或为各种生物于现世凡间，三者之间并无不可逾越的鸿沟，通过各种渠道可以相互转换。上下两重世界的存在对现世人间产生了巨大的压力和影响，人们希望鬼神的力量能减轻人们所面临的自然压力，能解决人际之复杂的社会关系，能满足人们现世生活中的种种愿望和要求，能实现人们的生活目标和完善社会秩序，能使道德规范产生其良好的社会作用等。然而，这一切归为一句话就是"听天由命"观念的流行，它是这种精神世界最好的写照。在这种精神结构中，人们主宰自己命运的可能性微乎其微，一切都

---

① 《中国地方志民俗资料汇编》（华北卷），书目文献出版社 1989 年版，第 155 页。

是"天"注定的。灶神恰恰就处在两重甚至三重世界转换的关口上,上可代天言事,下可引导鬼魂归于冥府。因此,人们对他极尽奉迎之能事,希望他能改变人们的命运,带来幸福的生活。鬼神世界浓重的气息使百姓产生了沉重的精神负担,处处提防、事事小心,仍难免干出一些神灵不喜欢的事,或者在良心上逾越了某种社会舆论的底线。正如人们看到现世世界中贿赂公行、官官相护的情形一样,相信神界大概也会如此,虔诚之余便有了娱神、媚神、贿赂神,甚至耍笑神的举动,本着"人孰无过,法不责众"的自我宽慰的理由,不但安排众神休假数日,而且还以各种方式贿赂或堵灶神的嘴,让其为自己掩饰。民间大量流传的戏弄灶王的故事,把灶王塑造成社会舆论所不容的形象,极尽讽刺挖苦之能事,都反映了人们试图摆脱这种精神枷锁的愿望。同时,也消极地反映了人们企图控制神灵、控制自然乃至控制自己命运的愿望。总之,三重结构的精神世界是中国一般民众认识世界的方式之一,它构成了人们思维结构的重要内容。如果我们稍稍联想一下中国民间社会大量存在的鬼神传说、风水算卦,稍稍注意一下阴阳五行、天干地支、黄道吉日观念的流行以及在生产、生活中大量存在的禁忌,便会对这种精神结构有一种新的认识。既然是"听天由命",人们便渴望预先了解"神"是如何安排自己一生的道路的,渴望可以通过对神灵的崇拜来改善自己的命运,这是民间普遍存在的一种心理状态。

## 下篇:祭灶风俗研究

### 一、祭灶的仪式与过程

灶王节(或称小年节)是岁时节日中最为隆重、热闹的民俗活动之一。伴随着灶神信仰的形成,祭灶风俗在民间逐渐蔓延,大约在魏晋时期便初步兴起,唐宋时期普及盛行,明清以来祭灶风俗成为人们日常生活中不可缺少的民俗活动。祭灶风俗是一个极为复杂的仪式,由于自古以来人们对灶神的信仰存在着差异,祭灶方式也会因地区而略有不同,直至近世,民间才在总体模式上形成了相对统一的程序。

首先,祀灶日期古今就不同,于上古也极不统一。《礼》有"孟夏之月其祀灶"的说法,是在初夏之月举行。而《月令》和《吕氏春秋》等古籍则记载夏季三个月均为祭灶期,后人便笼统地称"祭灶以夏"。如唐代"七祀,各因其时享,司命、户以春,灶以夏,中霤以季夏土王之日,门厉以秋,行以冬"。① 为什么要在夏季祭灶呢？汉代的应邵解释说："夏祭灶者,火之主,人所自养也。夏亦火王,长养万物。"②也就是说,整个夏季灶神都为"火之主",此时祭灶有利于人的生养。杨荫深先生曾指出：祀灶"古时于夏时举行。今各地一岁之中,祭灶之日甚多,惟最重者则为岁终"。③ 谓最重为岁终之祭甚确,然而,说古时以后便无夏祭则是极不确切的。杨先生忽略了宫廷与民间祭灶早已分道的事实,至少中古以后各朝代仍保持着宫廷夏季祭灶的遗制。近世民间通行的"官三民四龟五鳖六"的祭灶时间最早记载于晋周处的《风土记》中："腊月二十四日夜祀灶,谓灶神翌日上天,白一岁时事,故先一日祀之。"大概从那时起,民间便形成了约定俗成的祭灶节。杨先生说祭灶无定期甚确,汉代阴子方以腊日祭灶致福,一时人们争相效仿、蔚然成风。以后又发展为每月朔望都要在灶前祈祷的风俗。近世以来,更有了每月二十三日祭祀灶王的现象。至于不时之祭尤为多,如有病祈祷、镜听祭灶、傩仪祭灶、除夕接神、腊享谢灶、葬礼祭灶、婚嫁祭灶等,确是不一而足。

其次,祭灶的祭品各地也不尽相同。《礼·月令》载孟夏之月"其祀灶",郑玄注云："祀灶之礼,先席于门之奥,东面设主于灶陉",表明当时祭灶是将祭物置于门角,将神版或神像置于灶陉之上施祭。上古官家祭灶曾规定血祭,祭灶时用鸡或羊、猪,这对后世有一定的影响。阴子方祭灶时用的就是黄羊。中古以后,民间多以素食、牺牲混杂而祭,以素食为主。宋代祭灶主要以胶牙饧、蔬菜、豆、酒糟等祭品。吴自牧《梦粱录》记载："十二月二十四日,不以穷富,皆备蔬菜、饧豆祀灶。此日市间及街坊,叫卖五色米食、花果、胶牙饧、箕豆,叫声鼎沸。"《东京梦华录》亦云："二十四日交年,都人至夜请僧道看经,备酒果送神,烧合家替代钱、纸帖灶马于灶上,以酒糟涂沫灶门,谓之'醉司命'。"此后,特别是明清以来,民间祭灶用品除糖瓜较为通行外,还发展出各具特色的祭品,如麦、黍粟、米、麸、枣、胡桃、炒豆、关东糖、饴糖、糖丸、糖剂饼、粘饼、圆饼、烙饼、黍糕、江米竹节糕、年糕、枣糕、米糖、糖糕、黍糍、粔籹、粟酒、槽草、草料、茶水、凉水、脯、菜、香、烛、白鸡、红色雄鸡、猪头等。其中的槽草、草料、凉水是为灶王上天用的灶马准备的,

---

① 《新唐书·礼乐(一)》。
② 《风俗通义·祀典·灶神》。
③ 杨荫深：《事物掌故丛谈》之《岁时节令(二)》,上海书店1986年版。

有些地方还用秫秸杆或纸扎成鸡、马形以象灶马,同时与灶神像焚化。清代彭蕴章有《焚灶马》诗云:"焚灶马,送柴官,辛甘臭辣君莫言,但言小人尘生釜,突无烟,上乞天公怜。天公怜,锡饨蝦,幡熊眷豹充庖厨,黑豆年年饲君马。"①这足可见灶马的重要性。在祭灶风俗中一个很重要的步骤就是用糖饧糊灶王之口,宋代是以酒糟涂抹于灶门。近世以来多以糖瓜糊灶口,也有径直糊在灶王像上灶王的口边的。还有些地方则以糖丸添甑户,均为媚神之举,不让灶王在玉帝面前喋喋不休乱讲话。

最后,祭灶的程序。中古时期祭灶的详细仪式已无可考了,但是在诗人们留下的诗篇里,我们还能窥见祭灶风俗的一般情形。如宋代诗人范成大著名的《祭灶词》便描绘了宋代祭灶的过程:

> 古传腊月二十四,灶君朝天欲言事。
> 云车风马下留连,家有杯盘丰典祀。
> 猪头烂热双鱼鲜,豆沙甘松粉饵团。
> 男儿酌献女儿避,酹酒烧钱灶君喜。
> 婢子斗争君莫闻,猫犬触秽君莫嗔。
> 送君醉饱登天门,杓长杓短勿复去。
> 乞取利市归来分!②

诗中将祭灶的意图、用品、禁忌、愿望都交代得十分清楚,大概包括呈献祭品、男子酹献祷告、敬酒烧钱等过程,后世基本上继承了这种形式,只是详略有所不同。比如清初祭灶,孔尚任在《祀灶歌》中有过介绍:

> 风俗腊月廿三四,比户拜灶无老稚。
> 礼制五祀名不侔,惟灶官民通有事。
> 古者祭夏今祭冬,荧荧灯火设神位。
> 相传司命岁朝天,人间善恶注名字。
> 为福为祸司命权,今夕攀留劝一醉。

---

① 赵杏根编:《历史风俗诗选》,岳麓书社 1990 年版,第 342 页。
② 赵杏根编:《历史风俗诗选》,岳麓书社 1990 年版,第 70 页。

罗列迨豆割毚肩,饧糖尤为神所嗜。
马有刍豆仆有粮,临行金币加意馈。
家翁家众跪致辞,一年亵渎神休记。
少言过失多言功,归来广带苗与穗。
八口团圆共鼎餐,早晚粥香熏神鼻。
猘犬不齿如厕人,官长不管通贿吏。
灶君灶君竟何言,饧已胶牙酒乱志。
予为东西南北人,感君年年随旅次。
孤客无聊夜未央,爱兹古礼近于戏。
发白尚留儿女肠,串厨历庖不肯睡。
一壶沽酒饯君行,一曲骊歌将鄙意。
神保降言尔奚求？予曰循例非敢媚①。

可见,祭灶程序中突出的是祷告,通过一番说道把自己对神的要求、愿望转达于神,所有祭品均是对这种愿望的物化注脚。孔诗中不但清楚地交代了祭灶的方法,更为重要的是把民众的信仰心态刻画得淋漓尽致,加深了我们对灶神信仰的认识。至近世以来,由于地区的不同,人们的愿望和祭物也不尽相同。因此导致祭灶风俗中出现略微的差异,形成了各地的特色。为使读者全面了解各地的祭灶风俗,兹选录几处典型祭法以飨读者。

第一,辽宁新民县。二十三日向晚,置桌于灶神牌位前,或就釜盖以上,不另设桌,陈列秫米、谷草、净水、麦糖各一碗。又用梁秸编制鞍马、鸡、狗三事,将灶神像撕下,家主烧香三柱[炷],叩首,亟将神像及鞍马、鸡、狗一并焚化,燃纸炮于户外,连呼灶王升天后,待新接神,始设香供。②

第二,天津。二十三日,"祭灶",供以糖饼、糖瓜、粘糕、胡桃等品。又备草料、凉水,谓用以秣灶君之马。祭时,必使炉火炽盛,以糖饼置炉口,亦有缘而涂之者。相传灶君朝天,白人间善恶于玉帝,以行赏罚。置糖炉口,则中粘,不复能语。故焚神纸时,必祝曰:"好话多说,不好话少说。"祭毕,以糖果与家人食之。③

---

① 赵杏根编:《历史风俗诗选》,岳麓书社 1990 年版,第 195—196 页。
② 《中国地方志民俗资料汇编》(东北卷),书目文献出版社 1989 年版,第 54 页。
③ 《中国地方志民俗资料汇编》(华北卷),书目文献出版社 1989 年版,第 54 页。

第三,陕西醴泉县。二十三日,"祀灶"。糖谓"灶糖",饼谓"灶饼",俱陈灶神前。或杀一雄鸡色红者,谓神所嗜也。祀毕,以纸印灶神乘马图焚之,谓之"送灶"。次年元旦鸡鸣时,燃香烛,以纸印空马图焚之,谓之"接灶"。①

第四,河南沁源县。旧历腊月二十三日,俗谓小年节。是晚各村各户,无不祀灶神者,名曰祭灶。祭时,用香五根、黄表三张、小蜡一对,名曰灶腊。烧饼二枚,名曰灶火烧。牙饧一块,名曰灶糖。雄鸡一只,名曰灶马。干草节少许、粮食五种、清水一盂,谓之马草,用以饲灶马者。预买新灶神一张,张贴灶前,谓之换新衣。随带黄纸马二张,约方寸许,亦名之灶马,一张粘于灶神额上,意谓迎灶神回宫之马,于元旦日黎明焚化。其他一张即于当日随香表焚化,意谓送灶神上升天之马。主祭之人,必为家长,礼拜时身后跪一幼童,双手抱一雄鸡,名曰灶马。家长叩头毕,向灶神祷祝数语。祝毕,一手握雄鸡之颈,将鸡头向草料内推送三次,一手将凉水向鸡头倾洒,鸡苦惊战,便谓灶神将马领受。祭毕晚餐,食豆腐汤为不可少之物,并食祭神时之灶火烧(即烧饼)谓之过小年。②

第五,江浙一带。俗呼腊月二十四日夜,为念四夜。是夜关灶,谓之送灶君,比户以胶牙饧祀之,俗称灶元宝。又以米粉裹豆沙馅为饵,名曰谢灶粞,祭时妇女不得预。先期僧尼分贻檀越灶经,至是填写姓氏,焚化禳灾。篝镫载灶马,穿竹筯作槓,为灶神之轿,升神上天,焚送门外,火光如昼,拔灰中篝未烬者,纳还灶中,谓之接元宝。稻草寸断,各青豆为神马秣具,撒屋顶,俗呼马料豆,以其余食之,眼亮。③

上述可见,祭灶风俗在各地虽不尽相同,但都基于同样的信仰意识,其灶神信仰的核心内容并未发生变化。人们普遍相信,通过这些仪式,神灵是可以和人类"对话"的,愿意接受人间社会通行的送礼求情的交际方式。如此丰盛的祭品、隆重的仪式、虔诚的态度,无不说明乡村百姓对生存、对家庭、对生命、对子孙繁盛、对粮食生产无比焦灼关心的心情。可以说人们把自己命运的改变完全交付到了神灵的手里,这是自然经济在人们的精神世界必然打下的深刻烙印,它决定了人们生活在一种被鬼神控制的生活方式和精神状态之中,所有行为都唯"神命"是从。民间俗神信仰导致了形形色色的岁时风俗的形式,这些习俗又成为人

---

① 《中国地方志民俗资料汇编》(西北卷),书目文献出版社 1989 年版,第 40 页。
② 胡朴安:《中华风俗志》(下篇·卷二),《河南》,中州古籍出版社 1990 年版。
③ [清]顾夷卿:《清嘉录》(卷 12),《十二月》,上海艺文出版社影印 1985 年版。

们日常生活中不可缺少的娱乐、调节、休整的方式。

## 二、傩仪、腊享与祭灶风俗

祭灶风俗的形成与上古许多巫术祭祀有着极为密切的关系。这不仅因为祭灶风俗中尚保存着大量的巫术行为,更主要的是对于祭灶风俗的形成起到了关键性的作用。在此,我们着重研究祭灶与傩仪、腊享之间的关系。

早在春秋之时,腊享就是把先祖和五祀并列的,《月令》载:"孟冬之月,腊先祖五祀。"按通常的理解,五祀中当然包括灶神,可见上古人们是把门、户、井、灶、中霤等对人们的护佑看作与祖先同等重要,对人们的生存、繁衍有着重要的作用。特别是傩仪的举行对民间祭灶活动的形成有着重要的影响。傩仪主要是逐疫驱鬼,起源很早。《论语·乡党》便有"乡人傩,朝服而立于阼阶"的记载,此后无论宫廷还是民间,都以此为驱鬼逐疫的重要仪式。秦汉以降,大傩是宫中腊月必行的一项仪式。汉代"先腊一日,大傩,谓之逐疫。其仪选中黄门弟子,十岁以上,十二以下,百二十人为侲子,皆赤帻帛製,执大鼓。……以逐恶鬼于禁中。……送疫出端门。……百官官府各以木面兽能为傩人师讫,设桃梗、郁櫑、苇茭毕,执事陛者罢"。① 整个仪式场面宏大、热烈。值得注意的是130个侲子装扮的众神灵及各种辟邪物的使用,对后世习俗和信仰有重大影响。至于汉代傩仪中都有哪些神降临已无从考知了。至宋代,宫廷中仍保持着这一仪式。据《梦粱录》载,装扮的神灵中就有灶君,想见是有其传统的:"禁中除夜,呈大驱傩仪,并系皇城司诸班直,戴面具,着绣画杂色衣装,手执金枪、银戟、画木刀剑、五色龙凤、五色旗帜,以教乐所伶工装装军、符使、判官、钟馗、六丁、六甲、神兵、五方鬼使、灶君、土地、门户、神尉等神,自禁中动鼓吹,驱祟出东华门外,转龙池湾,谓之'埋祟'而散。"② 可见,灶君历来是傩仪中的一位驱鬼大神。宫廷逐疫驱鬼的傩仪在民间产生了广泛的影响,宋代年节间民间便盛行"市井迎傩"的活动,这种活动往往与祭灶活动是联系在一起的。我们从元代方回的两句诗中就能看到傩仪中的灶神形象,诗云:"乡傩礼失求诸野,小鬼应犹畏灶君"③,说明元代民间仍普遍地保存着傩仪,灶君驱鬼的观念已经深入人心。近世以来,大傩驱鬼逐疫

---

① 《后汉书·礼仪中》。
② [宋]吴自牧:《梦粱录》(卷六)。
③ [元]方回:《岁除次韵全君玉有怀二首(其二)》,见《桐江续集》(卷25)。

在乡间民俗中多有演变,举凡民间所信奉的驱邪避灾之物都可从中演化而出。特别是祭灶前后,大多要实施一些驱鬼逐疫的活动,只是不像上古大傩仪那样隆重罢了。如河北龙门县"酒果'祀灶'后,男女多击神鼓,备桃符、门神、春帖,光饰门户。……匡土作避瘟丹,馈所交游者"。① 这里提到的桃符、门神、春帖、避瘟丹都是民间常用的被认为有效的辟邪灵物,被广泛地应用于日常生活之中。

傩仪祭灶在近代民间的确成为一种时尚。祀灶期间,多由儿童饰鬼面傩戏以驱鬼。如天津盐山县:"二十三日,设糖饼果品'祀灶'。次日,扫舍,稚童饰鬼百傩戏,放爆竹。"庆云县也是在次日"儿童击锣鼓,饰鬼面傩戏"。② 值得注意的是,民间傩仪中有傩公傩母的形象,李绰《秦中岁时记》云:"岁除日进傩,皆作鬼神状。内二老儿,为傩公傩母。"顾张思在《土风录》中认为这傩公傩母"即今之灶公灶母"③,可见在民间的观念中,傩仪中的翁媪就是平时祭拜的灶王爷和灶王奶奶。更为甚者的是,在江南一些地方直接把傩仪称为"跳灶王"。据《清嘉录》载:"吴中以腊月一日行傩,至二十四日止,丐者为之,谓之跳灶王",保留着浓郁的上古遗风。把"跳灶王"与"傩"等同看待,且活动持续 24 天,大大地强化了灶神的地位。同书记载该地区傩仪祭灶是十分普遍的现象,如"吴县志:十二月朔,给孤圆中人扮灶王,二十四日止";"江震志并载:二十四日,丐者塗林变形,装成女鬼判嗷,跳驱傩,索之利物,俗呼跳灶王"。吴曼云的《江乡节物词·小序》亦云:"杭俗跳灶王,丐者至腊月下旬塗墨于面,跳踉街市,以索米";"米诗云:借名司命作乡傩,不醉其如屡舞嗟,粉墨登场哄笑骂,只哼囊底得钱多"。④ 上述记载表明,在清代东南地区仍盛行着以"跳灶王"为名的驱疫逐鬼的傩仪,并将其变成以扮灶王为主的形式,上古傩仪中的其他鬼神已不被重视。傩公傩母也被看成是灶公灶母,灶神信仰中又融入了驱鬼逐疫的功能和信仰目的。

傩仪当属于腊祭中的一种仪式。关于腊的解释说法颇多。《月令》载:"腊先祖五祀",条下注曰:"腊者,猎也,田猎取兽以祭其先祖也。或曰腊者接也,新故交接也,故大祭以报功也。"意即感谢先祖五祀一年来的庇佑,祈祷来年再保平安,因此又称"新故交接"。司马彪的《续汉书》曰:"季冬之月,星迥岁终,阴阳已

---

① 《中国地方志民俗资料汇编》(华北卷),书目文献出版社 1989 年版,第 139 页。
② 《中国地方志民俗资料汇编》(华北卷),书目文献出版社 1989 年版,第 45—46 页。
③ 转引自[清]顾禄:《清嘉录》(卷 12)。
④ 以上引文见[清]顾禄:《清嘉录》(卷 12)。

交,劳农夫享腊以送故"①,他把"腊"看作农夫送旧休息的节日。而蔡邕的《独断》则更直接地认为:"腊者,岁终大祭,纵吏人宴饮也",就是人们劳作之后享乐的节日。许慎的《说文》则说:"腊,冬至后壬戌,腊祭百神"等。将以上说法归纳起来,腊祭无非包含这样一些含义:报祖先五祀功德、送故迎新、谢百神庇佑和休闲享乐。总之,古人以为在阴阳交接的关口,必须进行腊享报功、送故逐阴、迎新助阳。因此,又以大傩仪进一步表示这种意向。《仪礼》曰:"冬季大傩,旁磔鸡,出土牛以送寒气,即今之腊,除逐疫、磔鸡、苇绞、桃梗之属",明确地把傩与腊等同看待。《吕氏春秋·季冬纪》亦云:"天子居玄堂右个……命有司大傩旁磔",注云:"大傩逐尽阴气为阳导也,今人腊岁前一日击鼓驱疫,谓之逐除是也。"寒气、鬼疫均属阴,故尔逐之以迎阳。"逐除"又称"解除""解逐",《论衡·解除篇》有专门的解释:"解逐之法,缘古逐疫之礼也。昔颛顼氏有三人,生而皆亡。一居江水为虐鬼,一居若水为魍魉,一居欧隅之间,主疫病人。故岁终事毕,驱逐疫鬼,因以送陈迎新纳吉也。"可见,傩腊在内涵上有相通之处。值得注意的是,这里的疫鬼又与颛顼氏有关,联想到灶神亦曾被认为是颛顼氏后裔火正祝融,以灶神为驱疫逐鬼之大神,是否与这种信仰意识有关呢?腊祭中有灶神从上古祭法中就已经存在,中古傩仪中亦有灶神也是明确的。那么,上古傩仪中有无灶神呢?笔者尚未发现直接的文字记载,但是,间接的推测也能得出一些关联性认识。正如前述,傩仪中有"磔鸡"为祭的内容,"鸡"在古人心目中为阳物,代表着阳气的上升。如《春秋说题辞》云:"鸡为积阳,南方之象。火阳精,物炎上,故阳出鸡鸣,以类感也。鸡之为言佳也,使而起为人期。"古人认为鸡、火、阳三种事物性通物类,用鸡祭祀可以助长阳气,推动阴阳交替的转换。此外,另有一层深意,《易林》说:"鸡鸣节时,农乐无忧"②,鸡又被视为合家平安无忧的象征。由此推测,从祭五祀用鸡,祀司命用鸡,傩仪用鸡,汉代"兴土龙"仪式中用鸡,到后世祭灶用鸡,反映了自古以来人们对家庭和睦的重视,"鸡"成为人们这种观念显现的物化表征。这虽不能断言上古傩仪中一定有灶神或火神,但可以肯定的是信仰意识是相通的。

总之,灶神信仰和祭灶风俗与岁终大傩、腊享有着极密切的关系,这不但表

---

① 转引自[唐]徐坚:《初学记》(卷4),《腊》。
② 以上转引自[唐]徐坚:《初学记》(卷30),《鸡》。

明灶神信仰从内涵上的发展和拓宽,而且还证明了祭灶风俗应当是与傩仪、腊享联为一气的,是某种大祭祀活动中的一个具体步骤。它上承腊月初便开始的大傩驱疫,下接忙碌热闹的迎神过年,使整个冬闲期间人们的生活变得丰富多彩。同时,祭灶风俗中的某些巫术性行为、仪式也由此得到了解释。说祭灶风俗由傩仪、腊享等祭礼中分化而出,并逐渐发展形成相对独立的一种习俗当不为过。

## 三、祭灶风俗中的其他活动

除岁终最为隆重的祭灶风俗外,在民间还流行着一些特殊的祭灶风俗。人们供奉灶神的目的和想实现的愿望十分宽泛,反映了中国民间信仰中一个突出的特点——神灵的互渗性,意即每一位神灵在它被创之初是基于某种特定的信仰目的,随着该神灵信仰的稳固持久,其信仰内容就会扩展、兼容其他专门神灵的功能,导致各神之间的功能相互渗透,结果但凡是神,人们便认为它可以解决一切人们所遇到的困难和问题,这种信仰特点导致出现民俗发展多样性与同一性相互结合的现象。例如"求雨"习俗通常认为这种仪式信仰的主神应当是"龙王"或"雨神",近代记载的大致过程是:"曝龙王像烈日下,村人不食辛味,信女每日以帚扫床炕。三日后抬龙王像游行,会首事人、会末人从护之,仪仗前导,锣鼓喧天,聒耳,观者如堵,群呼求雨口号。"[①]然而,同样是求雨,相似的仪式过程,主神却可以变幻成关帝:"五六月间旱,乡民乃祈雨。先有一二无赖子夜入关帝庙,负偶像村外。翌晨,村人相惊曰:'关帝至矣!'乃结芦棚,击铙鼓,抬香案至偶像前。罗拜祈祷毕,升偶像置之香案上,折柳作冠加像首,抬入棚。……四之日,乃出巡,意使关帝见旱槁之景象也。"[②]在这一仪式中,关帝兼纳了龙王的功能。更有甚者,在华北某些地方"久旱祈得甘泽,亦多演戏谢雨",向神灵降雨表示感谢。一般由村社联合迎神酬谢,方法是"分年轮接一神","所接神有后稷、有成汤、有伯益、有泰山、有金龙四大王,又有澹台灭明、五龙五虎、石娘娘等神。关庙虽多,而接者少"。[③] 在这里,所列众神灵轮流受享,表明它们既有社神,又有龙神、雨神的功能,呈现出明显的互渗性。这种特点在灶神信仰中也十分突出,由最初的报火食之功、念先炊之劳,发展到乞求长寿、合家平安、五谷丰登,直至驱鬼逐疫、

---

① 《中国地方志民俗资料汇编》(华北卷),书目文献出版社 1989 年版,第 514 页。
② 《中国地方志民俗资料汇编》(华北卷),书目文献出版社 1989 年版,第 377 页。
③ 《中国地方志民俗资料汇编》(华北卷),书目文献出版社 1989 年版,第 700 页。

消灾治病、占卜吉凶等,信仰目的十分广泛。正因为如此,才为祭灶风俗的发展提供了意识上的基础,演化出了形形色色的、各地不同的特殊祭灶风俗。对这些风俗的研究,不但能完善我们研究的体系,而且可以从更为广泛的角度来把握灶神信仰的全貌。下面我们来分析由灶神核心信仰衍生出的几种祭灶风俗。

(一) 镜听卜吉凶

在近代中国民间还广泛地流行着这样一种风俗,即除夕夜怀抱镜子一面,从厨房走出,听街人喁语,依所听之内容来推断一年的休咎。如河北龙门县:"除夕,亦有夜静祷灶抱镜听市以卜凶吉者";怀来县:"除夕,好事者俟夜静祷于灶神,抱镜出,听人语,以卜一岁吉凶";滦州:"除夕,亦有夜深祝灶请方(即选择方向),怀镜出门,潜听市人偶语,以卜终负休咎者",等等①。此种风俗又叫作"响卜",还以许多变化了的形式流传于民间。如清卜陈彝《握兰轩随笔》卷下载:"王健集有《镜听词》,谓怀镜于通衢间听往来之言以占休咎。近世人怀杓(今谓打瓢)以听,亦犹是也。又有无所怀而直以耳听之,谓之响卜。盖以有心听无心耳,往往有验。"可见,民间对此深信不疑。近代南方亦有这样的风俗,"楚俗遇元夕第三夜,多以更阑时微听人言语以卜岁之通塞"。② 无论怎样变化都是基于对灶神的信仰,认为它可以向人们提供准确的未来信息。考镜听风俗由来已久,至迟在唐代便以流行成俗,或许该风俗起源于"知灶神名呼之吉"的信仰。汪政《灶觚录》引《礼纬含文嘉》云:"灶下小儿名绳,呼之吉"③;《僧道行书》亦云:"灶神禅字子郭,衣黄衣,披发,从灶中出,知其名呼之可得除凶。"④可见,人们早就认为祭灶时发出特定的响声可以除凶获吉。该风俗中间的发展环节已无从考起,只知道到了唐代已渐趋成熟。唐代诗人王建(767—约839)在《镜听词》中对这种风俗有详尽的描述⑤:

重重摩娑嫁时镜,夫婿远行凭镜听。
回身不遣别人知,人意丁宁镜神圣。
怀中收拾双锦带,恐畏街头见惊怪。
嗟嗟嚓嚓下堂阶,独自灶前来跪拜。

---

① 《中国地方志民俗资料汇编》(华北卷),书目文献出版社1989年版,第139、141、263页。
② [清]秦嘉谟:《月令粹编》(卷4)。
③ 转引自《风俗通义·祀典》王利器注。
④ 转引自《渊鉴类涵》(卷168),《礼仪部·五祀》。
⑤ 赵杏根:《历代风俗诗选》,岳麓书社1990年版,第72页。

> 出门愿不闻悲哀,即在任郎回未回。
> 月明地上人尽过,好语多同皆道来。
> 卷惟上床喜不定,与郎裁衣失翻正。
> 可中三日得相见,重绣绵囊磨镜面。

这首诗表达了新娘通过镜听盼郎归来的心情和愿望,主要是用这种方式占卜郎君归来的日期,足见当时镜卜吉凶应用的广泛。诗中可看出"镜听"的过程是:先在灶神前祷告,然后怀镜出门,听市人话语后,进行分析预测。至于唐时如何祭灶,祷告什么内容,怎样选择出门的方向等细节尚不清楚。所幸宋人陈元靓的《岁时广记·卷七》中还相当完整地记载着镜听风俗的全过程。不过,这种占卜不仅是在除夕夜举行,"凡有疑虑"时都可进行。看来在唐宋之时,镜听占卜更为随意、随时,是当时较为流行的占卜方式。《岁时广记》介绍说:

> 《鬼谷子》响卜法:灶者,五祀之首也,吉凶之柄,悉归所主。凡有疑虑,俟夜稍静,扫洒囊室,涤釜注水令满,以木杓一个,顿灶上,燃灯一盏,一置灶腹,一置灶上,安镜一面于灶门边,炷香镜前,叩齿咒曰:维年、月、日,某官敢热香昭告司命灶君之神:窃闻福既有基,咎岂无证?事先之兆,唯神是司。以今某伏为某事,中心营营,周知攸措,敬于神静夜,移薪息囊,涤釜注泉,求趋响卜之途。恭俟指迷之柄,情之所属,神实鉴之,某不胜听命之至。祷毕,以手拨锅水,令左右旋,执杓祝之曰:四纵五横,天地分明,神杓所指,祸福攸分。祝毕,以杓置水之上,任自旋自定。随柄所指之处,抱镜出门徐去,不得回顾。密听旁人言语,才闻第一句,即是响卜。急归置镜床上,细推其意,自合祈祷,便见凶吉。事应后方得言之,香灯亦得撤去。其或杓柄指处,无路可行,则是所占有阻,别日再占。凡秽亵不诚之语,则不可占,恐祸速也。元旦宜占一岁之休咎。

这样完整的占卜过程近世已不多见,大多进行了简化。但是,无论如何简化,人们都把灶神看作五祀之首,其地位远在其他神灵之上。灶神直接掌握着人们的寿命长短、生活起居、饮食好坏、耕获丰歉等,因此自然就会认为"事之先兆,为神是司",灶神了解每一件事未来进展的状况,一定掌握着人间祸福的信息。

因此,人们希望祭灶听偶语来获得一些先兆。这可以说是在人们的求验心理支配下产生的一种风俗,它不但给人们带来了安慰,解除了心头的疑虑,而且成为指导人们言行的标准。

此外,民间还流行着其他形式的祭灶占卜法。如清代诗人李廷杨的《岭南月令诗十二首》中便有"祀灶覆盐俗相似"的诗句,自注云:"祭祀,妇女置盐米于灶上,以碗覆,视聚散,以卜丰歉,与北地略相似。"[1]可见,当时南北方都流行过祭灶卜丰歉的习俗,显然是从灶神保佑丰收的信仰意识中发展而来。再如,"辽阳地区所供之灶神,均系画于纸上……其旁所绘之犬,亦与家人之休咎有关。犬之口若张开,则本年所生之孩必不能长寿,口若闭,则婴孩壮旺发育。"[2]灶神像中所绘之犬其实全由画工、刻匠所为,但在人们的眼中也变成了预示休咎的先兆,凡与神相关的事物便会"神"或"灵",实际上是联想型思维模式的反映。

(二) 祭灶治病

相信通过祭灶可以消灾治病的信仰也是祭灶风俗中的一项重要内容。灶神与人的寿命、饮食有关,而病乃从口入,因此人的寿命长短自然与疾病有很大的关系。要防止得病或得病后迅速治愈,祭灶便被看成是有效的方法之一。早在春秋战国时期,士人有病就要祈祷五祀,如《仪礼》载:"士病祷五祀",这当然包括灶神在内。随着灶神信仰的独立发展,这种习惯流传到近代则变成了主要祈祷灶神为小儿防灾治病的风俗。如遵化县:"每月二十三日,或燃灯釜中,覆使终宵,则家鲜灾病。"通过这种巫术性行为便可免于灾病的发生。满城县:"小儿有病,每祷于灶前";"又辽阳人每逢朔望必于灶前拈香致敬。遇有疾病或远游出行等事,必虔诚祷于灶前,乞佑平安"。[3] 祭灶治病的风俗在近代常熟地区发展得非常充分,形成了比较完整的习俗。据《中华风俗志》载:"常熟风俗,四五岁下之孩童,第一次患疟疾谓之胎疟,须由外祖母家遣人来向家灶上祭祀一番病始得痊。其祭祀之法,由外家备灶马二个,香烛阡阮、素盘水果、糕饼等物,遣人持至病家灶间,须一径走入,不能和人接谈,将两灶马嘴背相接,置诸大镬盖上,各种祭品陈列于前。礼毕,将灶马阡阮焚化,携饼一个,直向外走,亦不得与人接谈,口中但云我以后不再来了。既出门,将所携之饼掷以饲犬,其意若曰将病传之于

---

[1] 赵杏根:《历代风俗诗选》,岳麓书社1990年版,第246页。
[2] 《中华风俗志》(下篇·卷一),《直隶》。
[3] 以上引文见《中华风俗志》(下篇·卷一),《直隶》。

犬也。祀灶所余之物，亦须立时食尽，盖谓吃得快、好的快。"① 这种风俗仪程与年节祭灶大体相仿，企图以巫术性行为使病灾转移于狗身上，从而达到消灾治病的目的。可见灶神的信仰功能不断被扩大，与医圣、药王等信仰功能有所融合、渗透，鲜明地体现了民间神灵信仰的互渗性特征。

（三）燎锁赎身

这是盛行于西北地区关于儿童的祭灶风俗。凡希望儿童快快长成的人家，祭灶时多施行某种巫术，如陕西同官县，腊月二十三日祭灶，焚表及灶马、灶像，此时"小儿难成长者，用线编长成二三尺之绠，折回中挽一结，下坠铜钱数枚，红、白色不等，于燃烧表上燎之，曰'燎锁'。谓小儿戴此，即可长生。燎锁时，许以猪或羊或鸡，或清油细盘，俟寄锁者成年时供献，曰'赎身'"。② 这种风俗基于两个愿望，其一是害怕小儿难以长大成人。在医疗条件极为落后的时代，儿童的成长过程中会遇到各种疾病灾害，极易夭折。因此，人们通过这一仪式希望灶神保佑儿童长成。其二是希望该儿童长寿。不但能健康成长，而且长命百岁。这种风俗也反映了人们信仰灶神的功利主义心态和求验心理，只有等儿童的确长成以后，才供献给灶神允诺的祭品。如果夭折了，灶神便不能享用。这种风俗在深层意识里则表达了人们对子孙繁盛、强壮的强烈要求。在手工耕作为主的乡村经济生活中，人手的数量和精壮程度与生产的优劣多寡有着直接的正比例关系，特别是西北黄土高原，谋生手段单一，主要依靠土地耕作维持生存，因此，对劳动力的强壮要求尤为迫切。正常的儿童生长过程已经比较漫长，如果出现意外则儿童成人的时间还要延长，人们希望通过祭灶来改变这种状况，正是自然挑战所产生的压力导致的现象。

总之，由祭灶推衍出来的风俗非常丰富。灶王被人们奉为"一家之主"，主管人家的寿夭、平安、五谷丰登，只要与人的生命、疾病、丰歉等相关的事情，人们相信都是灶神理应解决的问题。这种现象一般地反映了中国民间俗神信仰中人神距离之近、界限之模糊、转换之容易等特点，都说明了三重构造的精神世界的确是中国民间的主导精神状态。

（四）婚葬中的祭灶风俗

笔者手中现存流传于湖南华容县一带的民间手抄礼仪资料，其中有一篇《安

---

① 《中华风俗志》（下篇·卷三），《江苏》。
② 《中国地方志民俗资料汇编》（西北卷），书目文献出版社1989年版，第66页。

神告词》,所安之神有司命、门神、泉神、福神、新主,以司命为首。其词曰:"恭维尊神,赫声濯灵,庖厨永镇,人物咸享",显然是以司命为灶神,司灶神的职责。这篇告词就是用于葬礼之中,先对诸神进行一番祝告,以便葬事顺利进行。该地区盛行在葬礼中为魂魄乞求神灵发放给照通行的信仰和风俗,希望魂魄持此"通行证",可以迅速顺利地到达"冥府",以免它游荡乡间,为害世人。有"发放权"的神有文昌、司命、土地、城隍等,他们不但有权签发"通行证",而且还有责任一路护送。该乞文曰:

(某人)因……殒命,游魂飘荡,罔所冯依。其家□遵儒荐拔,缮写文词,禀请本宅司命府君,本境管界庙王,□□土地,并垦本邑城隍主宰,敕封□号,祈志生方,提携滞魄,毋得为厉于家乡,只得直归于冥漠。……照附□□魂下。凡关津卡隘,一切神祇卒史,验照放行,无得阻挡,并祈护送直达冥府。

由该乞文可知,"通行证"是由众神联合签发的,它反映了民间根深蒂固的鬼神信仰和对外部世界的整体认识。即在人世之外尚有专门供养收容魂魄的冥府和专供神仙所居的天堂。在冥府,人的生命可以转换成魂魄继续存在,司命灶君等神灵又成为人们的灵魂直达冥府的引导神,掌握着两种世界存在形式转换的大权。此外,人们还认为,用焚香祷祝的方式可以把人们的愿望传达给神灵,相信在天之神可以收到这些信息。特别由于灶君主人寿夭,在这方面的功能尤为突出,因此,祭告时还须单独对灶神进行乞请。如《启司命文》就说:

惟神权司鼎养,德配离明,彰善瘅恶,度死济生。今以遵儒祇荐昭告,维寅□日伊始□日,告于神灵,保护上达。天聪凡有过失,望乞包容,宏开觉路,指引亡魂,没安存顺,伏维鉴临。

接着,又通过《虞祥通文》的祷告,将司命灶君的功德鼓吹一番:

伏以品居五祀,位列九天,牍奏苍穹,既贤奸之悉察,架遊黄壤,亦生死之咸知。今以云祇荐亡魂,焚化冥器,敬行告白。冀度生而济死,俯赐乘青,更疑祥而迪吉。

如此大费周折地乞祷神灵,无非希望神灵保佑死者的灵魂有个好的归宿,安抚生者继续生活。此外,在送葬过程中为求得葬事的顺利,防止凶煞恶鬼捣乱,还要祈祷众神灵保佑,司命灶君再次成为祈祷的对象,其《告司命文》云:

伏维参赞化育,护佑群伦,功能造命,德可舍生,凶神敛迹,恶煞潜踪。今以云日时不利,有犯凶星,重丧遣送,虔告尊神,伏祈调燮,运转鸿钧,化凶为吉,益寿延长。

告文的内容说明《灶王经》在当地有一定的影响。这里的灶君被看成是参与生命创造的大神。此外,相信灶神有驱逐凶煞恶鬼的能力当与自古以灶君为大傩仪中的重要神灵的信仰有着直接的关系。

综上所述,湖南地区流行的在丧礼中祭祀司命灶君的习俗,普遍反映了它在人们心目中的重要地位,充分显示了信仰灶神能延年益寿的心态和意向,并将这一信仰意识转化成葬俗中的重要内容,突出了灶神"参赞化育""创造生命"的一面,充分印证了中国民间的确存在着三重构造的精神世界,它是人们思考人生、宇宙和身后世界的出发点和落脚点。死亡只不过是人们换一种存在方式而已,特别是佛教轮回说和道家升天说深入民间后,这种精神境界进一步得到加强和固化,成为人们日常俗神信仰的有力注脚。因此,灶神虽然只是民间信仰中的一个神灵,但由于它起源早、流传广、司职密切关系人们的日常生活和寿命长短,对灶神的礼遇就更加虔诚。当然,正如人世间存在着官官相护、贿赂公行现象一样,人们相信神界大概也是如此,虔诚之余也不免有了媚神、贿神的行为,其极端形态则是娱神和耍神。在祭灶仪式中,人们相信灶神喜欢人们的种种安排,灌神酒、封神嘴、给神财等,并不认为是对神的冒犯,反而增添了几声欢笑和轻松的气氛,潜在地反映了人们企图控制神灵,进而控制自然、控制自身命运的愿望。这是酝酿在人们信仰意识深层的一对矛盾,多数人便长期生活在这种模棱两可的心态之中。

在湖南华容县的婚俗中也有昭告灶神的程序,因灶王乃"一家之主",新娘娶回后要告知灶君,使其承认新娘家庭成员的身份。同时,新娘在厨间操作也须灶

神通融方便,谢神乞请之情跃然纸上。其《拜灶告文》云:

> 三星在户,弟已幸得贤妻。百辆近门,我亦新招美婶(妇)。鹊桥初度,八百钱早已安排。银烛交辉,三斤油何能免得,兹当拜灶,身穿一件毛衣,兼以成婚,足踏一双草履,手拿扒火棍,不是外人。头顶烂盐包,原非别个。告白亲朋戚友,莫来耻笑。我又躬请上下邻居,总要包我说合,恳求家堂之司命,祈默佑于宅人,莫叫烟雾沉沉,终嗟柴温,但得油渣点点,必钓鱼来,情如鱼戏水中莲。……

此文虽语句略有不通,但却表达了新婚夫妇的愿望,人们的确把灶神看成是家长、兄长,似乎经过这番祷告,新娘入门才算最后被承认,婚姻才能成立,灶神在家庭中的地位是不能忽略的。

## 四、祭灶风俗中的禁忌

如同其他风俗和信仰中存在着大量的禁忌一样,灶神信仰及祭灶风俗中也存在着禁忌现象。从祭灶风俗的形成、灶神产生的开始,禁忌就伴随在其中,只不过禁忌的内容、方式不断发生着变化罢了。禁忌是人们出于某种自卫心理和某种信仰力而产生的约束自己行为的文化现象。同时也是否定性教训在观念上筑起的一道防线,它往往与巫术心理(即企图驾驭和控制灵物的心理需求)密切相关。然而,中国民间信仰和习俗中的禁忌呈现出两种逻辑,一种是"切勿做某事,以免某事发生",另一种是"做某事避免某事发生"。两种逻辑的目的是相同的,均出自自卫心理,以免被伤害,但做法却截然不同,一种是积极的,一种是消极的。这两类禁忌在同一信仰和风俗中往往并存,一旦信仰失去了它的意义和约束力,则禁忌也会随之解除或变化。例如,祭灶最初是老妇之祭祀,规格不高,禁用高于"盛于盆,尊于瓶"的器物施祭。后随着灶神性别的变化,祭祀规格也发生了变化,不但准许用血牲,而且列为国家祀典,原有的规定失去了作用,但却产生了祀灶"妇女回避"的新禁忌。祭灶风俗中的禁忌自然产生于对灶神的信仰,人们通过禁忌进一步维护灶神的神圣性,同时确保实现自己的愿望和要求。禁忌的存在增添了祭灶风俗的神秘性,丰富了灶神信仰的内容。

祭灶风俗中两种类型的禁忌大量存在,往往交融在一起难以区分,有两个典型行为可以分别代表这两种禁忌的存在。民俗中酒糟、糖饧糊口的巫术行为可被视为积极性禁忌;"祀余糖果,禁幼女不令得啖,曰啖灶余,则食肥腻时口圈黑也",可被视为消极性禁忌。对于其余禁忌,我们依具体内容分别加以介绍。

首先是善于治灶的禁忌。《风俗通义·祀典》李贤注引《杂五行书》曰:"宜市猪肝泥灶,令妇孝。"《事文类聚续集》曰:"灶君以壬子日死,不可以此日治灶。"[①] 明代邝璠《便民图纂·卷九》记云:"是夜(除夜)宜于富家田内取土泥灶,招吉";"作灶不宜用壁泥。"[②]《三教源流搜神大全·卷四》记云:"凡治灶于屋中央,口向西,灶四边令去釜九寸,以砖及细土构之,立亦勿令穷析,神灶之法也。"这类禁忌或巫术主要是砌灶时规定的,有些几乎没有什么逻辑可言,都把它们看作自己行为的约束。特别是积极性禁忌,看起来不像是约束,但如果我们进行推理便可发现,它是用一种曲折方法展示约束力的。如猪肝泥灶令妇孝的说法,假如不用猪肝泥灶则妇女不孝的可能性就会增大,这是人所不愿发生的。因此,虽然这里用了个"宜"字,似乎给人们一定的选择余地,实际上其后果早已迫使人们尽量都用猪肝泥灶,避免甚至杜绝"妇女不孝"现象的出现。其余类似的禁忌都可以作此分析。

其次是关于祭灶的禁忌。这类禁忌比较杂乱,《事文类聚续集》载:"五月辰日,以猪头祭灶,令人治生万倍。用犬祭火,凶败。鸡毛入灶中,致飞祸。犬骨入灶,出狂子。正月己巳日,白鸡祀灶,宜桑。五月己丑日祀灶,吉。四月丁巳日祀灶,百倍吉。"《三教源流搜神大全》中也有类似的记载,可见这些禁忌的确曾经在民间盛行过。《便民图纂》是一部明政府刊布的民间"日用手册",它的某些规定与记载应该反映了民间某些现象是得到官方的肯定的,更直接地呈现了祭灶风俗中禁忌的情况。该书记载:"井灶不宜相见。……刀斧不宜安灶上,簸箕不宜安灶前,女子不宜祭灶。妇人不宜跂灶坐。灶前不宜歌笑、骂詈、吟哭、口呢咀、无礼,灶灰不宜弃厕中。"[③]这些禁忌大多是消极性禁忌,不但指向人们平时选择祭灶的时辰和日期,而且在平日里厨房操作时应注意的事情都有所涉及,一切污秽、不吉利的东西都不能入灶或置于灶上,如刀斧、鸡毛、犬骨等,否则就会带来祸患。此外,还要求人们在灶前应保持严谨的姿态,不能干非礼的事情。这些禁

---

① 转引自吕宗力、栾保群:《中国民间诸神》,河北教育出版社 2001 年版,第 257 页。
② [明]邝璠著:《便民图纂》(卷九),《祈禳类》;(卷十一),《起居类·营造禁忌》。
③ [明]邝璠著:《便民图纂》(卷九),《祈禳类》;(卷十一),《起居类·营造禁忌》。

忌都由巫术心理作支撑,认为灶神就存在于厨房灶内,尖刀利斧、污言秽语都是对灶神的不敬甚至是伤害,灶神一定会发怒降灾。特别是鸡、犬被认为是灶神的随从,鸡毛犬骨入灶意味着杀死或烧死了灶神的随从,还明目张胆地让灶神看到,这能不令他发怒吗?这类禁忌约束了人们的日常行为,对人们的平时生活产生了巨大的影响。人们遵守这些禁忌形成了特定的行为方式和生活方式。

最后是道教《灶王经》中所列的禁忌。经中禁忌的目的是劝导人们信奉种火老母入教避灾,明确地表示:"凡人家灶,皆有禁忌,若不忌之此母能致祸殃,佛可免也。"该经全面接受和吸收了上述民间祭灶的禁忌,并将其扩大到人伦、孝悌、忠义、伦理等领域,大大地充实了禁忌的内容,把忠孝观念与禁忌糅合在一起,更能取信于民间大众。如《太上灵宝补谢灶王经》云:

凡人家灶不可以鸡毛犬骨头发不净柴薪秽污等物入灶焚烧;或刀斧向灶惊动;或酒后高声妄语绮语;或以足进火烘炽;或烹宰腥膻;或歌吟厨内斗唤灶前;或恶口毒舌、作孽造罪、怨天恨地、呵风骂雨、坑陷他人、瞒心昧己、说是生非、利己损人、大称小斗、轻出重入、贪冒人财、刻剥自用、抛散五谷、谋害众生、欺善怕恶、强悍不仁,甚且辱骂父母、忤逆不孝。如是过恶,凡夫不知,禁忌不足醒悟,怕以触犯者多皆由人作不善,天必降殃。

这些禁忌实际上成为劝人从善、忠孝双全的规定,把人世间一切不道德、不仁义、不忠孝的行为都列入了禁忌之中。"天必降殃"是指违禁后的惩罚。《太上灵宝灶君大王平安经》中具体地指出了这些"殃"包括:一家罪过之灾、瘫床卧枕之灾、汤火回禄之灾、产难若厄之灾、颠狂水厄之灾、惹官非口舌之灾、多赤眼不利之灾等。这些灾殃实际上都是当时民间难以治愈的疾病,也就是人们通常害怕患上的某些病症,如偏瘫、难产、癫痫、红眼病等,再加上打官司这种对贫苦百姓来说无疑是苦难的事情,从而使祭灶禁忌显得更加诡异而不可逾越。《灶王经》中的禁忌可以说揭示了民间最为关心和害怕的疾病,抓住了人们对人伦、道德和良心的要求与尺度,用儒家的礼仪规范来塑造和改造百姓的心理与形象,抽象地讲对社会良好风气的形成是有一定的积极意义的。事实上,这一部分也是《灶王经》吸引民众的魅力所在。

## 五、小结

祭灶风俗在民间社会有着巨大的文化功能和社会功能。灶王节是农历年节到来的一个重要标志,人们普遍地把腊月二十三日称为"过小年",自是日以后便进入了准备过年的时期。这段时间各地称谓不同,大多数地区称之为"交年",也有称之为"赶阑岁""婪岁"或"乱岁"。从信仰上讲,以灶王上天为始,此后七日均是诸神上天的日子。监护者的暂离使人们感到松了一口气,于是称这七天"百无禁忌""百忌都消",婚嫁不用择日子。因此,又可称之为"乱娶""乱婚"的时节,这时人们彻底进入了喜庆欢快的氛围。从腊月二十三日至年三十的七天被安排得满满当当,如河北晋县方志载:"腊月二十三,糖瓜祭灶供神仙。二十四写对子,二十五作豆腐,二十六炖猪肉,二十七扫屋宇,二十八蒸枣花,二十九糊香斗,三十儿擦桌椅"[1],一派繁忙热闹的景象。各地虽每天进行的事项不同,但大体过程相同,都反映了人们热爱生活的精神面貌。俗语中也明确地把祭灶表达为年节的开始,如"糖瓜祭灶,新年来到。姑娘要花,小子要炮,老头要顶呢帽,老婆要副新裹脚"[2],欢快之气溢于言辞。事实上,进入腊月便已有了年节来临的征兆,"月朔,乞儿三五人为一队,扮灶公灶婆,各执竹枝噪于门庭,以乞钱到二十四日止"。[3] 过是日,卖灶神龛、神像者充溢街市,呈现出"几个儿童知岁早,沿街争卖灶王龛"[4]的热闹景象,街市上也开始出现年货、祭品等商品。年节是中国人最隆重的喜庆日子,一年的辛劳到此时都要释放出来,感谢神灵一年来的庇佑,祈祷来年平顺。同时,利用诸神升天的短暂时节,尽情娱乐和放松。凡有雇佣长工的人家也都以腊月二十三日为工满之期,此时就可以放假休息了。如辽阳:"凡人家雇长工,悉以此日为满,逾宿得遣去。"[5]因此,祭灶风俗在此时的确起到了调节人们的精神生活和日常生活的作用。特别是近世以来,年节的喜庆气息更加浓厚、神秘色彩渐次淡去,甚或人们已经忘却了民俗活动初生时的信仰含义。以信仰为基础形成的民俗活动代代相传,对中国人独特的性格特征与思维方式的形成起到了关键性的塑造作用。

---

[1]《中国地方志民俗资料汇编》(华北卷),书目文献出版社 1989 年版,第 95 页。
[2]《中国地方志民俗资料汇编》(华北卷),书目文献出版社 1989 年版,第 73 页。
[3]《清嘉录》(卷 20)。
[4]《中国地方志民俗资料汇编》(东北卷),书目文献出版社 1989 年版,第 29 页。
[5]《中国地方志民俗资料汇编》(东北卷),书目文献出版社 1989 年版,第 64 页。

祭灶风俗不但是以灶神信仰为其思想基础,而且随着风俗的独立发展和相互间的融合,大大地拓展了灶神信仰的内容,把信仰变成人们日常生活中的重要生活方式,人们以这种约定俗成的规定来决定自己的处世态度,解决遇到的现实问题,充裕自己冬闲的生活,解除罹患的疾病。民间信仰以其贴近民众、涉关生产生活而占据了百姓的精神世界。正统宗教的神灵只有迎合了百姓的俗神信仰心理才能深入民间。因此,更显得俗神信仰成为某种常态的文化现象。它们的存在不是信教不信教的问题,而是千百年来每个中国人成长过程中必须依存的文化氛围。因此,不能把民间信仰与宗教信仰完全等同看待。这种氛围使人们获得知识,获得认识世界和自身的方法,形成了人们的知识结构和认知结构。同时这种信仰向来又与夹杂于其中的由经验和实践生活所积累起来的某些正确知识(如农耕、园艺、建筑、医药等)融合在一起。把正确的结果判断为按神的旨意办事的必然结果,也是平时虔心修行敬神的报答。而一切灾殃、失败则是良心变坏、逾越习俗、礼仪和规范等行为冒犯神灵、不听神命的报应。因此,中国的民间信仰不能简单地斥之为"封建迷信",其中包含了许多科学思想的萌芽,由信仰形成的风俗也有着净化社会空气的正向功能。我们必须在科学研究的基础上对民间俗神信仰进行观察分析,这样才能对中国民间的文化传统进行深层次的准确把握,将其改造和丰富为当代的民族文化。

# 明代中后期城乡经济关系的历史变化

明中叶以后,随着社会生产力的提高和资本主义萌芽的出现,中国封建城镇的面貌发生了重大变化。从经济的角度看,中国的城镇长期以来是以消费市场的角色而存在的,但到了明代中期以后,城镇内部的居民结构发生了变化,从而导致它的经济结构也发生了重大变化。城镇经济部门不仅着眼于城镇居民的生活,而且还面向城镇以外的社会居民,面向广大农村。城镇经济的增长影响着广大乡村各种经济成分的分化与成长,它开始越来越明显地发挥出自己的经济职能。因此,城乡之间的关系已经不仅仅是供养和被供养的关系了。

## 一、明末城镇的网状分布及城内工商业情况

中国的城镇长期以来作为政治、军事中心一直发挥着对乡村的控制作用。随着政治影响的不断扩大,以城镇为中心,周围的交通、运输、生产、消费等有了很大改观,逐渐变成了商品的销售市场。到封建社会中后期以后,许多特定地区和交通要道上出现了新的商业和手工业城镇,而旧有城镇的生产能力也有了很大的提高。

明朝也同历代一样,主要的各级政府机构都设在大小不同的城市中。除南北两京外,一般的较大城市基本上是府治所在地。府下设有州县,较大的州还领有县。从政治关系上说是层层管辖的隶属关系。每个城市就是该地的政治中心,凡政令之发布、赋税之征收、徭役之摊派、诉讼之裁断等,都是从这里发出和汇集的。政治活动的长期性使城市的中心地位在人们的头脑中留下了深刻的印象,直接影响到人们的活动方式和行动趋向,就经济活动而言,人们总是首先选择本地的主要政治中心作为集中贸易的场所,这就使政治中心的城镇有了经济中心的意义。如

顺天府,谓之京府,共领五州二十一县。其中,顺天府直辖六个县,最远的府领县离府治150余里,各州中霸州离府治最远,达210余里①,这便在较大范围内形成了城镇网络。城镇分布的特点不但便于高一级的机构对下一级机构的控制,形成从中央到地方层层管理的格局,而且客观上也有利于经济联系的加强。

由于社会分工及生产的不断发展,明代中叶以后小镇蓬勃兴起,乡村中的集市贸易也有了很大发展,成为大城市网络的必要补充。下表列举几个州县境内小镇数目的情况②:

**表8 若干州县境内小镇数目情况**

| 州县名 | 境内镇数 | 州县名 | 境内镇数 | 州县名 | 境内镇数 |
|--------|----------|--------|----------|--------|----------|
| 通州 | 6 | 襄城县 | 12 | 内黄县 | 5 |
| 许州 | 13 | 长葛县 | 6 | 睿县 | 6 |
| 开州 | 3 | 临颍县 | 11 | 滑县 | 18 |
| 泰州 | 8 | 郾城县 | 11 | | |

特别是在沿运河两岸和东南地区,经济比较发达,小镇的数量远远超过北方各省。镇的增加反映了越来越多的人从农业生产部门中剥离出来的现象在不断增加,表明社会生产力和社会分工有了更进一步的发展。至于乡村集市的数量就更为可观了,彰德府下一州六县,在乡村的大集市就有30余处,而固始一县就多达37处,这些集市是当地农民互通有无、产品交换的重要场所。总之,诸多的镇集填充了城市网络的空白地带,使市场网络在空间上更紧密。客观存在的这种乡村集市、镇、州、县、府的位置状况和政治关系分布特点,为各地区之内、各地之间乃至全国范围内商品的流通提供了良好便利的条件,有力地促进了商品的流通,从而使地区之间和地区内部以及城镇之间的经济联系得到了加强。

古代城镇的经济力量主要由商业和手工业构成。中国的城镇如前所述是各级权力机构的所在地,因此,大批官员、地主、士绅、富商大多居住在城镇中,他们利用种种手段聚敛了大量财富,有很强的消费能力,所以,城镇首先就成为一个

---

① 参见《天府广记》(卷二),《府县治》。
② 嘉靖《通州志》(卷一),《地理·市镇》;《许州志》(卷一),《地理·村镇》。

十分有潜力的商品销售市场。根据城镇的大小和所处位置,一般地说,较大的城镇是商品交流的大汇集处,市场范围辐射比较广。明代中叶以后,全国各地的大小城镇商品市场十分繁荣,商人的活动也十分活跃。

表9  部分城市商品市场活跃情况一览表

| 城 镇 | 位 置 | 市 场 状 况 | 资 料 出 处 |
| --- | --- | --- | --- |
| 北 京 | 河北北部 | 百货云集,竟日喧嚣,商贾辐辏,人不得顾,车不能旋 | [明]于慎行《榖山笔尘》卷三·恩泽<br>[明]刘侗《帝京景物略》卷二·灯市<br>[明]沈榜《宛署杂记》卷十七·土俗 |
| 通 州 | 京东45里 | 漕河中错,立帆樯无算 | 《九仑集》卷一·游汤泉记 |
| 涿 州 密 云 | 北京附近 | 当四方面孔道,仕旅商贾之所必经 | 《张太岳集》卷十二·敕建涿州二桥碑文 |
| 天 津 | 渤海湾边 | 南北舟车并集 | |
| 河 间 保 定 | 北京东南 | 商贾多出其途,实往来通衢 | |
| 开 封 | 河南首府 | 商贾乐聚地 | |
| 西 安 | 陕西首府 | 自昔多贾,西入陇蜀,东走齐鲁 | [明]张翰《松窗梦语》卷四·商贾纪 |
| 蒲 坂 | 山西地区 | 富庶尤甚,商贾争趋 | |
| 郴 桂 | 广西一带 | 四方之亦云麻焉 | |
| 金 陵 | 江苏一带 | 五方辐辏,南北商贾争赴 | |
| 杭 州 | 浙江一带 | 茧丝帛苎所出,四方咸取给焉 | |
| 临 清 | 山东地区 | 四方辐辏之区 | 乾隆《临清直隶州志》卷二·街市 |
| 荆 州 | 湖广地区 | 舟楫鳞萃 | 《张太岳集》卷八·赠水部周汉浦榷浚还朝序 |
| 宁 夏 | 西北地区 | 号为小江南 | [明]于慎行《榖山笔尘》卷十三·形势 |

从上表可以看到,全国各主要政治中心同时是商贾乐聚的地方。那么,城市

内部的商品市场空间有多大呢？我们以开封为例,据明末佚名著述《如梦录》记载,当时的城中有大型缎店9家,杂货店铺约22家,各种酒店、饭馆、客店共约60余家,纸马铺9家,成衣铺20余家,各种药材店11家,当铺11家,倾销店铺11家,绳包铺4家,草料铺4家等,该书所记有名有号的店铺竟多达600余家,大致可分为衣着类、日常用品类、文化用品类、饮食类、干鲜类、香料类和其他等几大类。从店铺的名称可以发现,当时城内经营活动的项目分得很细,从农副产品到海鲜、调料;从手工业原料的供应到成品半成品及各种日用生活品均有专门店铺经营。不仅如此,城中还有专门经营其他地方货物的店铺,"京城、临清、南京、泰安、兖州各处客来,贩卖不绝",北市"云集天下客商,堆积杂物等货,每日拥塞不断"。[1] 商业乃是城市中重要的经济部门,这样诸多的城市网络就构成了市场网络。

县、镇和乡村集市的市场交易活动异常活跃。江淮之间的淮扬县:"百货之交……行旅远至"[2];楚汉一带的固始县:"吴楚交会,淮汝辐辏,民繁货殖,水陆转输。"州县市场的存在补充了大城市市场网络中的空隙,起到了连接的作用。乡村集市是农民换取生活用品和生产工具的直接交换场所,无论是怎样形成的,它的大量涌现的确是反映了社会经济发展,客观上要求交换的趋势在不断地加强。例如,固始县的乡村集市就特别发达,当地人依靠集市交换活动满足各自生活生产之所需,"是故货袭有集,民趋为市焉"。[3] 镇本身就是由于商品货币经济和手工业的发展而兴起的,因此,一般的镇都是以手工业和商业繁荣而闻名当地。如大名府内的小滩镇、东舘镇、艾家口镇、双井镇、回隆庙镇、武强镇、田氏镇等,都是"民成稠密,舟车辐辏,商贾聚集之所";滑县的丁栾镇:"民多业机杼,其艺颇精"[4];华州的柳子镇:"有千家铁匠,作刀剑剪斧之用。"[5]这里列举的还是北方的乡镇,至于南方更是繁盛,这些都说明在明代中叶以后大中城市以外的县乡镇普遍有了比较活跃的商品经济和市场交换活动。

城市中的另一个重要的经济部门就是手工业。大体上可分为官办和私营两大类。官办手工业从事的不是商品生产,其产品直接供统治者消费,但却是城镇

---

[1] 孔宪易校注:《如梦录·街市纪第六》,中州古籍出版社1984年版。
[2] [明]嘉靖《淮扬县志》(卷十一),《风俗》。
[3] 以上见[明]嘉靖《固始县志》(卷三),《建置志·集市》。
[4] 以上见《大名府志》(卷二),《乡镇》。
[5] [明]万历:《华州志》。

中一股相当强盛的生产力量。明中叶后,商品经济的发展逐步瓦解了官办手工业生产原料的行政供给体系,其所需大部分物料可以就近于市场上获得,这无疑是扩大了城镇的商品市场,而官办手工业自身却开始衰落。① 大批相对自由的手工业者或聚集一地而使之发展成为手工业镇;或流入大城镇开业谋生,从而大大提升了城市的生产能力。

大城镇往往以一种或几种手工业产品而著称。如北京的纸,松江的布,潞安的潞䌷,景德镇的瓷器,苏州的丝织品,杭州的罗、绮、缯、帛,开封的漆、锡、蜡,芜湖檽港市的加工等。② 制造瓷器和陶器是我国的传统手工业,"中国惟出五六处,北则真定、定州、平凉、华亭、太原、平定、开封、禹州;南则泉郡、德化、徽郡、婺源、祁门"③,这些地方都是出产陶瓷器的著名窑口。其他如采矿业、冶炼业均因地制宜,逐步在矿区发展成为市镇,形成了典型的手工业镇。总之,手工业城镇数量的增加,无疑是增强了城市经济力量的辐射力,对其他行业、产业产生了直接的、积极的影响。手工业的发达也反映了我国技术水平的发展,16世纪末来华的耶稣会士利玛窦就认为中国的"大部分机械工艺很发达"④,这个判断正好反映了当时我国手工业技术达到较高水平的情况。利玛窦的记述突出反映了当时全国大中城市商业和手工业繁荣的景象,证之其他史料完全可以得到印证。试以北京为例,当时北京的手工业有了相当的发展。明朝官员曾对散居城中的商铺和手工业者依据其资产多寡分编为行,"以其所业所货注之籍"。万历十年(1582)要求"资本三、五百两以上者方许编行"⑤,约编了132行,分三等九则收其税,这其中就包括了不少手工业者,如炒锅行、蒸作行、豆腐行、抄报行、荆筐行、裁缝行、打碑行、骨簪笋圈行、毛绳行、淘洗行、箍桶行等,每行中又必然有许多个体,未编入行的人更是大量存在。城内的许多胡同名称也能反映当时手工业发展的情况,如明代的开封城内就有金箔胡同、锡蜡胡同、方铁胡同、草帽胡同、麻绳胡同、轿子胡同、簾子胡同、绒线胡同、船板胡同、表背胡同、冠帽胡同等,这些名称的使用必然与胡同中居民从业的特点有关⑥,像镟匠胡同就是"镟各样

---

① 参见陈诗启:《明代官手工业研究》,湖北人民出版社1958年版。
② 参见中国人民大学汇编:《明清社会经济形态研究》中的有关篇目,上海人民出版社1957年版。
③ [明]宋应星:《天工开物》(卷上),《陶埏》。
④ 《利玛窦中国札记》第一卷第四章中关于中国人的机械工艺的内容,中华书局1983年版。
⑤ [明]沈榜:《宛署杂记》(卷十三),《铺行》。
⑥ 《如梦录·街市纪六》。

巾帽盔及各色器用"。此外,见诸记述的还有针匠、铁匠以及生产手帕、筐子、包头、木掀、笤帚、加工猪毛、翠花、马丝棉、芝麻、粉子等行业。城内的手工业产品除供应城中之需外,还向外地销售,如纸张等在开封就有专店出售,开封的大王庙内就有"京、杭、青、杨等处运来粗细暑扇、僧帽、头篦、葛巾、白蜡等货"。① 总之,城镇的手工业生产能力在不断提高,其消费型城镇的性质也在发生根本性的变化。如开封的手工业历来就很发达。到明代末期,开封不仅是一个商业都会,而且民间手工业的比例也大幅增长。据不完全统计,明末的开封城中有染房 15 家,磨房、磨坊 10 家,油房 3 家,其他还有机房、小机房、面房、酒坊、作房、醋作房、漂白粉房、铜匠、木匠、铁匠、绳匠、竹匠、榍子匠、纸札匠、扎彩匠、帽匠、结帽匠、泥牛匠、画匠、漂匠以及打金店、打银铺、打锡店、打铁箍、打锁、打铜铺、碾布、鞘鞋、修补角钉小铺等,并出现了短工市,说明城中手工业作坊有了较大发展。城中的某些商铺还兼营手工业,如"大街往南,西弯桥一座,上有纱帽铺,专做王侯、大小文武官员冠内金、玉、犀角、玛瑙、乌角等带,并女冠等";"皂靴铺,定做选材通衬文武官样,四缝掐金男女朝靴"。② 可见,当时开封城中前店后场的经营模式还是相当普遍的。

上述情况表明,城镇内部的经济成分在城市生活构成中所占比重越来越大。原有的商业部门无论在经营内容上还是在经营规模上都远远超过了前代。手工业在某些城镇中已经上升到主导地位,其产品行销全国,影响着各阶层的日常生活。这种具有决定性意义的变化必然带来城乡关系的新状态。

## 二、明代中叶后农业生产的商品化趋势

明代中叶以后,商品货币经济逐步活跃起来,这就必然带动乡村的各种经济活动的内容和发展方向的变化。就农业生产来说,一方面表现为多样化经营得到重视,另一方面表现为专业性经营日益兴盛。特别是一条鞭法实行后,促进了农产品的商品化,这就加速了这种现象的发展,从而使农民与市场的联系日趋紧密。尤其是经济发达的地区,许多农户逐渐演变成了小商品生产者。③

这里的多种经营指的是对土地的多种利用。当时南方"育民人者,稻居十

---

① 《如梦录·街市纪六》。
② 《如梦录·街市纪六》。
③ 参见黄佩僅:《关于明代国内市场问题的考察》,收录于中国人民大学中国历史教研室编:《明清社会经济形态的研究》,上海人民出版社 1957 年版。

七，而麦、黍、稷居十三，麻菽二者，功用已全入蔬饵膏馔之中"。北方则"小麦居半，而黍、稷、稻、粱仅居半"。① 这说明当时粮食作物按地域有了相对集中种植的趋势，为农民种植经济作物创造了条件，把视野投向了市场，不少农户甚至能根据市场的情况来安排生产。有个叫行素子的人，死后留下薄田10亩，有人给他的遗属献策，教其如何经营："今为力不任耕之计，言当量力也。莫若只种桑三亩（桑下可种菜，四旁可种豆、芋），种豆三亩（豆起则种麦，若能种麻更善。不种稻者为力省耳），种竹一亩（竹有大小，笋有迟早，杂植之，俱可易米），种果二亩（梅、李、枣、橘之类，皆可易米），池畜鱼（其肥土可上竹地，余可壅桑，鱼岁终可易米），畜羊五六头，以为树桑之本（稚羊亦可易米。喂猪须资本，畜羊饲以草而已）……竹果之类虽非本务，一劳永逸，五年而享其成利矣（计桑之成，畜蚕可二十筐，蚕茧熟，丝绵可得三十斤，虽有不足，补以二蚕，可必也，一家衣食已不苦乏）。"②这是一个根据实际情况制订的综合治理、多种经营的方案。就主食而言基本是建立在交换的基础上。它显然是归纳了当时许多农民的经营方式和经验，也反映了该地区农业生产理念和生产技术的进步。就地主阶级而言，对工商业的认识也有所改变。万历时期的大改革家张居正就认为"欲物力不屈，则莫若省征发以厚农而资商；欲民用不困则莫若轻关市以厚商而利农"。③ 张居正已经认识到交易是解决国用民困的一种重要方式。因此，明代中后期的土地所有者也开始趋向于多样化经营，推动了农产品商品化的进程④，甚至出现了雇佣商人专门进行贸易以从中渔利的现象⑤，这说明地主经济与商品市场的关系在进一步加强。当然，这种多样化经营只是一种方式，在经济发达的地区和占地较多的农民以及观察到社会经济发生变化的地主分子中才有可能实行。但不能不说商品经济发展是这种经营方式出现的重要原因。

专业化经营包括乡村手工业的专门化和各种经济作物以及林木瓜果蔬等的专门种植。就当时的苏州、杭州、松江等地的纺织手工业而言，无论城乡都在一个范围内形成了专门的行业，而提供原料的地方显然是专门的种植区，"吾邑地

---

① 以上见［明］宋应星：《天工开物》（卷上），《乃粒》。
② ［明］涟川：《沈氏农书》（卷下）。
③ 《张太岳集》（卷八），《赠水部周汉浦榷浚还朝序》。
④ 关于这一时期地主经营多样化的情况请参见傅衣凌：《明清社会经济史论文集》中的有关篇目，人民出版社1982年版。
⑤ ［明］于慎行：《毂山笔尘》（卷十五），《杂闻》。

产木棉,行于浙西诸郡,纺织成布,衣被天下"。由于明末农民起义的影响,"南北间阻,布商不行。棉花百斤一担,不过值钱二千文,准银五六钱而已"①,极大地影响了两地商品供给关系的正常开展,也说明了相互依赖程度已是非常密切了。再如琼台的妇女"专纺吉贝,织麻织布被花缦、手帕以为交易之资",商品生产的性质非常明显。商品经济的发展促使自然经济分化,"穷民无本不能成布,日卖纱数两以给食"②,纺与织发生了分离。这种分化加速了某些手工业行业的专业化,由依附于自然经济向独立的生产部门过渡,与市场的联系日趋紧密。其他手工业的专业化也有所发展,且不谈制磁、冶炼等复杂手工业早已是独立的生产部门,就是一些与日常生活密切相关的手工业也是如此。如常州境内的开化乡"民皆织席,不能为布";常州"南门近城十余里,则多劈竹为米簏、镫架、笐帚、竹箸之属";永丰县东乡专造"连四纸,有咨呈,有逞文",由于广泛种植柏木,因此,该县的柏烛生产比较发达,质量也较高,成为这一地区的日用佳品。③

果木的种植主要受气候和地理条件的影响,在经济相对发达的南方,还受到市场供求关系的影响。值得注意的是有些地区的农民专门经营果木,如广州附近的某些乡村种植荔枝,"岁收数十万斤,贩于他方"。④ 此外,还有专门种植橘、甘蔗、龙眼等果木的农户。⑤ 在北方,由于地理和气候条件的影响不得不以专门种植某种适宜的果木为生,如河南林县农民因"无地可耕,故其别以种植为生计,多收果核,即属有年,不以禾黍丰凶为利病也。山所宜木非一,惟柿果、核桃、花椒三物",收获后进行初步加工,每年秋冬"东出水冶,南出广岭,驼运日夜不绝",到各地进行贩卖。⑥ 这种情况在广大山区是非常普遍的,这些农民无疑可以说是依赖市场完成生产过程的。

经济原料的生产也有专门化的趋势。"严州及于潜等县,民多种桐、桑、柏、麻苎;绍兴多种桑、茶、苎;台州地多种桑、柏",这些地方就是专门从事经济作物种植的。由于纺织手工业较为普遍,棉花的种植向专业化发展,从而带动其他纺织原料种植也向专业化方向发展。"故今雷葛盛行天下。雷人善织葛,其葛产于

---

① [明] 顾炎武:《肇域志·江南九·松江府》。
② [明] 万历:《嘉善县志》,转引自《浙江通志》(卷一百零三),《物产》。
③ 以上分别见 [清] 黄卬:《锡金小识》;[明] 嘉靖《永丰县志》(卷三),《物产》。
④ [明] 屈大均:《广东新语》(卷二十五)。
⑤ 参见黄佩僅:《关于明代国内市场问题的考察》,收录于中国人民大学中国历史教研室编:《明清社会经济形态研究》,上海人民出版社 1957 年版。
⑥ [清] 乾隆:《林县志》(卷五),《风土志》。

高凉、砜州而织于雷"①,这两个地方就是生产葛的专业区。"山东茧䌷……苏松在在皆织,故用者愈众而价愈贱"②,这又是两处专业经营区相互依存的例证。两湖一带的蚕丝业比较发达,是丝纺织手工业的一个原料供应地,"蚕桑之利,莫盛于湖"③,而"湖丝惟七里尤佳,较常价每两必多一分,苏人入手即织",可见这里所产蚕丝是苏州织户非常喜欢的原料。养蚕的人"惟德清尤多",是一项专业,桑叶不足"又贩于桐张、洞庭",可见桑叶的种植也有专门的经营者。④ 总之,农业经济中出现了小商品生产者,形成了许多以城镇为中心的专业经营区,这样城镇的商品市场便对整个经济产生了导引的作用。下表为当时全国专业经营区的情况:

表10 全国专业经营区情况

| 行业 | 地区 | 程度 | 资料来源 |
| --- | --- | --- | --- |
| 棉丝业中心 | 松江地区 | 纺织不止村落,虽城中变然 | 正德《松江府志·卷四·风俗》 |
| 丝织业中心 | 苏杭嘉湖 | 今三吴以机杼致富者尤众 | 《松窗梦语·卷四》 |
| | 山西潞安 | 共有䌷机一万三千余张 | 乾隆《潞安府志·卷九·田赋附》 |
| 产丝中心 | 湖州 | 湖地宜蚕,新丝妙天下 | 王世懋《闽部疏》 |
| 浆染中心 | 芜湖京口 | (福建)经不逮京口,闽人货丝者往往染翠红而归织之 | |
| 陶瓷中心 | 景德镇 | 每日佣工万人之多 | |
| 造墨中心 | 安徽新安 | 农传户习 | 沈德符《野获编·卷26》 |
| 造笔中心 | 湖州归安 | 其乡专习而精之 | 顺治《湖州府志·卷二》 |
| 冶炼铸造 | 广东佛山 | 规模大、人数多 | 屈大均《广东新语》 |
| | 陕西华州 | 啸聚千万人作事 | 万历《华州志·卷九·物产述》 |

---

① [明]屈大均:《广东新语》(卷十五)。
② [清]叶梦珠:《阅世编》(卷七),《鲁绵》。
③ [明]余献忠:《吴兴掌故集》(卷十三)。
④ 叶梦珠:《阅世编》(卷七),《鲁绵》。朱轩桢:《涌幢小品》(卷二)。关于农业生产经营的状况,这里只是一个概述,旨在说明农民与市场的紧密关系。详细情况请参见傅依凌编的《明清社会经济史论文集》和中国人民大学中国历史教研室编的《明清社会经济形态研究》中的相关篇目。

续 表

| 行 业 | 地 区 | 程 度 | 资 料 来 源 |
|---|---|---|---|
| 造纸中心 | 浙江常山<br>上虞铅山<br>临川松江 | 榜纸、大笺纸、奏本纸<br>小笺纸、谭笺 | 屠隆《考槃余事国朝纸》 |
| | 福建顺昌 | 最高者竹纸,顺昌最盛 | |
| 甘蔗 | 福建地区 | 蔗利甚厚,往往有改稻田种蔗者 | 陈懋会《泉南杂志·卷上》 |
| | 广东地区 | 白紫二蔗,动连千顷 | 《广东新语·卷二·地语·茶园》 |
| 糖 | 广东地区 | 糖利甚溥,粤人多以是致富 | 《广东新语·卷二七·草语》 |
| 烟草 | 闽粤沪浙 | 田家种连畛,颇获厚利 | 王士禛《香祖笔记·卷三》 |
| 染料 | 福建地区 | 利布四方,谓之福建青 | 万厔《闽大纪·卷一》 |
| | 江西赣州 | 种蓝作靛,西北大贾岁一至,泛舟而下,州人颇食其利 | 天启《赣州府志·卷三·舆地志·土产》 |
| 棉花 | 嘉定 | 其民托命于木棉 | 《天下郡国利病书·引县志》 |
| | 上海 | 吾邑地产木棉,故种植之户与稻等 | 叶梦珠:《阅世编·卷十·种植》 |
| | 昆山地区 | 物产瘠薄,不宜五谷,多种木棉 | 归有光《震川先生集·卷八》 |
| | 太仓地区 | 郊原四望,遍地皆棉 | 崇祯《太仓州志·卷十四》 |
| | 兖州地区 | 地多木棉,转贩四方 | 《古今图书集成·兖州府部》 |
| 茶 | 南直隶、常、庐、池、徽、陕西 | | 《明史·卷八十·食货志五·茶法》 |
| | 浙江:湖州、严州、衢州、绍兴 | | |
| | 江西:南昌、饶州、南康、九江、吉安 | | |
| | 湖广:武昌、荆州、长沙、宝庆 | | |
| | 四川:巴县、成都、重庆、嘉定、夔、泸 | | |

从表中内容可以看出,明朝社会的主要经济支柱——农业的经营在商品经济的冲击下有了许多变化。经济发达地区都出现了小商品生产者,逐渐形成了

以城镇为中心的手工业专营区和某些农业种植的专营区,这就迫使农民不得不与市场发生紧密的联系。

随着城镇人口的增加,以及粮食加工业、酿酒业、造糖业等的发展,对粮食的需求量不断增加,刺激了农业中商品粮生产成分的增长。"其有售粟于京师者,青县、沧州、故城、兴济、东光、交河、景州、献县等处皆漕挽。河间、肃宁、阜城、任丘等处皆陆运,间亦舟运之。"①"东粤少谷,恒仰于西粤……谷多不可胜食,则以大车载至横州之平佛,而贾人买之,顺乌蛮滩水而下,以输广州。"②出卖粮食是农民和地主换取其他用品的主要方式,而城镇则是出卖粮食的重要场所之一。明代中叶以后,其他日用生活品的需求也是通过交换的方式得到满足的。特别是城市中的达官贵族的生活多追求奢侈,对各种生活消费品的需求十分旺盛,如丝织品,常州的乡村生产的布匹大多由贾夫运到淮扬、高宝等处出售;河南尉氏的棉布则运到颍州销售。其他如"珠兰、茉莉花来自他省,薰风欲佛,已毕集于山塘、花肆、茶叶铺,买以配茶之用者",是广州城中使用非常广泛的配茶香料。"珠江之南,有三十三村,谓之河南……其土沃而人勤,多业艺茶。……每晨茶姑涉江以鬻于城,是曰河南茶。"③城镇中的日用生活所需的一部分产品要靠农村供应。但是,这种供应关系与各地市场发生了紧密的联系,因此,城乡关系也不再完全是由行政系统实现的供养关系了。

总之,一方面是城乡市场的广泛存在,另一方面是农业经济与各级市场联系的必然性加强。城乡各级市场以及城镇之间的经济联系是由商人、脚夫和受商品经济发展影响而舍本求末的农民共同实现的。商人主要沟通了市场间商品的大范围流通,农民则是生产者与市场的直接联系或是简单地沟通当地生产部门与该地市场的联系。相比之下,农民活动的范围远不及商人,前文述及各地市场活跃状况时,文献中经常用"商贾辐辏"来描述商人云集的情况,足见当时商人们的活动范围十分广阔,他们的足迹已经延伸到广大的偏远山区。比如"豫章之为商者,其言适楚尤门庭也。北贾汝、宛、徐、邛、海、鄂;东贾韶、夏、夔、巫;西南贾滇、僰、黔、沔;南贾苍梧、桂林、柳州,为盐、麦、竹、箭、鲍、木、旄罽、皮革所输会"。④再如"西人善贾,涉民慕之,远出逐十一之利,苏杭关东无不至,然所鬻惟

---

① [明]嘉靖:《河间府志》(卷七),《风土志·风俗·末俗》。
② 《广东新语》(卷十四)。
③ [清]顾禄:《清嘉录》(卷六)。
④ 徐世溥:《榆溪集选·楚游诗序》。

本地椒柿之属,或山有毡物,无他珍异"。① 由此可见,当时商人的活动范围极其广大,贩运的也主要是农副产品,像杭州的纺织品"虽秦、晋、燕、周大贾不远数千里而求"②,这无疑是加强了各地的经济联系。此外,商人还深入乡村、山区进行活动,比如山东郓城所产的棉花,"贾人转鬻江南"③;前文提到的河南林县在太行山中,但山西的商人也来贸易。商人贸易活动的广泛性表明,当时社会经济发展在客观上要求加强各行业部门之间的紧密联系,特别是纺织手工业部门和纺织原料的生产部门互以对方为存在的前提和条件。大量从商的现象正是这个迫切社会需要的反映。通过流通领域频繁的交往,在经济上形成了一个紧密的整体。因此,就国内而言,各地区间封闭隔绝的状况发生了变化,这种商业活动已经不仅是"古之人有无交易而已",而是成为"逐末者熙熙攘攘工于为谋"的一个社会经济部门了④,它在很大程度上改变了城乡之间的经济关系。由农村生产的原料和半成品源源不断地汇聚于城镇,加快了城镇手工业专业化发展的趋势,使城镇的性质也日益丰富起来,具有较鲜明的生产能力,当然也就进一步加强了城镇周围乡村生产对城镇的依赖,形成了新型的城乡关系。

### 三、明朝中叶城乡经济活动的互动

城镇手工业对劳动力的需求为农村中的剩余劳动力提供了一条生路。赋税的沉重造成苏、松一带农民减少,大批流往两京⑤;临清"客旅军囚盗贼人等变易姓名,混淆杂处,不下数千家"。⑥ 城镇中的地主豪绅和政府机关对人力资源的需求也间接地反映了城镇工商业的发展。各级政府机关需要招募一批服务人员,给予"工食银"作为报酬,"皂快工食,犹官之有禄"⑦,他们不属于劳役的范畴。例如,宛平县皂快共约94人,"俱听雇募"⑧,这无疑是无地或少地乡民谋利生计的一个途径,同时增加了城镇居住人口,加快了当时城镇化的速度,提高了城镇消费需求的水平。

---

① 《涉县志》(卷一),《疆域》。
② [明]张翰:《松窗梦语》(卷四),《商贾纪》。
③ [明]万历:《兖州府志》(卷四),《风土志》。
④ [明]嘉靖:《尉氏县志》(卷一),《市镇》。
⑤ 《皇明文衡》(卷二十七),《周忱与行在户部诸公书》。
⑥ 《明实录·英宗实录》(卷一)。
⑦ 《天府广记》(卷十二),《户部·本纪·崇祯三年御史吴履中论加派疏》。
⑧ 《宛署杂记》(卷三),《职官》。

城镇手工业生产的经济影响必须通过商业部门体现出来。苏州、杭州、松江、湖州、嘉定、广州的佛山镇、江西的景德镇等手工业比较发达,产品畅销国内外。此外,北方的一些地方手工业也逐渐发展起来,如山东的兖州、济宁都是"仰机利而食,不事耕桑"[1];山西潞州也是有名的纺织工业城;河南滑县的丁栾镇"民多业机杼,其艺颇精"[2];华州的柳子镇"有千家铁匠作刀剑剪斧之用";成都"俗不悉苦,多工巧,绫锦雕镂之物被天下"[3];桐乡县东北20里的濮院镇"方家烟火,民多织作绸绢为生";县西北十余里的炉镇"居民以冶铸为业";陈庄镇"居民以竹器为业,四方贸鬻甚远"[4];杭州产的锡箔"远至京师及列郡皆取给"[5]。这些城镇的手工业产品,特别是铁器、陶瓷、竹器、纺织品等生产生活用品对农业经济的发展产生着强烈的刺激作用,从而成为城乡贸易交流的主要商品。如到河间府各地贸易的商人中,"贩缯者至自南京、苏州、临清;……贩铁者,农器居多,至自临清泊头,皆架小车而来;贩盐者至自沧州、天津;贩木植者至自真定。其诸贩磁器、漆器之类至自饶州、徽州"[6]。由此可以看出城镇手工业产品瞄准农村需求而产生的大致情形。一个城镇的经济作用除直接影响周围的农村经济外,还通过其他城镇的商业部门实现对农业经济的影响。浆染中心芜湖"城中外市廛鳞次,百货翔集,五方杂居者十之七"[7];山东大名府"江、淮、闽、蜀之货,往往远者万里,近者数千里,各辐辏至"[8];河北宣化城中的商号称为南京罗缎铺、苏杭罗缎铺、潞州绸铺、泽州帕铺、临清布帛铺等,反映了城镇之间的商品交流繁盛。

城镇由于其政治、经济、文化等各方面的发展产生了一种综合性的影响,这种影响对城镇周围的乡村尤为深刻。万历时期,京县宛平知县沈榜很感慨地说道:"今观衢术之交,绣绢绮席,成罗衬锦,累褥重裀,而鹑结者尚次诸涂,彼何有于桑?钟鼎水陆,畴五侯,调易牙,筦弦优俳,杂沓并进,而枵罄者尚叹诸室,复何有于耕?既使国门之外,划地而畦,围堃而庄,疑于业农矣。而所植非珍果奇花,

---

[1] 《古今图书集成·职方典》(卷250),《兖州府部》。
[2] 《大名府志》(卷三),《乡镇》。
[3] 《明书·方域志》。
[4] 以上见《桐乡县志》(卷一),《市镇》。
[5] 《古今图书集成·方舆汇编》,《杭州府部》。
[6] [明]嘉靖:《河间府志》(卷七),《风土志》。
[7] 《古今图书集成·方舆汇编》,《太平府部·风俗考》。
[8] [明]顾炎武:《天下郡国利病书》(卷五),《大名方物志》。

则蓝裘卉草,何者？彼一畦之入,货之固抵阡陌也。山壑之民,岩居谷汲,披裘舐犊,疑于业农矣,而所治非薪厂煤窑,则公侯厮养,何者？彼丝毫之利,岁计固致倍蓰也。"① 也就是说,城镇周围的农民的经营越来越趋向于为城市需求服务。开封周围的农民大量种植蔬菜,"每天五更时鲜菜成堆,拥挤不动,俱有贩者来买,灯下交易。城门开时,塞门而进,分街货卖"。农民们进城出售的商品中,还有许多各类的市民生活用品,"五门所进柴草、灰、煤、碳、木炭、诸色菜蔬、大小米、绿豆等担、大小水车、胶泥"②。这些商品的生产自然要受到城市需求的牵引,规定了生产者的数量、规模、趋向等,城市周边的某些乡村经济显然开始围绕着城市的需求而开展。

由于城镇人口的不断增长和流动人口的聚集以及商品交流的频繁,解决交通问题的脚夫行业便应运发展起来,执行着运输和导游的职能。脚夫行业的发展反映了商品流通的迫切需要,是加强城乡各方面联系的重要管道。例如,北京城普遍采用乘马或坐轿出行,"它们到处是等候受雇,在十字街头,在城墙门口,在御河桥和人们常去的牌楼,雇一辆车一整天也花费不了多少钱。……赶脚人必须用缰绳领着牲口穿过人群。他们知道城内的每一条街道和每个著名市民的住所。他们还有指南,上面列出城里的每个地区、街道和集市"。③ 类似的行业在其他城市也存在,开封"早晨牛驴上市,午间骡马上市,有过客买卖骡马大店,顾写脚力,此外是八省通衢之处,故大店三、五十座"④,脚夫行业是比较发达的。城市之间及城乡之间的交往除水路和自备陆路运输工具外,就是这种脚夫的长途驮运。利玛窦神父去苏州的时候,"采取另一种方式继续旅行,那是这个国家一种常见的旅行方法,既省时间又舒适。他们使用一种建造在独轮上的车,一个人两脚分开跨坐中间,好像骑在马上那样,另有两人一边坐一个。这手推车或者说小货车由一个车夫用两个木把推动,它提供了一种安全而迅速的旅行工具"。⑤ 脚夫行业的作用十分巨大,利玛窦在过梅岭时又一次谈到它,"旅客骑马或者乘轿越岭,商货则用驮兽或挑夫运送,他们好像是不计其数,队伍每天不绝于途。这种不断的结果使山两侧的两座城市真正成为工业中心,而且秩序井然,

---

① 《古今图书集成·职方典》(卷 250),《兖州府部》。
② 以上见《如梦录》的《关厢纪七》和《小市纪八》。
③ 《利玛窦中国札记》第四卷第三章：在北京的失败,中华书局 1983 年版。
④ 《如梦录》的《关厢纪七》。
⑤ 《利玛窦中国札记》第四卷第四章：陆路去南京,中华书局 1983 年版。

使大批的人连同无穷无尽的行装,在短时间内都得到输送"。[①] 在当时的文学作品中也大量地反映了这种情况。这种行业的出现与发展的本身就已经表明社会各部门间迫切要求加强联系的历史趋势。它的发展不但使某些地方成为重要的工商业中心,而且还体现了城镇经济对农业经济的巨大影响,从而大大地改变了城乡之间的经济关系。

## 四、结语

经上述,我们看到,城镇不只是作为统治阶级的销金窟出现在中国的历史上,随着社会经济的发展,城镇内部的结构不断发生着变化,逐渐成为国民经济总体中不可缺少的一支力量,从而上升为该地区的经济中心。城镇内部商业与市场的发达,配合着乡村集市的发展,构成了一张庞大的市场网络,这个网络担负着联系城乡各经济部门的职责,通过三种途径实现了这一相互作用的过程。其一是这一时期大量出现的舍本逐末的农民,把最直接的生产者与最低级的乡村市场联系起来;其二,便是活动范围广大的行贾,沟通城镇之间和城镇与乡村之间的经济联系,体现着城镇经济对乡村经济的影响;其三是从事脚夫行业的劳动者,传播着以经济为主的各种各样的影响。因此,城镇中的商业通过吸收农业经济的各种产品来推动农业经济的发展,使农民手中可获得部分货币;城镇中的手工业则通过商业性活动,沿各级市场向农村实施影响,特别是向农村提供主要的生产工具和必需的生活用品。因此,可以说是促进了农业再生产的顺利进行。这便改变了过去城乡之间的供养与被供养的关系,逐渐演变成为互相依赖的经济关系。城乡各经济部门相互联系、依赖和共同发展,从而构成了当时社会经济发展的全貌。

---

[①] 《利玛窦中国札记》第三卷第九章:利玛窦神父抵达皇都南京,中华书局1983年版。

# 从政权机构的逐渐完备看大顺政权性质的转化

大顺农民政权从建立到消亡虽然时间很短,但较之历代农民政权,它还算是一个比较完备的政权。这个农民政权是随着农民军在军事上的胜利一步一步地趋于完备的。由这一转变过程可以看出,李自成所领导的农民政权同样摆脱不了以往建立的农民政权所必由的归宿——逐渐地向封建政权转化。由于大顺军长期的军事活动所表现出的对朱明王朝的有力打击和大顺政权本身存在的短暂性,这样的转化显得不那么明显,李自成的反抗被关注的是他的革命性和斗争性,因而把他建立的政权也看作一个全新的农民政权,对它的性质很少有确切的判断结论。因此,我们有必要透过这道光环去探究它内部的实质性转化,这样才能全面评价这个政权出现的意义。

崇祯十三年(1640)以前,农民军的斗争没有明确的目标,只是单纯地为了能生存下去,不断地进行战斗。对明末初期的农民起义,明政府也未能引起足够的重视,采取的对策是以"抚"为主、以"剿"为辅的方针,地方政府则一直把它看作暂时的社会问题。陕西巡抚胡廷宴就认为:"恶闻贼警,杖各县报者,曰:'此饥民也,掠至明春后自定耳。'"显然是不承认问题的严重性。[1] 中央政府也没把它当成一个严重的问题,更没有采取什么有效的措施,这使陕西地方官十分不满。崇祯五年(1632)正月,原任陕西通政使马鸣世上了一道奏折,抱怨中央政府的认识太狭隘,他说:"乃自盗发以来,破城屠野,四载于兹。良以盗众我寡,盗饱我饥,内鲜及时之饷,外乏应手这援,揆厥所由,缘庙堂之上,以延庆视延庆,未尝以全秦视延庆,以秦视秦,未尝以天下安危视秦。"[2] 如此,从整体上看,明朝的军事力

---

[1] 《明季北略》(卷四),《白水盗王二》。
[2] 《石匮书后集》(卷六十二)。

量还是比较强大的,因此,农民军处在战略防御状态,一般采取游击战术流动作战,没有固定的根据地。随着农民军的不断壮大,明政府开始认识到问题的严重性,于是不断地调兵遣将,频繁地更换最高指挥官加紧镇压起义,使农民军的流动性更加突出,斗争形势也时高时落,极不稳定。在这种境况下根本谈不上建立政权,建新朝的想法也只是少数农民军领袖头脑中一个模糊的概念。

1640年以后,情况发生了变化,农民军由单纯地反抗朝廷压迫逐渐地开始向争夺统治权过渡。这一点在李自成于襄阳被推为"奉天倡义文武大元帅",并初步建立官制以后表现得尤为突出。1640年初,明军主力大部入川追剿张献忠,造成中原地区守备空虚,而河南又连着发生旱灾、蝗灾,出现了大批饥民,偃旗息鼓了一阵的李自成趁势东山再起,由隐藏的商洛山中突入河南,提出具有号召力的"均田免粮"等口号,队伍迅速扩大。此后的三四年中,李自成连续在河南、湖北多次打败官军。通过围攻洛阳、三困开封、朱仙镇大捷以及新蔡、项城、郏县、汝宁、襄城等几次大战,李自成把明军主力消灭殆尽,使双方的力量对比发生了重大变化,明军开始转入战略防御而农民军则进入了战略进攻状态。明军这种守的思想在福王世子朱由崧于崇祯十六年(1643)十一月甲辰上的奏折中有明显的流露:"河朔以黄流为门阃,而畿辅以怀卫彰为屏翰。然闻贼自扰乱豫中以来,未尝忘念河北,向以河雒未陷,犹有举动夹击之虑。今大河以南,一望荒凉,所隔者惟此盈盈衣带,贼众数十万,无肆掠,加以大兵驱剿,势将不间道以屏秦,必窥渡口以越河,则我之戒严,不可刻容疏略。若河防有法,使朔无恙,畿辅晋东半壁咸安,可以制贼死命。……矢引黄河迢褫千里,以不满万之卒,欲敌数十万之寇,不异螳臂当车。恳乞急勅枢部诸臣,议简重臣,提调兵将,专任河防,兼集山左山右,畿南附近之兵,统以道将移镇河干,使贼匹马不渡,则三府六藩,重地得宁,畿辅晋东自安,而神京可巩固无处矣。"①明朝各级开始认识到被动的困境,而对农民军来说建立自己的政权也可以提到议事日程上来了。再加上李自成在河南活动时,大批的儒士及明朝的地方官吏相继加入起义军,为建立政权积蓄了必要的人才,当然这也使农民军的成分变得更加复杂了。来自儒家知识分子阵营的某些人还跻身于起义军的领导层,构成了李自成的"参谋团",对李自成的思想产生了巨大的影响。由此,农民军的性质也开始了逐渐的、细微的变

---

① 《崇祯长编》(卷一)。

化。本篇试从李自成襄阳始建政权、西安健全政权到北京完善政权三个阶段,分析李自成所领导的大顺农民政权性质的渐变。

## 一、襄阳始建政权

李自成在河南、湖北驰骋了几年,打垮了明军主力,客观上要求对这一大片地区进行有效的管理,以便更进一步发展。之所以首在襄阳建立政权而不在河南立足,是因为"贼之欲其心于楚地非一日矣……盖荆襄鱼米之地,南北咽喉。……豫中地平如掌,河南诸郡无複崇岗巨漫阻贼兵马,略少资形胜全资人力,故其为守也较难。楚则环江抱险,荆襄之间有一夫当关,万人莫过者,则其为守也似易。"①可见,这时的李自成是想在荆襄一带建立一个稳固的根据地,通过建立初步的机构以便更有效地加强占领区的行政管理。这对于主要以"叛卒、逃卒、驿卒、饥民、响马、难民"组成的农民军,特别是其领导集团来说显然是一个全新的问题。② 农民军中很多人目不识丁,"其伪勑书告示多别字"③,文化水平极低。因此,大批文人的加入不仅带来了儒家的治国思想,而且带来了明政府的组织机构设置及其统治经验,从而加快了新政权创建的节奏。士人集团和明朝官吏是抱着各种各样的目的加入起义军中的,他们固有的政治理念和政治抱负、政治伦理必然会对农民起义领袖产生巨大的影响。他们希望农民军成为一支可以夺取统治权的军队,在新的政权中可以重新获得原有的甚至更高的政治地位。这种改朝换代的思想对农民军领袖产生了巨大的诱惑,使起义军斗争的方向逐渐转向了彻底推翻明朝统治,建立新王朝。李自成在河南、湖北活动时声势大振,大批明朝官吏和地主阶级知识分子加入了队伍,"攻河南得军师宋矮子,攻宝丰,得举人牛金星(并其子生员铨)……攻承天,得参将朱养民……攻禹郑得参将周购桔;攻洛阳得举人孟长庚;攻荥阳,得知县陈萧,攻长葛,得生员张虞机……攻平阳,得进士张辘;攻乾州,得进士宋企郊;……攻新城,得举人张国秉……攻阳和,得进士傅景星;攻秦关,得进士陆之祺,攻河南得进士傅颎,攻顺天,得举人王顺杞。"④文中提到的大部分是文人,其中的杰出者如牛金星、宋献策、宋企郊

---

① 崇祯十六年(1643)《兵部为楚事溃裂已极湖收拾至难等事条》,见郑天挺编:《明末农民起义史料》,开明书店1952年版,第400页。
② 《明季北略》(卷四),《流贼初起》。
③ 《明季北略》(卷二十),引《燕都日记》。
④ 《烈皇小识》(卷七)。

以及在杞县加入的李岩等人。宋献策一见李自成就"首陈图谶云：'十八孩儿兑上坐,当陕西起兵以得天下。'"①而李岩则马上提出："欲图大事,必先尊贤礼士"的建议②,让李自成广收地主阶级之心,不要乱行杀戮。就这些文人的影响与作用而言用明朝官吏的话来说就是："迩来降贼绅士实繁,有徒负圣朝作养之恩,甘心为贼运筹。"③文人们的纷纷加入为创建新政权奠定了知识与人才方面的基础。随着军事力量的不断壮大和帝王思想的日益浓厚,李自成要求成为最高唯一首领的思想也开始产生了,表现在行动上就是对其他各路农民军的兼并。据史料记载：崇祯十六年(1643)"三月,闯贼袭杀革里眼、左金王,并其众。时群贼俱奉闯约束,惟革里眼不相下,闯贼置酒宴左革,杀之席上"④;"四月,闯贼突入罗汝才营,既其帐中斩之,并杀谋主袁珪"⑤;"(五月)丙辰,李自成攻袁时中,杀之,并其众"⑥;"自成既杀汝才、一龙,寻又杀蔺养成,夺马守应兵。于是十三家七十二营诸大贼降及死者殆尽。"⑦这些兼并活动消除了异己,收编了人马,使李自成的队伍进一步得到扩充,而起义活动的领导权却越来越集中在少数个人手中,进一步促使李自成帝王思想的膨胀。明朝统治者最为担忧的还是大批文人进入起义军的队伍,以致发出"何仗节死之虚无几人也"的感叹,指斥这些文人"人人欲做好官"。⑧ 当看到明王朝不能再为他们提供稳定的政治地位时,"便厚颜卑躬以从贼"⑨,寻求新的靠山。因此,他们极力地使农民军能按照他们所希望的那样发展。牛金星加入义军后,"为谋立,日讲一章,史一通"⑩,由此来影响和改变李自成的思想。此后,李自成对地主阶级分子以及其他各阶层分子态度有所改变,除非负隅顽抗一般不加以杀戮。投降的官吏也从优对待,"巡按李振声守陵,迎降贼,贼列之上班。振声自以与贼同姓,肩舆出入营中,扬扬自得"。⑪

---

① 《明季北略》(卷三十三)。
② 《兵部为死贼假仁假义等事条》,见郑天挺主编：《明末农民起义史料》,开明书店1952年版,第429页。
③ 《烈皇小识》(卷七)。
④ 《烈皇小识》(卷七)。
⑤ 《明史纪事本末》(卷七十八),《崇祯十六年五月条》。
⑥ 《明通鉴》(卷七十八),《崇祯十六年五月条》。
⑦ 《崇祯长编》(卷一),《甲寅兵部主事成德疏奏》。
⑧ 《崇祯长编》(卷一),《甲寅兵部主事成德疏奏》。
⑨ 《明史纪事本末》(卷七十八),《李自成之乱》。
⑩ 谢国桢主编：《明代农民起义史料选编》引自[清]毛奇岭：《毛翰林集·后鉴录》(卷五),福建人民出版社1981年版。
⑪ 《明史纪事本末》(卷七十八),《崇祯十六年春正月》。

李自成对其他阶层人员的态度是"僧道医卜有技术者皆不杀,所掳之人,愿从者皆不杀"。① 这些人一加入起义军就急着让李自成称帝封官,"钦天监博士杨永裕投闯,自称天文礼乐兵法地理无所不通。陈言献谀……时时劝进伪号"。② 大顺新政权的筹备工作主要由降官们负责,"(杨)永裕为更设六政府,侍郎、郎中、从事诸官屋,其示约批发悉出永裕手"。③ 这样一来,襄阳政权的建立就在这些人的操纵之下开始了,"群贼……推自成为'奉天倡义文武大元帅'……自成据襄阳,号曰襄京,其余所陷郡县,俱改易名号。……设官分职,武官有权将军等九品,文官有太师、六政府诸品"。李自成初步建立起各级行政机构和军事机构。在政权建立伊始,一反与明朝皇族势不两立的态度,对明朝的藩王也封官加爵,如:"封崇王由樻为襄阳伯,邵陵王在城、保宁王纪妃、肃宁王术授俱降贼,改封伯。伪吏政府侍郎喻上猷荐列荆州绅士,贼下檄征之。"④紧接着又对起义军的组织进行了整顿,建立起基本的等级制度。如指挥官分为九品:"一品为权将军,二品为副权将军,三品为制将军,四品为果毅将军,五品为威武将军,六品为都尉,七品为掌旗,八品为部总,九品为哨总。"士兵以 3 800 人为一营,分别称为标营、前营、后营、左营、右营,"凡五营二十二将"。据《甲申传信录》记载:"凡伪授将帅三十九人……共兵一百三十余队,标营一百队,左右前后四营一百三十余队。"为巩固已占领的地区,还在"要地设防御使",分兵把守重要地区,"使高一功守襄阳,任继光守荆,蔺养成守彝陵,周凤梧守禹州、郑州"⑤,等等。

与此同时,对地方和基层也分别设置了官员进行管理。分别在承天、汝南、澧州、安陆、荆门州、汉川、景陵、兹土、信阳、中牟等地派兵驻守,同时还委派了府尹、州牧、县令等各级官员处理行政事务,官职名称多依唐制。为表示与明朝的对抗,对于州府城名称也多有改动,如"改承天府曰杨武州……改襄阳曰襄京,均州曰均平府",等等。在中央机构的设置上安排了"上相、左辅、右弼、六政府、侍郎、郎中、从事"等官职。所谓六政府的最高首脑为侍郎,实际上就相当于明朝的六部,换个名称以示区别而已。在各级机构中发挥作用的官员大多是明朝的降官,试举六政府侍郎之来源以证之:

---

① 《平寇志》(卷六)。
② 《甲申传信录》(卷六)、《李闯始末》。
③ 《甲申传信录》(卷六)、《李闯始末》。
④ 以上均见《明史纪事本末》(卷七十八)、《崇祯十六年春正月》。
⑤ 《甲申传信录》(卷六)、《李闯始末》。

> 吏政府侍郎喻上猷，辛未进士，原任防御使；
> 户政府侍郎萧应坤，丙辰进士，官布政使；
> 礼政府侍郎杨永裕，原官任钦天监博士；
> 兵政府侍郎王家桂，丁丑进士，原任知县；
> 刑政府侍郎邓岩忠，丙子举人；
> 工政府侍郎徐尚德，举人。①

除此之外，派往各地的府尹和防御使一般是各一人，如荆州、襄阳、南阳、汝宁等地均是如此；有些地方则只派防御使，如杨武、信阳等地；有些地方则只派府尹，如安阳、均平两府。这些官员同样也都任用明朝的旧官员或文人充任。

襄阳政权由于草创是很不完备的。在这个时期，军事领导机构仍然发挥着主导作用，农民军的行动、计划的制订还是由大家共同商议，李自成最后拍板："每有谋划，集众计之，自成不言可否，阴用其长者，人多不测。"②说明这时的等级规矩尚未严格，行政机构的活动还要依赖武力的保护，尚不能独立地发挥作用，因此，影响不是太大。随着起义形势的发展，农民军攻占了西安，在政权建设上又向前推进了一步。

## 二、西安健全政权

李自成先在襄阳扎住了脚跟，企图以此为根据地与明王朝争夺天下。但是，"襄阳因据上流，然南北通衢，兵马往来，终非安枕之地"③，因此，需要寻找一块更为牢固的根据地。关于行动方向问题在起义军内部也发生了分歧："牛金星请先取河北，直捣京师。杨永裕欲先据留都（南京），断漕运。独顾恩君曰：'否！否！先扰留京，势居下流，难济大事，其策失之缓；直捣京师，万一不胜，退无所归，其策失之急。不如先取关中，为元帅桑梓之邦，且秦都百二山河，已得天下三分之一，建国立业，然后从旁略三边，资其兵力，攻取山西，后向京师，进退有余，方为全策。'贼从其计。"④李自成等经过酝酿定下了西取关中的战略方针，并马

---

① 以上见谢国祯辑：《明代农民起义史料选编》，引自［清］毛奇岭：《毛翰林集·后鉴录》（卷五），福建人民出版社1981年版。
② 《甲申传信录》（卷六），《李闯始末》。
③ 《明史纪事本末》（卷七十八），《李自成之乱》。
④ 《崇祯长编》（卷一），《崇祯十六年十一月》。

上开始实施。崇祯十六年(1643)十月二十日迅速攻下了西北重镇——西安,接下来继续扩大战果,占领了关中及其周边地区:

> 十二月初五日,发兵入汉中;
> 十二日,自陕西发兵万余至三原;
> 十三日,至富平;
> 十四日,至韩城;
> 二十日,贼兵从船铺窝渡河,攻平阳破之;
> 二十二日,从魏山上水渡河,破稷山、河津、绛州三县;
> 二十四日,到安邑。[①]

随着占领区的不断扩大和巩固,李自成加紧了政权建设的步伐。在这一阶段,对于士人、文人和明朝藩王、官员的态度更是以笼络、示好为主,对于像秦王这样"富甲天下"的大藩王,也封其为一品权将军,"永寿王存枢为制将军"[②],为二品,地位也比较高。至于文人举子更是百般优待,就连战场上针锋相对的明朝将领被俘后也从优处置:"诸将降者,皆解甲,诣宫门,白广恩、左光先俱降,独陈永福未至,贼遣广恩招永福,永福曰:'开封之战,永福亲集矢于王之目,今穷而归命,纵大度,其忘乎?'自成折一矢誓之,永福降。"[③]像陈永福这样的顽固分子,在开封战役中曾经激烈对抗过的明朝将领也得到了李自成的谅解。这样做固然有利于农民军获得更广泛的支持,但是,也不能不说明农民反抗的性质在向它为之奋斗的反面而发展,由鲜明地反对王朝、反对贪官污吏,逐渐过渡到可以容纳对立阵营的投靠分子来壮大自己的力量。虽然孤立和削弱了以崇祯皇帝为首的统治集团的力量,但也使农民政权自身的性质开始发生了位移。从根本上说,农民阶级不代表先进生产力发展的方向,他们的反抗斗争总是表现为以减轻自身困境、谋求眼前利益为目标,这就使他们经常处于被动的地位上。只有在其他阶级的分子加入后农民的反抗斗争才有了明确的目标而得以继续发展,这就必然导致性质的转变。而农民革命的领导权、所建政权的领导权迟早要被别的阶级

---

① 《明史纪事本末》(卷七十八),《李自成之乱》。
② 《甲申传信录》(卷六),《李闯始末》。
③ 《明通鉴》(卷八十九),《崇祯十六年十月条》。

的成员或是他们的代理人所夺取。李自成领导的农民起义军当然也摆脱不了这个历史的宿命。

李自成占领西安后,就改西安为长安,称西京并定为首都,加紧了政权机构的建设。"百官礼乐,悉遵唐制。"①李自成由大元帅称新顺王,"改名自晟,国号大顺,改元永昌。追遵曾祖以下,加谥号,以李继迁为太祖"。② 同时,增设相当于明朝内阁的权力机关——天祐殿,其首脑大学士由牛金星来担任,拥有如同丞相一般的权力。其下属员有平章军国事、平章国事等。③ 对其他机构和官员也多加增设变化以区别于明朝。如:"翰林曰弘文馆,中书曰书写房,六科曰谏议大夫,御史曰直指使,六部曰六政府,郎中曰中郎,通政曰知政使,巡抚曰节度使,布政曰统会使,其道、府、州、县曰防御、曰守、曰牧、曰令。"④在这轮政权建设中对六政府的设置和功能进行了加强,"增置六政府尚等伪官,以宋企郊为史政尚书,陆之祺为户政尚书,巩焴为礼政尚书,张嶙然为兵政尚书"。⑤ 进一步明确等级制度,恢复五等爵制,大封起义军中的军事将领:"又置权将军以下,服色尚赤,以一云二云为差,纱帽补用唐制";"侯刘宗敏以下九十人,伯刘体纯以下七十二人,子三十人,男五十五人"。⑥ 划分天下为12个州,编制甲申历、设科取士、铸造大钱、定立军规等。就设科取士来看,广泛地吸收了地主阶级中文化知识较高的人员,反映了新政权急需一批有政治经验和理论认知人才的迫切要求。据记载:"遣伪考官考州县生员,大者一等十名,准与六政府属,二等十名准与州县,三等十名,准在佐贰。县小者一等五名有差,二等三等准此。"⑦在大顺政权的各级机构中大批地使用旧官员和文人,特别是要害部门,如天祐殿大学士、六政府尚书等官均由原在明朝地位较高的人来担任,像牛金星是举人、宋企郊是明吏部郎中、陆之祺是布政使、巩焴则是提学金事,这就不能不影响到大顺政权性质的变化,这从对待老百姓态度的变化上也可看出端倪:"定令以明年正月起,每粮一

---

① 谢国祯主编:《明代农民起义史料选编》,引自[清]毛奇岭:《毛翰林集·后鉴录》(卷五),福建人民出版社1981年版。
② 《石匮书后集》(卷六十三)。
③ 《明通鉴》(卷九十),《崇祯十七年正月条》。
④ 谢国祯主编:《明代农民起义史料选编》,引自[清]毛奇岭:《毛翰林集·后鉴录》(卷五),福建人民出版社1981年版。
⑤ 谢国祯主编:《明代农民起义史料选编》,引自[清]毛奇岭:《毛翰林集·后鉴录》(卷五),福建人民出版社1981年版。
⑥ 《明通鉴》(卷九十),《崇祯十七年正月条》。
⑦ 谢国祯主编:《明代农民起义史料选编》,引自[清]毛奇岭:《毛翰林集·后鉴录》(卷五),福建人民出版社1981年版。

石,派草六千斛,解送省城;搬运之费倍之。每县发小驴三百头,换米一十石,其斗大于民间者三升。"较之先前提出的"均田免粮",这时显然已经开始对百姓课税了。与之鲜明对照的是对待地主阶级的态度却是 180 度的大转弯:"闻收关中,请乡绅输助,多三四十两,或三五两,惟举人免输"[1],不只是客气地"请输",而且只是三五两,也就是象征性地表示个意思。至于举人之类的"免输"可以看出李自成对知识分子的迫切需要和依赖性进一步加强。李自成个人原来还"不好酒色甘粗粝",但是,进入西安后马上改建秦王府作为宫殿,下令把他常穿的"箭衣"定为专用服式,乡民不准随意穿着。平易近人的作风也开始有了变化,"自成每三日亲赴教场校射,百姓望见黄龙纛,咸伏地呼万岁"[2]。这些细微的变化反映出了李自成的思想正处在一个转折的关头。一方面还想保持原来的本色,与下属打成一片;另一方面由于客观地位的变化,又想摆摆大王的威风,以赢得与属的敬畏与服从。

总之,在西安,大顺农民政权才算是在襄阳政权的基础上正式建立了,这时的政权建立进一步得到了健全,除了建齐政府的各级机构,还定立了国号、年号,制定了新历法,铸造并发行了新货币,政权的性质也向背离农民起义的最初愿望更远了些。当然,这时的演变仍然是不明显的,因为主要敌人明王朝还没有彻底被推翻,起义参加者还有着共同的斗争目标,对这个新政权还抱有很大的希望,因此,这一时期前进向上仍然是这个政权最显著的特征。

## 三、北京完善政权

李自成在西安健全政府机构后不久,便带兵经山西进攻北京,很快占领了北京城。崇祯帝吊死煤山,终于推翻了明朝的统治。这时李自成占领的地区包括陕西、山西、河北、河南、山东和湖北两省一部及其他一些分散地区。此时的张献忠则在四川建立了大西农民政权,江南地区还掌握在残明势力的手中。关外则是大清的势力范围,清军陈兵山海关外虎视眈眈,而守关的明朝旧将吴三桂则正在犹豫不决。在这种形势下,李自成的首要任务是排除清军构成的威胁和继续打击明朝的残余势力,巩固已经占领的广大地区。而李自成等人却被胜利冲昏了头脑,军队驻扎在北京城内,一是热衷于追赃搜刮财物,二便是忙于登基正式

---

[1] 《甲申传信录》(卷六),《李闯始末》。
[2] 《甲申传信录》(卷六),《李闯始末》。

称帝。

李自成一入北京，明朝的官员们就在大学士李建泰、兵部尚书张缙彦、户部侍郎党崇雅等人的带领下到午门去朝见李自成。紧接着李自成就忙碌地从这些人中挑选可用之才：

"百官降者，接次唱名，自成拔九十二人，送伪吏政府宋企郊，分三等授官。"①

"三月二十一日，文武官仪入朝者，三十余人。牛金星执缙绅点名……用者送吏部，既授职，止给小票，向礼政府领契，刻期赴任。外选者限至任三月后来取家眷。"②

"三月二十六日，选升四品以下百余人……宋企郊主之。"③

"三月二十七日，牛金星点名会极门，用者从东华门出，送吏政府收用。"④

在选用人才的同时，还马上举行科学考试以广泛地招揽人才。据记载："牛金星吉服至吏政府，同宋企郊考试举人，出题天下归仁焉，莅中国而抚四夷也，自天佑之，吉无不利等题。搜箱封门，就试者七八十人，大率本地举人居多。又有一伪示云：各省直乡试，候旨定期，即于中秋时举行。（三月）初五日，伪相府揭晓，取实授举人五十名。"⑤有些有名望有地位的官员没有来投降，就想方设法地把他们请出来为新政权服务。如："惠世杨，米脂人，万历甲辰进士，历刑部侍郎。李自成故牧率也，尝给事世杨之家。及僭号，语人曰：'得惠先生则幸甚。'因致书世杨，即拜右平章事。"⑥开始时，李自成只选用四品以下的旧官员，对三品以上的一概不用，表示对品位较高官员的不信任。但随着政权建设的不断完善，需要这些人参与新政权的各项工作，于是就改变了态度，以各种方式请他们出来供职。如："四月十一日，闯召见所放狱五品以下官，并授伪职，独三品以上不如，故候恂亦未召见。数日，以侍郎官恂，恂不受，因以大拜要之。"⑦李自成占领北京已成坐天下之势，明朝的降官、各地归顺的人物都急不可待地希望李自成早继帝位。早先跟从李自成的人也想进一步巩固自己已经取得的地位。而明亡后投降

---

① 《明通鉴》（卷八十九），《崇祯十六年十月条》。
② 《明通鉴》（卷九十），《崇祯十七年正月条》。
③ 《甲申传信录》（卷五）《闯设伪官》。
④ 《明季北略》（卷二十），引自《甲乙史》。
⑤ 《明季北略》（卷二十）。
⑥ 《明季北略》（卷二十），引自《燕都日记》。
⑦ 谢国桢主编：《明代农民起义史料选编》，引自[明]谈迁：《枣林杂俎》。

的人则希望能在新政权中重新获得官职,于是就出现了纷纷"劝进"的热潮。"(三月)己酉,昧爽,成国公朱纯臣、大学士魏藻德、陈演,率文武百官入贺,皆素服坐殿前……党政军民学演旨劝进"①;"三月廿五,伪礼部巩焴,示随驾各官,率耆老上表劝进。……鸿胪官在系者,悉復原官,习仪以候即位"②;"金星率贼众三表劝进"。③ 只是由于内部意见的分歧,李自成才没有马上答应即位,但准备工作却是在紧锣密鼓地进行着。明朝降官争先恐后地为李自成出谋办事,太监们则献出了太子和永、定二王,以求自保无事。大官僚积极筹划如何巩固这个新政权,"逆闯入都,首先劝进者陈演、朱纯臣也;向贼叩头求用,指斥先帝为无道者,魏藻德也;从狱中出而为贼策下江南者,张若麟也;其颂贼为救民水火,神武不杀者,梁兆阳也;代贼焚毁庙神主者,杨观光也"。④ 上述情况表明,大批地主阶级分子之所以归顺到起义军中来,一方面是迫于客观形势的压力,另一方面则是看到这个政权的存在也能保护自己的既得利益。因而,他们加入后就不断地促使这个新政权向保护地主阶级利益的方向转化,这就使新政权不可避免地演变成一个新的王朝。从扩建各部门到招用降官,都是由牛金星、宋企郊等人一手操办,原来的农民军将领不是无事可做,就是干一些本不应是他们主持的事情,"凡追脏,皆刘宗敏、李牟二伪都督主其事"⑤,于是组织政府机构的大权就落到了带有浓厚地主阶级气息的牛、宋等人手中。在他们的努力下,农民政权在北京有了长足的发展,在形式上也达到了完备的程度。

李自成进京五天后便"建设伪官"并制定和增订各项制度,大体是:"改印曰符、券、契、章凡四等,更定官名,六部曰六政府,内阁曰天祐殿,翰林院曰弘文院,文选司曰文谕院,巡抚曰节度使,兵备曰防御使,六科曰谏议,御史曰直指使,太仆曰验马寺,尚宝曰尚玺,通政司曰知政司,布政曰统会,主事曰从事,知府曰尹,中书曰书写房,知州曰牧,知县曰令,正总兵曰权,副总兵曰制,五军府曰五军部,守备曰守旅,把总曰守旗,余皆如故。官服以云为级,一品一支,至九云,为九品。"⑥这则记载表明,大顺政权比较系统地更改了所有明朝机构的官职名称,但基

---

① 《甲申传信录》(卷五),《闯设伪官》。
② 《明季北略》(卷二十),引自《大事记》。
③ 《明史》(卷309)。
④ 文秉:《烈皇小识》(卷八)。
⑤ 《明季北略》(卷二十)。
⑥ 谢国桢主编:《明代农民起义史料选编》,引自[清]董含《三冈识略》(卷一)。

本上没有增加新的部门设置。此外,还仿照明朝制度具体规定了其他一些制度,如:"带用犀银角三等,废舆乘马,大篆曰符,小篆曰契,先铸永昌钱……又铸九玺……。又四月初一日,改大明门为大顺门,颁发冠服,大僚则加雉尾于冠,服方领,又收各牙牌,自予务明光安令成字。"[①]上述是这个政权的概貌,大都是针对明政府的机构加以更名目而延用的。由于各史书记载的详略不同,有些名称可能有出入,无关宏旨不必详究。但是,由此可以看到大顺政权的构成是套用明王朝的旧制,根本没有什么新的创制,如果它能存在下去的话,转变为新的王朝是不可避免的。关于大顺政权的详细结构,《甲申传信录》记述得比较详细,据此试说明如下:

大顺政权的最高权力机关是天祐殿,设大学士一人,由牛金星担任,处理日常政务。

宏文院是翰林院改称的主要顾问机构。最高长官称掌院学士,由何瑞征担任。下设大学士、翰林三人,编修三人,长班九人。

吏政府下设考功司、验封司、稽敕司、司务厅,尚书由宋企郊担任。明朝吏部的第一司叫文选清吏司,改称文谕院,负责政令之撰写等事项,由张若麟、龚鼎孳、曹钦程、杨枝起四人充任。

户政府,尚书杨建烈,下有侍郎一人,从事三人,主事二人,司务一人协助工作。

礼政府,尚书杨观光,侍郎一人。下设仪注司,一名从事负责;祠祭司有郎中、主事、员外郎、行人、司务各一人。

兵政府,尚书俞上猷,下设职方司,有郎中一人,从事一人;车驾司,有员外郎一人,从事五人,赞漕从事一人,司务一人。

刑政府,尚书陆之祺,下有从事二人,司务一人协助工作。

工政府,尚书李振声兼侍郎,下有从事二人,司务一人。

直指使共九人,分别是高翔汉、涂心弧、袭鼎孳、柳寅东、赵颖河、蔡鹏霄、陈羽白、张懋爵和朱朗荣。

知政使由王学先担任,王顺杞为参议。

大理寺卿为刘大泽。

六科谏议由六科给事中改名而来。吏谏议申芝芳,礼谏议宋徽宜,兵谏议光

---

[①] 《明季北略》(卷二十)。

时亨,刑谏议翁元益,工谏议戴明说、彭琯、金炼色。

太常寺太常有三人,即吴家同、项煜、刘昌。下设验马司。宋学显任通政司参议,张鲁任鸿胪寺少卿,尚玺寺由叶初春充任。

国子监以薛所蕴、钱位坤为司业,下高有学録、博士等官。

委任王则尧为京府顺天府尹。

在顺天、山西等地设置节度使,由宋权、韩文铨、陈之龙等担任。左懋泰授密云防御使,李丕著授永平防御使,张若麟授山海关防御使,杨棲鹗授临清防御使,王皇极授天津防御使,李际期授(不知何地)防御使,王道成授贵州防御使,孙承泽授顺庆防御使,刘明英授夔州防御使,任叡授四川防御使,杨明琅授(不知何地)防御使,共 13 人。

任命王孙莆、魏天赏为淮扬盐运使。委派扬州、济南、顺庆、山东等府尹 5 人;卢州、四川、成都同知各一人。委派州牧十人,县令九人,还有 39 名"多有未详衔者,姑缺以俟参考"[①]。

以上是对大顺政权各机构的具体分工及任职者的一个略述。由此可以看出,与明朝的官制对比,有许多机构中的官员还没有配齐,但比政权建设的前两个时期还是要完备得多,不但是已经占领的地区都设了官,就是还未占领的地区也都分派了各级官员,说明大顺政权已经有了统一全国的打算。这个政权差一步就要完全转化为一个公开的新王朝了。只是由于清军的入关和李自成在山海关被迅速击败才使这个转化没有完成。1644 年 4 月 26 日,李自成兵败,4 月 29 日,匆匆登基称帝后便撤往西安,一路上被吴三桂和清军追击,最后被消灭。大顺政权的短暂性使它以光辉的形象保留在人们的记忆里,掩盖了对其本质的认识。

总之,正如前文谈到的,大顺农民政权由于存在于一个特殊的历史环境中,瞬息万变的历史风云使大顺政权性质的转化未来得及彻底暴露就被吹得烟消云散。这个演变有一个渐变的过程才能实现,因此,本篇着重分析了这个渐变的过程,试图全面、客观地还原出大顺政权的历史面目。

---

① 《甲申传信录》(卷五),《闯设伪官》。

# 后　记

　　呈现在读者面前的小册子是一本自选文集,所选论文时间跨度起自20世纪80年代至21世纪20年代。之所以名之为"多领域学思辨偶得杂陈",一是因为所选论文研究的深度参差不齐,有些只是浅尝辄止;有些只是还原陈述未加详考细究。二是因为涉及的领域比较杂乱且广泛,古今中外的论题都有涉及。不过,深究起来其实还是能够反映笔者长期关注探索的一个主题,即"乡土文化与中国的现代化"。从求学时代起就对中国社会的现代转型和现代化模式探索的话题产生了深厚的兴趣,数十年的主要研究成果也以《现代化漩涡里中国——他者化与中华性的扞格》(河南大学出版社,2013年版)为名的文集形式问世。然而,中国式现代化的生成是一个非常复杂的历史进程,除实践探索的艰辛外,理论学术认识也涉及非常广泛的领域。特别是在中西文化碰撞的广阔背景下,如何认识和吸收西方文化?如何对待自身的文化传统?两种文化的交融对中国式现代化会产生怎样的影响?这些都是必须面对和回答的重大问题。我们应当注意到,在回答和研究这些问题时,不少学人深受西方理论和思维方法的影响,无论是对西方理论本身的学习吸纳,还是用以分析研究中国自身的历史文化,都或明或暗、或多或少地在意识深层树起了"他者化"的标杆,极少数学者甚至把情绪化带入了研究过程,从而大大地影响了研究结果的客观性和科学性。文集所收三组论文中的前两组正是针对这种现象的研究思考。第一组涉关史学理论的基本问题,主要关注的是历史创造问题的理论研究。在介绍和辨析了学界研究主要观点的基础上,系统梳理了马克思、恩格斯的历史观和创造论,认为不能因反对而教条式地对待马克思主义,忽视他们原创性的理论表达,尤其是一些真理性认识的理论和时代价值值得珍视和传承。由此引申出对历史事实、历史认识和历史经验三个概念的深度思考,主要针对学界过分强调历史认识的主观性、历史事实的不可再现性以及历史经验价值的非直接性等认识倾向,进行了相应的辨析。这些研究的目的在于树立一种相对客观科学的认识方法,以期对现实问题的分析能够建立在客观准确的历史问题认识的基础上。第二组则是对中外政治制度研究中存在的某些盲目倾向的辨析,旨在把探讨的方向拉回到中国文化自身发展的轨道,以体现世界历史发展共性与个性相统一的理论逻辑。第三组则重点关注民俗信仰和明代思想及经济的情况,能够反映笔者当时研究的重心,即搞清中国文化传统的基本面貌,这是认识中国社会近现代转型无法忽视的历史基础。

文集命之为"遇仁斋"含有一点追古幽思的味道,比照古代文人雅士为自己的研学场所起个名号。从表层看,此名反映了这个场所为我们夫妻二人共同使用之所。夫人余桂芳副教授曾供职于洛阳理工学院马列部,我们是大学同窗,又在不同的高校承担着思想政治教育的教学任务。这便使我们的研究和学习内容高度重合,许多成果都是共同完成的,"遇仁"就是"余任",暗含着我们的共同旨趣。从深层看,我们都是思想政治教育工作者,首先必须修身养性,追求"仁德"之心,这样才能更好地履行"立德树人"的职责。其次,教育工作者还必须具备"仁爱"之心,视学生如子侄,耐心传道,悉心指导,才能不辱为师之名。因此,"遇仁"就是求"仁"追"仁",把"遇仁"作为我们安身立命、履职尽责的座右铭。师者,传道授业解惑也,首要的是必须"悟道"。我们在几十年的教学生涯中对"道"产生了一些粗浅的理解。首先是"知道",强调一个"熟"字,即努力做到"熟知自我""熟悉环境""熟练思想",恪守开阔眼界、把握边界、提升境界的修养路径,把加强自我修炼、提高思想品质、提升生存境界看作最终能否获得幸福感和成就感的关键。其次是"守道",强调一个"专"字,即努力做到"岗位专一""业务专注""学术专心",把讲好每一堂课作为自我价值实现的重要方式,用问题意识和批判思维提升研究能力。最后是"传道",强调一个"活"字,即努力做到"保持活力""做事灵活""善于生活",思维不僵化、偏好不恪守,积极面对生活与工作,眼中充满阳光。视工作为生活的一部分,努力实现两者的融合兼顾。在复杂的现实生活中能保持思维定力,即不用生活经验代替理性认知、不用直观感受代替逻辑分析、不用偶然现象代替综合判断、不用片面观察代替系统思维。以自己稳定的情感、灵活的思维方式和尽可能完善的修为较好地履行师者的职责和义务。如今,我们都正式退出了工作岗位,希冀用文集的方式记录学术思想发展历程的点滴,以示纪念之意。

感谢我所在学校在研究经费上给予的大力支持！感谢我的青年同事高世鹏、刘思朝等，为拙作的编辑整理及其他繁杂的审批、报账等相关工作付出的耐心和劳动,没有他们的帮助,拙作能顺利编成就是不可想象的！感谢张晶编辑为拙作出版付出的艰辛劳动！

2023年初冬于神都洛阳遇仁斋

图书在版编目（CIP）数据

遇仁斋文集：多领域学思辨偶得杂陈 / 任军著. --
上海：上海社会科学院出版社，2025. -- ISBN 978-7
-5520-4617-5

Ⅰ. C53

中国国家版本馆 CIP 数据核字第 2024W13V57 号

---

## 遇仁斋文集：多领域学思辨偶得杂陈

著　　者：任　军
责任编辑：张　晶
封面设计：霍　覃
出版发行：上海社会科学院出版社
　　　　　上海顺昌路 622 号　邮编 200025
　　　　　电话总机 021-63315947　销售热线 021-53063735
　　　　　https://cbs.sass.org.cn　E-mail:sassp@sassp.cn
排　　版：南京展望文化发展有限公司
印　　刷：上海新文印刷厂有限公司
开　　本：710 毫米×1010 毫米　1/16
印　　张：20
字　　数：335 千
版　　次：2025 年 3 月第 1 版　2025 年 3 月第 1 次印刷

ISBN 978-7-5520-4617-5/C·239　　　　　　定价：98.00 元

版权所有　翻印必究